레전드
스페인어
회화사전

NEW **레전드**

스페인어 회화사전

개정2판 1쇄 **발행** 2024년 3월 10일
개정2판 1쇄 **인쇄** 2024년 3월 4일

저자 문지영
감수 Elisa Liaño Riera
편집 이지영 · Margarine
디자인 IndigoBlue
성우 Verónica López · 오은수
녹음 · 영상 BRIDGE CODE

발행인 조경아
총괄 강신갑
발행처 랭귀지북스
등록번호 101-90-85278 **등록일자** 2008년 7월 10일
주소 서울시 마포구 포은로2나길 31 벨라비스타 208호
전화 02.406.0047 **팩스** 02.406.0042
이메일 languagebooks@hanmail.net
MP3 다운로드 blog.naver.com/languagebook

ISBN 979-11-5635-210-5 (13770)
값 19,800원

레전드
스페인어
회화사전

랭귀지북스

세계에서 두 번째로 많이 쓰이는 언어 '**스페인어**'

우리에게는 영어, 일본어, 중국어가 훨씬 익숙하지만, 전 세계에서 스페인어는 중국어 다음으로 많이 쓰이는 언어입니다. 다양한 방송 프로그램의 영향으로 스페인은 더 이상 낯선 나라가 아니지만, 여전히 '스페인어'는 우리에게 생경한 언어 중 하나죠.

생애 한 번쯤은 꼭 걸어 보고 싶은 '까미노 Camino', 천문학적인 몸값을 자랑하는 스타플레이어들의 축구 경기를 보고 싶다는 소망, 열정적으로 구르는 발 리듬에 맞춰 한번 춰 보고 싶은 '플라멩코 Flamenco', 한가로이 내리쬐는 태양 아래 하염없이 누워 휴식을 취해 보고 싶은 마음, 전 세계 클러버들의 꿈인 '이비사 Ibiza', 헤밍웨이의 소설 속에 나오는 '산 페르민 San Fermín 축제', 1년에 한 번 2시간 동안 허용되는 토마토 던지기, 그도 아니면 사람이 소와 싸운다는 투우를 꿈꾸며, 혹은 거대한 풍차에 맞서 허무맹랑한 꿈을 좇던 '돈키호테 Don Quixote'의 발자취를 따라 스페인 여행길에 올랐다가 의외로 영어가 거의 통하지 않는다는 사실에 여러분은 충격을 받을지도 모르겠습니다.

스페인은 과거 전 세계를 지배했던 화려한 역사가 있어 스페인어는 당시 식민지였던 중남미 대부분의 나라를 비롯해 미국, 필리핀, 푸에르토리코, 안도라 등지에서 널리 사용되고 있으며 이탈리아어, 포르투갈어와 뿌리를 같이하기 때문에 스페인어를 알면 이 두 언어까지 쉽게 습득할 수 있기도 합니다.
특히 알파벳을 그대로 읽으면 되는 쉬운 발음과, 영어와 비슷한 문법이 많다는 점 때문에 생각보다 쉽게 접근할 수 있는 언어이기도 합니다.

이 책은 무엇보다 일상생활에서 쓰이는 '가장 구어다운 표현'이 담겨 있으며, 15년여간 스페인 마드리드에 거주하면서 직접 보고, 듣고, 느끼고, 체험한 내용을 최대한 자세하고 재미있게 설명하고자 노력하였습니다. 이 책을 통해 짧게나마 스페인 문화를 느껴 보고, 흥미를 일으키게 되어 독자 여러분들이 새로운 꿈을 꾸며 스페인어 공부를 시작할 수 있게 되기를 바랍니다.

스페인 마드리드에서

저자 문지영

스페인 현지에서 가장 많이 쓰는 기본 회화를 엄선해 담았습니다. 학습을 통해 자기소개와 취미 말하기부터 직업 소개, 감정 표현까지 다양한 주제의 기본 회화를 쉽게 구사해 보세요.

1. 공식 개정된 스페인어 철자법 적용!

RAE(La Real Academia Española 왕립 스페인어 아카데미)에서 공식 발표한 개정 철자법을 적용했습니다. 왕초보부터 초·중급 수준의 스페인어 학습자를 위한 어휘·표현집으로, DELE A1~B2 수준의 필수 어휘를 기본으로 하여 일상생활에서 자주 접하게 되는 상황을 12개의 챕터에서 큰 주제로 묶고, 다시 500개 이상의 작은 주제로 나눠 3,500여 개의 표현을 제시했습니다.

2. 눈에 쏙 들어오는 그림으로 기본 어휘 다지기!

500여 컷 이상의 일러스트와 함께 기본 어휘를 쉽게 익힐 수 있습니다. 자기소개, 직장생활 등 일상생활에 필요한 기본 단어부터 취미, 감정 등 주제별 주요 단어, 동작 관련 어휘에 이르기까지 꼭 알아야 할 다양한 주제의 필수 어휘를 생생한 그림과 함께 담았습니다.

3. 바로 찾아 바로 말할 수 있는 한글 발음 표기!

기초가 부족한 초보 학습자가 스페인어를 읽을 수 있는 가장 쉬운 방법은 바로 한글 발음입니다. 최대한 원어민 표준 발음과 가까운 소리로 한글 발음을 표기하였습니다. 초보자도 언제 어디서나 필요한 표현을 바로 찾아 다양한 문장을 구사할 수 있습니다.

4. 꼭! 짚고 가기 & 여기서 잠깐!

수년간 현지에서 실제 생활한 경험과 정확한 자료 조사를 바탕으로 사회, 문화 전반에 걸친 다양한 스페인 관련 정보를 알차게 담았습니다. 우리와 다른 그들의 문화를 접하며 더욱 재미있게 배울 수 있습니다.

Unidad 1 취미 MP3. C03_U01

취미 묻기

취미가 뭐니?

¿Qué hobbies tienes?
께 호비쓰 띠에네쓰?

¿Cuáles son tus aficiones?
꾸알레쓰 쏜 뚜쓰 아피씨오네쓰?

특별한 취미가 있니?

¿Tienes algún hobby en concreto?
띠에네쓰 알군 호비 엔 꽁끄레또?

¿Estás interesado/a en algo en especial?
에스따쓰 인떼레사도/다 엔 알고 엔 에스뻬씨알?

한가할 때 무엇을 하니?

¿Qué haces en tu tiempo libre?
께 아쎄쓰 엔 뚜 띠엠뽀 리브레?

기분 전환하기 위해 뭘 하니?

¿Qué haces para cambiar tu ánimo?
께 아쎄쓰 빠라 깜비아르 뚜 아니모?

어떤 것에 흥미를 갖고 있니?

¿Cuáles son tus intereses?
꾸알레쓰 쏜 뚜쓰 인떼레세쓰?

일주일에 몇 시간 정도 취미 활동을 해?

¿Cuántas horas a la semana dedicas a tus hobbies?
꾸안따쓰 오라쓰 아 라 쎄마나 데디까쓰 아 뚜쓰 호비쓰?

여기서 잠깐!

'취미'를 말하는 단어 hobby 호비는 영어에서 온 단어로, 복수형은 hobbies 호비쓰입니다. '취미'를 나타내는 단어에는 afición 아피씨온, pasatiempo 빠사띠엠뽀도 있습니다. 이 중 hobby를 가장 많이 사용하고 pasatiempo는 사용 빈도가 낮습니다.

122

취미 대답하기

저는 취미가 다양해요.

Tengo muchas aficiones.
뗑고 무차쓰 아피씨오네쓰

저는 특별한 취미는 없어요.

No tengo ninguna manía en particular.
노 뗑고 닝구나 마니아 엔 빠르띠꿀라르

나는 그런 일에는 취미가 없어.

No estoy muy interesado/a en ello.
노 에스또이 무이 인떼레사도/다 엔 에요

저는 집에 있는 걸 좋아해요.

Me gusta estar en casa.
메 구스따 에스따르 엔 까사

우리는 취미에 공통점이 많네요.

Tenemos muchas aficiones en común.
떼네모쓰 무차쓰 아피씨오네쓰 엔 꼬문

왠인지 모르겠지만 끌리는 게 하나도 없어.

No sé por qué, pero no hay nada que me enganche.
노 쎄 뽀르 께, 뻬로 노 아이 나다 께 메 엥간체

난 취미 활동을 할 시간이 없어.

No tengo tiempo para pasatiempos.
노 뗑고 띠엠뽀 빠라 빠사띠엠뽀쓰

난 시간이 날 때마다 취미 활동을 해.

Practico mi afición siempre que tengo tiempo.
쁘락띠꼬 미 아피씨온 씨엠쁘레 께 뗑고 띠엠뽀

사진

사진 촬영은 제 취미 중 하나예요.

Hacer fotos es una de mis aficiones.
아쎄르 포또쓰 에쓰 우나 데 미쓰 아피씨오네쓰

자동 카메라보다 수동 카메라 사용을 좋아합니다.

Prefiero usar una cámara manual a una automática.
쁘레피에로 우사르 우나 까마라 마누알 아 우나 아우또마띠까

내 카메라는 수동 기능과 자동 기능을 모두 가지고 있다.

Mi cámara tiene ambas funciones, manual y automática.
미 까마라 띠에네 암바쓰 푼씨오네쓰, 마누알 이 아우또마띠까

나는 풍경 사진 찍는 것을 좋아한다.

Me gusta hacer fotos de paisajes.
메 구스따 아쎄르 포또쓰 데 빠이사헤쓰

사진 좀 찍어 주시겠어요?

¿Le importaría hacerme una foto, por favor?
레 임뽀르따리아 아쎄르메 우나 포또, 뽀르 파보르?

제가 사진 찍어 드릴까요?

¿Quiere que le haga una foto?
끼에레 께 레 아가 우나 포또?

지나가는 사람한테 우리 사진 찍어달라고 부탁해 볼게.

Le pediré a alguien que pase cerca de nosotros que nos haga una foto.
레 뻬디레 아 알기엔 께 빠세 쎄르까 데 노소뜨로쓰 께 노쓰 아가 우나 포또

꼭! 짚고 가기

마니아의 여러 쓰임

한국어로 '마니아'라는 말은 어떤 한 분야를 열정적으로 좋아한다는 뜻으로 긍정적인 의미를 지니고 있습니다. 스페인어에도 이 '마니아'라는 말이 있는데요, manía 마니아 단어 하나만 본다면 한국어와는 다르게 부정적인 의미를 가지고 있습니다. 스페인어로 manía는 '강박 관념, 고칠 수 없는 못된 습관'이라는 뜻입니다. manía는 다른 동사와 만나 새로운 뜻을 만들어 내기도 합니다.

① Tengo la manía de lavarme las manos.
뗑고 라 마니아 데 라바르메 라쓰 마노쓰
나는 손을 씻는 강박 관념을 가지고 있다.

② coger(tener) manía a+사물 혹은 사람: 좋았던 관계가 나빠짐을 의미합니다.

- Llevo tanto tiempo con estos pantalones que les he cogido manía.
  예보 딴또 띠엠뽀 꼰 에스또쓰 빤딸로네쓰 께 레쓰 에 꼬히도 마니아
  이 바지를 오랜 시간 입었더니 상태가 나빠졌어.

③ Coger la manía (de)+어떤 것: 습관이나 관습을 얻게 되는 것을 의미합니다.

- Cogió la manía de morderse las uñas.
  꼬히오 라 마니아 데 모르데르세 라쓰 우냐쓰
  손톱을 물어뜯는 습관이 생겼어.

내가 열정을 가지고 좋아하는 일을 강박 관념에 사로잡힌 일로 잘못 말하지 않도록 주의합니다.

Capítulo 03 여가 생활 123

5. 말하기 집중 훈련 유튜브 영상 & MP3!

이 책에는 스페인어 알파벳부터 기본 단어, 본문의 모든 회화 표현까지 스페인 원어민의 정확한 발음으로 녹음한 MP3 파일과 본문 영상을 제공합니다. Unidad마다 QR코드를 스캔하여 영상 자료를 쉽게 찾아볼 수 있습니다. 자주 듣고 큰 소리로 따라 말하며 학습 효과를 높여 보세요.

Índice 차례

스페인에 관하여

- **국가명** 스페인(España 에스파냐, Spain 스페인(영문))
- **수도** 마드리드(Madrid 마드리드)
- **공용어** 스페인어(español 에스빠뇰, castellano 까스떼야노 라고도 불림. Castellano 지역을 중심으로 사용하는 표준어)
- **권력구조** 입헌 군주제(Monarquía parlamentaria)
- **왕** 펠레페 6세(Felipe VI)
- **국무총리** 페드로 산체스 페레스-카스테혼(Pedro Sánchez Pérez-Castejón, 2023년 기준)
- **종교** 가톨릭 44%
- **기온과 강우량** 대체적으로 여름엔 건조하고 겨울에는 우기
- **면적** 505,990㎢(세계 52위)
- **인구** 약 4,844만 명(세계 30위, 2023년 기준)
- **GDP** 1조 3,463억 $(세계 14위, 2022년 기준)
- **국가 번호** +34
- **국경일** 10월 12일(1492년 크리스토퍼 콜럼버스의 아메리카 대륙 발견일을 기념)
- **화폐 단위** 유로(Euro)

* 출처 : 주 스페인 대한민국 대사관, 사회과학연구센터(www.cis.es), 스페인 통계청(www.ine.es)

기초 다지기

스페인어 알파벳
스페인어의 특징

MP3. C00_U01

스페인어 알파벳

Abecedario 아베쎄다리오

스페인어는 모음 5개와 자음 22개를 합쳐 총 27개의 알파벳으로 구성되어 있으며, 추가로 2개의 복합문자(ch, ll)가 있습니다. 스페인어의 가장 큰 특징은 알파벳을 '소리 나는 대로' 읽으면 된다는 것, 된소리가 가능한 발음들은 된소리를 강하게 살려 발음해야 한다는 것입니다.

1. 모음

A/a **아**	**E/e** **에**	**I/i** **이**	**O/o** **오**	**U/u** **우**
el **a**mor 엘 아모르 사랑	la **e**stación 라 에스따씨온 역	la **i**dea 라 이데아 아이디어	el **o**rden 엘 오르덴 순서	la **u**va 라 우바 포도

이 5가지의 모음을 기본으로, 모음 2개가 만나 하나의 소리를 내는 이중 모음도 존재합니다.

- la p**au**sa 라 빠우사 잠깐 멈춤, suc**io/a** 수씨오/아 더러운, el p**ei**ne 엘 뻬이네 빗

2. 자음

A/a **아**	**B/b** **베**	**C/c** **쎄**	**D/d** **데**	**E/e** **에**
	el **b**año 엘 바뇨 화장실	la **c**ereza 라 쎄레싸 체리	el **d**ado 엘 다도 주사위	
F/f **에페**	**G/g** **헤**	**H/h** **아체**	**I/i** **이**	**J/j** **호따**
la **f**lor 라 플로르 꽃	la **g**ente 라 헨떼 사람들(집합명사)	la **h**oja 라 오하 잎사귀		la **j**oya 라 호야 보석
K/k **까**	**L/l** **엘레**	**M/m** **에메**	**N/n** **에네**	**Ñ/ñ** **에녜**
el **k**iwi 엘 끼위 키위	el **l**ibro 엘 리브로 책	la **m**ano 라 마노 손	la **n**ariz 라 나리쓰 코	el ni**ñ**o 엘 니뇨 남자아이

O/o 오	P/p 뻬	Q/q 꾸	R/r 에레	S/s 에세
	el **p**adre 엘 빠드레 아버지	la **q**ueja 라 께하 불평	el **r**atón 엘 라똔 쥐	el **s**alón 엘 쌀론 거실
T/t 떼	**U/u** 우	**V/v** 우베	**W/w** 우베 도블레	**X/x** 에끼스
la **t**elevisión 라 뗄레비시온 텔레비전		la **v**aca 라 바까 암소	el **w**hisky 엘 위스끼 위스키	el ta**x**i 엘 딱씨 택시
Y/y 예	**Z/z** 쎄따		**CH/ch** 체	**LL/ll** 에예
el **y**ate 엘 야떼 요트	el **z**apato 엘 싸빠또 신발		el **ch**ico 엘 치꼬 남자	la **ll**uvia 라 유비아 비

tip. 개정 철자법에 따라 복합 문자 **CH**와 **LL**는 알파벳에 포함시키지 않습니다.

3. 발음

(1) **A** 아는 '아'로 'ㅏ' 소리입니다.

(2) **B** 베는 '베'로 'ㅂ' 소리입니다.

(3) **C** 쎄는 '쎄'로 'ㅆ' 소리를 내지만, 만나는 모음에 따라 'ㅆ', 'ㄲ' 혹은 'ㄱ' 받침소리도 냅니다.

① c가 모음 'a 아, o 오, u 우'를 만나면 '**ca** 까, **co** 꼬, **cu** 꾸' 소리를, 모음 'e 에, i 이'를 만나면 '**ce** 쎄, **ci** 씨' 소리를 냅니다.

모음	a 아	e 에	i 이	o 오	u 우
c	**ca** 까	**ce** 쎄	**ci** 씨	**co** 꼬	**cu** 꾸

② c가 반복되는 경우 앞 c는 'ㄱ' 받침으로 발음됩니다.

- la dire**cc**ión 라 디렉씨온 방향, la a**cc**ión 라 악씨온 움직임

③ c가 음절의 첫소리일 때는 만나는 모음에 따라 'ㅆ', 'ㄲ' 소리로, 음절의 받침일 때는 'ㄱ' 받침으로 발음됩니다.

- el te**c**lado 엘 떼끌라도 키보드, la a**c**triz 라 악뜨리쓰 여배우

(4) **D** 데는 '데'로 'ㄷ' 소리입니다. 단어의 맨 끝에 오면 모음에 붙여 'ㄷ' 받침으로 읽습니다.

- Madri**d** 마드릳 마드리드, verda**d** 베르닫 진실

(5) **E** 에는 '에'로 'ㅔ' 소리입니다.

(6) **F** 에페는 'ㅍ'와 'ㅎ'의 중간 소리로, la **f**lor는 '라 플로르'지만 'ㅎ' 소리도 나게 발음해야 합니다. 앞 윗니로 아랫입술을 깨물고 이 사이의 틈으로 공기를 불어 내는 듯한 입모양이 됩니다. 발음을 한글로 정확하게 표기하기 어려워 이 책에선 'ㅍ'로 표기하되, 많이 듣고 따라 하여 정확한 발음을 익히길 바랍니다.

(7) **G** 헤는 '헤'로 'ㅎ' 소리를 가져야 하지만, 만나는 모음에 따라 'ㄱ' 혹은 'ㅎ' 소리를 냅니다.

① 다음과 같이 **g**가 모음 'a 아, o 오, u 우'를 만나면 '**ga** 가, **go** 고, **gu** 구' 소리를 내고, 모음 'e 에, i 이'를 만나면 '**ge** 헤, **gi** 히' 소리를 냅니다.

모음	a 아	e 에	i 이	o 오	u 우
g	ga 가	ge 헤	gi 히	go 고	gu 구

② '**게**'와 '**기**' 소리는 각각 '**gue**'와 '**gui**'를 사용합니다. 이는 ge와 gi의 발음과 구분하기 위해 중간에 u를 첨가한 것으로 u는 소리를 갖지 않습니다.

- la **gue**rra 라 게라 전쟁, el **gui**sante 엘 기산떼 완두콩

③ 하지만 ü는 발음을 생략하지 않고 güe, güi처럼 그대로 읽어 줍니다.

- la ver**güe**nza 라 베르구엔싸 수치, ar**güi**r 아르구이르 추론하다

④ 'ㅎ' 소리를 낼 때는 정확히 'ㅎ'라고 발음하면 안 되고, 목구멍 안쪽에서부터 소리를 내야 합니다. '헤'와 '케'의 중간 발음으로, 가슴 안쪽에서부터 공기를 밖으로 밀어낸다고 생각하고 발음합니다.

(8) **H** 아체는 알파벳 이름은 '아체'지만 실제로는 묵음으로 소리를 가지고 있지 않습니다.

(9) **I** 이는 '이'로 'ㅣ' 소리입니다.

(10) **J** 호따는 알파벳 이름이 '호따'이며 발음은 영어 알파벳 H처럼 'ㅎ' 소리를 냅니다. 'ja, je, ji, jo, ju'는 '하, 헤, 히, 호, 후' 발음입니다.

(11) **K** 까는 'ㄲ' 소리로 '**ki** 끼' 발음만 사용하며, 주로 외래어를 표기할 때 쓰입니다. 외래어가 아닌 'ㄲ' 발음은 'qui 끼'로 표기합니다.

- el **ki**wi 엘 끼위 키위, el **ki**lómetro 엘 낄로메뜨로 킬로미터

(12) **L** 엘레는 'ㄹ' 소리며, 단어의 중간에 오는 경우 연음법칙에 의해 두 번 발음해 줍니다.

- mo**l**esto/a 몰레스또/따 성가신, ma**l**o/a 말로/라 나쁜

⒀ **M** 에메는 'ㅁ' 소리입니다.

⒁ **N** 에네는 'ㄴ', 'ㅇ', 'ㅁ' 소리입니다.

① 기본적으로 'ㄴ' 소리입니다.

② 뒤에 자음 c, g, j, q가 오면 'ㅇ' 받침소리가 됩니다. 단, c가 'ㅆ' 발음일 때는 제외합니다. 숫자 15를 뜻하는 qui**nc**e의 경우 n과 c가 만났지만 바로 이어 c가 e를 만나 '쎄' 발음이 나기 때문에 '낑쎄'가 아닌 '낀쎄'로 읽습니다.

- nu**nc**a 눙까 결코, el i**ng**enio 엘 잉헤니오 독창성, el extra**nj**ero 엘 엑쓰뜨랑헤로 외국인, i**nq**uieto/a 잉끼에또/따 불안한

③ n 뒤에 자음이 b, f, m, p, v이면 'ㅁ' 발음이 됩니다.

- u**n** **b**arco 움 바르꼬 배 한척, e**nf**ermo/a 엠페르모/마 아픈, i**nm**enso/a 임멘소/사 매우 큰, u**n** **p**uente 움 뿌엔떼 다리 하나, i**nv**itar 임비따르 초대하다

tip. 스페인어에서 알파벳 n과 b, n과 p가 함께 나오는 단어들은 발음 그대로 mb 혹은 mp로 쓰입니다. 예를 들어 el ca**mb**io, e**mp**leado, 이렇게 말이죠. 즉, 고유명사나 외래어를 제외하고 n과 b, n과 p가 함께 나오는 단어는 없습니다. u**n** **b**arco나 u**n** **p**uente의 경우, 단어 앞에 개수를 뜻하는 '하나의'라는 관사가 붙어 nb, np 발음이 됩니다. 스페인어는 음절별로 정확히 발음하는 것이 아니라 여러 단어를 이어서 연음으로 발음하기 때문에 u**n** **b**arco는 '움–바르–꼬'로, u**n** **p**uente는 '움–뿌엔–떼' 이렇게 읽는 것이 맞습니다.
('puen 뿌엔'은 약모음 u와 강모음 e가 만난 이중모음으로 하나의 음절로 취급합니다.)

⒂ **Ñ** 에녜는 뒤에 오는 모음을 '냐, 녜, 니, 뇨, 뉴'로 만들어 줍니다.

⒃ **O** 오는 '오'로 'ㅗ' 소리입니다.

⒄ **P** 뻬는 '뻬'로 'ㅃ' 소리입니다.

⒅ **Q** 꾸는 'ㄲ' 소리로, '**que** 께'와 '**qui** 끼' 소리만 사용합니다.
표기상 'que 꾸에'와 'qui 꾸이'로 보이지만, u는 발음하지 않습니다.

- el **que**so 엘 께소 치즈, **qui**tar 끼따르 제거하다

⒆ **R** 에레는 우리말에는 없는 발음으로 표기는 'ㄹ'이지만 'ㄹ–ㄹ' 발음으로 r는 혀를 둥글게 말아 목청 가까운 곳에서 '드르르르르르' 굴리는 소리로 '부릉부릉' 할 때 발음하는 'ㄹ' 소리와 비슷합니다. 이 책에는 **r**가 단어의 제일 처음에 오면 'ㄹ'로, 받침으로 오면 '르'로 단독 표기했습니다. **rr** 역시 혀를 여러 번 진동하여 발음하지만 'ㄹ'로 표기했습니다.

- **r**osa 로사 장미, c**r**isis 끄리시쓰 위기, á**r**bol 아르볼 나무, el pe**rr**o 엘 뻬로 강아지

(20) **S** 에세는 '에세'로 'ㅅ'과 'ㅆ' 중간 소리입니다. 이 책에는 s가 단어 중간에 위치할 때 된소리 발음을 하면 힘이 더 들어가기 때문에 'ㅅ'으로, 단어의 처음과 끝에 위치한 경우 'ㅆ'으로 표기했습니다.

- el **s**alón 엘 쌀론 거실, el va**s**o 엘 바소 컵, lo**s** debere**s** 로쓰 데베레쓰 숙제(항상 복수형)

(21) **T** 떼는 '떼'로 'ㄸ' 소리입니다.

(22) **U** 우는 '우'로 'ㅜ' 소리입니다.

(23) **V** 우베는 B와 마찬가지로 'ㅂ' 소리입니다.

(24) **W** 우베 도블레는 모음을 만나면 '와, 웨, 위, 워, 우' 소리를 내며 K와 마찬가지로 주로 외래어에 사용됩니다.

(25) **X** 에끼스는 'ㅆ', 'ㄱ' 받침+'ㅆ' 소리지만 고유명사를 제외하고 단어의 제일 처음에 쓰이는 경우가 거의 없으며, 대부분 단어 중간에 위치하여 앞 모음에 'ㄱ' 받침을 더한 후 'ㅆ' 소리를 냅니다.

- el e**x**amen 엘 엑싸멘 시험, la ta**x**ista 라 딱씨스타 택시 기사

tip. 'Mé**x**ico 메히꼬 멕시코', 'Te**x**as 떼하쓰 텍사스' 등은 고유 명사이기 때문에 X로 표기하지만 실제로는 J 발음입니다. 이는 과거에 J가 X 소리를 가졌기 때문인데, 발음 그대로 Méjico, Tejas로 표기해도 틀린 건 아니지만, RAE에서는 X로 표기하는 것을 권장합니다.

(26) **Y** 예는 항상 모음과 같이 쓰이며, Y 뒤에 오는 모음을 '야, 예, 이, 요, 유' 발음으로 만들어 줍니다. 중남미에서는 Y 발음을 'ㅈ'처럼 '쟈, 졔, 죠, 쥬'라고 하는데(아르헨티나에서는 'ㅅ'에 가까운 발음) 스페인에서 이 발음은 올바른 발음이 아닙니다.

tip. Y의 본 명칭은 'i griega 이 그리에가'였으나, RAE에서 공식 명칭을 'ye 예'로 바꾸고 권장합니다. 변경 전 사용하던 발음 'i griega 이 그리에가' 역시 인정됩니다.

(27) **Z** 쎄따는 'ㅆ' 소리로 모음을 만나면 '싸, 쎄, 씨, 쏘, 쑤' 발음이 됩니다.

- el **z**apato 엘 싸빠또 신발(주로 복수형)

(28) **CH** 체는 'ㅊ' 소리로, 모음을 만나면 '차, 체, 치, 초, 추' 발음이 됩니다.

(29) **LL** 에예는 'ㅔ' 소리로, 모음을 만나면 '아, 에, 이, 오, 우'를 각각 '야, 예, 이(지), 요, 유' 발음으로 만들어 주나 '이'는 i와 lli 소리를 구분하기 위해 '이'와 '지'의 중간발음을 내야 합니다. 실제 소리가 '지'와 더 가깝기 때문에 이 책에는 'lli'의 경우 '지'로 표기했습니다.

4. 개정 철자법

RAE에서는 주기적으로 철자법을 개정하고 있습니다. 가장 최근 개정은 2010년으로, 이때 주로 개정된 철자법은 다음과 같습니다.

① CH 체와 LL 에예

오랫동안 개정 논의가 있었던 CH와 LL는 더 이상 알파벳에 속하지 않으며 복합문자로 구분됩니다. 사용에는 변함이 없습니다.

② 알파벳 이름은 한 가지만

B베는 'be 베', 'be alta 베 알따', 'be larga 베 라르가', V우베는 'uve 우베', 've baja 베 바하', 've corta 베 꼬르따', W 우베 도블레는 'uve doble 우베 도블레', 've doble 베 도블레', 'doble ve 도블레 베', Z 쎄따는 'ceta 쎄따', 'ceda 쎄다', 'zeta 쎄따', 'zeda 쎄다' 등 명칭이 여럿 있었으나, 한 가지만 쓰게 됩니다. RAE에서 권장하는 각각의 알파벳 이름은, B는 'be 베', V는 'uve 우베', W는 'uve doble 우베 도블레', Z는 'zeta 쎄따'입니다.

③ 알파벳 Y예는 ye 예로

'i griega 이 그리에가'로 불리던 Y는 'ye 예'로 변경되었으며, RAE에서 권장하는 발음 역시 'ye 예' 입니다. 하지만 기존에 쓰던 'i griega 이 그리에가'도 인정됩니다.

④ Tildes(강세 표시)

'오직, 유일한' 등의 뜻을 가진 단어 'solo 쏠로'는 강세 표시를 붙이지 않습니다.
또한 'guion 기온, huir 우이르, truhan 뜨루안' 이 세 단어는 단음절 맞춤법 법칙(monosílabas a efectos ortográficos)에 따라 강세 표시가 없어집니다.

⑤ Ó

그동안 '또는'이라는 뜻의 단어 'o 오'는 숫자 사이에서 강세를 붙여 썼으나 이 강세 역시 사라집니다.

- 4 ó 5 (×) → 4 o 5 꾸아뜨로 오 씽꼬 (○)

⑥ Cuórum와 Catar

몇몇 단어에서 'q'로 사용되던 알파벳이 'c' 혹은 'k'로 바뀝니다. 이는 q가 이중 모음 que와 qui로만 결합되기 때문입니다.

- Qatar 카타르 → Catar 까따르, quásar 퀘이사르 → cuásar 꾸아사르,
  quórum → cuórum 꾸오룸 (의결에 필요한) 정족수, Iraq 이라크 → Irak 이라끄

⑦ ex : 전(前)을 뜻하는 접두사 ex는 띄어서 표기하였으나 개정에 따라 붙여 써야 합니다.
하지만 두 개 이상의 단어가 결합한 복합어의 경우 여전히 띄어서 표기합니다.

- ex marido 엑쓰 마리도 → exmarido 엑쓰마리도 전 남편 (○),
  ex director general 엑쓰 디렉또르 헤네랄 전 총괄 담당자 (○)

스페인어의 특징

다른 언어와 가장 구별되는 여섯 가지 차이점

모든 언어는 각각 고유의 특징을 가지고 있습니다. 스페인어가 다른 언어와 구별되는 가장 큰 차이점은 무엇일까요? 크게 6가지로 정리해 봤습니다.

1. 모든 명사는 성(性)을 가지고 있다

스페인어의 모든 명사는 남성 명사와 여성 명사로 구분되며 '중성 명사'는 존재하지 않습니다.

① 일반적 규칙

- -o로 끝나면 남성: el diner**o** 돈, el vas**o** 컵, el niñ**o** 남자아이
- -a로 끝나면 여성: la cas**a** 집, la mes**a** 책상, la taz**a** 커피잔

② 예외

- -a로 끝나지만 남성: el dí**a** 날, 일(日), el idiom**a** 언어, el map**a** 지도,
  el probl**ema**, el sist**ema**, el **tema** (대부분 -ema로 끝남)
- -o로 끝나지만 여성: la man**o** 손, la radi**o** 라디오
- -aje나 -or로 끝나면 남성: el pais**aje** 풍경, el gar**aje** 차고,
  el am**or** 사랑, el err**or** 실수
- -ción, -sión, -dad, -tad로 끝나면 여성: la can**ción** 노래, la pri**sión** 교도소,
  la ciu**dad** 도시, la amis**tad** 우정

tip. 이외에 다른 알파벳으로 끝나는 수많은 명사들이 존재하며 특별한 규칙이 있는 경우를 제외하면 모두 암기하거나 사전을 찾아야 합니다. 따라서 단어 앞에 남성이라면 el을, 여성이라면 la를 붙여 같이 암기하는 것이 좋습니다.

2. 형용사 또한 꾸며 주는 명사의 성(性)에 따라 -o 혹은 -a로 변화한다

형용사는 수식을 받는 명사가 성을 가질 경우 그에 따라 어미가 변화합니다.

① -o는 -a로 변화

- guap**o** → guap**a** 잘생긴, larg**o** → larg**a** 긴, cariños**o** → cariños**a** 사랑스러운

② -or는 뒤에 -a 추가

- hablad**or** → hablad**ora** 말이 많은, trabajad**or** → trabajad**ora** 일을 열심히 하는

③ -모음+n는 뒤에 -a 추가

- me**ón** → me**ona** 오줌을 많이 싸는(주로 오줌싸개라고 아이들을 지칭할 때),
  llor**ón** → llor**ona** 울보인

④ 구분할 수 없는 형용사

'grande 큰, interesante 재미있는, horrible 무시무시한' 등이 있으며, '큰 집'을 뜻하는 una casa grande의 grande는 성을 구분할 수 없기 때문에 변화 없이 그대로 사용합니다. 단, 국가나 출신지(도시) 등을 이야기할 때는 어미의 형태에 상관없이 여성은 -a를 붙입니다.

- alemán 독일 태생의 (남성) → deleman**a** 독일 태생의 (여성),
  francés 프랑스 태생의 (남성) → frances**a** 프랑스 태생의 (여성),
  madrileño 마드리드 태생의 (남성) → madrileñ**a** 마드리드 태생의 (여성)

3. 모든 명사는 수를 셀 수 있다

스페인어의 모든 명사는 수를 셀 수 있으며 단수인지 복수인지 반드시 구분하여 사용해야 합니다. 단수 명사를 복수로 만들 때, 모음으로 끝나면 뒤에 -s를 붙이며(el libro → los libro**s**), 자음으로 끝나면 뒤에 -es를 붙이면(el hotel → los hotel**es**) 됩니다.(예외 있음) 그리고 여기서 '정관사'와 '부정 관사'를 구분해야 합니다.

– **정관사** : 특별히 그것을 지칭하는 것으로 대체 불가능한 대상을 가리킴.

- **el** libro 바로 그 책

– **부정 관사** : 특별히 지칭하지 않는 일반적인 대상으로, 대체 가능한 경우가 많음.

- **un** libro 한 권의 책

즉, 정관사는 우리가 이미 인지하고 있는 책을 나타낼 때 쓰며, 부정 관사는 언급한 적 없는 새로운 책 한 권을 나타낼 때 씁니다.

① 정관사

	단수	복수
남성	el	los
여성	la	las

- Quiero comprar **el** libro. 나 **그** 책 한 권 사고 싶어.

이 경우, 듣는 상대와 말하는 나 모두 '어떤 책'을 말하는지 알고 있는 상태입니다.

② 부정 관사

	단수	복수
남성	un	unos
여성	una	unas

- Quiero comprar **un** libro. 나 책 **한 권** 사고 싶어.

  이 경우, 어떤 책인지는 알 수 없으며, 일반적인 의미의 불특정 다수 책 중 한 권의 어떤 책을 사고 싶다는 뜻입니다. 명사가 단수인지 복수인지, 또 남성인지 여성인지에 따라 알맞게 관사를 사용하여야 합니다.

4. 형용사 또한 수식받는 명사의 수에 따라 -s를 붙인다

명사와 마찬가지로 형용사를 복수로 만들 때, 형용사가 모음으로 끝나면 뒤에 -s를 붙이며, 자음으로 끝나면 뒤에 -es를 붙이면 됩니다. 남성, 여성으로 변화할 수 없는 형용사 역시 어미에 -s를 붙여 복수로 만들어 줍니다.

- simpático 친절한 → simpático**s**, feliz 행복한 → felic**es**,
  una casa grande 큰 집 → unas casa**s** grande**s** 큰 집들
- Generalmente los chalets son unas casas grandes.
  일반적으로 찰렛(주택을 뜻하는 말)들은 큰 집들이다.

tip. chalet은 외래어로 대명사처럼 쓰이는 단어이기 때문에 복수형 변화 시 자음으로 끝나지만 -es가 아니라 -s를 붙인 예외적인 경우입니다.

5. 강세가 있다

스페인어에는 강세를 두어 강하게 발음하는 단어가 존재하며, 모음에 tilde라는 악센트(ʹ) 표기를 붙여야 하는 것들도 있기 때문에, 주의해서 기억해야 합니다. 스페인어의 모든 단어는 1음절, 2음절, 3음절 이상의 음절로 나뉩니다.

– **1음절** : pan 빵, sal 소금, luz 빛

– **2음절** : li-bro 책, ár-bol 나무, co-che 차

– **3음절 이상** : pa-ra-guas 우산, ma-ri-po-sa 나비, im-pre-sio-nan-te 인상적인

tip. ui처럼 두 개의 모음이 같이 쓰이는 것을 이중 모음이라고 하며, 이중 모음 역시 한 개의 모음으로 취급됩니다.

① -n, -s를 제외한 나머지 자음으로 끝나는 단어는 맨 끝음절에 강세가 옵니다.

- ca-**paz** 능력, can-ti-**dad** 양, a-**mor** 사랑

② 모음이나 -n, -s로 끝나는 단어는 끝에서 두 번째 음절에 강세가 옵니다.

- vo-**lu**-men 부피, za-**pa**-tos 신발, **pi**-so 집(빌라)

이 규칙과 상관 없이 악센트 표기를 가지고 있다면 그 음절을 강하게 읽어야 합니다.

- so-**fá** 소파, tam-**bién** 마찬가지로, a-de-**más** 게다가

③ 끝에서 세 번째 혹은 그보다 뒤의 음절에 강세가 올 경우 모두 악센트 표기가 있으며, 그 부분을 강하게 읽으면 됩니다.

- **mú**-si-ca 음악, **miér**-co-les 수요일, **rá**-pi-da-men-te 빨리

6. 동사는 모두 -ar, -er, -ir로 끝난다

스페인어의 모든 동사는 위의 세 가지 어미 중 하나로 끝나며 ① 주어에 따라 ② 시제에 따라 모든 동사의 어미가 변화합니다. 이 변화는 규칙적인 것이 대부분이지만 불규칙 변화들도 상당히 존재합니다. 따라서 동사를 보면 ① 누구를 뜻하는지 ② 어떤 시제를 말하는지 파악할 수 있기 때문에 주어를 생략할 수 있습니다. 주어를 특별히 강조해야 되는 상황이 아니라면 생략하며, 앞뒤 맥락상 정확히 누구를 지칭하는지 동사만으로 구별이 힘든 상황(1인칭과 3인칭은 변화형이 동일한 경우가 많기 때문)에서는 반드시 주어를 붙여야 합니다.

① [비행기 안에서 응급 환자 발생시]

A: ¿Hay aquí algún médico? 여기 의사 없나요?

B: ¡Yo soy médico! 내가 바로 의사예요!

이 경우 '내가 바로 의사'라는 내용을 강조하기 때문에 1인칭 대명사 Yo를 사용했지만, 일반적으로 '나는 의사입니다'라고 소개할 때는 'Soy médico.'로도 충분합니다.

② Estaba en punto de llegar. (나는/그(녀)는) 막 도착하려던 순간이었다.

이 문장에서는 앞뒤 상황 설명이 없기 때문에 주어가 나인지 그 혹은 그녀인지 인칭이 모호합니다. estaba의 동사 원형은 estar로 과거에 일어난 일을 묘사하는 시제인 Pretérito imperfecto의 1인칭과 3인칭이 규칙 변화형이기 때문이죠. 이럴 경우에는 주어를 표시하여 주어가 누구인지 구분해야 하므로 Yo(1인칭) 혹은 Él, Ella(3인칭)가 문장에 표현되어야 합니다. 하지만 앞에서 주어가 누구인지 충분히 묘사되었다면 당연히 생략되어야 합니다.

Capítulo 01

Capítulo 01

Unidad 1 인사

Unidad 2 소개

Unidad 3 감사

Unidad 4 사과

Unidad 5 대답

Unidad 6 주의&충고

Unidad 7 기타

La presentación 소개
라 쁘레센따씨온

MP3. Word_C01

saludar 쌀루다르
인사하다

el nombre 엘 놈브레
이름

el apellido 엘 아뻬지도
성

el segundo apellido
엘 쎄군도 아뻬지도
두 번째 성
(스페인에서는 모계 쪽 성을 말함)

el sexo 엘 쎅쏘
성별

el hombre 엘 옴브레
남자

la mujer 라 무헤르
여자, 부인

el señor 엘 쎄뇨르
~씨

don 돈
~옹

la señora 라 쎄뇨라
~씨 (기혼 여성에 대한 존칭)

doña 도냐
~여사

la señorita 라 쎄뇨리따
~양 (미혼 여성에 대한 존칭)

la edad 라 에닫
나이

viejo/a 비에호/하
나이든

el/la viejo/a 엘/라 비에호/하
노인

adulto/a 아둘또/따
성년이 된, 성장한

el/la adulto/a
엘/라 아둘또/따
성인

joven 호벤
젊은

el/la joven 엘/라 호벤
젊은이

el bebé 엘 베베
아기

la profesión 라 프로페시온
직업

empleado/a 엠쁠레아도/다
사용된, 쓰인

el/la empleado/a
엘/라 엠쁠레아도/다
직원, 사원

la oficina 라 오피씨나
사무실

Un día 하루
운 디아

la mañana 라 마냐나
아침

el día 엘 디아
낮, 하루, 날, 일(日)

el mediodía 엘 메디오디아
정오

la tarde 라 따르데
오후

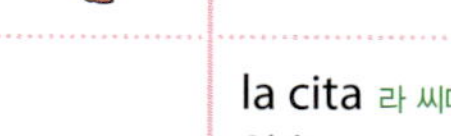

la noche 라 노체
저녁, 밤

la medianoche 라 메디아노체
자정, 심야

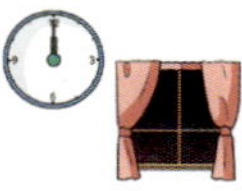

despertar 데스뻬르따르
잠을 깨우다

despertarse 데스뻬르따르세
잠에서 일어나다

el desayuno 엘 데사유노
아침 식사

trabajar 뜨라바하르
일하다

el almuerzo 엘 알무에르쏘
아침과 점심 사이의 간식

la comida 라 꼬미다
점심 식사

la cita 라 씨따
약속

la cena 라 쎄나
저녁 식사

dormir 도르미르
잠자다

El tiempo 시간
엘 띠엠뽀

la fecha 라 페차 날짜	el año 엘 아뇨 연(年), 연도	el mes 엘 메쓰 월(月), 달	el calendario 엘 깔렌다리오 달력
	la semana 라 쎄마나 주, 일주일	el día 엘 디아 일(日), 날	el fin de semana 엘 핀 데 쎄마나 주말

el lunes
엘 루네쓰
월요일

el martes
엘 마르떼쓰
화요일

el miércoles
엘 미에르꼴레쓰
수요일

el jueves
엘 후에베쓰
목요일

el viernes
엘 비에르네쓰
금요일

el sábado
엘 싸바도
토요일

el domingo
엘 도밍고
일요일

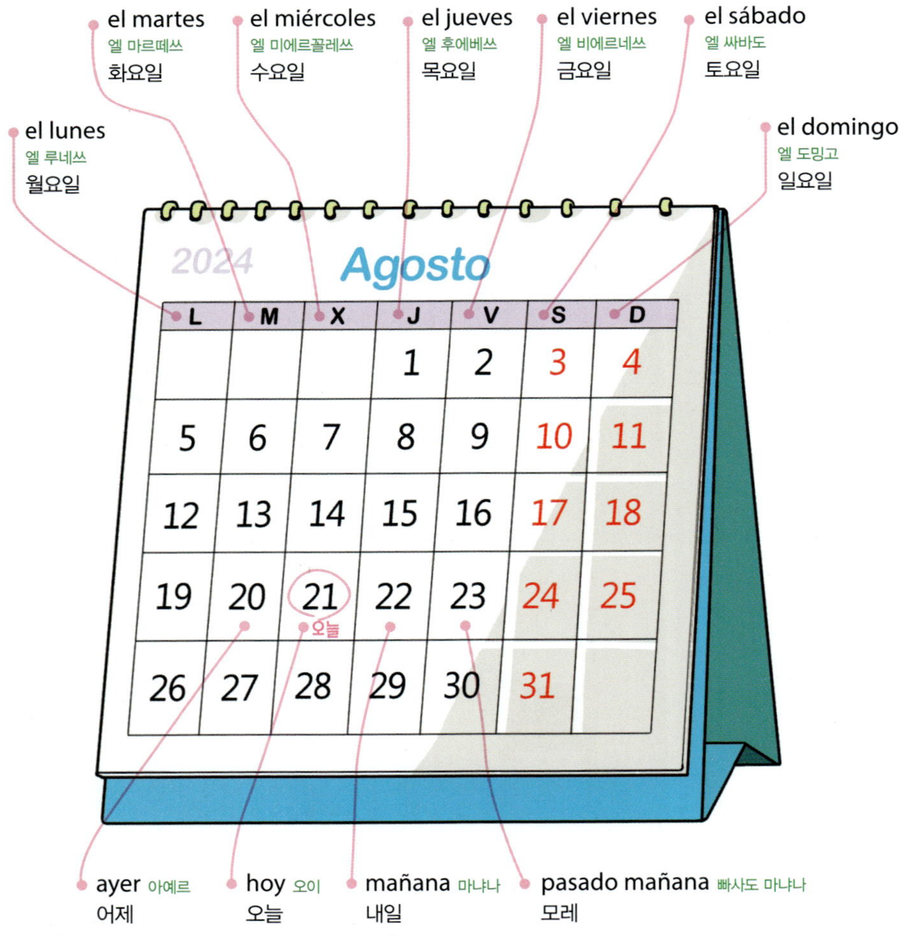

ayer 아예르
어제

hoy 오이
오늘

mañana 마냐나
내일

pasado mañana 빠사도 마냐나
모레

El saludo 인사
엘 쌀루도

saludar 쌀루다르 인사하다	Hola. 올라, Buenos días. 부에노쓰 디아쓰 안녕하세요.	Encantado/a. 엥깐따도/다, Mucho gusto. 무초 구스또 반갑습니다.
	Bienvenido/a. 비엔베니도/다 환영합니다.	Adiós. 아디오쓰, Chao. 차오 잘 가요.
	¿Cómo estás? 꼬모 에스따쓰?, ¿Qué tal? 께 딸? 어떻게 지내요?	Hasta luego. 아스따 루에고 나중에 봐요.
agradecer 아그라데쎄르 감사하다	Gracias. 그라씨아쓰 감사합니다.	Muchas gracias. 무차쓰 그라씨아쓰 대단히 감사합니다.
	Muchísimas gracias. 무치시마쓰 그라씨아쓰 정말 많이 감사합니다.	De nada. 데 나다 천만에요.
	el favor 엘 파보르 부탁, 호의	la generosidad 라 헤네로시닫 관대함, 너그러움
disculpar 디스꿀빠르 용서하다 disculparse 디스꿀빠르세 사죄하다	Lo siento. 로 씨엔또 죄송합니다.	Perdón. 뻬르돈, Disculpe. 디스꿀뻬 실례합니다. (죄송합니다.)
	la culpa 라 꿀빠 잘못	perdonar 뻬르도나르, disculpar 디스꿀빠르 용서하다
	el reproche 엘 레쁘로체 비난	el perdón 엘 뻬르돈 용서

처음 만났을 때 ①

\# 안녕하세요, 만나서 반갑습니다.

Hola, encantado. (상대 성별과 상관없이 화자가 남자일 때)
올라, 엥깐따도

Hola, encantada. (상대 성별과 상관없이 화자가 여자일 때)
올라, 엥깐따다

Hola, mucho gusto. (성별 상관 없음)
올라, 무초 구스또

\# 제 이름은 김수진입니다.

Me llamo Sujin Kim.
메 야모 수진 김

Mi nombre es Sujin Kim.
미 놈브레 에쓰 수진 김

\# 이름이 무엇입니까?

¿Cómo te llamas?
꼬모 떼 야마쓰?

¿Cuál es tu nombre?
꾸알 에쓰 뚜 놈브레?

\# 이야기 많이 들었습니다.

Había oído mucho de ti.
아비아 오이도 무초 데 띠

He oído hablar mucho de ti.
에 오이도 아블라르 무초 데 띠

\# 만나 뵙게 되어 정말 영광입니다.

Me alegro de conocerle.
메 알레그로 데 꼬노쎄를레

처음 만났을 때 ②

\# 네 얼굴이 낯이 익어.

Tu cara me suena mucho.
뚜 까라 메 쑤에나 무초

\# 우리가 서로 아는 사이인가?

¿Nos conocemos?
노쓰 꼬노쎄모쓰?

\# 어디에서 왔어? (어디 출신이야?)

¿De dónde eres?
데 돈데 에레쓰?

\# 스페인에 온 지 얼마나 됐어?

¿Cuánto tiempo llevas en España?
꾸안또 띠엠뽀 예바쓰 엔 에스빠냐?

\# 스페인 방문은 이번이 처음이야?

¿Es la primera vez que visitas España?
에쓰 라 쁘리메라 베쓰 께 비시따쓰 에스빠냐?

conocer 꼬노쎄르 알다

때에 따른 인사

안녕하세요.

Buenos días. (아침에 만났을 때)
부에노쓰 디아쓰

Buenas tardes. (점심에 만났을 때)
부에나쓰 따르데쓰

Buenas noches. (저녁에 만났을 때)
부에나쓰 노체쓰

안녕하세요.

Hola, buenas. (때에 상관없이 만났을 때)
올라, 부에나쓰

잘 자요. (밤 시간에 자러 갈 때)

Dulces sueños. (어린 아이들에게만 가능, 항상 복수로 사용)
둘쎄쓰 쑤에뇨쓰

¡Que tenga una buena noche!
께 뗑가 우나 부에나 노체!

좋은 주말 보내세요!

¡Que tenga un buen fin de semana!
께 뗑가 운 부엔 핀 데 쎄마나!

¡Que pase un buen fin de semana!
께 빠세 운 부엔 핀 데 쎄마나!

¡Buen finde!
부엔 핀데!
('주말'을 의미하는 fin de semana는 semana를 생략하고 finde라고만 말하는 경우도 많습니다.)

좋은 여름 보내세요! (여름방학이나 여름휴가 전)

¡Que tenga un buen verano!
께 뗑가 운 부엔 베라노!

꼭! 짚고 가기

스페인 이름, 짓는 게 아닌 '선택'

스페인은 우리나라처럼 뜻을 조합하여 이름을 '짓는' 게 아니라 존경하는 사람, 성인 혹은 왕 등 기존 이름에서 '선택'하여 붙입니다. 그래서 '¿Cuál es tu nombre?(이름이 뭐예요?)'에서 'qué(무엇)'가 아닌 'cuál(어떤 것)'이라는 의문 대명사를 씁니다. 직역하면 '어떤 것이 네 이름이야?'입니다. José 호세, María 마리아, Daniel 다니엘 등은 아주 흔한 이름입니다. 반면 성(姓)은 다양합니다. 우리나라가 '성'은 적지만 이름이 다양한 것과 반대입니다. 전체 이름을 쓸 때는 아버지 성(primer apellido 쁘리메르 아뻬지도)과 어머니 성(segundo apellido 쎄군도 아뻬지도)을 같이 사용합니다. 스페인 이름 자체가 길어서 '애칭(hipocorístico 이뽀꼬리쓰띠꼬)'으로 많이 부릅니다.

이름	애칭
Alejandro 알레한드로 알레한드로	Álex 알렉쓰 알렉스
Alejandra 알레한드라 알레한드라	Ale 알레 알레
Isabel 이사벨 이사벨	Isa 이사 이사
Beatriz 베아뜨리쓰 베아트리스	Bea 베아 베아
Santiago 싼띠아고 산티아고	Santi 싼띠 산티
Daniel 다니엘 다니엘	Dani 다니 다니
Francisco 프란씨스꼬 프란시스코	Fran 프란 프란
José María 호세 마리아 호세 마리아	Chema 체마 체마
Antonio 안또니오 안토니오	Toni 또니 토니
Rafael 라파엘 라파엘	Rafa 라파 라파
María Teresa 마리아 떼레사 마리아 테레사	Maite 마이떼 마이테
Fernando 페르난도 페르난도	Fer 페르 페르

오랜만에 만났을 때 ①

\# 오랜만이네!

¡Cuánto tiempo sin verte!
꾸안또 띠엠뽀 씬 베르떼!

¡Dichosos los ojos!
디초소쓰 로쓰 오호씨!

\# 아니, 이게 누구야!

¡Hombre, quién está aquí!
옴브레, 끼엔 에스따 아끼!

¡Mira quién está aquí!
미라 끼엔 에스따 아끼!

\# 그간 연락 못해서 미안해.

Siento no haber hablado contigo en tanto tiempo.
씨엔또 노 아베르 아블라도 꼰띠고 엔 딴또 띠엠뽀

\# 그간 뭐하고 지냈어?

¿Qué estás haciendo últimamente?
께 에스따쓰 아씨엔도 울띠마멘떼?

¿Y qué es de tu vida?
이 께 에쓰 데 뚜 비다?

\# 항상 네 생각하고 있었는데, 너무 바빴어. 미안해.

Siempre estaba pensando en ti, pero estaba muy ocupado/a. Perdóname.
씨엠쁘레 에스따바 뻰산도 엔 띠, 뻬로 에스따바 무이 오꾸빠도/다. 뻬르도나메

últimamente 울띠마멘떼 최근에

여기서 잠깐!

스페인어의 문장 부호 중 느낌표와 물음표는 반드시 문장의 앞과 뒤에 모두 찍어야 합니다.

- **¡Cómo!** 꼬모! 뭐라고!
- **¿Qué?** 께? 뭐라고?

오랜만에 만났을 때 ②

\# 나는 잘 지냈어.

Estoy bien.
에스또이 비엔

Como siempre.
꼬모 씨엠쁘레

\# 시간이 참 빠르군요!

¡Cómo pasa el tiempo!
꼬모 빠사 엘 띠엠뽀!

\# 하나도 안 변했네.

Te veo igual.
떼 베오 이구알

No has cambiado nada.
노 아쓰 깜비아도 나다

\# 세월이 당신만 비껴간 것 같아요.

Parece que no pasa el tiempo para usted.
빠레쎄 께 노 빠사 엘 띠엠뽀 빠라 우스뗃

\# 세상 참 좁은데!

¡Qué pequeño es el mundo!
께 뻬께뇨 에쓰 엘 문도!

\# 네 근황 좀 얘기해 봐.

¿Me cuentas cómo te va?
메 꾸엔따쓰 꼬모 떼 바?

\# 내 일상은 특별할 게 없지만, 더 나빠지지 않는 것에 만족해.

Mi vida no es nada especial, pero estoy satisfecho/a de que no haya empeorado.
미 비다 노 에쓰 나다 에스뻬씨알, 뻬로 에스또이 싸띠스페초/차 데 께 노 아야 엠뻬오라도

el mundo 엘 문도 세계

안부를 묻는 인사

\# 잘 지내니?

¿Qué tal?
께 딸?

¿Cómo estás?
꼬모 에스따쓰?

\# 어떻게 지내세요?

¿Cómo está usted?
꼬모 에스따 우스뗀?

\# 주말 어떻게 보냈어?

¿Qué has hecho el fin de semana?
께 아쓰 에초 엘 핀 데 쎄마나?

\# 가족은 어때?

¿Cómo está tu familia?
꼬모 에스따 뚜 파밀리아?

\# 무슨 일이야?

¿Qué te pasa?
께 떼 빠사?

¿Te pasa algo?
떼 빠사 알고?

el fin de semana 엘 핀 데 쎄마나 주말
la familia 라 파밀리아 가족

여기서 잠깐!

¿Cómo estás? 꼬모 에스따쓰?와 ¿Qué tal? 께 딸?은 '어떻게 지내?'라는 의미지만 '인사'의 의미로도 사용합니다. 반드시 '나의 안부나 상태'로 대답해야 하는 것은 아니며, 똑같이 ¿Qué tal?로 대답하거나 대답 없이 다음 대화로 넘어가도 무방합니다. 만났을 때 ¡Hola! 올라! 뒤에 자동으로 나오는 문장이라고 생각하면 됩니다.

꼭! 짚고 가기

스페인식 인사법, 양쪽 볼 키스

스페인의 정통 인사법은 볼 키스입니다. 스페인에서는 상대를 처음 만나서 인사를 할 때 양쪽 볼에 키스를 합니다. 실제로 볼에 입으로 키스를 해도 되지만 보통은 오른쪽–왼쪽 순서대로 서로의 볼을 맞대며 입으로 "쪽!" 하는 소리를 냅니다. 반드시 양쪽에 한 번씩 두 번을 해야 하며 '여자와 여자', '여자와 남자'일 경우에만 해당됩니다.
'남자와 남자' 사이에는 친한 친구라면 서로의 몸을 터치하며 친근함을 표시하며, 처음 만난 사이, 격식을 차리는 자리라면 악수를 하는 게 인사 방법입니다.
가족이나 직장 동료처럼 자주 보는 사이에서는 볼 키스를 하지 않으며 주로 오랜만에 만난 친구, 새로운 사람을 만나게 되었을 때 합니다. 매일 보는 사이일지라도 여행 등으로 장기간 만나지 못한 경우 볼 키스를 합니다. 볼 키스는 만났을 때와 헤어질 때 모두 해야 합니다.
'Dale un beso a tu familia. 달레 운 베소 아 뚜 파밀리아(가족에게 안부를 전해 줘요.)'가 바로 이 볼 키스를 말하는 문장인데, 상대의 가족에게 안부를 전할 때 un beso를 전해달라는 표현을 씁니다. 'Dale(그에게 전해 줘라), un beso(키스를), a tu familia(너의 가족에게)'란 뜻으로 Dale는 '주다'라는 뜻의 dar동사에 le라는 tu familia를 뜻하는 대명사가 결합된 문장입니다. 즉 '내 키스를 그 사람에게 전해 줘'는 '내 안부 전해 줘'라는 뜻이 되겠죠.
많은 수의 친구들을 한꺼번에 만났을 경우 한 명도 빠짐없이 이 볼 키스로 첫인사와 헤어질 때의 인사를 하기 때문에 "안녕", "잘 가" 인사만 하는데도 시간이 상당히 걸리는 진풍경을 볼 수 있습니다.
처음엔 어색하겠지만 스페인 사람을 만난다면 먼저 다가가 "Hola"하며 볼 키스를 해 보는 건 어떨까요?

안부 인사에 대한 대답

난 잘 지내.

Estoy bien.
에스또이 비엔

Todo bien.
또도 비엔

그럭저럭 지내.

Ni fu ni fa.
니 푸 니 파

No estoy mal.
노 에스또이 말

Como siempre.
꼬모 씨엠쁘레

별일 없어요.

Nada especial.
나다 에스뻬씨알

오늘은 기분이 별로네요.

No tengo mi mejor día.
노 뗑고 미 메호르 디아

No estoy de buen humor.
노 에스또이 데 부엔 우모르

우리 부모님도 잘 지내셔.

A mis padres también les va bien.
아 미쓰 빠드레쓰 땀비엔 레쓰 바 비엔

일도 그렇고 모든 게 다 좋아. 나는 불평할 게 아무것도 없어.

Todo está bien, incluido el trabajo. No tengo nada de qué quejarme.
또도 에스따 비엔, 잉끌루이도 엘 뜨라바호. 노 뗑고 나다 데 께 께하르메.

bien 비엔 좋은
mal 말 나쁜
siempre 씨엠쁘레 항상
de buen humor 데 부엔 우모르 좋은 기분

헤어질 때 인사①

잘 가요.

Adiós.
아디오쓰

Chao.
차오

좋은 하루 보내요!

¡Que tengas un buen día!
(낮 시간에 헤어질 때)
께 뗑가쓰 운 부엔 디아!

¡Que tengas una buena noche!
(저녁 시간에 헤어질 때)
께 뗑가쓰 우나 부에나 노체!

내일 봐.

Hasta mañana.
아스따 마냐나

Te veo mañana.
떼 베오 마냐나

이따 봐.

Hasta pronto.
아스따 쁘론또

Luego te veo.
루에고 떼 베오

잘 지내.

Cuídate.
꾸이다떼

다음에 봐.

Hasta otro día.
아스따 오뜨로 디아

헤어질 때 인사②

\# 재미있게 보내!

¡Que lo pases bien! (상대가 단수일 경우)
께 로 빠세스 비엔!

¡Que lo paséis bien! (상대가 복수일 경우)
께 로 빠세이스 비엔!

\# 전 지금 가야 돼요.

Me tengo que ir.
메 뗑고 께 이르

Lo siento, pero tengo que irme ya.
로 씨엔또, 뻬로 뗑고 께 이르메 야

\# 가족에게 안부 전해 줘요.

Dale un beso a tu familia.
달레 운 베소 아 뚜 파밀리아

Dale recuerdos de mi parte.
달레 레꾸에르도스 데 미 빠르떼

\# 조만간 다시 만납시다.

Nos vemos pronto.
노스 베모스 쁘론또

Espero que nos veamos pronto.
에스뻬로 께 노스 베아모스 쁘론또

환영할 때

\# 마드리드에 오신 걸 환영합니다.

Bienvenido a Madrid.
비엔베니도 아 마드릳

\# 저희 집에 오신 것을 환영합니다.

Bienvenidos a mi casa.
비엔베니도스 아 미 까사

\# 모두 환영합니다.

(Sed) Bienvenidos todos.
(쎋) 비엔베니도스 또도스

\# (이곳이) 마음에 들길 바란다.

Espero que te guste.
에스뻬로 께 떼 구스떼

\# (이곳이) 마음에 드시길 바랍니다.

Espero que le haya gustado.
에스뻬로 께 레 아야 구스따도

\# 내 집처럼 편하게 계세요.

Siéntase como en su casa.
씨엔따쎄 꼬모 엔 쑤 까사

\# 집 찾는 게 어렵지 않았어?

¿Fue complicado encontrar mi casa?
후에 꼼쁠리까도 엥꼰뜨라르 미 까사?

¿Te costó mucho encontrar mi casa?
떼 꼬스또 무초 엥꼰뜨라르 미 까사?

말 걸기

실례합니다.

Disculpe.
디스꿀뻬

Perdón.
뻬르돈

여보세요! (특정한 사람을 부를 때)

¡Caballero! (상대방이 성인 남성일 때)
까바예로!

¡Señor! (상대방이 성인 남성일 때)
쎄뇨르!

¡Señora! (상대방이 결혼한 여성일 때)
쎄뇨라!

¡Señorita! (상대방이 미혼 여성일 때)
쎄뇨리따!

저...

Pues...
뿌에쓰...

잠깐 이야기 좀 할 수 있을까?

¿Tienes un minuto?
띠에네쓰 운 미누또?

¿Puedo hablar contigo un minuto?
뿌에도 아블라르 꼰띠고 운 미누또?

말씀 중 죄송합니다.

Disculpe que le interrumpa.
디스꿀뻬 께 레 인떼룸빠

Perdón por la interrupción.
뻬르돈 뽀르 라 인떼룹씨온

내 말 좀 들어 봐요.

Déjame hablar.
데하메 아블라르

Escúchame.
에스꾸차메

여기서 잠깐!

부부 사이나 아주 친한 친구 사이에서 상대를 부를 때 '¡Oye! 오예!'라는 표현을 쓰기도 합니다. 길거리에서 흔히 들리지만, 모르는 사람에게는 아주 무례한 표현이니 주의하세요.

화제를 바꿀 때

다른 얘기를 하죠.

Podemos hablar de otra cosa.
뽀데모쓰 아블라르 데 오뜨라 꼬사

Cambiemos de tema.
깜비에모쓰 데 떼마

서로 의견을 말해 봅시다.

Vamos a intercambiar ideas entre todos.
바모쓰 아 인떼르깜비아르 이데아쓰 엔뜨레 또도쓰

더 무엇이 있을까요?

¿Algo más?
알고 마쓰?

그건 그렇고, 다니엘라에 관해 들은 소식이 있나요?

Por cierto, ¿has oído algo sobre Daniela?
뽀르 씨에르또, 아쓰 오이도 알고 쏘브레 다니엘라?

¿Sabes algo de Daniela?
싸베쓰 알고 데 다니엘라?

잠깐!

¡Espera!
에스뻬라!

¡Un momento!
운 모멘또!

cambiar 깜비아르 바꾸다
intercambiar 인떼르깜비아르 교환하다
saber 싸베르 알다

Unidad 2 **소개** MP3. C01_U02

상대방에 대해 묻기

이름이 뭐예요?

¿Cómo te llamas?
꼬모 떼 야마쓰?

¿Cuál es tu nombre?
꾸알 에쓰 뚜 놈브레?

이름 철자가 어떻게 되나요?

¿Podrías deletrear tu nombre?
뽀드리아쓰 델레뜨레아르 뚜 놈브레?

직업이 뭐예요?

¿A qué te dedicas? (매우 가까운 사이)
아 께 떼 데디까쓰?

¿En qué trabajas?
엔 께 뜨라바하쓰?

어떤 일을 하시나요?

¿Cuál es tu profesión?
꾸알 에쓰 뚜 쁘로페씨온?

누구와 일하세요?

¿Con quién trabajas?
꼰 끼엔 뜨라바하쓰?

국적이 어디예요?

¿De dónde eres?
데 돈데 에레쓰?

¿Cuál es tu nacionalidad?
꾸알 에쓰 뚜 나씨오날리닫?

몇 개 국어 하시나요?

¿Cuántos idiomas hablas?
꾸안또쓰 이디오마쓰 아블라쓰?

전공이 뭐예요?

¿Qué estudias? (지금 무얼 배우고 있니? 현재 상대가 학생일 경우)
께 에스뚜디아쓰?

¿Qué estudiaste? (과거에 무얼 배웠니? 현재는 배우는 상태가 아님)
께 에스뚜디아스떼?

꼭! 짚고 가기

주어는 생략 가능

스페인어의 가장 큰 특징은 바로 인칭에 따라 동사의 어미가 변한다는 것입니다. 따라서 동사만 봐도 그게 나인지, 너인지 혹은 타인인지 파악할 수 있어 굳이 주어를 중복해서 사용하지 않습니다.

'(Yo) Soy coreana. (요) 쏘이 꼬레아나 (나는 한국인입니다)'라는 문장에서 동사는 soy이며, 이 동사는 동사원형 ser의 1인칭 현재형만 가능하기 때문에 soy 하나만으로도 주어가 '나'라는 것과 시제가 '현재형'이라는 것 두 가지를 파악할 수 있습니다. 따라서 주어를 생략하여 사용해야 합니다.

하지만 다른 예로 'Tomaba el café. 또마바 엘 까페(커피를 마시곤 했다)' 문장에서는 1인칭과 3인칭의 어미가 동일하게 변형됩니다. 이렇게 주어가 명확히 구분되지 않는 경우 'Yo tomaba el café. 요 또마바 엘 까페'처럼 주어를 생략하지 않습니다. 하지만 문맥상 커피를 마신 사람이 '나'인지, '그'인지 파악할 수 있다면 역시 주어는 생략해야 합니다.

자기에 대해 말하기

제 이름은 파코 로드리게스입니다.

Me llamo Paco Rodríguez.
메 야모 빠꼬 로드리게쓰

Mi nombre es Paco Rodríguez.
미 놈브레 에쓰 빠꼬 로드리게쓰

제 성은 '김'이고, 이름은 '유나'예요.

Mi apellido es "Kim" y mi nombre es "Yu-na".
미 아뻬지도 에쓰 '김' 이 미 놈브레 에쓰 '유나'

저는 EOI에서 선생님으로 일하고 있어요.

Trabajo en la EOI como profesora.
뜨라바호 엔 라 에스꾸엘라쓰 오피씨알레쓰 데 이디오마쓰 꼬모 쁘로페소라

Soy profesora de la EOI.
쏘이 쁘로페소라 데 라 에스꾸엘라쓰 오피씨알레쓰 데 이디오마쓰

저는 콤플루텐스 대학교 학생입니다.

Soy estudiante de la universidad Complutense.
쏘이 에스뚜디안떼 데 라 우니베르시닫 꼼쁠루뗀세

Estoy estudiando en la universidad Complutense.
에스또이 에스뚜디안도 엔 라 우니베르시닫 꼼쁠루뗀세

저는 스페인 문학을 전공하고 있어요.

Soy estudiante de literatura española.
쏘이 에스뚜디안떼 데 리떼라뚜라 에스빠뇰라

Estudio literatura española.
에스뚜디오 리떼라뚜라 에스빠뇰라

신상 정보에 대해 말하기

저는 한국인이에요.

Soy coreano/a.
쏘이 꼬레아노/나

Soy de Corea del sur.
쏘이 데 꼬레아 델 쑤르

저는 미혼입니다.

Estoy soltero/a.
에스또이 쏠떼로/라

저는 혼자 살고 있어요.

Vivo solo/a.
비보 쏠로/라

그는 결혼했어요.

Está casado.
에스따 까사도

몇 살입니까?

¿Cuántos años tienes?
꾸안또쓰 아뇨쓰 띠에네쓰?

저는 32살입니다.

Tengo 32 años.
뗑고 뜨레인따 이 도쓰 아뇨쓰

그 사람은 나이가 몇인가요?

¿Cuántos años tiene él?
꾸안또쓰 아뇨쓰 띠에네 엘?

그는 25살이에요.

Tiene 25 años.
띠에네 베인띠씽꼬 아뇨쓰

el/la profesor/a 엘/라 쁘로페소르/라 선생님
el/la estudiante 엘/라 에스뚜디안떼 학생
estudiar 에스뚜디아르 공부하다
la literatura 라 리떼라뚜라 문학

soltero/a 쏠떼로/라 미혼인
casado/a 까사도/다 결혼한
divorciado/a 디보르씨아도/다 이혼한
viudo/a 비우도/다 사별한

소개하기

\# 제 소개를 조금 할게요.

Permítame presentarme un poco.
뻬르미따메 쁘레센따르메 운 뽀꼬

\# (너에게) 내 친구를 소개해.

Te presento a mi amigo/a.
떼 쁘레센또 아 미 아미고/가

\# 이 분들은 저희 부모님입니다.

Estos son mis padres.
에스또쓰 쏜 미쓰 빠드레쓰

\# 제 친구예요.

Es mi amigo/a.
에쓰 미 아미고/가

\# 제 남자 친구예요.

Es mi novio.
에쓰 미 노비오

\# 제 여자 친구예요.

Es mi novia.
에쓰 미 노비아

\# 내 동생 처음 보지? 소개해 줄게.

¿Es la primera vez que ves a mi hermano/a? Te lo/a presento.
에쓰 라 쁘리메라 베쓰 께 베쓰 아 미 에르마노/나?
떼 로/라 쁘레센또

여기서 잠깐!

이름 뒤에 -ito/a 이또/따를 붙이면 '작고 귀엽다'는 뜻이 첨가됩니다. 예를 들어 Juan 후안 이름 뒤에 -ito 이또를 붙여 Juanito 후아니또라고 부른다면 사랑스러운 느낌을 담아 부르는 말이 됩니다. 보통 어린아이를 부를 때 많이 사용하지만, 아이가 아니더라도 애정을 담아 표현하고 싶다면 'Juan está malito. 후안 에스따 말리또'처럼 이름 혹은 단어 뒤에 -ito/a를 붙이면 됩니다. malito와 같이 형용사에 -ito가 붙은 경우라면 약한 상태를 의미하는 말로 '후안이 조금 아프다'라는 뜻이 됩니다.

꼭! 짚고 가기

결혼 관련 표현

미혼, 기혼, 이혼, 사별을 말하는 네 가지 표현을 알아봅시다. 결혼 관련 표현은 변화 가능한 상태를 말하는 estar 동사 또는 불변하는 상태를 말하는 ser 동사를 사용합니다. 사별을 제외한 미혼, 기혼, 이혼은 변화 가능한 상태이기 때문에 estar동사를 사용합니다. 사별은 변화가 가능한 상태가 아니기 때문에 ser동사를 써야 합니다.

- Estoy soltero.
  에스또이 쏠떼로
  나는 미혼입니다.
- Juan está casado.
  후안 에스따 까사도
  후안은 결혼했습니다.
- María está divorciada.
  마리아 에스따 디보르씨아다
  마리아는 이혼한 상태입니다.
- Jesús es viudo.
  헤수쓰 에쓰 비우도
  헤수스 씨는 사별했어요.

위의 네 가지 예시는 모두 말하는 사람의 성별에 따라, 남성이라면 o로 여성이라면 a로 끝납니다.

soltero/a, casado/a, divorciado/a, viudo/a

Unidad 3 **감사** MP3. C01_U03

감사하다①

감사합니다.

Gracias.
그라씨아쓰

정말 감사합니다.

Muchas gracias.
무차쓰 그라씨아쓰

Muchísimas gracias.
무치시마쓰 그라씨아쓰

여러모로 감사합니다.

Gracias por todo.
그라씨아쓰 뽀르 또도

그렇게 말씀해 주시니 감사합니다.

Gracias por decir eso.
그라씨아쓰 뽀르 데씨르 에소

네 은혜 잊지 않을게.

Nunca olvidaré lo que has hecho por mí.
눙까 올비다레 로 께 아쓰 에초 뽀르 미

와 주셔서 감사드립니다.

Gracias por venir.
그라씨아쓰 뽀르 베니르

도와주셔서 대단히 감사합니다.

Muchas gracias por su ayuda.
무차쓰 그라씨아쓰 뽀르 쑤 아유다

Gracias por ayudarme.
그라씨아쓰 뽀르 아유다르메

decir 데씨르 말하다
olvidar 올비다르 잊다

감사하다②

신경 써 줘서 고마워요.

Gracias por pensar en mí.
그라씨아쓰 뽀르 뻰사르 엔 미

초대해 주셔서 감사합니다.

Gracias por invitarme.
그라씨아쓰 뽀르 임비따르메

제게 기회를 주셔서 감사합니다.

Gracias por darme la oportunidad.
그라씨아쓰 뽀르 다르메 라 오뽀르뚜니닫

시간 내 주셔서 감사합니다.

Gracias por tu tiempo.
그라씨아쓰 뽀르 뚜 띠엠뽀

기다려 줘서 고마워요.

Gracias por esperar.
그라씨아쓰 뽀르 에스뻬라르

pensar 뻰사르 생각하다
invitar 임비따르 초대하다

여기서 잠깐!

동사 'invitar 임비따르'는 '초대하다'라는 뜻이 있지만 '내가 돈을 내겠다'라는 뜻도 포함되어 있습니다.

- ¿Quieres un café? Te invito yo.
  끼레에쓰 운 까페? 떼 임비또 요
  커피 마실래? 내가 살게.

감사 인사에 응답할 때

\# 천만에요.

De nada.
데 나다

\# 오히려 내가 고맙지.

Gracias a ti.
그라씨아쓰 아 띠

\# 대단한 일도 아닌데요.

No era difícil.
노 에라 디피씰

\# 언제든지 부탁하세요.

Estoy a su disposición para cualquier cosa.
에스또이 아 쑤 디스뽀시씨온 빠라 꾸알끼에르 꼬사

\# 언제든지 부탁해.

Cualquier cosa, me dices.
꾸알끼에르 꼬사, 메 디쎄쓰

\# 도움이 될 수 있어 기뻐요.

Estoy contento/a de poder ayudarle.
에스또이 꼰뗀또/따 데 뽀데르 아유다를레

여기서 잠깐!

'Gracias a ti. 그라씨아쓰 아 띠'는 일상생활에서 정말 많이 쓰이는 표현 중 하나입니다. 상점에서 물건을 사고 계산원이 'Gracias. 그라씨아쓰'라고 말했다면 'Gracias a ti.' 혹은 'A ti. 아 띠'라고 답하면 됩니다. 나 역시 상대방에게 고맙게 생각한다는 뜻으로, 상대가 먼저 'Gracias.' 했을 경우 답할 수 있는 말입니다.
보통 tu 용법(2인칭)을 쓰지만 상대에게 예의와 존중을 담아서 'usted 우스뗃'이라고 할 수도 있습니다.
'Gracias a usted. 그라씨아쓰 아 우스뗃' 혹은
'A usted. 아 우스뗃'으로 말하면 됩니다.

꼭! 짚고 가기

스페인에 대해

스페인은 유럽의 서쪽 '이베리아' 반도에 위치한 나라로 피레네산맥을 경계로 프랑스, 서쪽은 포르투갈과 맞닿아 있습니다. 남쪽으로는 아프리카 대륙과 근접해 유럽과 아프리카를 잇는 통로 역할을 했습니다.
한반도 2배 정도 크기로 인구는 2023년 기준 4,834만 명 정도입니다. 뚜렷한 사계절이 있으며 우리나라와 8시간 시차(서머타임 시 7시간)가 납니다. 농업, 축산업, 어업, 조선, 제철, 제조업, 건설업 등의 주요 산업을 기반으로 관광업이 발달했습니다.
스페인의 수도, 마드리드(Madrid)의 콜론 광장(Plaza de Colón)에 있는 대형 스페인 국기는 나라에 조사가 있을 때 조기를 게양하기도 합니다. 마드리드 시내 솔역(Puerta del Sol) 주변에 있는 0km (Kilómetro Cero) 지점을 기준으로 스페인 모든 지역, 도시의 거리가 계산됩니다.
스페인은 각기 다른 왕국이 하나로 통합이 된 나라로 지역 간 특색이 매우 뚜렷합니다. 이러한 지역색이 스페인의 발전을 저해하는 원인으로 꼽히기도 하는데, 특히 바르셀로나를 중심으로 하는 카탈루냐(Cataluña)와 북쪽 바스코(País Vasco) 지역은 지금까지도 분리독립을 주장하고 있습니다.
스페인 출신의 유명인으로 세계적인 건축가 가우디(Antonio Gaudí), 천재 화가 피카소(Pablo Picasso), 〈돈키호테(Don Quijote)〉의 작가 세르반테스(Miguel de Cervantes) 등이 있습니다.

사과하다

\# 미안합니다.

Lo siento.
로 씨엔또

Perdón.
뻬르돈

Perdóname.
뻬르도나메

\# 정말 미안해.

Lo siento mucho.
로 씨엔또 무초

\# 사과드립니다.

Le pido disculpas.
레 삐도 디스꿀빠쓰

\# 번거롭게 해 드려 죄송합니다.

Lamento las molestias.
라멘또 라쓰 몰레스띠아쓰

\# 늦어서 죄송합니다.

Discúlpeme por el retraso.
디스꿀뻬메 뽀르 엘 레뜨라소

\# 당장 사과하세요!

¡Discúlpate inmediatamente!
디스꿀빠떼 임메디아따멘떼!

¡Pídeme perdón inmediatamente!
삐데메 뻬르돈 임메디아따멘떼!

\# 날 용서해 줄래?

¿Me perdonas?
메 뻬르도나쓰?

여기서 잠깐!

다의어를 살펴볼까요.

- el banco 엘 방꼬 은행; (공원의) 벤치
- la lengua 라 렝구아 언어; 혀
- (el) vino (엘) 비노 명 와인 동 왔다(3인칭 과거)
- (el) derecho (엘) 데레초 명 법 형 직선의

잘못&실수했을 때 ①

\# 제 잘못이었어요.

Fue mi culpa.
푸에 미 꿀빠

\# 제가 망쳐서 죄송합니다.

Lo siento, lo estropeé.
로 씨엔또, 로 에스뜨로뻬에

\# 고의가 아니었습니다.

No era mi intención en absoluto.
노 에라 미 인뗀씨온 엔 압솔루또

No lo hice a propósito.
노 로 이쎄 아 쁘로뽀시또

Mi intención era buena.
미 인뗀씨온 에라 부에나

\# 제가 실수했어요.

He cometido un error.
에 꼬메띠도 운 에로르

\# 진심으로 사과드립니다.

Me disculpo sinceramente.
메 디스꿀뽀 씬쎄라멘떼

\# 죄송합니다. 사과드리고 싶어요.

Lo siento. Acepta mis disculpas.
로 씨엔또. 악쎕따 미쓰 디스꿀빠쓰

\# 제 사과를 받아주세요.

Por favor, acepta mis disculpas.
뽀르 파보르, 악쎕따 미쓰 디스꿀빠쓰

\# 미안하다는 말을 하고 싶어요.

Quiero disculparme.
끼에로 디스꿀빠르메

Quiero decir lo siento.
끼에로 데씨르 로 씨엔또

Me gustaría decir que lo siento.
메 구스따리아 데씨르 께 로 씨엔또

la intención 라 인뗀씨온 의도

잘못&실수했을 때 ②

\# 죄송해요. 어쩔 수 없었습니다.

Lo siento, no pude evitarlo.
로 씨엔또, 노 뿌데 에비따를로

\# 미안해요, 깜빡 잊었어요.

Lo siento, se me olvidó.
로 씨엔또, 쎄 메 올비도

\# 문제가 되리라고는 생각하지 못했어요.

No pensaba que fuera un problema.
노 뻰사바 께 푸에라 운 쁘로블레마

\# 다시 한번 기회를 주세요.

Dame otra oportunidad para que lo arregle.
다메 오뜨라 오뽀르뚜니닫 빠라 께 로 아레글레

\# 다시는 이런 일이 없을 겁니다.

No volverá a pasar (otra vez).
노 볼베라 아 빠사르 (오뜨라 베쓰)

\# 내가 너라도 기분 나빴을 것 같아.

Si yo fuera tú, también me sentiría mal.
씨 요 푸에라 뚜, 땀비엔 메 쎈띠리아 말

\# 너무 죄책감이 느껴져.

Me siento muy culpable.
메 씨엔또 무이 꿀빠블레

\# 너무 후회돼.

Me arrepiento mucho.
메 아레삐엔또 무초

\# 날 용서해 줬으면 좋겠어.

Espero que puedas perdonarme.
에스뻬로 께 뿌에다쓰 뻬르도나르메

사과 인사에 응답할 때

\# 괜찮습니다.

No pasa nada.
노 빠사 나다

Está bien.
에스따 비엔

\# 걱정 마, 우린 친구잖아.

No te preocupes, somos amigos.
노 떼 쁘레오꾸뻬쓰, 쏘모쓰 아미고쓰

\# 서로 용서하고 잊어버리자.

Olvidémoslo.
올비데모슬로

Vamos a perdonar y olvidarlo.
바모쓰 아 뻬르도나르 이 올비다를로

\# 저야말로 사과를 드려야죠.

Soy yo quien debe disculparse.
쏘이 요 끼엔 데베 디스꿀빠르세

\# 걱정 마.

No te preocupes.
노 떼 쁘레오꾸뻬쓰

\# 걱정하지 마세요.

No se preocupe.
노 쎄 쁘레오꾸뻬

\# 사과를 받아들일게.

Acepto tus disculpas.
악셉또 뚜쓰 디스꿀빠쓰

여기서 잠깐!

잘못을 저지르고도 사과하지 않는 사람을 가리켜 뻔뻔하다고 하죠. 스페인어로는 이 '뻔뻔하다'는 표현으로 'sinvergüenza 씬베르구엔싸'를 쓴답니다. 'vergüenza 베르구엔싸(부끄러움)'에 'sin 씬(없다)'을 결합시켜 'Es un sinvergüenza 에쓰 운 씬베르구엔싸 (그는 참 부끄러움도 없는 사람)', 즉 '뻔뻔한 사람'이라는 표현이 됩니다.

잘 알아듣지 못했을 때

잘 안 들려.

No te oigo nada.
노 떼 오이고 나다

죄송한데, 잘 안 들립니다.

Lo siento, pero no le oigo.
로 씨엔또, 뻬로 노 레 오이고

말이 너무 빨라요.

Está hablando demasiado rápido para mí.
에스따 아블란도 데마시아도 라삐도 빠라 미

죄송합니다, 그것을 이해하지 못했어요.

Lo siento, pero no lo entiendo.
로 씨엔또, 뻬로 노 로 엔띠엔도

무슨 뜻이죠?

¿Qué significa esto?
께 씨그니피까 에스또?

뭐라고?

¿Qué?
께?

철자가 어떻게 되죠?

¿Cómo se escribe?
꼬모 쎄 에스끄리베?

¿Cómo se deletrea esto?
꼬모 쎄 델레뜨레아 에스또?

다시 말해 주시겠어요?

¿Puede repetirlo?
뿌에데 레뻬띠를로?

실례&양해를 구할 때

실례지만, 지나가도 될까요?

Perdone, ¿puedo pasar?
뻬르도네, 뿌에도 빠사르?

잠시 실례하겠습니다, 곧 돌아오겠습니다.

Discúlpeme un momento; vuelvo en seguida.
디스꿀뻬메 운 모멘또; 부엘보 엔 쎄기다

죄송하지만, 이만 가 봐야겠어요.

Disculpa. Me tengo que ir.
디스꿀빠. 메 뗑고 께 이르

화장실 다녀올 동안 제 가방 좀 봐 줄래요?

¿Puede echar un vistazo a mi bolsa mientras estoy en el baño?
뿌에데 에차르 운 비스따쏘 아 미 볼사 미엔뜨라쓰 에스또이 엔 엘 바뇨?

양해 부탁드립니다.

Espero su comprensión.
에스뻬로 쑤 꼼쁘렌시온

Espero que lo entienda.
에스뻬로 께 로 엔띠엔다

실례합니다.

Permiso.
뻬르미소

("잠시만요", "죄송합니다"의 뉘앙스로, 먼저 앞질러 지나가야 하는 상황 등에서 타인에게 비켜달라는 의미의 표현)

demasiado/a 데마시아도/다 많은, 지나친
rápido/a 라삐도/다 빠른
escribir 에스끄리비르 쓰다, 적다

la(s) disculpa(s) 라(쓰) 디스꿀빠(쓰) 사과 (일반적으로 항상 복수형)
volver 볼베르 돌아오다

긍정적으로 대답할 때

물론이죠!

¡Por supuesto!
뽀르 쑤뿌에스또!

¡Desde luego!
데스데 루에고!

¡Claro!
끌라로!

¡Cómo no!
꼬모 노!

알겠습니다.

Sí.
씨

Vale.
발레

OK.
오께이

좋아요.

Bien.
비엔

Estoy de acuerdo.
에스또이 데 아꾸에르도

맞아요.

Exactamente.
엑싹따멘떼

Tienes razón.
띠에네쓰 라쏜

여기서 잠깐!

영어의 OK를 스페인어에서도 같은 용법으로 사용합니다. 사전에는 나오지 않습니다.

꼭! 짚고 가기

ser 동사와 estar 동사

스페인어를 공부하면서 가장 먼저 겪게 되는 혼동이 아마 이 ser 동사와 estar 동사의 구분이 아닐까 싶습니다. 둘 다 '~이다'로 동일한 뜻을 가지고 있지만 쓰임이 다릅니다.

ser 동사는 사물의 변하지 않는 고유의 특성(국적, 성별, 직업), 성격 및 특징(키가 작다, 성격이 좋다 등)을 나타낼 때 쓰입니다.

- Manuel es alto. 마누엘 에쓰 알또
  마누엘은 키가 크다.
- José es simpático. 호세 에쓰 씸빠띠꼬
  호세는 친절하다.

estar 동사는 변화 가능한 상태를 나타낼 때 사용합니다. 예를 들면 estoy enfermo 에스또이 엠페르모는 지금 아픈 상태, 감기에 걸려 일시적으로 아픈 상태일 때 사용합니다.

- Estoy cansado. 에스또이 깐사도
  나는 피곤하다.
- La ventana está abierta.
  라 벤따나 에스따 아비에르따
  창문이 열려 있다.

사용에 주의하여 '아픈 사람(estoy malo 에스또이 말로)'이 '나쁜 사람(soy malo 쏘이 말로)'으로 되지 않도록 합시다!

부정적으로 대답할 때

\# 전혀 모르겠어요.

No entiendo nada.
노 엔띠엔도 나다

(나에게 말해 주지 않는다면, 나는 결코 알 수 없을 거야.)

Si no me lo dices, jamás me habría dado cuenta.
씨 노 메 로 디쎄쓰, 하마쓰 메 아브리아 다도 꾸엔따

\# 저 혼자는 절대 해결할 수 없어요.

Nunca podré solucionarlo solo.
눙까 뽀드레 쏠루씨오나를로 쏠로

\# 야! 그건 바보 같은 거야.

¡Bah!, es una tontería.
바!, 에쓰 우나 똔떼리아

\# 아직이요.

Aún no.
아운 노

Todavía no.
또다비아 노

\# 물론 아니죠!

¡Por supuesto que no!
뽀르 쑤 뿌에스또 께 노!

¡De ninguna manera!
데 닝구나 마네라!

\# 할 기분이 아닙니다.

No estoy de humor.
노 에스또이 데 우모르

\# 하기 싫어.

No quiero hacerlo.
노 끼레오 아쎄를로

jamás 하마쓰 결코 ~아니다
solucionar 쏠루씨오나르 해결하다
todavía 또다비아 아직, 지금까지

완곡히 거절할 때

\# 유감이지만, 안 되겠어요.

Me temo que no.
메 떼모 께 노

\# 그렇게 생각하지 않아요.

No lo creo.
노 로 끄레오

No pienso así.
노 삐엔소 아시

\# 아니요, 제가 할 수 없을 것 같군요.

No, no creo que pueda hacerlo.
노, 노 끄레오 께 뿌에다 아쎄를로

\# 미안해요, 지금은 무리예요.

Lo siento, no puedo en este momento.
로 씨엔또, 노 뿌에도 엔 에스떼 모멘또

Me temo que no puedo hacerlo de inmediato.
메 떼모 께 노 뿌에도 아쎄를로 데 임메디아또

\# 안 하고 싶습니다.

Prefiero no hacerlo.
쁘레피에로 노 아쎄를로

\# 좋은 제안은 감사드립니다만, 개인적인 사정으로, 시간을 내기 어렵습니다.

Le agradezco la buena predisposición, pero debido a asuntos personales, no puedo sacar el tiempo.
레 아그라데쓰꼬 라 부에나 쁘레디스뽀시씨온, 뻬로 데비도 아 아순또쓰 뻬르소날레쓰, 노 뿌에도 싸까르 엘 띠엠뽀

poder 뽀데르 할 수 있다
inmediato 임메디아또 즉시
preferir 쁘레페리르 선호하다

기타 대답

아마도.

Puede ser.
뿌에데 쎄르

Tal vez.
딸 베쓰

Probablemente.
쁘로바블레멘떼

아마 그럴 거야.

Algo así.
알고 아시

경우에 따라 다르지.

Depende.
데뻰데

믿기 어려운데.

Es difícil de creer.
에쓰 디피실 데 끄레에르

이해하겠어?

¿Sabes lo que quiero decir?
싸베쓰 로 께 끼에로 데씨르?

¿Entiendes lo que he dicho?
엔띠엔데쓰 로 께 에 디초?

생각 좀 해 볼게요.

Lo pensaré.
로 뻰사레

하고 싶지 않아.

No me da la gana.
노 메 다 라 가나

creer 끄레에르 믿다
querer 께레르 원하다

맞장구칠 때

맞아요.

Claro.
끌라로

Por supuesto.
뽀르 수뿌에스또

저도요.

Yo también.
요 땀비엔

그게 바로 제가 말하려던 거예요.

Eso es lo que quiero decir.
에소 에쓰 로 께 끼에로 데씨르

좋은 생각이에요.

Es una buena idea.
에쓰 우나 부에나 이데아

네, 그렇고말고요.

Sí, en efecto.
씨, 엔 에펙또

그럴 거라고 생각해요.

Supongo que sí.
수뽕고 께 씨

동의합니다.

Estoy de acuerdo.
에스또이 데 아꾸에르도

Yo también.
요 땀비엔

No voy a discutir por eso.
노 보이 아 디스꾸띠르 뽀르 에소

Estoy contigo.
에스또이 꼰띠고

también 땀비엔 역시(긍정문)
suponer 수뽀네르 추측하다
discutir 디스꾸띠르 논쟁하다

맞장구치지 않을 때

그래요?

¿Sí?
씨?

그럴 리가요.
(저는 그렇게 생각하지 않아요.)

No lo creo.
노 로 끄레오

그럴지도 모르죠.

Puede ser.
뿌에데 쎄르

잘 모르겠어요.

No estoy seguro/a.
노 에스또이 쎄구로/라

꼭 그렇지는 않아요.

No es siempre así.
노 에쓰 씨엠쁘레 아시

글쎄요...

Buenos…
부에노쓰...

반대할 때

\# 반대합니다!

¡Me opongo!
메 오뽕고!

\# 말도 안 되는 소리 하지 마.

Ni de coña. (아주 가까운 사이에서만 사용)
니 데 꼬냐

Ni de broma.
니 데 브로마

\# 당신에게 동의하지 않아요.

No estoy de acuerdo con usted.
노 에스또이 데 아꾸에르도 꼰 우스뗃

\# 그 계획에 반대합니다.

No puedo estar de acuerdo con el plan.
노 뿌에도 에스따르 데 아꾸에르도 꼰 엘 쁠란

Estoy en contra de la idea.
에스또이 엔 꼰뜨라 데 라 이데아

\# 너도? 나도 아니야.

¿Y tú? Yo tampoco.
이 뚜? 요 땀뽀꼬

oponer 오뽀네르 반대하다
tampoco 땀뽀꼬 역시(부정문)

꼭! 짚고 가기

스페인어를 쓰는 나라들

스페인은 무적함대를 앞세워 전 세계를 호령했던 나라로, 아직 세계 곳곳에서 스페인어를 모국어로 사용합니다. 브라질을 제외한 대부분의 중남미 국가뿐만 아니라 미국에서도 5천만 히스패닉 계열 이민자들이 살면서 스페인어를 쓰다 보니, 중국어 다음으로 전 세계에서 가장 많이 쓰는 언어가 바로 스페인어입니다.

스페인어는 에스파뇰(español) 혹은 카스테야노(castellano)라 하는데 우리가 배우는 스페인어는 엄밀히 말하면 '카스테야노'입니다. 스페인은 여러 왕국이 하나로 통합된 나라로, 스페인 내부에서만 크게 4개의 언어가 있습니다. 카스테야 지역을 중심으로 쓰이는 카스테야노, 카탈루냐 지역의 카탈란(catalán), 바스크 지역의 에우스케라(euskera), 갈리시아 지역의 가예고(gallego)가 그것입니다. 이 중 카스테야노가 공식 언어이며 우리가 흔히 말하는 '스페인어'입니다.

스페인어는 쓰는 나라마다 단어의 뜻이나 문법 사용이 약간씩 다르지만, 의사소통에는 문제가 없습니다. 언어 하나로 약 22개국에서 의사소통이 가능하며, 점차 늘어나는 한국과 중남미 국가 간의 경제 교류 등으로 그 매력이 날로 높아지고 있습니다.

주의를 줄 때①

조심해!

¡Cuidado!
꾸이다도!

차 조심해.

Ten cuidado con los coches.
뗀 꾸이다도 꼰 로쓰 꼬체쓰

바보 같은 소리 좀 하지 마.

No digas tonterías.
노 디가쓰 똔떼리아쓰

바보 같은 짓 좀 하지 마.

No hagas tonterías.
노 아가쓰 똔떼리아쓰

마음대로 좀 하지 마.

No seas egoísta.
노 쎄아쓰 에고이스따

아무한테도 말하지 마.

No se lo digas a nadie.
노 쎄 로 디가쓰 아 나디에

말 조심해.

Cuidado con lo que dices.
꾸이다도 꼰 로 께 디쎄쓰

거짓말 하지 마!

¡No me mientas!
노 메 미엔따쓰!

cuidar 꾸이다르 돌보다
el coche 엘 꼬체 자동차
egoísta 에고이스따 이기적인

주의를 줄 때②

조용히 해.

Silencio.
씰렌씨오

내 성질 건드리지 마.

No hagas que me enfade.
노 아가쓰 께 메 엠파데

날 귀찮게 하지 마라.

No me molestes.
노 메 몰레스떼쓰

Deja de molestarme.
데하 데 몰레스따르메

들어오기 전에 노크해라.

Llama antes de entrar.
야마 안떼쓰 데 엔뜨라르

입에 가득 넣고 말하지 마라.

No hables con la boca llena.
노 아블레쓰 꼰 라 보까 예나

나한테 화내지 마.

No te enfades conmigo.
노 떼 엠파데쓰 꼰미고

그를 귀찮게 하지 말아라.

No le molestes.
노 레 몰레스떼쓰

집중!

¡Atención!
아뗀씨온!

la boca 라 보까 입

충고할 때 ①

\# 날 실망시키지 마.

No me decepciones.
노 메 데쎕씨오네쓰

\# 명심해라.

Tenlo en cuenta.
뗀로 엔 꾸엔따

\# 항상 명심하시길 바랍니다.

Recuérdalo en todo momento.
레꾸에르달로 엔 또도 모멘또

\# 최선을 다해라.

Hazlo lo mejor que puedas.
아쓰로 로 메호르 께 뿌에다쓰

\# 심각하게 받아들이지 마라.

No te lo tomes demasiado en serio.
노 떼 로 또메쓰 데마시아도 엔 쎄리오

\# 가만히 있으면 중간은 간다.
(당신은 침묵을 유지해야 합니다.)

Deberías haber guardado silencio.
데베리아쓰 아베르 구아르다도 씰렌씨오

\# 입 좀 다물고 있어라.

Haberte callado la boca.
아베르떼 까야도 라 보까

\# 하고 싶은 말이 있으면 다 해.

Di lo que quieres decir.
디 로 께 끼에레쓰 데씨르

\# 생각 잘해라.

Piénsalo bien.
삐엔살로 비엔

충고할 때 ②

\# 문제에 맞서 봐.

Debes enfrentarte al problema.
데베쓰 엠프렌따르떼 알 쁘로블레마

\# 내숭 떨지 마.

No te hagas el inocente.
노 떼 아가쓰 엘 이노쎈떼

\# 계속 열심히 해라.

Seguir así.
세기르 아시

Sigue así.
씨게 아시

\# 너무 기대하지 마.

No te hagas ilusiones.
노 떼 아가쓰 일루시오네쓰

\# 얌전히 좀 있어라.

Pórtate bien.
뽀르따떼 비엔

\# 은혜를 원수로 갚지 마라.
(너에게 음식을 주는 손을 물지 말아라.)

No muerdas la mano que te da de comer.
노 무에르다쓰 라 마노 께 떼 다 데 꼬메르

\# 해 보기도 전에 거절부터 하지 말아라.

No digas que no antes de intentarlo.
노 디가쓰 께 노 안떼쓰 데 인뗀따를로

\# 우리 사이에 어느 정도까지는 경계가 있어야 한다.

Tenemos que poner algunos límites.
떼네모쓰 께 뽀네르 알구노쓰 리미떼쓰

portarse 뽀르따르세 행동하다
la prueba 라 쁘루에바 시도

존경

\# (너) 정말 대단하다.

Eres una gran persona.
에레쓰 우나 그란 뻬르쏘나

\# 너는 성공할 만해.

Te mereces todos tus éxitos.
떼 메레쎄쓰 또도쓰 뚜쓰 엑씨또쓰

\# 당신 같은 대단한 사람을 알게 되어 영광입니다.

Es un placer tener la oportunidad de conocerle.
에쓰 운 쁠라쎄르 떼네르 라 오뽀르뚜니닫 데 꼬노쎄를레

\# 그 사람은 내가 존경하는 사람이다.

Es mi modelo a seguir.
에쓰 미 모델로 아 쎄길

Él es el espejo en que me reflejo.
엘 에쓰 엘 에스뻬호 엔 께 메 레플레호

\# 그 사람은 모두에게 존경받는다.

Todos le admiramos.
또도쓰 레 아드미라모쓰

Esa persona es admirada por todos.
에사 뻬르쏘나 에쓰 아드미라다 뽀르 또도쓰

여기서 잠깐!

'Es un placer tener la oportunidad de conocerle.
에쓰 운 쁠라쎄르 떼네르 라 오뽀르뚜니닫 데 꼬노쎄를레
(당신 같은 대단한 사람을 알게 되어 영광입니다.)'는 유명 회사의 CEO나 혹은 존경받는 거장을 만났을 때처럼 아주 예의를 갖춰야 할 경우에 사용합니다. 실생활에서 흔히 쓰는 '반갑다'라는 표현은 'Un placer, encantado de conocerle.
운 쁠라쎄르, 엥깐따도 데 꼬노쎄를레'입니다.

칭찬

\# 잘했어!

¡Buen trabajo!
부엔 뜨라바호!

¡Bien hecho!
비엔 에초!

\# 정말 훌륭해!

¡Excelente!
엑쓰쎌렌떼!

¡Perfecto!
뻬르펙또!

¡Fantástico!
판따스띠꼬!

\# 멋진데!

¡Qué guay!
께 구아이!

¡Qué chulo!
께 출로!

\# 너한테 정말 잘 어울려. (옷, 소품 등)

Te queda muy bien.
떼 께다 무이 비엔

\# 너는 항상 나를 힘 나게 해.

Tú siempre me animas.
뚜 씨엠쁘레 메 아니마쓰

여기서 잠깐!

'¡Que guay!, ¡Que chulo!'는 비속어로, 정말 가까운 사이에서 쓸 수 있는 감탄사입니다. 주로 아이들, 십대 청소년 사이에서 많이 쓰이는 말로 'chulo 출로'는 '멋지다'라는 긍정적인 감탄사로도 사용하지만, 사람에게는 '건방진 사람'이라는 부정적인 의미로도 사용할 수 있습니다.

- Juan es un chulo. 후안 에쓰 운 출로
  후안은 너무 건방져.

격려

\# 힘내!

¡Ánimo!
아니모!

¡Anímate!
아니마떼!

\# 다음 번엔 나아질 거야.

La siguiente vez, será mejor.
라 씨기엔떼 베쓰, 쎄라 메호르

\# 잘할 수 있을 거야!

¡Sí, se puede!
씨, 쎄 뿌에데!

¡Estoy seguro/a que lo harás bien!
에스또이 쎄구로/라 께 로 아라쓰 비엔!

\# 마음 편히 가지렴.

Relájate.
렐라하떼

Tómalo con calma.
또말로 꼰 깔마

Tranquilízate.
뜨랑낄리싸떼

\# 걱정 마.

No te preocupes.
노 떼 쁘레오꾸뻬쓰

\# 누구나 한번쯤 실수는 한다.

Todos nos equivocamos.
또도쓰 노쓰 에끼보까모쓰

Todo el mundo tiene errores.
또도 엘 문도 띠에네 에로레쓰

la persona 라 뻬르쏘나 사람
el éxito 엘 엑씨또 성공
el espejo 엘 에스뻬호 거울
relajar 렐라하르 긴장을 풀다

꼭! 짚고 가기

스페인어 명령문 만들기

스페인어에는 '~해!', '~하지 마!'란 뜻으로 상대방에게 직접적으로 행동을 요구하는 명령형 용법이 있습니다. 명령형의 동사 변형을 '먹다'라는 뜻의 comer 꼬메르 동사를 통해 알아봅시다.

- (Tú) Come. (뚜) 꼬메
  (너) 먹어라.
- ↔ (Tú) No comas. (뚜) 꼬마쓰
  (너) 먹지 마.
- (Vosotros/as) Comed.
  (보소뜨로쓰/라쓰) 꼬멘 (너희들) 먹어라.
- ↔ (Vosotros/as) No comáis.
  (보소뜨로쓰/라쓰) 노 꼬마이쓰
  (너희들) 먹지 마.
- (Usted) Coma. (우스뗀) 꼬마
  (당신) 드세요.
- ↔ (Usted) No coma. (우스뗀) 노 꼬마
  (당신) 드시지 마세요.
- (Ustedes) Coman. (우스떼데쓰) 꼬만
  (당신들) 드세요.
- ↔ (Ustedes) No coman. (우스떼데쓰) 노 꼬만
  (당신들) 드시지 마세요.

* yo 내가 나에게 명령할 수 없기에 명령형 없음.
él, ella 그와 그녀 인칭은 명령형이 될 수 없음.

명령형 불규칙 동사

- ir 이르 가다 → ve 베 가라
- comer 꼬메르 먹다
  → comas 꼬마쓰 먹어라
- salir 쌀리르 나가다 → sal 쌀 나가라
- venir 베니르 오다 → ven 벤 와라
- pasar 빠사르 지나가다
  → pase 빠세 지나가라
- hacer 아쎄르 하다 → haz 아쓰 해라
- poner 뽀네르 넣다 → pon 뽄 넣어라
- decir 데씨르 말하다 → di 디 말해라
- tener 떼네르 가지다 → ten 뗀 가져라
- ser 쎄르 되다 → sé 쎄 되어라

부탁

도와주세요!

¡Socorro!
쏘꼬로!

¡Ayuda!
아유다!

¡Auxilio!
아우씰리오!

좀 도와주실 수 있나요?

¿Me puede hacer un favor?
메 뿌에데 아쎄르 운 파보르?

¿Me puede ayudar, por favor?
메 뿌에데 아유다르, 뽀르 파보르?

부탁 하나만 해도 될까요?

¿Puedo pedirle un favor?
뿌에도 뻬디를레 운 파보르?

전화 좀 써도 될까요?

¿Puedo usar el teléfono?
뿌에도 우사르 엘 뗄레포노?

가방 좀 들어 주세요.

¿Por favor, podría coger mi bolso?
뽀르 파보르, 뽀드리아 꼬헤르 미 볼소?

창문 좀 열어도 될까요?

¿Puedo abrir la ventana?
뿌에도 아브리르 라 벤따나?

¿Me permite abrir la ventana?
메 뻬르미떼 아브리르 라 벤따나?

el teléfono 엘 뗄레포노 전화기
el bolso 엘 볼소 가방

여기서 잠깐!

'¡Socorro!, ¡Ayuda!, ¡Auxilio!'는 모두 응급 상황 발생 시 도움을 요청할 수 있는 말입니다. 예를 들어 소매치기를 당했을 때 이 말들을 소리치면 됩니다.

재촉

급한 일입니다.

Es urgente.
에쓰 우르헨떼

제가 지금 좀 급합니다.

Tengo mucha prisa.
뗑고 무차 쁘리사

서둘러!

¡Date prisa!
다떼 쁘리사!

재촉하지 마세요!

¡No me metas prisas!
노 메 메따쓰 쁘리사쓰!

빨리 올 수 있어?

¿Podrías venir antes?
뽀드리아쓰 베니르 안떼쓰?

우리 지금 시간이 없어요.

No tenemos tiempo.
노 떼네모쓰 띠엠뽀

(제가) 얼마나 기다려야 하나요?

¿Cuánto tiempo tengo que esperar?
꾸안또 띠엠뽀 뗑고 께 에스뻬라르?

지금 당장 가능할까요?

¿Sería posible ahora mismo?
쎄리아 뽀시블레 아오라 미스모?

la prisa 라 쁘리사 급함
venir 베니르 오다

추측①

\# 그럴 줄 알았어.

Lo sabía.
로 싸비아

Lo imaginaba.
로 이마히나바

\# 네가 맞다고 생각해.

Creo que tienes razón.
끄레오 께 띠에네쓰 라쏜

\# 괜찮다고 생각해.

Creo que está bien.
끄레오 께 에스따 비엔

\# 네 말은...?

¿Te refieres…?
떼 레피에레쓰...?

\# 내가 생각하고 있던 게 바로 그거야.

Eso es lo que estaba pensando.
에소 에쓰 로 께 에스따바 뻰산도

\# 그는 잘할 수 있을 것 같아요.

Creo que (él) puede hacerlo bien.
끄레오 께 (엘) 뿌에데 아쎄를로 비엔

\# 아마도요.

Quizás.
끼싸쓰

Puede ser.
뿌에데 쎄르

referir 레페리르 말하다

여기서 잠깐!

각종 영화 및 광고에 삽입되어 우리 귀에 익숙한 'quizás quizás quizás 끼싸쓰 끼싸쓰 끼싸쓰'라는 노래가 있습니다. 사랑에 대한 확인을 하는 물음에 상대방이 항상 '아마도'라고만 한다는 내용의 노래죠. 사랑을 갈구하는 물음과 무심한 상대방의 대답이 서정적인 선율과 함께 멋지게 어울리는 노래입니다.

추측②

\# 가능성이 적죠.

Hay pocas posibilidades.
아이 뽀까쓰 뽀시빌리다데쓰

\# 그 사람이 거짓말한 것 같아요.

Creo que ha mentido.
끄레오 께 아 멘띠도

\# 그건 누구도 알기 어려워요.

Nadie lo puede saber.
나디에 로 뿌에데 싸베르

Es algo que nadie puede saber.
에쓰 알고 께 나디에 뿌에데 싸베르

\# 집에 아직 없을 것 같은데요.

Creo que todavía no está en casa.
끄레오 께 또다비아 노 에스따 엔 까사

\# 내가 아는 한,

Hasta donde yo sé,
아스따 돈데 요 쎄

\# 내가 아는 바로는 그렇지 않아.

No, que yo sepa.
노, 께 요 쎄빠

\# 확실히 말하기는 힘듭니다.

No puedo decir nada con seguridad.
노 뿌에도 데씨르 나다 꼰 쎄구리닫

\# 내일 비 올 거 같아.

Parece que mañana va a llover.
빠레쎄 께 마냐나 바 아 요베르

동정

\# 안됐네!

¡Es una pena!
에쓰 우나 뻬나!

¡Qué lástima!
께 라스띠마!

\# 너무 슬퍼하지 마.

No estés triste.
노 에스떼쓰 뜨리스떼

\# 너무 실망하지 마.

No te desanimes.
노 떼 데사니메쓰

\# 흔히 있는 일이야.

Esto pasa muy a menudo.
에스또 빠사 무이 아 메누도

\# 운이 없었네!

¡Qué mala suerte!
께 말라 쑤에르떼!

\# 많이 힘들었겠다.

Debes haberlo pasado mal.
데베쓰 아베르로 빠사도 말

la lástima 라 라스띠마 동정
triste 뜨리스떼 슬픈

비난 ①

\# 창피한 줄 알아라!

¡Qué vergüenza!
께 베르구엔싸!

¿No te da vergüenza?
노 떼 다 베르구엔싸?

\# 바보같아!

¡Tonterías!
똔떼리아쓰!

\# 너 미쳤구나?

¿Estás loco/a?
에스따쓰 로꼬/까?

\# 정신 나갔어?

¿Has perdido la cabeza?
아쓰 뻬르디도 라 까베싸?

\# 구역질 나!

¡Es asqueroso!
에쓰 아스께로소!

¡Me da asco!
메 다 아스꼬!

\# 정말 모르겠어?

¿De verdad no lo sabes?
데 베르닫 노 로 싸베쓰?

loco/a 로꼬/까 미친
la verdad 라 베르닫 진실

비난②

\# 바보짓 하지 마!

¡No hagas el ridículo!
노 아가쓰 엘 리디꿀로!

\# 철 좀 들어라!

¡No seas niño!
노 쎄아쓰 니뇨!

\# 유치해!

¡Niñato/a!
니냐또/따!

\# 너한테 진짜 실망이다.

Estoy muy decepcionado/a de ti.
에스또이 무이 데셉씨오나도/다 데 띠

\# 넌 너무 무책임해.

Eres muy irresponsable.
에레쓰 무이 이레스뽄사블레

\# 넌 정말 이기적이야.

Eres muy egoísta.
에레쓰 무이 에고이스따

\# 모든 문제의 근원은 너야.

Eres la causa de todos los problemas.
에레쓰 라 까우사 데 또도쓰 로쓰 쁘로블레마쓰

여기서 잠깐!

'¡Niñato! 니냐또!', '¡Niñata! 니냐따!'는 욕설에 가까운 아주 강한 의미를 담은 말입니다. 아주 화가 나거나 심하게 싸우는 상황에서 쓰는 말로, 일상생활에서는 사용하지 않도록 주의합시다.

꼭! 짚고 가기

지역감정

스페인은 지역감정이 둘째가라면 서러운 나라입니다. 특히 마드리드와 바르셀로나 두 지역 간의 감정싸움은 '엘 클라시코(El Clásico, 전통)'라고 불리는 두 도시의 축구 경기만 봐도 잘 알 수 있죠.

이는 여러 왕국이 결합되어 한 나라가 되었던 복잡한 역사와 사용하는 언어의 차이 때문인데요, 그중에서도 해상 무역을 통해 부를 축척한 바르셀로나 중심의 카탈루냐 왕국이 독립을 원하면서부터 감정싸움이 본격화된 것입니다. 실제로 두 도시 간의 감정싸움은 축구뿐만 아니라 사회 전반적으로 아주 깊게 뿌리내려 있습니다.

세계 최고의 실력을 자랑하는 스페인 국가대표팀이 지금껏 월드컵에서 우승했던 기록이 단 한 번인 이유에는 마드리드와 바르셀로나를 대표하는 각 선수들이 잘 어울리지 못했던 탓도 있습니다.

스페인은 크게 네 가지의 지역 언어들이 존재하는데, 표준어인 castellano 까스떼야노, 바르셀로나 지역에서 사용하는 catalán 까딸란, 북쪽 바스크 지방에서 사용하는 euskera 에우스께라, 그리고 북동쪽 갈리시아 지방에서 사용하는 gallego 가예고가 있습니다. 우리가 흔히 스페인어라고 부르는 언어의 정식 명칭은 'castellano 까스떼야노'로, 바로 까스테야 지방을 중심으로 사용되는 언어란 뜻이며 마드리드 지역을 중심으로 사용하는 스페인어입니다.

이러한 역사적 배경을 이유로 카탈루냐 지방과 바스크 지방은 지금도 꾸준히 분리 독립을 주장하고 있습니다.

Capítulo 02

일상생활
Vida cotidiana

Capítulo 02

En la casa 집에서
엔 라 까사

MP3. Word_C02

¡Levántate! 레반따떼! (너) 일어나렴!	levantar 레반따르 일으켜 세우다 levantarse 레반따르세 (침대에서) 일어나다	despertar 데스뻬르따르 잠을 깨우다 despertarse 데스뻬르따르세 잠에서 깨다
	la alarma 라 알라르마 알람	el despertador 엘 데스뻬르따도르 자명종
¡Vamos a comer! 바모쓰 아 꼬메르! (우리) 밥먹자!	la cocina 라 꼬씨나 부엌	el comedor 엘 꼬메도르 식사하는 곳
	la mesa 라 메사 식탁	el lavavajillas 엘 라바바히야쓰 식기세척기
	la cuchara 라 꾸차라 숟가락	el tenedor 엘 떼네도르 포크
	el cuchillo 엘 꾸치요 칼	los palillos 로쓰 빨리요쓰 젓가락(주로 복수형)
¡Vete a duchar! 베떼 아 두차르! (너) 가서 샤워해라!	el cuarto de baño 엘 꾸아르또 데 바뇨 욕실	los servicios 로쓰 쎄르비씨오쓰, los aseos 로쓰 아세오쓰 화장실
	la bañera 라 바녜라 욕조	el lavabo 엘 라바보 세면대
	lavarse los dientes 라바르세 로쓰 디엔떼쓰 이를 닦다	lavarse el pelo 라바르세 엘 뻴로 머리를 감다
	ducharse 두차르세 샤워하다	lavarse la cara 라바르세 라 까라 세수하다

vestir 베스띠르
옷을 입히다
vestirse 베스띠르세,
ponerse la ropa
뽀네르세 라 로빠
옷을 입다

el vestido 엘 베스띠도
원피스

la falda 라 팔다
치마

la camiseta 라 까미세따
티셔츠

la camisa 라 까미사
셔츠

la chaqueta 라 차께따
재킷

el pantalón 엘 빤딸론
바지

los calcetines 로쓰 깔쎄띠네쓰
양말 한 켤레(주로 복수형)

los zapatos 로쓰 싸빠또쓰
신발 한 켤레(주로 복수형)

pasar la aspiradora
빠사르 라 아스삐라도라
청소기를 돌리다

la basura 라 바수라,
el cubo de basura
엘 꾸보 데 바수라
휴지통

la recogida selectiva
(de basura)
라 레꼬히다 셀렉띠바
(데 바수라) 분리수거

el polvo 엘 뽈보
먼지

el reciclaje 엘 레씨끌라헤
재활용

ver la televisión
베르 라 뗄레비시온
텔레비전을 시청하다

el programa 엘 쁘로그라마
프로그램

el sonido 엘 쏘니도
소리

la noticia 라 노띠씨아
뉴스

el mando a distancia
엘 만도 아 디스딴씨아
리모컨

cocinar 꼬씨나르
요리하다

el frigorífico 엘 프리고리피꼬
냉장고

el horno 엘 오르노
오븐

la verdura 라 베르두라
채소

la fruta 라 프루따
과일

la carne 라 까르네
고기

el pescado 엘 뻬스까도
생선

¡A dormir! 아 도르미르!
자, 잘 시간이야!

la cama 라 까마
침대

la almohada 라 알모하다
베개

el sueño 엘 쑤에뇨
잠, 꿈

el colchón 엘 꼴촌
매트리스

El tiempo meteorológico 날씨
엘 띠엠뽀 메떼오롤로히꼬

hace buen tiempo
아쎄 부엔 띠엠뽀
날씨가 좋다

el sol 엘 쏠
태양

el calor 엘 깔로르
열기, 더위

fresco/a 프레스꼬/까
서늘한, 시원한

el fresco 엘 프레스꼬
서늘함

la sequía 라 쎄끼아
가뭄

hace mal tiempo
아쎄 말 띠엠뽀
날씨가 나쁘다

el granizo 엘 그라니쏘
우박

el viento 엘 비엔또
바람

la escarcha 라 에스까르차
서리

la nube 라 누베
구름

llueve 유에베
비가 오다

el paraguas 엘 빠라구아쓰
우산

la lluvia 라 유비아
비

el tifón 엘 띠폰
태풍

la inundación
라 이눈다씨온
홍수

hace frío 아쎄 프리오
날씨가 춥다

frío/a 프리오/아
추운, 쌀쌀한

el frío 엘 프리오
추위

el hielo 엘 이엘로
얼음

la nieve 라 니에베
눈

la ola de frío
라 올라 데 프리오
한파

la estación 라 에스따씨온
계절

la primavera
라 쁘리마베라
봄

el otoño 엘 오또뇨
가을

el verano
엘 베라노
여름

el invierno
엘 임비에르노
겨울

El día festivo 공휴일
엘 디아 페스띠보

el día de Año Nuevo 엘 디아 데 아뇨 누에보 설날 	la Nochevieja 라 노체비에하 12월 31일 밤	el deseo 엘 데세오 소원 
	brindar 브린다르 건배하다 	desear 데세아르 바라다, 희망하다 
el día de Reyes 엘 디아 데 레예쓰 주현절	el oro 엘 오로 황금 el incienso 엘 인씨엔소 유황 la mirra 라 미라 몰약 (동방 박사들이 가져온 세 가지 선물)	el roscón 엘 로스꼰 로스콘 (주현절에 먹는 대형 도넛 모양의 빵) 
la Navidad 라 나비닫 크리스마스 	la Nochebuena 라 노체부에나 크리스마스이브	el árbol de Navidad 엘 아르볼 데 나비닫 크리스마스 트리 
	Papá Noel 빠빠 노엘 산타클로스 	el regalo 엘 레갈로 선물 
la Semana Santa 라 쎄마나 싼따 부활절	el huevo de Pascua 엘 우에보 데 빠스꾸아 부활절 달걀 	la Resurrección 라 레수렉씨온 부활

일어나기 ①

\# 일어날 시간이야!

¡Es hora de levantarse!
에쓰 오라 데 레반따르세!

\# 일어났니?

¿Estás despierto/a?
에스따쓰 데스삐에르또/따?

¿Te has despertado?
떼 아쓰 데스뻬르따도?

\# 막 일어났어요.

Me acabo de despertar.
메 아까보 데 데스뻬르따르

\# 빨리 일어나, 늦는다.

Levántate ahora o llegarás tarde.
레반따떼 아오라 오 예가라쓰 따르데

\# 이런! 늦잠을 잤네.

¡Madre mía! Me quedé dormido/a.
마드레 미아! 메 께데 도르미도/다

\# 왜 나 안 깨웠어?

¿Por qué no me has despertado?
뽀르 께 노 메 아쓰 데스뻬르따도?

\# 어제 밤을 샜어.

Me quedé despierto toda la noche.
메 께데 데스삐에르또 또다 라 노체

\# 내일 아침에 일찍 깨워 주실 수 있나요?

Por favor, ¿podría despertarme temprano mañana por la mañana?
뽀르 파보르, 뽀드리아 데스뻬르따르메 뗌쁘라노 마냐나 뽀르 라 마냐나?

despertar 데스뻬르따르 깨우다

일어나기 ②

\# 오늘 몇 시에 일어났어?

¿A qué hora te has levantado esta mañana?
아 께 오라 떼 아쓰 레반따도 에스따 마냐나?

\# 전 아침 일찍 일어나요.

Me levanto temprano por las mañanas.
메 레반또 뗌쁘라노 뽀르 라쓰 마냐나쓰

\# 난 아침형 인간이야.

Soy más activo/a por las mañanas.
쏘이 마쓰 악띠보/바 뽀르 라쓰 마냐나쓰

Yo soy más de madrugar.
요 쏘이 마쓰 데 마드루가르.

\# 난 보통 아침 6시면 일어나.

Normalmente me levanto a las 6 de la mañana.
노르말멘떼 메 레반또 아 라쓰 쎄이쓰 데 라 마냐나

\# 알람을 맞춰 놨는데, 일어나지 못했어요.

Puse la alarma, pero no me despertó.
뿌쎄 라 알라르마, 뻬로 노 메 데스뻬르또

\# 아침 일찍 일어나는 게 힘들어.
난 저녁형 인간이야.

Me cuesta levantarme temprano por la mañana. Soy una persona nocturna.
메 꾸에스따 레반따르메 뗌쁘라노 뽀르 라 마냐나.
쏘이 우나 뻬르소나 녹뚜르나

\# 나는 누가 깨워 주지 않으면 못 일어나.

No puedo levantarme a menos que alguien me despierte.
노 뿌에도 레반따르메 아 메노쓰 께 알기엔 메 데스삐에르떼

씻기

\# (너) 손부터 씻어야지.

Lávate las manos primero.
라바떼 라스 마노스 쁘리메로

\# 이 닦았니?

¿Te has lavado los dientes?
떼 아쓰 라바도 로스 디엔떼쓰?

\# 너는 아침에 샤워해 아니면 저녁에 샤워해?

¿Te duchas por la mañana o por la noche?
떼 두차쓰 뽀르 라 마냐나 오 뽀르 라 노체?

\# 나는 보통 머리는 아침에 감아.

Normalmente me lavo el pelo por la mañana.
노르말멘떼 메 라보 엘 뻴로 뽀르 라 마냐나

\# 나는 매일 아침을 먹은 후 샤워를 해.

Siempre me doy una ducha después del desayuno.
씨엠쁘레 메 도이 우나 두차 데스뿌에쓰 델 데사유노

\# 오늘은 정말 씻기 싫다. 피곤하네.

No quiero ducharme hoy. Estoy cansado/a.
노 끼에로 두차르메 오이. 에스또이 깐사도/다

여기서 잠깐!

문장을 강조하고 싶을 때 '매우, 꽤'란 뜻의 muy 무이 혹은 mucho 무초를 첨가할 수 있습니다. 부사 muy는 형용사를 꾸며줄 때 사용합니다. 형용사 mucho는 명사를 꾸며주며 명사 앞에 위치합니다.

- Mi hermano es **muy** alto. 미 에르마노 에쓰 무이 알또
  내 남동생(오빠, 형)은 키가 엄청 크다.
- Tengo **mucho** trabajo. 뗑고 무초 뜨라바호
  나는 일이 아주 많다.

식사

\# (너) 아침 먹어라!

¡Ven a desayunar!
벤 아 데사유나르!

\# 난 아침은 꼭 먹어.

Siempre desayuno.
씨엠쁘레 데사유노

Nunca me salto el desayuno.
눙까 메 쌀또 엘 데사유노

\# 지금 밥 먹고 싶지 않아요. 나중에 먹을게요.

Ahora no quiero comer. Comeré más tarde.
아오라 노 끼에로 꼬메르. 꼬메레 마쓰 따르데

\# 그렇게 음식을 가리면 안 돼.

No seas tan exigente con la comida.
노 쎄아쓰 딴 엑씨헨떼 꼰 라 꼬미다

\# (너) 남기지 말고 다 먹어!

¡Cométełο todo!
꼬메뗄로 또도!

\# 밥 더 줄까?

¿Quieres un poco más de arroz?
끼에레쓰 운 뽀꼬 마쓰 데 아로쓰?

\# 다 먹었어?

¿Has terminado?
아쓰 떼르미나도?

\# 숙취가 심해요.

Tengo una resaca horrible.
뗑고 우나 레사까 오리블레

desayunar 데사유나르 아침 식사하다
la resaca 라 레사까 숙취

옷 입기

\# 오늘은 뭘 입지?

¿Qué me pongo hoy?
께 메 뽕고 오이?

\# 어떤 넥타이를 매지?

¿Qué corbata me pongo?
께 꼬르바따 메 뽕고?

\# 오늘 입은 옷이 너무 마음에 안 들어.

No me gusta nada lo que llevo hoy.
노 메 구스따 나다 로 께 예보 오이

\# 오늘 엄청 추우니까 따뜻하게 입어.

Hoy hace mucho frío, así que abrígate bien.
오이 아쎄 무초 프리오, 아씨 께 아브리가떼 비엔

\# 안 덥니? 겉옷 좀 벗어.

¿No tienes calor? Quítate la chaqueta.
노 떼에네쓰 깔로르? 끼따떼 라 차께따

\# 그 파티의 드레스 코드는 빨간색이다.

A esta fiesta debes ir de rojo.
아 에스따 피에스따 데베쓰 이르 데 로호

\# 한국에선 결혼식에 갈 때 흰옷은 피해야 돼. 흰옷은 보통 신부만 입어.

En Corea, hay que evitar la ropa blanca cuando se va a una boda. Solo las novias suelen llevar ropa blanca.
엔 꼬레아, 아이 께 에비따르 라 로빠 블랑까 꾸안도 쎄 바 아 우나 보다. 쏠로 라쓰 노비아쓰 쑤엘렌 예바르 로빠 블랑까

화장하기

\# 화장을 해야 해.

Necesito maquillarme.
네쎄시또 마끼야르메

\# 이 립스틱은 나에겐 잘 안 어울려.

Este pintalabio no me queda bien.
에스떼 삔딸라비오 노 메 께다 비엔

\# 난 립스틱을 안 바르면, 아픈 사람같이 보여.

Si no pinto mis labios, me parezco a una persona enferma.
씨 노 삔또 미쓰 라비오쓰, 메 빠레쓰꼬 아 우나 뻬르소나 엠페르마

\# 나는 웜톤이야.

Tengo un tono cálido.
뗑고 운 또노 깔리도.

\# 나는 쿨톤이야.

Tengo un tono frío.
뗑고 운 또노 프리오

\# 화장을 잘하는 비법이 있니?

¿Tienes algún truco para maquillarte bien?
띠에네쓰 알군 뜨루꼬 빠라 마끼야르떼 비엔?

\# 나는 자연스러운 화장이 좋아.

Me gusta el maquillaje natural.
메 구스따 엘 마끼야헤 나뚜랄

\# 너는 화장 안 해도 예뻐.

Eres guapa incluso sin maquillarte.
에레쓰 구아빠 잉끌루소 씬 마끼야르떼

maquillar 마끼야르 화장하다

TV 보기

오늘 밤 텔레비전에서 뭐 하지?

¿Qué hay en la televisión esta noche?
께 아이 엔 라 뗄레비시온 에스따 노체?

뉴스 좀 틀어 봐.

Pon las noticias.
뽄 라쓰 노띠씨아쓰

TV에 뭐 재미있는 거 나와?

¿Hay algo interesante en la tele?
아이 알고 인떼레산떼 엔 라 뗄레?

채널 좀 바꾸자.

Vamos a cambiar de canal.
바모쓰 아 깜비아르 데 까날

채널 좀 그만 돌려!

¡No cambies de canal!
노 깜비에쓰 데 까날!

리모컨 좀 주세요.

Por favor, dame el mando a distancia.
뽀르 파보르, 다메 엘 만도 아 디스딴씨아

볼륨 좀 줄여 주세요.

Por favor, baja el volumen.
뽀르 파보르, 바하 엘 볼루멘

이제 TV를 꺼라.

Apaga la tele.
아빠가 라 뗄레

el mando a distancia 엘 만도 아 디스딴씨아 리모콘

여기서 잠깐!
televisión은 tele로 줄여서 말하는 경우가 많습니다.

잠자리

너는 보통 몇 시에 잠드니?

¿A qué hora sueles acostarte?
아 께 오라 쑤엘레쓰 아꼬스따르떼?

너 언제 잘 거야?

¿Cuando te vas a dormir?
꾸안도 떼 바쓰 아 도르미르?

잘 시간이야.

Es hora de ir a la cama.
에쓰 오라 데 이르 아 라 까마

Es hora de dormir.
에쓰 오라 데 도르미르

난 이제 자러 갈게.

Me voy ahora a la cama.
메 보이 아오라 아 라 까마

Me voy ahora a dormir.
메 보이 아오라 아 도르미르

아직 안 자니? 곧 자정이야!

¿Todavía sigues despierto/a? ¡Es casi medianoche!
또다비아 씨게쓰 데스삐에르또/따?
에쓰 까씨 메디아노체!

나는 어제 일찍 잠들었어.

Ayer me quedé dormido/a.
아예르 메 께데 도르미도/다

여기서 잠깐!
스페인어 공부할 때 참고하면 좋은 사이트 중 스페인 국영 방송 RTVE(Radio Televisión Española)가 있습니다. 다양한 라디오 채널, TV 다시 보기 등의 서비스를 제공합니다. 모바일 앱으로 무료 다운로드해 시청할 수 있습니다. 발음이 깨끗하고 실시간 최신의 스페인 정보를 다양하게 접할 수 있습니다.

잠버릇

호르헤는 밤새도록 코를 골아요.

Jorge ronca toda la noche.
호르헤 롱까 또다 라 노체

넌 간밤에 코를 엄청 골았어.

Anoche roncaste como un hipopótamo.
아노체 롱까스떼 꼬모 운 이뽀뽀따모

그는 잠자리에 들자마자 코를 골기 시작했다.

Tan pronto como se fue a la cama, empezó a roncar.
딴 쁘론또 꼬모 세 푸에 아 라 까마, 엠뻬쏘 아 롱까르

마르코스는 잠꼬대하는 버릇이 있다.

Marcos habla en sueños.
마르꼬쓰 아블라 엔 쑤에뇨쓰

저는 가끔 잠꼬대를 해요.

A veces hablo mientras sueño.
아 베쎄쓰 아블로 미엔뜨라쓰 쑤에뇨

아나는 잘 때 이를 갈아요.

Ana rechina los dientes cuando duerme.
아나 레치나 로쓰 디엔떼쓰 꾸안도 두에르메

여기서 잠깐!

roncar como un hipopótamo 롱까르 꼬모 운 이뽀뽀따모는 '하마처럼 코를 곤다'는 뜻으로, 코를 크게 고는 사람을 가리킬 때 흔히 하는 표현입니다.

숙면

지난밤에는 푹 잤어요.

Anoche dormí bien.
아노체 도르미 비엔

Tuve una buena noche.
뚜베 우나 부에나 노체

Dormí como un tronco.
도르미 꼬모 운 뜨롱꼬

나는 불면증이 있어요.

Tengo insomnio.
뗑고 인솜니오

Sufro de insomnio.
쑤프로 데 인솜니오

잠을 잘 못 잤니?

¿Has dormido mal?
아쓰 도르미도 말?

요새 잠을 잘 못 자고 있어요.

No he dormido bien últimamente.
노 에 도르미도 비엔 울띠마멘떼

피로를 푸는 가장 좋은 방법은 숙면이죠.

La mejor manera de recuperarse es dormir bien.
라 메호르 마네라 데 레꾸뻬라르세 에쓰 도르미르 비엔

insomnio 인솜니오 불면증

여기서 잠깐!

스페인어 표현 중 dormir como un tronco 도르밀 꼬모 운 뜨롱꼬라는 표현이 있습니다. tronco는 '통나무'를 뜻하는 단어로 '통나무처럼 잤다' 즉, '아주 깊이 잠을 잘 잤다'라는 표현입니다. 한국말 표현 중 '죽은 듯이 잤다'와 같은 뜻입니다.

꿈

\# 잘 자!

¡Dulces sueños! (어린이에게만 가능)
둘쎄쓰 쑤에뇨쓰!

¡Que tengas una buena noche!
께 뗑가쓰 우나 부에나 노체!

\# 어제 이상한 꿈을 꿨어.

Anoche tuve un sueño extraño.
아노체 뚜베 운 쑤에뇨 엑스뜨라뇨

\# 악몽을 꿨다.

Tenía un mal sueño.
떼니아 운 말 쑤에뇨

Tenía una pesadilla.
떼니아 우나 뻬사디야

\# 내 꿈에 너 나왔다.

Te vi en mis sueños.
떼 비 엔 미쓰 쑤에뇨쓰

\# 지난 밤 무슨 꿈을 꾼 것 같은데 기억을 못 하겠네.

Anoche creo que tuve un sueño, pero no lo recuerdo.
아노체 끄레오 께 뚜베 운 쑤에뇨, 뻬로 노 로 레꾸에르도

\# 악몽을 꿔서 다시 잘 수가 없었어.

Tuve una pesadilla, así que no pude volverme a dormir.
뚜베 우나 뻬사디야, 아씨 께 노 뿌데 볼베르메 아 도르미르

extraño 엑스뜨라뇨 이상한
anoche 아노체 어젯밤에
el sueño 엘 쑤에뇨 잠
la pesadilla 라 뻬사디야 악몽

꼭! 짚고 가기

기억하다 recordar와 acordar의 차이

동사 recordar와 acordar는 '기억하다'라는 동일한 뜻이지만, 두 단어를 구분해 씁니다.

① **acordarse de** 아꼬르다르세 데
암기에 의한 기억. 이름, 전화번호, 수학 연상 등.

- No me <u>acuerdo de</u> tu nombre.
노 메 아꾸에르도 데 뚜 놈브레
네 이름이 기억 안 나네.
- ¿Te <u>acuerdas de</u> mí?
떼 아꾸에르다쓰 데 미?
나를 기억해?

② **recordar** 레꼬르다르
회상에 의한 기억. 그때의 분위기, 감정 등.

- <u>Recuerdo</u> que, cuando era pequeña, iba todos los años a la playa con mi familia.
레꾸에르도 께, 꾸안도 에라 뻬께냐, 이바 또도쓰 로쓰 아뇨쓰 아 라 쁠라야 꼰 미 파밀리아
내가 어릴 때 가족들과 함께 매해 바다에 갔던 기억이 있다.

화장실 사용

화장실이 어디죠?

¿Dónde está el baño?
돈데 에스따 엘 바뇨?

화장실 좀 다녀올게.

Voy al baño.
보이 알 바뇨

Voy al servicio.
보이 알 쎄르비씨오

화장실에 있었어요.

Estaba en el baño.
에스따바 엔 엘 바뇨

화장실에 누가 있어.

Está ocupado (el baño).
에스따 오꾸빠도 (엘 바뇨)

변기가 막혔어요.

El váter está obstruido.
엘 바떼르 에스따 옵스뜨루이도

화장실 배수관이 막혔어요.

El desagüe (del baño) está obstruido.
엘 데사구에 (델 바뇨) 에스따 옵스뜨루이도

화장실에 휴지가 없네.

No hay papel higiénico en el baño.
노 아이 빠뻴 이히에니꼬 엔 엘 바뇨

화장실 에티켓

변기 물 내리는 거 잊지 마세요.

No se olvide de tirar de la cadena.
노 쎄 올비데 데 띠라르 데 라 까데나

사용한 휴지는 휴지통에 넣어 주세요.

Por favor, tire el papel usado a la papelera.
뽀르 파보르, 띠레 엘 빠뻴 우사도 아 라 빠뻴레라

휴지는 휴지통에.

Tira la basura en la papelera.
띠라 라 바수라 엔 라 빠뻴레라

이물질을 변기에 버리지 마시오.

No tire los residuos en el servicio.
노 띠레 로쓰 레시두오쓰 엔 엘 쎄르비씨오

화장지를 아껴 씁시다.

Ahorre en lo posible el papel (higiénico).
아오레 엔 로 뽀씨블레 엘 빠뻴 (이히에니꼬)

바닥에 침을 뱉지 마시오.

No escupa en el suelo.
노 에스꾸빠 엔 엘 쑤엘로

나갈 때 불 꺼 주세요.

Se ruega apague la luz al salir.
쎄 루에가 아빠게 라 루쓰 알 쌀리르

여기서 잠깐!

'servicio 쎄르비씨오'를 직역하면 '봉사, 서비스'란 말이지만 '화장실'이란 말로도 사용됩니다. 그밖에 '화장실'을 뜻하는 말로 'aseo 아세오'도 있습니다. '화장실을 간다'라는 의미로 'Voy al baño. 보이 알 바뇨'를 가장 흔하게 쓰지만 공공장소, 레스토랑 등에서는 aseo라고 표기합니다.

여기서 잠깐!

el baño 엘 바뇨, el servicio 엘 쎄르비씨오, el aseo 엘 아세오 모두 '화장실'을 뜻하는 말이지만 그중 'el baño'는 '집에 있는 화장실'을 의미합니다. el servicio, el aseo 이 두 단어는 '공공장소의 화장실'을 의미합니다.

방에서

방문 좀 닫아.

Cierra la puerta de la habitación.
씨에라 라 뿌에르따 데 라 아비따씨온

방에 불 끄고 나왔니?

¿Has apagado la luz de tu habitación?
아쓰 아빠가도 라 루쓰 데 뚜 아비따씨온?

바닥에 있는 머리카락 좀 주워라.

Recoge los pelos del suelo.
레꼬헤 로쓰 뻴로쓰 델 쑤엘로

방 청소 좀 해.

Limpia tu habitación.
림삐아 뚜 아비따씨온

내 방에 누가 들어왔었어?

¿Alguien entró en mi habitación?
알기엔 엔뜨로 엔 미 아비따씨온?

내 방은 너무 좁아.

Mi habitación es muy pequeña.
미 아비따씨온 에쓰 무이 뻬께냐

(너) 내 방에 가 있어.

Ve a mi habitación.
베 아 미 아비따씨온

꼭! 짚고 가기

'화장실을 가다'의 많은 표현들

'나 화장실 간다'는 뜻으로 가장 많이 쓰이며 대중적인 표현은 'Voy al baño. 보이 알 바뇨'입니다. 같은 뜻으로 100가지 문장은 쉽게 말할 수 있을 만큼 이 화장실과 관련된 많은 표현들이 있습니다. 그중 재미있는 표현을 두 가지 더 소개합니다.

① Voy a visitar al señor Roca.
보이 아 비시따르 알 쎄뇨르 로까
나는 로카 씨를 방문하겠다.
왜 로카 씨를 방문하냐고요? Roca는 스페인에서 변기, 세면대 등 화장실 관련 세라믹 제품을 만드는 아주 유명한 회사로, 스페인에서 화장실에 가서 변기와 세면대를 유심히 살펴보면 대부분 이 브랜드명이 적혀 있는 것을 발견할 수 있습니다. 따라서 '로카 씨를 방문한다'는 말로 화장실을 다녀오겠다는 표현을 할 수 있으며, 일상생활에서 아주 많이 쓰입니다.

② Voy al váter. 보이 알 바떼르
나는 변기에게 가겠다.
váter 바떼르는 물을 의미하는 water에서 온 말로 스페인어로는 변기를 뜻합니다. 스페인에서는 w 우베 도블레를 v 우베로 발음하기 때문에 '워터'가 스페인 방식으로 읽히니, w가 v로 바뀐 게 재미있습니다. 하지만 이 문장은 굉장히 직설적인 표현으로 사용에 주의해야 합니다. 자칫 '무식한 사람'으로 보일 수 있기 때문이죠.

거실에서

\# 저녁 식사 후에, 우리 가족은 거실에서 TV를 봅니다.

Después de la cena, toda mi familia ve la televisión en el salón.
데스뿌에쓰 데 라 쎄나, 또다 미 파밀리아 베 라 뗄레비시온 엔 엘 쌀론

\# 우리 집 거실은 춥습니다.

Nuestro salón es muy frío.
누에스뜨로 쌀론 에쓰 무이 프리오

\# 거실이 좀 더 넓으면 좋겠어요.

Necesito un salón más amplio.
네쎄시또 운 쌀론 마쓰 암쁠리오

\# 거실에는 TV가 있어요.

Hay un televisor en el salón.
아이 운 뗄레비소르 엔 엘 쌀론

\# 우리 집 거실은 너무 혼잡해.

Nuestro salón está demasiado lleno.
누에스뜨로 쌀론 에스따 데마시아도 예노

\# 내 집처럼 편하게 계세요.

Siéntase como en su casa.
씨엔따세 꼬모 엔 쑤 까사

\# 거실 TV가 몇 인치야?

¿De cuántas pulgadas es la tele del salón?
데 꾸안따쓰 뿔가다쓰 에쓰 라 뗄레 델 쌀론?

el salón 엘 쌀론 거실
por la noche 뽀르 라 노체 저녁에
frío/a 프리오/아 추운
lleno/a 예노/나 꽉 찬

부엌에서

\# 설거지 좀 도와드릴까요?

¿Puedo ayudarle a lavar los platos?
뿌에도 아유다르레 아 라바르 로쓰 쁠라또쓰?

\# 주로 요리는 제가 하고 설거지는 남편이 해요.

Normalmente yo cocino y mi marido lava los platos.
노르말멘떼 요 꼬씨노 이 미 마리도 라바 로쓰 쁠라또쓰

\# 식기세척기가 있지만 잘 쓰진 않아요.

Tengo lavavajillas, pero no lo uso mucho.
뗑고 라바바히야쓰, 뻬로 노 로 우소 무초

\# 이 아파트의 부엌은 모든 설비가 갖춰져 있어요.

La cocina de este apartamento está totalmente equipada.
라 꼬씨나 데 에스떼 아빠르따멘토 에스따 또딸멘떼 에끼빠다

\# 전자레인지 좀 써도 될까요?

¿Puedo usar el microondas?
뿌에도 우사르 엘 미끄로온다쓰?

\# 부엌이 좁아서 식사는 주로 거실에서 해요.

Comemos en el salón porque no hay espacio para comer en la cocina.
꼬메모쓰 엔 엘 쌀론 뽀르께 노 아이 에스빠씨오 빠라 꼬메르 엔 라 꼬씨나

el marido 엘 마리도 남편
el lavavajillas 엘 라바바히야쓰 식기세척기
el microondas 엘 미끄로온다쓰 전자레인지
el espacio 엘 에스빠씨오 공간

식탁에서

\# 식탁 차리는 것 좀 도와줄래?

¿Puedes ayudarme a poner la mesa?
뿌에데쓰 아유다르메 아 뽀네르 라 메사?

\# 자, 자리에 앉읍시다.

Vamos a sentarnos.
바모쓰 아 쎈따르노쓰

\# 맛있게 드세요.

Buen provecho.
부엔 쁘로베초

\# 건배할까요?

¿Brindamos?
브린다모쓰?

\# 건배!

¡Salud!
쌀룯!

\# 이 소스는 제가 직접 만들었어요.

Esta salsa la he hecho yo.
에스따 쌀사 라 에 에초 요

\# 저 음식 좀 건네주시겠어요?

¿Me puede pasar aquel plato, por favor?
메 뿌에데 빠사르 아껠 쁠라또, 뽀르 파보르?

\# 정말 맛있게 잘 먹었어요.

Me gustó mucho la comida.
Estaba riquísima.
메 구스또 무초 라 꼬미다. 에스따바 리끼시마

sentar 쎈따르 앉다
preparar 쁘레빠라르 준비하다
rico/a 리꼬/까 맛있는
(riquísimo 리끼시모 rico의 최상급)

식사 예절

\# 입에 음식을 넣은 채 말하지 마라.

No hables con la boca llena.
노 아블레쓰 꼰 라 보까 예나

\# 다 먹은 후, 접시는 싱크대에 넣어라.

Después de comer, pon tu plato en el fregadero.
데스뿌에쓰 데 꼬메르, 뽄 뚜 쁠라또 엔 엘 프레가데로

\# 식탁에 팔꿈치를 올리면 안 된다.

No debes poner los codos sobre la mesa.
노 데베쓰 뽀네르 로쓰 꼬도쓰 쏘브레 라 메사

\# 돌아다니면서 먹지 말아라.

No te muevas cuando estés comiendo.
노 떼 무에바쓰 꾸안도 에스떼쓰 꼬미엔도

\# 꼭꼭 씹어 먹어라.

Mastica bien cada bocado.
마스띠까 비엔 까다 보까도

\# 자리에서 먼저 일어나도 될까요?

¿Puedo levantarme?
뿌에도 레반따르메?
¿Le importa si me levanto?
레 임뽀르따 씨 메 레반또?

el fregadero 엘 프레가데로 싱크대
poner 뽀네르 놓다
el codo 엘 꼬도 팔꿈치
la mesa 라 메사 식탁

설거지

식탁 좀 치워 줄래요?

¿Puede recojer la mesa, por favor?
뿌에데 레꼬헤르 라 메사, 뽀르 파보르?

그릇을 싱크대에 넣어 주세요.

Ponga sus platos en el fregadero.
뽕가 쑤쓰 쁠라또쓰 엔 엘 프레가데로

식탁을 치우고 그릇을 식기세척기에 넣어 줄래?

¿Podrías recojer la mesa y meter los platos en el lavavajillas, por favor?
뽀드리아쓰 레꼬헤르 라 메사 이 메떼르 로쓰 쁠라또쓰 엔 엘 라바바히야쓰, 뽀르 파보르?

설거지는 내가 할게요.

Voy a lavar los platos.
보이 아 라바르 로쓰 쁠라또쓰

그가 제 대신 설거지를 할 거라고 했어요.

Dijo que iba lavar los platos por mí.
디호 께 이바 라바르 로쓰 쁠라또쓰 뽀르 미

당신이 요리했으니까, 오늘 저녁 설거지는 내가 할게.

Ya que has cocinado para mí, voy a lavar los platos esta noche.
야 께 아쓰 꼬씨나도 빠라 미, 보이 아 라바르 로쓰 쁠라또쓰 에스따 노체

여기서 잠깐!

por favor 뽀르 파보르는 문장의 앞 혹은 뒤에 붙여, 문장을 좀 더 부드럽고 정중하게 표현할 수 있습니다. 상대가 무슨 제안을 했을 때, '네, 그래 주시겠어요?'라는 대답으로 간단히 'Sí, por favor. 씨 뽀르 파보르'이라고 말하기도 합니다.

위생

식사 전에 손을 비누로 깨끗이 씻어라.

Lávate bien las manos con jabón antes de comer.
라바떼 비엔 라쓰 마노쓰 꼰 하본 안떼쓰 데 꼬메르

기침할 때는 손으로 입 좀 가려 줄래?

¿Podrías taparte la boca con las manos cuando toses?
뽀드리아쓰 따빠르떼 라 보까 꼰 라쓰 마노쓰 꾸안도 또세쓰?

사람이 많은 곳에선 웬만하면 마스크를 쓰는 게 좋아.

Es recomendable usar mascarilla en un lugar lleno de gente.
에쓰 레꼬멘다블레 우사르 마스까리야 엔 운 루가르 예노 데 헨떼

그들은 위생 관념이 없어요.

No tienen sentido de la higiene.
노 띠에넨 쎈띠도 데 라 이히에네

공공장소에서는 소독제를 사용하여 손을 깨끗이 닦아 주세요.

Utilice desinfectante para limpiarse las manos en lugares públicos.
우띨리쎄 데신펙딴떼 빠라 림삐아르세 라쓰 마노쓰 엔 루가레쓰 뿌블리꼬쓰

저는 약간 결벽증이 있어요.

Tengo un poco de misofonía.
뗑고 운 뽀꼬 데 미소포니아

lavar 라바르 씻다
el jabón 엘 하본 비누

청소

\# 방이 더럽다. (너희들) 좀 치워라.

La habitación está muy desordenada. Limpiadla.
라 아비따씨온 에스따 무이 데소르데나다. 림삐알라

\# 청소기를 돌려야겠어.

Tengo que pasar la aspiradora.
뗑고 께 빠사르 라 아스삐라도라

\# 집 청소하는 것 좀 도와줘.

Ayúdame a limpiar la casa.
아유다메 아 림삐아르 라 까사

\# 나는 한 달에 한 번 대청소를 한다.

Limpio la casa de arriba a abajo una vez al mes.
림삐오 라 까사 데 아리바 아 아바호 우나 베쓰 알 메쓰

\# 창문 좀 닦아 줄래?

¿Puedes limpiar las ventanas?
뿌에데쓰 림삐아르 라쓰 벤따나쓰?

\# 나는 청소가 제일 싫어.

Lo que más odio es limpiar.
로 께 마쓰 오디오 에쓰 림삐아르

여기서 잠깐!

스페인에서 청소할 때 가장 많이 쓰는 세제 종류는 바로 'amoníaco 아모니아꼬 암모니아수'입니다. 뜨거운 물에 이 암모니아수를 살짝 풀어 걸레에 적셔 사용하며 화장실, 거실, 바닥 할 것 없이 같은 방법으로 청소합니다. 나무 바닥이라면 식초 혹은 레몬으로 바닥에 윤을 낼 수 있습니다.

꼭! 짚고 가기

주방 문화&재활용 쓰레기 버리기

스페인에서는 대부분의 가정에서 식기세척기를 이용합니다. 손 설거지보다는 식기세척기를 많이 이용해서 마트에 가면 식기세척기 세제들이 크게 한쪽에 진열되어 있을 정도입니다.

일반 가정에서는 전기를 사용하는 인덕션 레인지가 보편적입니다. 따라서 냄비 구입 시 인덕션에서 사용이 가능하다는 표시가 있는지 반드시 확인해야 합니다. 오븐 역시 스페인 요리에서는 빠져서는 안 될 주방 가전입니다.

스페인에서는 보통 부엌이 좁습니다. 좁은 주방에 식기세척기, 오븐, 전자레인지 등의 기기를 놓아야 하기 때문에 양문으로 여는 냉장고보다 한쪽 문만 열 수 있는 냉장고의 보급률이 훨씬 높습니다. 대신 냉장고와 별도로 작은 냉동고를 갖추고 있는 경우가 많습니다.

스페인에서는 노란색, 파란색, 녹색, 갈색, 회색 이렇게 5가지 색상의 쓰레기통이 있습니다. 쓰레기통을 색상으로 구분해 재활용하는데요, 각각 어떤 종류의 쓰레기를 버릴 수 있을까요?

- 노란색: 플라스틱(비닐봉지), 메탈류(캔)
- 파란색: 상자, 신문, 잡지 등 종이류
- 갈색 또는 주황색: 유기성 폐기물 (음식물 쓰레기 등 생물학적 과정을 통해 퇴비나 비료가 될 수 있는 것)
- 녹색: 유리병, 깨진 거울 등 (세라믹, 도자기류 제외)
- 회색: 재활용이 불가능한 일반 쓰레기
- 그 외: 폐건전지 수거함, 의류 수거함, 약 수거함

분리수거

\# 분리수거 좀 도와줄래?

¿Puedes ayudarme con el reciclaje?
뿌에데쓰 아유다르메 꼰 엘 레씨끌라헤?

\# 스페인에서 분리수거는 어떻게 하나요?

¿Cómo se recicla en España?
꼬모 쎄 레씨끌라 엔 에스빠냐?

\# 쓰레기 좀 버려 줘.

Por favor, tira la basura.
뽀르 파보르, 띠라 라 바수라

\# 재활용 쓰레기는 어디에 버려야 하나요?

¿Dónde debo tirar la basura reciclable?
돈데 데보 띠라르 라 바수라 레씨끌라블레?

\# 폐건전지는 건전지 수거함에 버리세요.

Por favor, tire las pilas usadas en el contenedor de pilas.
뽀르 파보르, 띠레 라쓰 삘라쓰 우사다쓰 엔 엘 꼰떼네도르 데 삘라쓰

세탁

\# 오늘은 빨래를 해야 해.

Tengo que lavar hoy mi ropa.
뗑고 께 라바르 오이 미 로빠

\# 빨래가 산더미야.

Hay un montón de ropa sucia.
아이 운 몬똔 데 로빠 쑤씨아

\# 세탁기를 돌려야겠어.

Voy a poner la lavadora.
보이 아 뽀네르 라 라바도라

\# 다림질할 옷이 산더미야.

Tengo un montón de ropa para planchar.
뗑고 운 몬똔 데 로빠 빠라 쁠란차르

\# 빨래 좀 널어 주세요.

Por favor, cuelga la ropa lavada.
뽀르 파보르, 꾸엘가 라 로빠 라바다

\# 빨래 좀 개 줄래요?

Por favor, ayúdame a doblar la ropa.
뽀르 파보르, 아유다메 아 도블라르 라 로빠

\# 셔츠 좀 다려 주실 수 있나요?

¿Por favor, podría planchar las camisas?
뽀르 파보르, 뽀드리아 쁠란차르 라쓰 까미사쓰?

여기서 잠깐!

청소 도구 관련 단어들을 알아볼까요?

- el guante 엘 구안떼 장갑
- el cepillo 엘 쎄삐요 빗자루
- la fregona 라 프레고나 대걸레
- el trapo 엘 뜨라뽀 걸레
- la bolsa de basura 라 볼사 데 바수라 쓰레기 봉지
- el aspirador/la aspiradora 엘 아스삐라도르/라 아스삐라도라 진공청소기

el montón 엘 몬똔 많은 양, 한 무더기
planchar 쁠란차르 다림질하다

집 꾸미기

\# 인테리어와 가구 디자인에 관심이 많아요.

Tengo mucho interés en el diseño de interiores y muebles.
뗑고 무초 인떼레쓰 엔 엘 디세뇨 데 인떼리오레쓰 이 무에블레쓰

\# 60평방미터(약 20평) 정도의 집 전체를 인테리어하는 데 비용은 어떻게 되나요?

¿Cuánto cuesta una reforma integral de un piso de 60 metros cuadrados?
꾸안또 꾸에스따 우나 레포르마 인떼그랄 데 운 삐소 데 쎄센따 메뜨로쓰 꾸아드라도쓰?

\# 예산이 적어서 셀프 인테리어를 하려고 해.

Estoy pensando en decorarla por mi mismo/a porque tengo un presupuesto limitado.
에스또이 뻰산도 엔 데꼬라르라 뽀르 미 미스모/마 뽀르께 뗑고 운 쁘레수뿌에스또 리미따도

\# 새 커튼은 벽 색깔과 어울리지 않아.

Las nuevas cortinas no quedan bien con el color de la pared.
라쓰 누에바쓰 꼬르띠나쓰 노 께단 비엔 꼰 엘 꼴로르 데 라 빠렏

\# 스페인은 햇볕이 강해서 모든 집에 블라인드가 있다.

España es muy soleada, así que todas las casas tienen persianas.
에스빠냐 에쓰 무이 쏠레아다, 아씨 께 또다쓰 라쓰 까사쓰 띠에넨 뻬르시아나쓰

여기서 잠깐!

스페인은 차양이 없으면 잠을 잘 수 없을 정도로 태양이 강렬합니다. 거의 모든 집의 창문마다 persiana라는 블라인드형 차양이 달려있어 햇빛이 들어오는 양을 조절합니다.

꼭! 짚고 가기

정통 스페인식 아침 식사

스페인에서는 아침에 달콤한 음식이나 토마토 바른 빵을 먹습니다. 스페인식 아침 식사로 가장 유명한 토마토 빵[1]은 바르셀로나 지방의 전통 아침 식사로, 반으로 자른 바게트 빵을 바삭하고 따뜻하게 구워 반으로 자른 생마늘(냄새가 강해 생략하는 곳이 많음)을 발라 마늘 향을 내고, 스페인산 질 좋은 올리브유를 뿌린 다음, 토마토를 반으로 갈라 빵에 문지르거나 갈아서 얹어 먹습니다. 여기에 직접 짠 오렌지 주스 한 잔[2], 우유를 탄 커피[3]를 곁들여 마시죠.
그 외에 빵은 토스트[4]해 잼[5]과 버터[6]를 발라 먹거나, 츄로[7]와 진한 초콜릿[8]을 같이 먹기도 합니다. 머핀[9], 달콤한 빵[10]도 아침에 주로 먹는 메뉴입니다.
한국은 아침에 밥과 국 등의 음식[11]을 먹는다고 말하면 아침부터 어떻게 그런 '음식'을 먹을 수 있냐고 놀라는 스페인 사람들의 표정을 볼 수 있을 거예요.

1 pan con tomate 빤 꼰 또마떼 토마토 빵
2 zumo de naranja natural 쑤모 데 나랑하 나뚜랄 오렌지 주스
3 café con leche 까페 꼰 렉체 우유를 탄 커피
4 tostada 또스따다 토스트
5 mermelada 메르멜라다 잼
6 mantequilla 만떼끼야 버터
7 churro 추로 츄로
8 chocolate 초꼴라떼 초콜릿
9 magdalena 마그달레나 머핀
10 bollo 보요 달콤한 빵
11 comida 꼬미다 음식

초대하기

내일 시간 있니?

¿Mañana tienes tiempo?
마냐나 띠에네쓰 띠엠뽀?

우리 집으로 저녁 먹으러 오지 않을래?

¿Quieres venir a cenar a mi casa?
끼에레쓰 베니르 아 쎄나르 아 미 까사?

나랑 점심 먹을래?

¿Quieres comer conmigo?
끼에레쓰 꼬메르 꼰미고?

이번 토요일에 무슨 계획 있니?

¿Tienes algún plan para este sábado?
띠에네쓰 알군 쁠란 빠라 에스떼 싸바도?

몇 시에 만날까?

¿A qué hora quedamos?
아 께 오라 께다모쓰?

좋아, 당연하지.

Claro, por supuesto.
끌라로, 뽀르 쑤뿌에스또

집에 도착하기 한 시간 전에 미리 전화 좀 해 줘.

Llámame una hora antes de venir a mi casa.
야마메 우나 오라 안떼쓰 데 베니르 아 미 까사

방문하기

몇 시에 가면 되나요?

¿A qué hora debo estar allí?
아 께 오라 데보 에스따르 아지?

늦지 말고 시간을 엄수해 주세요.

Por favor, sea puntual. No llegue tarde.
뽀르 파보르, 쎄아 뿐뚜알. 노 예게 따르데

초대에 감사드려요.

Agradezco su invitación.
아그라데쓰꼬 쑤 임비따씨온

디저트를 좀 가져왔습니다.

He traído un postre.
에 뜨라이도 운 뽀스뜨레

담배 피워도 되나요?

¿Puedo fumar?
뿌에도 푸마르?

뭐 내가 가져갈 거 있니?

¿Hay algo que pueda llevar?
아이 알고 께 뿌에다 예바르?

마실 것은 어떤 걸 줄까? (마실 것을 원하니?)

¿Quieres algo de beber?
끼에레쓰 알고 데 베베르?

마실 것은 어떤 걸 드릴까요? (마실 것을 원하시나요?)

¿Desea tomar algo?
데세아 또마르 알고?

약속 잡기

\# 이번 주말에 나랑 영화 보러 갈래?

¿Quieres ir al cine este fin de semana?
끼에레쓰 이르 알 씨네 에스떼 핀 데 쎄마나?

\# 나는 언제든 가능하니까, 니가 시간 정해.

Estoy disponible en cualquier momento, así que tú decides la hora.
에스또이 디스뽀니블레 엔 꾸알끼에르 모멘또, 아씨 께 뚜 데씨데쓰 라 오라

\# 후안도 부를까?

¿Quieres que llamemos a Juan?
끼에레쓰 께 야메모쓰 아 후안?

\# 나는 토요일 오전에는 다 좋아.

Estoy libre a cualquier hora del sábado por la mañana.
에스또이 리브레 아 꾸알끼에르 오라 델 싸바도 뽀르 라 마냐나

\# 후안한테는 내가 전화해 볼게.

Voy a llamar a Juan.
보이 아 야마르 아 후안

\# 나는 이번 주는 안 되는데, 다음 주는 어떨까?

No tengo tiempo esta semana; ¿podemos quedar la próxima?
노 뗑고 띠엠뽀 에스따 쎄마나; 뽀데모쓰 께다르 라 쁘록씨마?

\# 나는 영화보다 간단히 뭘 먹었으면 좋겠는데.

Prefiero picar algo más a ver una película.
쁘레피에로 삐까르 알고 마쓰 아 베르 우나 뻴리꿀라

preferir 쁘레페리르 선호하다

꼭! 짚고 가기

초대받았을 때

스페인에서는 다른 가정에 초대를 받았을 경우, 상대가 콕 집어 무엇을 가져오라고 말하지 않았다면 보통 그냥 몸만 가도 상관없습니다. 특히 가까운 사이일수록 초대에 감사하는 의미로 무언가를 가져가는 게 오히려 더 어색한 분위기를 연출하기도 합니다. 만약 예의를 차리고 싶은 자리, 상대에게 감사의 표시를 하고 싶다면, 간단한 디저트류를 사 가는 것이 좋으며 비싸지 않은 와인 한 병도 괜찮습니다.

스페인에는 pastelería 빠스뗄레리아 혹은 bollería 보예리아라고 하는 디저트 전문점이 많습니다. panadería 빠나데리아(빵집)에서 팔기도 합니다. 보통 한 손으로 집어 먹기 좋은 크기의 다양한 케이크, 초콜릿 등을 무게를 달아서 팝니다.

안부 묻기

그동안 뭐하며 지냈어?

¿Qué has estado haciendo últimamente?
께 아쓰 에스따도 아씨엔도 울띠마멘떼?

너 마리아 소식은 들었니?

¿Has oído algo de María?
아쓰 오이도 알고 데 마리아?

영국에 취직되어 갔다는 소식은 들었는데, 도통 연락이 없네.

He oído que encontró un trabajo en Inglaterra, pero tampoco me ha llamado.
에 오이도 께 엥꼰뜨로 운 뜨라바호 엔 잉글라떼라, 뻬로 땀뽀꼬 메 아 야마도

무슨 일 있어? 슬퍼 보여.

¿Ha pasado algo? Te veo triste.
아 빠사도 알고? 떼 베오 뜨리스떼

하는 일은 어때? 잘 돼가?

¿Qué tal tu trabajo? ¿Todo bien?
께 딸 뚜 뜨라바호? 또도 비엔?

다이어트 중이야? 살 빠진 것 같아.

¿Estás a dieta? Te veo más delgado/a.
에스따쓰 아 디에따? 떼 베오 마쓰 델가도/다

Inglaterra 잉글라떼라 영국
triste 뜨리스떼 슬픈
la dieta 라 디에따 다이어트

일상 대화

너 누리아랑 마리오가 헤어진 거 알고 있어?

¿Sabes que Nuria y Mario han roto?
싸베쓰 께 누리아 이 마리오 안 로또?

그건 말이 안 돼.

No tiene sentido.
노 띠에네 쎈띠도

네 말도 일리가 있어.

También tienes razón.
땀비엔 띠에네쓰 라쏜

일 때문에 스트레스가 너무 심해.

Estoy muy estresado/a por mi trabajo.
에스또이 무이 에스뜨레사도/다 뽀르 미 뜨라바호

하지만 그게 인생이지. 견뎌야지 뭐.

Ya, pero así es la vida. Hay que aguantar.
야, 뻬로 아시 에쓰 라 비다. 아이 께 아구안따르

이번 주 토요일에 안드레아를 만나기로 했어. 올래?

Voy a quedar con Andrea este sábado. ¿Quieres venir?
보이 아 께다르 꼰 안드레아 에스떼 싸바도. 끼에레쓰 베니르?

난 안드레아가 별로야. 걘 너무 잘난 척해.

No me gusta Andrea. Para mí, es demasiado pija.
노 메 구스따 안드레아. 빠라 미, 에쓰 데마시아도 삐하

aguantar 아구안따르 버티다, 견디다
ser pijo/a 쎄르 삐호/하 잘난 척하는 사람

헤어질 때

\# 너 오늘 집에 몇 시에 들어갈 거야?

¿A qué hora vas a casa?
아 께 오라 바쓰 아 까사?

\# 전철이 몇 시에 끊기지?

¿A qué hora se acaba el metro?
아 께 오라 쎄 아까바 엘 메뜨로?

\# 택시 타고 가려고. 같이 갈래?

Voy a coger un taxi.
¿Me acompañas?
보이 아 꼬헤르 운 딱씨. 메 아꼼빠냐쓰?

\# 피곤하다. 난 이만 가 볼게.

Estoy cansado/a. Me voy.
에스또이 깐사도/다. 메 보이

\# 조만간 또 볼 수 있길 바란다.

Espero que nos veamos pronto.
에스뻬로 께 노쓰 베아모쓰 쁘론또

pronto 쁘론또 곧

여기서 잠깐!

택시를 많이 타긴 하지만, 젊은 층이나 여행객은 차량 공유 서비스 앱도 많이 이용합니다. Uber 우버가 가장 유명하고, 스페인 로컬 회사인 Cabify 카비파이도 인기 있습니다.

꼭! 짚고 가기

요일&시간 관련 표현

스페인어로 일곱 요일을 어떻게 말할까요?

- 월요일 el lunes 엘 루네쓰
- 화요일 el martes 엘 마르떼쓰
- 수요일 el miércoles 엘 미에르꼴레쓰
- 목요일 el jueves 엘 후에베쓰
- 금요일 el viernes 엘 비에르네쓰
- 토요일 el sábado 엘 싸바도
- 일요일 el domingo 엘 도밍고

그밖에 때를 나타내는 표현입니다.

- 주말 fin de semana 핀 데 쎄마나
- 어제 ayer 아예르
- 그저께 anteayer 안떼아예르
- 내일 mañana 마냐나
- 모레 pasado mañana 빠사도 마냐나

mañana는 '내일'이라는 뜻 외에 '아침'이라는 뜻도 있으며, '아침'의 뜻으로 사용할 때에는 관사를 붙여야 합니다. mañana por la mañana 마냐나 뽀르 라 마냐나는 '내일 아침에'라는 뜻으로, 처음 쓰인 mañana는 '내일', 뒤에 쓰인 것은 '아침'을 뜻합니다.

부동산 집 구하기

새 아파트를 구하고 있습니다.

Estoy buscando un nuevo piso.
에스또이 부스깐도 운 누에보 삐소

추천해 주실 동네(구역)가 있나요?

¿Podría recomendarme alguna zona?
뽀드리아 레꼬멘다르메 알구나 쏘나?

어느 정도 크기의 집을 찾고 있으세요?

¿Qué tamaño de piso está buscando?
께 따마뇨 데 삐소 에스따 부스깐도?

방 두 개짜리 아파트를 원합니다.

Me gustaría un piso de dos dormitorios.
메 구스따리아 운 삐소 데 도쓰 도르미또리오쓰

지하철 역에서 가까운 집이 있나요?

¿Tiene algún piso cerca de la estación de metro?
띠에네 알군 삐소 쎄르까 데 라 에스따씨온 데 메뜨로?

요구에 맞는 좋은 곳이 있습니다.

Tengo uno que te puede encajar.
뗑고 우노 께 떼 뿌에데 엥까하르

이 아파트는 방이 몇 개인가요?

¿Cuántas habitaciones tiene este piso?
꾸안따쓰 아비따씨오네쓰 띠에네 에스떼 삐소?

가구가 완비된 침실 2개와 욕실 1개로 구성되어 있습니다.

Dispone de dos habitaciones totalmente amuebladas y un baño.
디스뽀네 데 도쓰 아비따씨오네쓰 또딸멘떼 아무에블라다쓰 이 운 바뇨

부동산 조건 보기

두 달치 월세 분의 보증금이 있어요.

Hay un depósito de dos meses para el alquiler.
아이 운 데뽀시또 데 도쓰 메세쓰 빠라 엘 알낄레르

교통은 어떤가요? (근처 교통 수단에는 무엇이 있나요?)

¿Qué transportes hay cerca?
께 뜨란스뽀르떼쓰 아이 쎄르까?

지하철 역에서 걸어서 10분 거리입니다.

Hay una estación de metro a 10 minutos a pie.
아이 우나 에스따씨온 데 메뜨로 아 디에쓰 미누또쓰 아 삐에

엘리베이터는 있나요?

¿Tiene ascensor?
띠에네 아스쎈소르?

임대료는 얼마인가요?

¿Cuánto es el alquiler?
꾸안또 에쓰 엘 알낄레르?

이 동네는 집세가 아주 비싸요.

Este barrio es muy caro.
에스떼 바리오 에쓰 무이 까로

임대 계약 기간은 얼마입니까?

¿Por cuánto tiempo es el contrato de alquiler?
뽀르 꾸안또 띠엠뽀 에쓰 엘 꼰뜨라또 데 알낄레르?

임대할 집을 찾고 있어요.

Estamos buscando una casa para alquilar.
에스따모쓰 부스깐도 우나 까사 빠라 알낄라르

부동산 계약하기

계약하겠어요.

Quiero firmar el contrato de arrendamiento.
끼에로 필마르 엘 꼰뜨라또 데 아렌다미엔또

계약금은 얼마인가요?

¿Cuánto es el depósito?
꾸안또 에쓰 엘 데뽀시또?

이 아파트를 임대하겠어요.

Me gustaría alquilar este piso.
메 구스따리아 알낄라르 에스떼 삐소

계약할까요?

¿Firmamos el contrato?
피르마모쓰 엘 꼰뜨라또?

언제 이사 올 수 있을까요?

¿Cuándo me puedo mudar?
꾸안도 메 뿌에도 무다르?

당장 이사 들어가도 될까요?

¿Puedo mudarme de inmediato?
뿌에도 무다르메 데 임메디아또?

공과금 포함, 한 달에 500유로입니다.

Son 500 euros al mes, gastos incluidos.
쏜 끼니엔또 에우로쓰 알 메쓰, 가스또쓰 인끌루이도쓰

월세는 매월 1일에 내시면 됩니다.

Hay que pagar el primer día de cada mes.
아이 께 빠가르 엘 쁘리메르 디아 데 까다 메쓰

이사 계획

이사할 때가 된 것 같아요.

Deberíamos mudarnos.
데베리아모쓰 무다르노쓰

우리는 한 달 내에 이사할 계획이에요.

Nos mudaremos en un mes.
노쓰 무다레모쓰 엔 운 메쓰

곧 이사 가신다면서요.

He oído que se mudará pronto.
에 오이도 께 쎄 무다라 쁘론또

언제 새 아파트로 이사 가세요?

¿Cuándo se mudará a su nuevo piso?
꾸안도 쎄 무다라 아 쑤 누에보 삐소?

이사하는 것 때문에 걱정이에요.

Estoy preocupado/a por la mudanza.
에스또이 쁘레오꾸빠도/다 뽀르 라 무단싸

이사 가려면 한 달 전에 미리 알려 주셔야 합니다.

En caso de quererse ir, debe darme un preaviso de un mes.
엔 까소 데 께레르세 이르, 데베 다르메 운 쁘레아비소 데 운 메쓰

여기서 잠깐!

스페인에는 고층 아파트가 없으며, 대부분 5층 이하의 빌라 형식으로 이를 piso 삐소라고 부릅니다. 스페인은 오래된 건물일수록 재건축보다는 보존을 하는 편으로 시내 중심부에는 오래된 piso들이 아주 많습니다. 외곽으로 가면 많이 볼 수 있는 주택은 casa 까사 혹은 chalet 찰렛이라고 부르는데 똑같은 주택 여러 채가 한 줄로 붙어있는 형태의 집은 chalet adosado 찰렛 아도사도라고 부릅니다.

짐 싸기

이삿짐은 모두 쌌어요?

¿Has empaquetado todas tus cosas de la mudanza?
아쓰 엠빠께따도 또다쓰 뚜쓰 꼬사쓰 데 라 무단싸?

이사 가기 위해 짐을 싸야 해요.

Tengo que empaquetar mis cosas para mudarme.
뗑고 께 엠빠께따르 미쓰 꼬사쓰 빠라 무다르메

이삿짐 센터에 맡겼어요.

La empresa de mudanzas está cargando todas mis cosas.
라 엠쁘레사 데 무단싸쓰 에스따 깔간도 또다쓰 미쓰 꼬사쓰

귀중품은 이삿짐센터에 맡기지 말고 네가 직접 가지고 가.

No dejes tus objetos de valor a la empresa de mudanzas, llévalos contigo.
노 데헤쓰 뚜쓰 옵헤또쓰 데 발로르 아 라 엠쁘레사 데 무단싸쓰, 예발로쓰 꼰띠고

이사 가기 전에 물건들을 팔아야겠어요.

Voy a vender algunas de mis cosas antes de mudarme.
보이 아 벤데르 알구나쓰 데 미쓰 꼬사쓰 안떼쓰 데 무다르메

이사 가는 건 쉬운 일이 아니에요.

Mudarse no es fácil.
무다르세 노 에쓰 파씰

이사할 때 도움이 필요하면 말해. 도와줄게.

Hazme saber si necesitas ayuda cuando te vayas a mudar. Te ayudaré.
아쓰메 싸베르 씨 네쎄시따쓰 아유다 꾸안도 떼 바야쓰 아 무다르. 떼 아유다레

이사 비용

이사 비용 때문에 걱정이에요.

Estoy preocupado/a por los gastos de la mudanza.
에스또이 쁘레오꾸빠도/다 뽀르 로쓰 가스또쓰 데 라 무단싸

다른 도시로 이사하는 데는 비용이 엄청나게 들어요.

Es muy caro mudarse a otra ciudad.
에쓰 무이 까로 무다르세 아 오따르 씨우닫

이사하는 데에는 비용이 상당히 들어요.

El gasto de la mudanza es bastante alto.
엘 가스또 데 라 무단싸 에쓰 바스딴떼 알또

회사에서 이사 비용을 지원해 준대요.

Mi empresa me paga la mudanza.
미 엠쁘레사 메 빠가 라 무단싸

마드리드에서 바르셀로나로 이사 가는 데 비용이 얼마나 드나요?

¿Cuánto cuesta mudarse de Madrid a Barcelona?
꾸안또 꾸에스따 무다르세 데 마드릳 아 바르셀로나?

이사 비용을 분할 납부할 수 있나요?

¿Se puede pagar la mudanza a plazos?
쎄 뿌에데 빠가르 라 무단싸 아 쁠라쏘쓰?

la mudanza 라 무단싸 이사
echar una mano 에차르 우나 마노 돕다
bastante 바스딴떼 충분히
el gasto 엘 가스또 소비

날씨 묻기

\# 오늘 날씨 어때요?

¿Qué tiempo hace hoy?
께 띠엠뽀 아쎄 오이?

\# 그곳 날씨 어때요?

¿Qué tiempo hace por allí?
께 띠엠뽀 아쎄 뽀르 아지?

\# 바깥 날씨 어때요?

¿Qué tiempo hace fuera?
께 띠엠뽀 아쎄 푸에라?

\# 내일 날씨는 어떨까요?

¿Qué tiempo hará mañana?
께 띠엠뽀 아라 마냐나?

\# 오늘 몇 도예요?

¿Cuántos grados hace hoy?
꾸안또쓰 그라도쓰 아쎄 오이?

\# 이런 날씨 좋아해?

¿Te gusta este tipo de clima?
떼 구스따 에스떼 띠뽀 데 끌리마?

\# 이런 날씨가 계속될까?

¿Crees que este tiempo va a continuar?
끄레에쓰 께 에스떼 띠엠뽀 바 아 꼰띠누아르?

꼭! 짚고 가기

스페인에서 집 구하기

스페인은 전세의 개념이 없이 자가 혹은 월세만 존재합니다. 집값이 비싸기 때문에 보통 결혼 전까지 부모님과 같이 살거나 3~4명의 친구들이 모여 집 한 채를 빌린 후 같이 사는 것이 보편적입니다. 집 구매 시에는 hipoteca 이뽀떼까라고 하는 장기 주택 담보 대출을 받는 것이 일반적이지만 이 대출을 받으려면 탄탄한 직장, 보증인 혹은 높은 예치금 등 조건이 까다롭죠. 이 절차를 거쳐 집을 구매했다면 20~30년씩 오랫동안 대출금을 갚기 때문에 이사를 자주 하지 않는답니다.

유학생들 혹은 지방에서 올라온 현지 대학생들은 여럿이 한 집을 같이 쓰는 piso a compartir 삐소 아 꼼빠르띠르 형태로 거주합니다. 스페인에서 집을 구할 때 가장 많이 보는 사이트는 http://www.idealista.com으로 지역별, 가격별, 집 형태별 등 조건을 세분화하여 검색할 수 있습니다. 혹은 동네에 있는 도서관 게시판 등에도 룸메이트를 구하는 광고가 많이 붙는 편입니다.

집을 구할 때는 가장 먼저 월세 금액과 '보증금 depósito 데뽀시또'이 얼마인지 확인하고, 다달이 내는 월세에는 전기, 수도, 인터넷 등등 '공과금 gasto 가스또'이 포함되어 있는지를 확인하여야 합니다. 또한 계약을 해지할 시에는 얼마 전에 통보해야 하는지도 꼭 알아 두어야 합니다.

참고로 스페인에서 집값이 가장 비싼 도시는 마드리드, 바르셀로나 그리고 북쪽에 있는 산 세바스티안 이렇게 세 곳입니다.

일기예보

\# 오늘 일기예보 어때요?

¿Cuál es el pronóstico (de tiempo) para hoy?
꾸알 에쓰 엘 쁘로노스띠꼬 (데 띠엠뽀) 빠라 오이?

\# 내일 일기예보 아세요?

¿Cuál es el pronóstico (de tiempo) para mañana?
꾸알 에쓰 엘 쁘로노스띠꼬 (데 띠엠뽀) 빠라 마냐나?

\# 주말 일기예보는 어때요?

¿Cuál es la previsión meteorológica para el fin de semana?
꾸알 에쓰 라 쁘레비시온 메떼오롤로히까 빠라 엘 핀 데 쎄마나?

\# 일기예보를 확인해 봐.

Mira qué tiempo hará.
미라 께 띠엠뽀 아라

\# 날씨가 일기예보 그대로네요.

El tiempo está igual que en el pronóstico del tiempo.
엘 띠엠뽀 에스따 이구알 께 엔 엘 쁘로노스띠꼬 델 띠엠뽀

\# 일기예보가 틀렸어요.

La previsión meteorológica era incorrecta.
라 쁘레비시온 메떼오롤로히까 에라 잉꼬렉따

\# 일기예보는 믿을 수가 없어요.

No podemos confiar en el pronóstico del tiempo.
노 뽀데모쓰 꼼피아르 엔 엘 쁘로노스띠꼬 델 띠엠뽀

여기서 잠깐!
'일기예보'는 el pronóstico del tiempo 혹은 la previsión meteorológica라고 말합니다.

맑은 날

\# 오늘 날씨가 참 좋죠.

Hace un buen día.
아쎄 운 부엔 디아

\# 햇빛이 아주 좋아요.

Está muy soleado.
에스따 무이 쏠레아도

\# 최근에는 날씨가 계속 좋은데요.

Últimamente hace muy buen tiempo.
울띠마멘떼 아쎄 무이 부엔 띠엠뽀

\# 이런 날씨가 계속되면 좋겠어요.

Espero que este tiempo continúe.
에스뻬로 께 에스떼 띠엠뽀 꼰띠누에

\# 내일은 맑아야 할 텐데.

Espero que mañana haga buen tiempo.
에스뻬로 께 마냐나 아가 부엔 띠엠뽀

\# 날씨가 좋아서 그런지, 멀리 있는 풍경까지 잘 보인다.

Quizás porque hace buen tiempo, se puede ver claramente el paisaje lejano.
끼싸쓰 뽀르께 아쎄 부엔 띠엠뽀, 쎄 뿌에데 베르 끌라라멘떼 엘 빠이사헤 레하노

여기서 잠깐!
강렬한 태양의 나라답게 스페인은 햇빛이 아주 강한 편입니다. 하지만 습기가 거의 없어 40도를 넘나드는 한여름에도 체감 온도는 우리나라보다 낮은 편입니다. 스페인 여행 시 꼭 지참해야 하는 필수 아이템으로는 선글라스를 빼놓을 수 없는데요, 멋 때문이 아닌 강한 태양으로부터 눈을 보호하기 위해 착용하는 것이 좋답니다. 말 그대로 '눈이 부실 정도로 화창한' 날씨들을 경험할 수 있을 테니까요.

흐린 날

\# 날씨가 궂어요.

Está nublado.
에스따 누블라도

Hay nubes.
아이 누베쓰

\# 날이 흐려지고 있어요.

El cielo se está nublando.
엘 씨엘로 쎄 에스따 누블란도

\# 날이 흐려서 그런지, 기분도 별로야.

Quizás sea porque está nublado, por lo que no estoy de buen humor.
끼싸쓰 쎄아 뽀르께 에스따 누블라도, 뽀르 로 께 노 에스또이 데 부엔 우모르

\# 하늘이 어두워졌어요.

El cielo se ha puesto muy oscuro.
엘 씨엘로 쎄 아 뿌에스또 무이 오스꾸로

El cielo se ha oscurecido densamente.
엘 씨엘로 쎄 아 오스꾸레씨도 덴사멘떼

\# 금방이라도 비가 내릴 것 같아요.

Lloverá en cualquier momento.
요베라 엔 꾸알끼에르 모멘또

Las nubes amenazan lluvia.
라쓰 누베쓰 아메나싼 유비아

\# 변덕스러운 날씨네요.

Hace un tiempo caprichoso.
아쎄 운 띠엠뽀 까프리초소

\# 아 너무 불쾌한 날씨야!

¡Qué tiempo tan desagradable!
께 띠엠뽀 딴 데사그라다블레!

비 오는 날

\# 비가 와요.

Está lloviendo.
에스따 요비엔도

\# 비가 뚝뚝 떨어지기 시작했어요.

Empezó a llover.
엠뻬쏘 아 요베르

Acaba de empezar a llover.
아까바 데 엠뻬싸르 아 요베르

\# 비가 억수같이 퍼붓는데요.

Llueve a cántaros.
유에베 아 깐따로쓰

Llueve mucho.
유에베 무초

\# 이제 비가 그쳤나요?

¿Todavía no ha parado de llover?
또다비아 노 아 빠라도 데 요베르?

\# 비가 올 것 같아요.

Parece que va a llover.
빠레쎄 께 바 아 요베르

\# 비가 오락가락하는데요.

Está lloviendo intermitentemente.
에스따 요비엔도 인떼르미뗀떼멘떼

\# 비가 올 것 같네. 우산을 가지고 가라!

Parece que va a llover.
¡Lleva un paraguas!
빠레쎄 께 바 아 요베르. 예바 운 빠라구아스!

천둥&번개

\# 천둥이 치고 있어요.

Está tronando.
에스따 뜨로난도

\# 번개가 쳐요.

Es un rayo.
에쓰 운 라요

\# 밖에 천둥이 너무 쳐서 무서워.

Me dan miedo los fuertes truenos que hay afuera.
메 단 미에도 로쓰 푸에르떼쓰 뜨루에노쓰 께 아이 아푸에라

\# 밤새 내내 번개 치는 거 봤어?

¿Has visto rayos durante toda la noche?
아쓰 비스또 라요쓰 두란떼 또다 라 노체?

\# 밖에 천둥 번개가 많이 치니까 웬만하면 집에 있어라.

Hay muchos truenos y relámpagos fuera, así que quédate en casa todo lo posible.
아이 무초쓰 뜨루에노쓰 이 렐람빠고쓰 푸에라, 아씨 께 께다떼 엔 까사 또로 로 뽀시블레

여기서 잠깐!

자주 쓰이는 스페인 속담 중 'Hasta el cuarenta de mayo no te quites el sayo. 아스따 엘 꾸아렌따 데 마요 노 떼 끼떼쓰 엘 싸요'라는 말이 있습니다. 직역하면 '5월 40일까지 겉옷을 벗지 말라'는 뜻으로 6월 초까지는 겨울옷을 정리하지 말라는 소리입니다.

스페인은 3월 중순부터 화창하고 따뜻한 날씨가 시작되지만 본격적인 초여름은 6월에 찾아옵니다. 3월 중순부터 5월 말까지는 덥다가 흐리고, 화창하다가 추워지는 변덕스러운 날씨가 지속됩니다. 한동안 따뜻해져서 겨울옷을 다 정리해 넣었다가 다시 꺼내 입어야 되는 상황이 반복되죠. 따라서 5월 40일, 즉 6월 초까지는 겨울옷을 정리하지 말라는 뜻의 속담입니다.

봄 날씨

\# 날씨가 따뜻해요.

Es un tiempo muy cálido.
에쓰 운 띠엠뽀 무이 깔리도

\# 겨울에서 봄이 되었어요.

El invierno ya ha dado paso a la primavera.
엘 임비에르노 야 아 다도 빠소 아 라 쁘리마베라

\# 봄이 코앞에 다가왔어요.

La primavera está a la vuelta de la esquina.
라 쁘리마베라 에스따 아 라 부엘따 데 라 에스끼나

\# 봄 기운이 완연하네요. (이제 봄이 왔네요.)

Ya llegó la primavera.
야 예고 라 쁘리마베라

\# 봄 날씨치고는 꽤 춥네요.

Hace bastante frío para ser primavera.
아쎄 바스딴떼 프리오 빠라 쎄르 쁘리마베라

\# 봄에는 날씨가 변화무쌍해요.

El clima es muy cambiante en primavera.
엘 끌리마 에쓰 무이 깜비안떼 엔 쁘리마베라

cálido/a 깔리도/다 뜨거운
la primavera 라 쁘리마베라 봄
el clima 엘 끌리마 기후

여름 날씨

\# 날씨가 정말 덥네요.

Hace calor.
아쎄 깔로르

Nos vamos a derretir.
노쓰 바모쓰 아 데레띠르

Hace un día de infierno.
아쎄 운 디아 데 임피에르노

\# 푹푹 찌네요!

¡Qué bochorno!
께 보초르노!

\# 덥네! 땀이 멈추질 않네요.

¡Qué calor!, no dejo de sudar.
께 깔로르! 노 데호 데 쑤다르

\# 진짜 더위는 이제부터예요.

La estación más cálida aún está por venir.
라 에스따씨온 마쓰 깔리다 아운 에스따 뽀르 베니르

\# 이 시기치고는 너무 덥네요.

Hace demasiado calor para esta época del año.
아쎄 데마시아도 깔로르 빠라 에스따 에뽀까 델 아뇨

\# 5월치고는 유난히 덥네요.

Es inusualmente caluroso para ser mayo.
에쓰 이누수알멘떼 깔루로소 빠라 쎄르 마요

\# 오늘이 이번 여름 중 가장 더운 날이래요.

Hoy es el día más caluroso del verano.
오이 에쓰 엘 디아 마쓰 깔루로소 델 베라노

\# 여름에는 더운 날씨가 정상이죠.

El clima cálido es normal en verano.
엘 끌리마 깔리도 에쓰 노르말 엔 베라노

콕! 짚고 가기

스페인에서 가장 더운 도시

스페인을 흔히 '태양의 나라'라고 합니다. 여름이면 한낮 기온이 40도에 육박하는데, 습도는 낮아 체감온도가 우리나라보다 낮은 편입니다. 그렇다면, 스페인에서 가장 더운 도시는 어디일까요? 바로 안달루시아 지역입니다. 코르도바, 세비야, 그라나다 이들 세 도시가 가장 덥습니다. 스페인의 더위는 말 그대로 강렬한 태양이 내리쬐기 때문에 피부와 눈 보호를 위한 선크림과 선글라스가 필수입니다.

그럼 '오늘 정말 덥다'는 스페인어로 어떻게 말하면 될까요? 'hace+날씨 관련 형용사' 구조를 활용해서 'Hoy hace mucho calor. 오이 아쎄 무초 깔로르'라고 하면 됩니다. '덥다'는 표현뿐만 아니라 '춥다', '비가 온다', '바람이 분다' 등 날씨 관련 표현을 말할 때 쓰는 구조로 다음과 같이 쓸 수도 있습니다.

- Hace buen tiempo.
  날씨가 좋다.
- Hace mal tiempo.
  날씨가 나쁘다.
- ¿Qué tiempo hace hoy?
  오늘 날씨가 어때?

장마&태풍

\# 장마철에 접어들었어요.

La temporada de lluvias ha comenzado.

라 뗌뽀라다 데 유비아쓰 아 꼬멘싸도

\# 장마가 끝났어요.

La temporada de lluvias ha terminado.

라 뗌뽀라다 데 유비아쓰 아 떼르미나도

\# 눅눅해요.

Es húmedo.

에쓰 우메도

\# 장마철에는 우산이 필수품이죠.

Es necesario un paraguas en la temporada de lluvias.

에쓰 네쎄사리오 운 빠라구아쓰 엔 라 뗌뽀라다 데 유비아쓰

\# 태풍이 다가오고 있어요.

El huracán está en camino.

엘 우라깐 에스따 엔 까미노

\# 오늘 폭풍 주의보가 내렸어요.

Hay un aviso de tormenta para hoy.

아이 운 아비소 데 또르멘따 빠라 오이

\# 폭풍이 쳐요.

Hay tormenta.

아이 또르멘따

가뭄

\# 가뭄으로 식물들이 시들어요.

Las plantas se ponen mustias por la sequía.

라쓰 쁠란따쓰 쎄 뽀넨 무스띠아쓰 뽀르 라 쎄끼아

\# 사상 최악의 가뭄이 될 겁니다.

Sería una sequía sin precedentes.

쎄리아 우나 쎄끼아 씬 쁘레쎄덴떼쓰

\# 스페인은 비가 적게 옵니다.

En España llueve poco.

엔 에스빠냐 유에베 뽀꼬

\# 이번 가뭄으로 농작물이 큰 피해를 입었어요.

La actual sequía ha sido muy dura para los cultivos.

라 악뚜알 쎄끼아 아 씨도 무이 두라 빠라 로쓰 꿀띠보쓰

\# 올여름의 가뭄을 겪고 있습니다. (올여름의 가뭄 기간을 지나고 있는 중입니다.)

Estamos pasando por un período de sequía este verano.

에스따모쓰 빠산도 뽀르 운 뻬리오도 데 쎄끼아 에스떼 베라노

\# 가뭄으로 인한 산불에 주의하세요.

Cuidado con los incendios forestales por la sequía.

꾸이다도 꼰 로쓰 인쎈디오쓰 포레스딸레쓰 뽀르 라 쎄끼아

여기서 잠깐!

스페인은 장마가 없으며 따라서 태풍이 오는 것도 흔치 않습니다. 보통 겨울이 우기이며 여름에는 비가 내리지 않습니다. 늦가을에서 초겨울 무렵 혹은 겨울과 봄 사이, 이러한 간절기에 비가 내리고 기온이 확 떨어지는 경우가 많습니다.

홍수

매년 이 무렵이면 홍수가 나요.

Sufrimos de inundaciones en esta época del año.
쑤프리모쓰 데 이눈다씨오네쓰 엔 에스따 에뽀까 델 아뇨

이 지역은 홍수가 자주 납니다.

En esta zona suele haber inundaciones.
엔 에스따 쏘나 쑤엘레 아베르 이눈다씨오네쓰

홍수로 길이 물에 잠겼어.

La carretera está inundada.
라 까레떼라 에스따 이눈다다

홍수 때문에 철도가 파괴되었어요.

La inundación ha destruido la vía del tren.
라 이눈다씨온 아 데스뜨루이도 라 비아 델 뜨렌

작년 대규모 홍수로 인한 피해는 막대했어요.

Las inundaciones masivas del año pasado destruyeron muchas cosas.
라쓰 이눈다씨오네쓰 마시바쓰 델 아뇨 빠사도 데스뜨루예론 무차쓰 꼬사쓰

여기서 잠깐!

스페인에서 최악의 홍수로 기억되는 것 중 하나는 Gran riada de Valencia 그란 리아다 데 발렌씨아라고 불리는 1957년 10월 14일 발렌시아에서 일어난 홍수입니다. 시간당 내린 비의 양이 300㎜가 넘었으며 온 도시는 물론 다리까지 모두 물에 잠겼고 81명의 사망자와 집계 불가능할 정도의 재산 피해가 났습니다. 이 뼈아픈 사고를 방지하고자 발렌시아는 Plan Sur 쁠란 쑤르라 불리는 홍수 방지책으로 Turia 뚜리아라는 강을 만들었으며 현재는 이 강을 중심으로 공원이 조성되어 있습니다.

꼭! 짚고 가기

날씨에 관한 재미있는 표현

- Nos vamos a derretir.
  노쓰 바모쓰 아 데레띠르

직역하면 '우리는 녹을 거야'란 뜻으로 아주 더운 날 흔히 사용하는 구어 표현입니다.

- Hace un día de infierno.
  아쎄 운 디아 데 임피에르노

이 문장의 infierno는 '지옥'이란 뜻으로 역시 '아주 더운 날'을 의미하며, 이 외에도 '스트레스가 많은 하루', '하는 일이 다 잘 안 되는 힘든 하루' 등을 말할 때도 사용할 수 있습니다. '오늘 정말 지옥 같은 날인 걸!'이란 뜻입니다.

- Hace un día de perros.
  아쎄 운 디아 데 뻬로쓰

직역하면 '개 같은 하루'라는 뜻으로 정말 날씨가 안 좋을 때(추위, 비, 바람 등으로 인해) 사용할 수 있는 구어 표현입니다.

- En abril, aguas mil.
  엔 아브릴, 아구아쓰 밀

이 문장은 계절이 바뀌는 환절기에 비가 자주 오는 스페인의 날씨를 표현한 것으로 주로 '4월에 비가 자주 내림'을 의미합니다.

가을 날씨

\# 날씨가 서늘해요.

Hace fresco.
아쎄 프레스꼬

\# 가을로 접어들었어요.

El otoño se acerca.
엘 오또뇨 쎄 아쎄르까

\# 가을 기운이 완연합니다.

El otoño está en el aire.
엘 오또뇨 에스따 엔 엘 아이레

\# 가을은 눈 깜짝할 사이에 지나갔어요.

El otoño ha pasado volando.
엘 오또뇨 아 빠사도 볼란도

\# 가을이 벌써 지나간 것 같아요.

Parece que el otoño ya se ha ido.
빠레쎄 께 엘 오또뇨 야 쎄 아 이도

\# 가을은 여행하기에 좋은 계절이죠.

El otoño es una gran estación para viajar.
엘 오또뇨 에쓰 우나 그란 에스따씨온 빠라 비아하르

\# 가을이 되면 식욕이 좋아져요.

Nuestro apetito se incrementa en otoño.
누에스뜨로 아뻬띠또 쎄 잉끄레멘따 엔 오또뇨

el otoño 엘 오또뇨 가을

단풍

\# 낙엽이 물들고 있어요.

Las hojas están cambiando de color.
라쓰 오하쓰 에스딴 깜비안도 데 꼴로르

\# 나무는 가을이 되면 낙엽이 져요.

Los árboles pierden sus hojas en otoño.
로쓰 아르볼레쓰 삐에르덴 쑤쓰 오하쓰 엔 오또뇨

\# 가을이 되면 숲은 갖가지 색으로 물들어요.

El bosque es una masa de color en otoño.
엘 보스께 에쓰 우나 마사 데 꼴로르 엔 오또뇨

\# 나무가 노랗게 물들기 시작했어요.

Las hojas de los árboles se tornan amarillas.
라쓰 오하쓰 데 로쓰 아르볼레쓰 쎄 또르난 아마리야쓰

\# 단풍 보러 여행 갈래?

¿Quieres ir de viaje para ver las hojas de otoño?
끼에레쓰 이르 데 비아헤 빠라 베르 라쓰 오하쓰 데 오또뇨?

\# 다음 주말에 단풍을 보러 산에 갈 예정이에요.

La próxima semana me voy a ir al campo a ver los árboles en otoño.
라 쁘록씨마 쎄마나 메 보이 아 이르 알 깜뽀 아 베르 로쓰 아르볼레쓰 엔 오또뇨

la hoja 라 오하 잎
la colina 라 꼴리나 낮은 산
el árbol 엘 아르볼 나무

겨울 날씨

겨울이 다가오는 것 같은데요.

Creo que el invierno está en camino.
끄레오 께 엘 임비에르노 에스따 엔 까미노

날씨가 점점 추워지고 있어요.

Está haciendo más y más frío.
에스따 아씨엔도 마쓰 이 마쓰 프리오

날씨가 아주 많이 추워요.

Hace mucho frío.
아쎄 무초 프리오

뼛속까지 추워요.

Tengo frío hasta en los huesos.
뗑고 프리오 아스따 엔 로쓰 우에소쓰

올겨울은 유난히 춥네요.

Este invierno es excepcionalmente frío.
에스떼 임비에르노 에쓰 엑쓰쎕씨오날멘떼 프리오
El frío de este invierno no tiene precedentes.
엘 프리오 데 에스떼 임비에르노 노 띠에네 쁘레쎄덴떼쓰

올겨울은 이상하게 포근하네요.

Este invierno es inusualmente suave.
에스떼 임비에르노 에쓰 이누수알멘떼 쑤아베

지구 온난화 때문에, 겨울 날씨가 점점 따뜻해지고 있어요.

Debido al calentamiento global, el clima es cada vez más y más caliente en invierno.
데비도 알 깔렌따미엔또 글로발, 엘 끌리마 에쓰 까다 베쓰 마쓰 이 마쓰 깔리엔떼 엔 임비에르노

저는 겨울에 감기에 잘 걸려요.

Soy muy susceptible a los resfriados en invierno.
쏘이 무이 쑤스쎕띠블레 아 로쓰 레스프리아도쓰 엔 임비에르노

꼭! 짚고 가기

날씨 관련 단어

유용하게 사용할 수 있는 날씨 관련 단어들을 알아봅시다.

- la lluvia 라 유비아 비
- el cielo 엘 씨엘로 하늘
- la sombra 라 쏨브라 그늘
- el rayo 엘 라요 번개
- el chubasco 엘 추바스꼬 소나기
- el trueno 엘 뜨루에노 천둥
- la nieve 라 니에베 눈
- el granizo 엘 그라니쏘 우박
- el paraguas 엘 빠라구아쓰 우산
- el sol 엘 쏠 태양
- el aire 엘 아이레 공기
- soleado/a 쏠레아도/다 화창한
- caluroso/a 깔루로소/사 더운
- fresco/a 프레스꼬/까 시원한
- lluvioso/a 유비오소/사 비가 잦은
- húmedo/a 우메도/다 습한

- Estamos a cuatro grados bajo cero. 에스따모쓰 아 꾸아뜨로 그라도쓰 바호 쎄로
영하 4도이다.
- Llueve a cántaros. 유에베 아 깐따로쓰
폭우가 쏟아진다.

눈

\# 서리가 내리고 있어요.

Está helando.
에스따 엘란도

\# 함박눈이 내려요.

Nieva fuertemente.
니에바 푸에르떼멘떼

\# 눈이 펑펑 내리고 있어요.

Nievan grandes copos.
니에반 그란데쓰 꼬뽀쓰

\# 간밤엔 우박이 떨어졌어요.

Anoche granizó.
아노체 그라니쏘

\# 어제 폭설이 내렸어요.

Ayer tuvimos una fuerte nevada.
아예르 뚜비모쓰 우나 푸에르떼 네바다

\# 지난밤 내린 눈으로 길이 얼었습니다.

La carretera está congelada por la nieve de ayer.
라 까레떼라 에스따 꽁헬라다 뽀르 라 니에베 데 아예르

el granizo 엘 그라니쏘 우박
la carretera 라 까레떼라 도로

여기서 잠깐!

계절명을 알아볼까요?

- la primavera 라 쁘리마베라 봄
- el verano 엘 베라노 여름
- el otoño 엘 오또뇨 가을
- el invierno 엘 임비에르노 겨울

계절

\# 지금은 딸기가 제철이에요.

Es temporada de fresas.
에쓰 뗌뽀라다 데 프레사쓰

\# 이맘때 날씨치고는 매우 덥네요.

Hace mucho calor para esta época del año.
아쎄 무초 깔로르 빠라 에스따 에뽀까 델 아뇨

\# 저는 더위를 잘 타요.

Soy muy sensible al calor.
쏘이 무이 쎈씨블레 알 깔로르

\# 설악산은 계절마다 다른 독특한 경관으로 유명해요.

El Monte Seorak dispone de un entorno natural único en cada estación del año.
엘 몬떼 설악 디스뽀네 데 운 엔또르노 나뚜랄 우니꼬 엔 까다 에스따씨온 델 아뇨

\# 환절기가 되면 나는 예민해져요.

Soy sensible cuando se trata de los cambios de tiempo.
쏘이 쎈시블레 꾸안도 쎄 뜨라따 데 로쓰 깜비오쓰 데 띠엠뽀

\# 겨울에는 일반적으로 감기가 잘 걸립니다.

El invierno es generalmente temporada de gripe.
엘 임비에르노 에쓰 헤네랄멘떼 뗌뽀라다 데 그리뻬

el gripe 엘 그리뻬 감기

교회

이 근처 가장 가까운 교회가 어디인가요?

¿Dónde está la iglesia más cercana?
돈데 에스따 라 이글레시아 마쓰 쎄르까나?

일요일마다 교회에 갑니다.

Voy a la iglesia todos los domingos.
보이 아 라 이글레시아 또도쓰 로쓰 도밍고쓰

마드리드에 한인교회가 어디 있는지 알아?

¿Sabes dónde está la iglesia coreana en Madrid?
싸베쓰 돈데 에스따 라 이글레시아 꼬레아나 엔 마드릳?

저는 신의 존재를 믿어요.

Creo que Dios existe.
끄레오 께 디오쓰 엑씨스떼

성탄절과 부활절은 가장 중요한 종교 행사이다.

Navidad y Pascua son las fiestas religiosas más importantes.
나비닫 이 빠스꾸아 쏜 라쓰 피에스따쓰 렐리히오사쓰 마쓰 임뽀르딴떼쓰

저는 매달 십일조를 냅니다.

Doy limosnas mensualmente.
도이 리모스나쓰 멘수알멘떼

여기서 잠깐!

'¡Madre mía! 마드레 미아!'는 영어로 'Oops!'에 해당하는 감탄사입니다. '세상에!', '엄마야!' '어머나!' 등으로 해석이 가능하며 놀랐을 때 주로 내뱉는 말입니다. '¡Madre mía!' 외에 '¡Dios mío! 디오쓰 미오!'라고 영어의 'Oh my God!'에 해당하는 감탄사도 일상생활에서 아주 흔하게 쓰입니다.

교회 설교&성경

오늘 설교의 주제가 뭐예요?

¿Cuál fue el tema del sermón de hoy?
꾸알 푸에 엘 떼마 델 쎄르몬 데 오이?

누가복음 10장 36절을 펴세요.

Ir al evangelio según San Lucas capítulo 10, versículo 36.
이르 알 에방헤리오 쎄군 싼 루까쓰 까삐뚤로 디에쓰, 베르시꿀로 뜨레인따 이 쎄이쓰

그 설교가 무척 힘이 되어 준 것 같아요.

El sermón fue muy gratificante.
엘 쎄르몬 푸에 무이 그라띠피깐떼

성경에 이르기를 '무릇 네 마음을 지키라 생명의 근원이 이에서 남이니라'라고 했다.

La Biblia dice: "Sobre toda cosa guardada, guarda tu corazón; Porque de él mana la vida".
라 비블리아 디쎄: 쏘브레 또다 꼬사 구아르다다, 구아르다 뚜 꼬라쏜, 뽀르께 데 엘 마나 라 비다

나는 이 성경이 하나님의 말씀이라는 것을 믿어요.

Creo que la Biblia es la palabra de Dios.
끄레오 께 라 비블리아 에쓰 라 빨라브라 데 디오쓰

당신은 매일 성경을 읽으시나요?

¿Usted lee la Biblia todos los días?
우스뗃 레에 라 비블리아 또도쓰 로쓰 디아쓰?

목사님 설교 중에 졸지 말아요.

No duermas mientras el cura da el sermón.
노 두에르마쓰 미엔뜨라쓰 엘 꾸라 다 엘 쎄르몬

교회 찬송&기도

우리는 예배 때 찬송가 410장을 즐겨 부릅니다.

Nos gusta cantar el himno 410 en la adoración.
노쓰 구스따 깐따르 엘 임노 꾸아뜨로씨엔또쓰 디에쓰 엔 라 아도라씨온

그녀는 교회 성가대에서 노래한다.

Canta en el coro de la iglesia.
깐따 엔 엘 꼬로 데 라 이글레시아

그는 무릎을 꿇고 기도한다.

Se arrodilla cuando ora.
쎄 아로디야 꾸안도 오라

예수님 이름으로 기도 드립니다. 아멘.

Rezo en el nombre de Jesús. Amén.
레쏘 엔 엘 놈브레 데 헤수쓰. 아멘

우리 매일 전지전능하신 하나님께 기도하자.

Oremos al Todo Poderoso todos los días.
오레모쓰 알 또도 뽀데로소 또도쓰 로쓰 디아쓰

el himno 엘 임노 찬송가
el coro 엘 꼬로 (교회의) 성가대
arrodillar 아로디야르 무릎을 꿇다

여기서 잠깐!

기독교의 성삼위

- la Trinidad 라 뜨리니닫 성삼위
- Dios Padre 디오쓰 빠드레 성부
- Dios Hijo 디오쓰 이호 성자
- Dios Espíritu Santo 디오쓰 에스삐리뚜 싼또 성령

교회 기도

내 기도가 응답을 받았어.

Mi oración es contestada.
미 오라씨온 에쓰 꼰떼스따다

우리는 식사 전에 감사의 기도를 한다.

Damos gracias a Dios antes de comer.
다모쓰 그라씨아쓰 아 디오쓰 안떼쓰 데 꼬메르

식사하기 전에 기도하는 것 잊지 마세요.

No te olvides de dar la oración antes de comer.
노 떼 올비데쓰 데 다르 라 오라씨온 안떼쓰 데 꼬메르

무릎 꿇고 기도합시다.

Pongámonos de rodillas en la oración.
뽕가모노쓰 데 로디야쓰 엔 라 오라씨온

하나님께 기도해 본 적 있어?

¿Alguna vez has rezado a Dios?
알구나 베쓰 아쓰 레싸도 아 디오쓰?

우리는 기도로 예배를 시작했다.

Comenzamos el sermón con una oración.
꼬멘싸모쓰 엘 쎄르몬 꼰 우나 오라씨온

la oración 라 오라씨온 기도
la bendición 라 벤디씨온 (식전) 감사 기도

천주교

그는 파블로라는 세례명을 받았다.

Fue bautizado como Pablo.
푸에 바우띠싸도 꼬모 빠블로

파블로를 추모하는 미사는 내일 오후 5시에 성당에서 열립니다.

La misa en memoria de Pablo se llevará a cabo en la catedral a las 5 de la tarde de mañana.
라 미사 엔 메모리아 데 빠블로 쎄 예바라 아 까보 엔 라 까떼드랄 아 라쓰 씽꼬 데 라 따르데 데 마냐나

나는 신부님께 고해성사를 했어.

Me confesé al sacerdote.
메 꼼페세 알 싸쎄르도떼

그는 고해성사를 하러 왔다.

Ha venido a dar su confesión.
아 베니도 아 다르 쑤 꼼페시온

불교

한국에는 불교 신자들이 많다.

En Corea hay muchos budistas.
엔 꼬레아 아이 무초쓰 부디스따쓰

석가탄신일은 음력 4월 8일이다.

La fecha de nacimiento de Buda es el ocho de abril del calendario lunar.
라 페차 데 나씨미엔또 데 부다 에쓰 엘 오초 데 아브릴 델 깔렌다리오 루나르

한국의 대부분 산에는 절이 있다.

En casi todas las montañas de Corea, hay templos.
엔 까씨 또다쓰 라쓰 몬따냐쓰 데 꼬레아, 아이 뗌쁠로쓰

스님들은 채식을 한다.

Los sacerdotes budistas son vegetarianos.
로쓰 싸쎄르도떼쓰 부디스따쓰 쏜 베헤따리아노쓰

여기서 잠깐!

스페인에서는 아기가 태어나면 1년 안에 혹은 적절하다고 생각하는 시점에 el bautizo 엘 바우띠쏘라는 유아 세례를 합니다. 우리나라에서 백일잔치와 돌잔치를 크게 하는 것처럼 대부분 국민이 가톨릭을 믿는 이곳에선 빼놓을 수 없는 중요한 문화입니다. 아이의 대부와 대모, 직계 가족 및 아주 가까운 친척, 친구들만 불러 조촐히 치르며, 성당에서의 세례가 끝나고 난 뒤에는 보통 아이의 조부모님 혹은 부모님이 하객들에게 식사를 대접합니다. 하객은 별도의 축의금을 내지 않지만 상황에 따라 선물 혹은 기프트 카드 등을 주기도 합니다.

여기서 잠깐!

스페인은 전통적으로 가톨릭 문화의 영향을 강하게 받은 나라입니다. 주요 도시에는 커다란 성당이 있으며 전 세계에서 3번째, 스페인에서는 가장 큰 성당은 바로 세비야에 있습니다. 이 세비야 대성당에는 신대륙을 발견한 탐험가 콜럼버스의 관이 있습니다. 12세기에 지어진 이슬람 사원을 부수고 지은 것이며 1402년부터 100여 년 동안 만들어져 이슬람 건축 양식과 고딕 양식, 르네상스 양식이 조화를 이루고 있는 아름다운 성당입니다.

전화를 걸 때

다비드와 통화할 수 있나요?

¿Podría hablar con David, por favor?
뽀드리아 아블라르 꼰 다빋, 뽀르 파보르?

산드라 있어요?

¿Está Sandra?
에스따 싼드라?

누리아와 통화하려고 하는데요.

Me gustaría hablar con Nuria, por favor.
메 구스따리아 아블라르 꼰 누리아, 뽀르 파보르

지금 통화 괜찮으세요?

¿Tiene tiempo para hablar?
띠에네 띠엠뽀 빠라 아블라르?

¿Podría hablar ahora?
뽀드리아 아블라르 아오라?

바쁘신데 제가 전화한 건가요?

¿Es mal momento?
에쓰 말 모멘또?

¿Estoy llamando en mal momento?
에스또이 야만도 엔 말 모멘또?

¿Acaso te pillo en mal momento?
아까소 떼 삐요 엔 말 모멘또?

늦게 전화 드려서 죄송합니다.

Lo siento por llamar tan tarde.
노 씨엔또 뽀르 야마르 딴 따르데

전화를 받을 때

여보세요.

¿Sí?
씨?

Hola.
올라

네 접니다.

Sí, soy yo.
씨, 쏘이 요

저는 마리아입니다. 누구신가요?

Soy María. ¿Quién es?
쏘이 마리아. 끼엔 에쓰?

좀 더 크게 말해 줄래요?

¿Podría hablar un poco más fuerte, por favor?
뽀드리아 아블라르 운 뽀꼬 마쓰 푸에르떼, 뽀르 파보르?

좀 작게 말해 줄래요?

¿Podría bajar la voz un poco, por favor?
뽀드리아 바하르 라 보쓰 운 뽀꼬, 뽀르 파보르?

좀 천천히 말씀해 주시겠어요?

¿Podría hablar más despacio, por favor?
뽀드리아 아블라르 마쓰 데스빠씨오, 뽀르 파보르?

죄송하지만, 다시 한번 말씀해 주시겠어요?

Disculpe, ¿podría repetirlo, por favor?
디스꿀뻬, 뽀드리아 레뻬띠를로, 뽀르 파보르?

ahora 아오라 지금
llamar 야마르 전화하다, 부르다

전화를 바꿔 줄 때

잠시만요.

Un momento, por favor.
운 모멘또, 뽀르 파보르

어느 분을 바꿔 드릴까요?

¿Con quién quiere hablar?
꼰 끼엔 끼에레 아블라르?

연결해 드리겠습니다.

Le paso la llamada.
레 빠소 라 야마다

네 전화야.

Es para ti.
에쓰 빠라 띠

Hay una llamada para ti.
아이 우나 야마다 빠라 띠

기다리세요, 바꿔 드릴게요.

Espere un momento, ahora le paso.
에스뻬레 운 모멘또, 아오라 레 빠소

다시 전화한다고 할 때

내가 나중에 전화할게.

Te llamaré luego.
떼 야마레 루에고

제가 다시 전화 드려도 될까요?

¿Le importaría si le llamo más tarde?
레 임뽀르따리아 씨 레 야모 마쓰 따르데?

제가 잠시 후에 다시 전화 드리겠습니다.

Le devolveré la llamada tan pronto como pueda.
레 데볼베레 라 야마다 딴 쁘론또 꼬모 뿌에다

Me pondré en contacto con usted próximamente.
메 뽄드레 엔 꼰딱또 꼰 우스뗃 쁘록씨마멘떼

10분 후에 다시 전화해 주세요.

Por favor, llame de nuevo en 10 minutos.
뽀르 파보르, 야메 데 누에보 엔 디에쓰 미누또쓰

¿Podría volver a llamar, 10 minutos más tarde?
뽀드리아 볼베르 아 야마르, 디에쓰 미누또쓰 마쓰 따르데?

여기서 잠깐!

이쪽, 저쪽 등을 뜻하는 단어들을 알아볼까요?

- aquí 아끼 여기
- acá 아까 이곳에
- ahí 아이 거기에
- allí 아지 저기
- allá 아야 저곳에

발음과 생김새가 비슷하지만 차이를 잘 기억하세요!

여기서 잠깐!

상대방의 동의를 얻을 때 사용할 수 있는 정중한 표현으로 '당신에게 ~가 중요하신가요?'라는 뜻의 ¿Le importaría...? 레 임뽀르따리아?가 있습니다.

- ¿Le importaría si como primero?
  레 임뽀르따리아 씨 꼬모 쁘리메로?
  제가 먼저 먹어도 괜찮으신가요?

전화를 받을 수 없을 때

통화 중입니다.

La línea está ocupada.
라 리네아 에스따 오꾸빠다

저는 지금 운전 중이라 전화를 받을 수 없습니다.

Estoy conduciendo y no puedo contestar al teléfono.
에스또이 꼰두씨엔도 이 노 뿌에도 꼰떼스따르 알 뗄레포노

죄송합니다만, 그는 방금 나갔습니다.

Lo siento, pero (él) acaba de salir.
로 씨엔또, 뻬로 (엘) 아까바 데 쌀리르

다른 전화가 와서요.

Tengo otra llamada.
뗑고 오뜨라 야마다

내가 지금 뭐 하는 중이라.

Estoy en medio de una cosa.
에스또이 엔 메디오 데 우나 꼬사

오래 통화할 수 없어요.

No puedo hablar con usted por mucho tiempo.
노 뿌에도 아블라르 꼰 우스뗀 뽀르 무초 띠엠뽀

전화 오면, 나 없다고 해.

Si alguien llama, no estoy aquí.
씨 알기엔 야마, 노 에스또이 아끼

acabar de~ 아까바르 데 방금 ~하다

통화 상태가 안 좋을 때

전화 연결 상태가 안 좋아요.

La conexión (de la llamada) no es buena.
라 꼬넥씨온 (데 라 야마다) 노 에쓰 부에나

여기 안테나가 없어요.

No tengo cobertura.
노 뗑고 꼬베르뚜라

잘 안 들려요.

No le oigo bien.
노 레 오이고 비엔

전화를 끊어 보세요. 제가 다시 전화 드릴게요.

Cuelgue. Le voy a llamar de nuevo.
꾸엘게. 레 보이 아 야마르 데 누에보

la cobertura 라 꼬베르뚜라 안테나, 전파
oir 오이르 듣다
colgar 꼴가르 전화를 끊다, 매달다

전화 메시지

\# 메시지를 남기시겠어요?

¿Quieres dejar un mensaje?
끼에레쓰 데하르 운 멘사헤?

\# 호세가 전화했다고 전해 주세요.

Dile que José llamó.
딜레 께 호세 야모

\# 전화하라고 전해 주세요.

Dile que me llame.
딜레 께 메 야메

\# 전화하라고 전해 주시겠어요?

¿Podría decirle que me llame?
뽀드리아 데씨를레 께 메 야메?

\# 1234–5678로 전화하라고 전해 주세요.

Avísele que me llame al 1234-5678.
아비셀레 께 메 야메 알 우노, 도쓰, 뜨레쓰, 꾸아뜨로, 씽꼬, 쎄이쓰, 씨에떼, 오초

여기서 잠깐!

친구와 통화 후 끊을 때는 실제로 만나고 헤어질 때 인사와 마찬가지로 'Adios. Un beso. 아디오쓰. 운 베소'라고 합니다. 양볼 키스가 스페인식 인사인 만큼 실제로 볼을 맞대고 키스할 수는 없지만 말로써 키스를 하는 셈인 거죠. 여자와 여자 혹은 여자와 남자 사이에서 가능합니다. 남자와 남자 사이에서는 'Un abrazo. 운 아브라쏘'라고 말로 포옹을 합니다.

꼭! 짚고 가기

스페인에서 휴대폰을 구매하는 두 가지 방법

스페인에서 휴대폰을 구매할 때는 두 가지 방법이 있습니다.
① 내가 충전한 만큼 사용하는 선불폰
② 한국과 동일한 방식의 월정 후불폰

①번은 1년 미만 단기로 머물 때 쉽게 사용할 수 있습니다. 거주증 없이 여권만으로도 구매가 가능하며 말 그대로 사용 전 원하는 금액을 충전하여 사용하는 방식입니다. 무료로 제공되는 휴대폰은 통화와 문자 메시지 서비스만 되는 것이 많으며, 최신 휴대폰을 구매하고 싶다면 한번에 휴대폰 값을 모두 지불해야 하기 때문에 부담스러울 수도 있습니다. 한국에서 사용하던 휴대폰을 유심 카드 잠금을 풀고 가져가, 현지에서 유심 카드만 구매하여 선불폰 형식으로 쓸 수도 있습니다.
②번은 선불폰보다 통화 요금이 저렴하기 때문에 장기 거주 시 추천하는 방식이지만 거주증, 스페인 통장 계좌, 살고 있는 집 주소로 받은 공과금 청구서(실거주지 확인용) 등이 필요합니다. 방식은 우리나라와 동일하며 보통 18~24개월 약정으로 휴대폰을 구매하는 편입니다. 스페인은 우리나라와 달리 정부 보조금이 없기 때문에 약정이라고 해도 휴대폰 가격이 상당히 높은 편입니다. 따라서 휴대폰을 신제품이 나올 때마다 바꾸는 경우는 흔치 않으며, 보통 한번 사면 2~3년씩 쓰는 편입니다.

잘못 걸려 온 전화

전화 잘못 거셨어요.

Creo que te has equivocado de número.
끄레오 께 떼 아쓰 에끼보까도 데 누메로

그런 분 안 계십니다.

No hay nadie con ese nombre.
노 아이 나디에 꼰 에세 놈브레

몇 번에 거셨어요?

¿A qué número ha llamado?
아 께 누메로 아 야마도?

전화번호를 다시 한번 확인해 보세요.

Por favor, revise el número otra vez.
뽀르 파보르, 레비세 엘 누메로 오뜨라 베쓰

제가 전화를 잘못 걸었습니다.

Creo que me he equivocado de número de teléfono.
끄레오 께 메 에 에끼보까도 데 누메로 데 뗄레포노

el número 엘 누메로 숫자
nadie 나디에 아무도
revisar 레비사르 확인하다
equivocar 에끼보까르 잘못하다

여기서 잠깐!

'핸드폰 충전기 좀 빌려줄래?'라는 표현은
'¿Me puedes prestar el cargador de móvil? 메 뿌에데쓰 쁘레스따르 엘 까르가도르 데 모빌?'이라고 하면 됩니다.
'핸드폰 베터리가 없어.'라는 표현은
'No tengo batería. 노 뗑고 바떼리아.'라고 하면 됩니다.

전화를 끊을 때

몇 번으로 전화해야 하죠?

¿A qué número puedo llamar?
아 께 누메로 뿌에도 야마르?

곧 다시 통화하자.

Hablamos pronto.
아블라모쓰 쁘론또

전화해 줘서 고마워요.

Gracias por llamar.
그라시아쓰 뽀르 야마르

그만 끊어야겠어요.

Tengo que colgar ahora.
뗑고 께 꼴가르 아오라

나한테 전화하는 거 잊지 마.

No olvides llamarme.
노 올비데쓰 야마르메

언제든 내게 연락해.

Llámame cuando quieras.
야먀메 꾸안도 끼에라쓰

여기서 잠깐!

스페인에서는 어떤 브랜드의 핸드폰이 인기 있을까요? 2023년 기준, 가장 높은 시장 점유율을 차지하고 있는 브랜드는 28.45%로 샤오미입니다. 그 뒤로 26.75%의 삼성, 22.57% 애플 이렇게 3개 브랜드가 시장의 75% 정도 점유율을 차지하고 있으며, 이어서 6.22%의 화웨이, 6.22% 오포(OPPO) 등이 있습니다.

광고&스팸 전화

\# 광고 전화가 너무 많이 와서 짜증 나.

Me molesta que me llamen tanto con publicidad.
메 몰레스따 께 메 야멘 딴또 꼰 뿌블리씨닫

\# 모르는 번호에서 오는 전화는 대부분 스팸 전화야.

La mayoría de las llamadas de números desconocidos son llamadas de spam.
라 마요리아 데 라쓰 야마다쓰 데 누메로쓰 데스꼬노씨도쓰 쏜 야마다쓰 데 스빰

\# 나는 스팸 전화가 올 때마다, 수신 거부 처리를 해 놔.

Cuando recibo llamadas de spam, siempre las bloqueo.
꾸안도 레씨보 야마다쓰 데 스빰, 씨엠쁘레 라쓰 블로께오

\# 죄송하지만, 관심 없습니다. 전화 끊겠습니다.

Lo siento, no me interesa. Cuelgo la llamada.
로 씨엔또, 노 메 인떼레사. 꾸엘고 라 야마다

\# 스팸 전화 차단 앱을 설치해 봐.

Instala una aplicación para bloquear el número de spam.
인스딸라 우나 아쁠리까씨온 빠라 블로께아르 엘 누메로 데 스빰

\# 내 전화번호를 어떻게 알고 광고 전화를 하는 거야?

¿Cómo han conseguido mi número de teléfono para hacer llamadas publicitarias?
꼬모 안 꼰세기도 미 누메로 데 뗄레포노 빠라 아쎄르 야마다쓰 뿌블리씨따리아쓰?

꼭! 짚고 가기

모두를 행복하게 하는 복권 '엘 고르도'

스페인 사람들은 복권 사는 것을 매우 좋아합니다. 스페인 사람들이 가장 많이 사며 또 유명한 복권 중 하나는 바로 이 '엘 고르도'(el gordo) 즉 크리스마스 복권(lotería de navidad 로떼리아 데 나비닫)입니다.
'엘 고르도'는 '뚱보'라는 뜻으로 이 복권은 당첨금이 높지는 않으나 많은 사람들에게 고루 행운이 돌아가기 때문에 이렇게 '뚱보 복권'이라는 별칭이 붙어 있습니다. 한 장당 20유로이며 같은 번호의 복권이 여러 개가 있기 때문에 보통 회사에서 단체로, 친구들과 나누어서, 가족들끼리 같이 구매를 하는 경우가 많습니다. 특히 스페인 회사라면 단체로 이 '엘 고르도'를 구입하지 않는 곳이 없을 듯하네요. 그만큼 스페인에서 중요한 연말 문화이기도 합니다.
1등 상금은 40만 유로, 우리나라 돈으로 약 5억 5천만 원 정도로 복권 당첨금 규모치고는 높지 않습니다. 하지만 같은 번호의 복권이 여러 장 존재하기 때문에 스페인 전역에서 당첨되는 편입니다.
주요 도시 곳곳에 복권의 명당이 있으며 연말이 되면 이런 명당에서 복권을 구매하려는 사람들로 줄이 길게 늘어선 모습을 쉽게 볼 수 있습니다.
참, 복권에 당첨되면 스페인 사람들이 가장 먼저 하고 싶은 일 1순위는 무엇일까요? 바로 'hipoteca 이뽀떼까', 즉 장기 주택 대출금을 갚는 데 쓰겠다고 답한 사람들이 대부분이랍니다.

설날

\# 새해 복 많이 받으세요!

¡Feliz año nuevo!
펠리쓰 아뇨 누에보!

¡Próspero año nuevo!
쁘로스뻬로 아뇨 누에보!

\# 새해에는 행복한 일들만 가득하시길 기원합니다.

Le deseo de corazón que tenga un feliz año nuevo.
레 데세오 데 꼬라쏜 께 뗑가 운 펠리쓰 아뇨 누에보

\# 새해가 다가온다.

El año nuevo se acerca.
엘 아뇨 누에보 쎄 아쎄르까

Pronto será año nuevo.
쁘론또 쎄라 아뇨 누에보

\# 새해에는 우리에게 새로운 희망이 있을 거예요.

El año nuevo nos traerá nuevas esperanzas.
엘 아뇨 누에보 노쓰 뜨라에라 누에바쓰 에스뻬란싸쓰

\# 신년 결심으로 뭘 세웠어?

¿Cuáles son tus propósitos para año nuevo?
꾸알레쓰 쏜 뚜쓰 쁘로뽀시또쓰 빠라 아뇨 누에보?

\# 제 새해 결심은 술을 끊는 거예요.

Mi promesa de año nuevo es mantenerme alejado/a del alcohol.
미 쁘로메사 데 아뇨 누에보 에쓰 만떼네르메 알레하도/다 델 알꼬올

여기서 잠깐!

'새해' 전체는 año nuevo라고 소문자로 쓰고, '1월 1일'을 지칭할 때는 Año Nuevo라고 대문자로 씁니다. 각 공휴일 명칭을 대문자로 표기하기 때문입니다.

- ¡Feliz día de **A**ño **N**uevo y próspero **a**ño **n**uevo!
  펠리쓰 디아 데 아뇨 누에보 이 쁘로스뻬로 아뇨 누에보!
  즐거운 **설날** 되시고, **새해** 복 많이 받으세요!

주현절

\# 동방 박사 오신 날을 축하해!

¡Feliz día de Reyes!
펠리쓰 디아 데 레예쓰!

\# 무슨 선물을 달라고 빌었니? (아이에게)

¿Qué regalo has pedido a los Reyes Magos?
께 레갈로 아쓰 뻬디도 아 로쓰 레예쓰 마고쓰?

\# 이번 주현절엔 200유로 이상은 쓰지 않을거야.

No voy a gastar más de 200 euros en Reyes Magos.
노 보이 아 가스따르 마쓰 데 도쓰씨엔또쓰 에우로쓰 엔 레예쓰 마고쓰

\# 로스콘 데 레예스는 먹었니?

¿Has comido roscón de reyes?
아쓰 꼬미도 로스꼰 데 레예쓰?

여기서 잠깐!

주현절(Día de los Reyes Magos 디아 데 로쓰 레예쓰 마고쓰)에는 반드시 로스콘(roscón de reyes 로스꼰 데 레예쓰)을 먹어야 합니다. 커다란 도넛 모양의 가운데가 뚫린 동그란 빵으로, 중간에는 크림이 들어 있고 빵 표면은 형형색색의 말린 과일로 장식합니다.

빵을 만들 때 새끼손가락보다 더 작은 피규어를 하나씩 넣습니다. 보통 이 로스콘은 식사 후 온 가족이 나누어 먹기 때문에 조각조각 잘라서 먹게 되는데, 이때 이 피규어가 들어간 조각을 먹는 사람이 그날의 로스콘 값을 지불해야 합니다. 왜냐하면 신년에 운수 대통한다는 속설이 있기 때문이죠.

추석

\# 추석은 음력 8월 15일이에요.

Chuseok es el dia 15 de agosto según el calendario lunar.
추석 에쓰 엘 디아 낀쎄 데 아고스또 쎄군 엘 깔렌다리오 루나르

\# 추석이란 '한국의 추수감사절'이라고 할 수 있습니다.

Podemos decir que el Chuseok es "el Día de Acción de Gracias".
뽀데모쓰 데씨르 께 엘 추석 에쓰 '엘 디아 데 악씨온 데 그라씨아쓰'

\# 추석에 한국인들은 성묘하러 간다.

Los coreanos visitan sus tumbas familiares en Chuseok.
로쓰 꼬레아노쓰 비시딴 쑤쓰 뚬바쓰 파밀리아레쓰 엔 추석

\# 추석 때 가족들을 만나러 갈 거니?

¿Vas a visitar a tu familia en Chuseok?
바쓰 아 비시따르 아 뚜 파밀리아 엔 추석?

\# 한국인들은 추석에 송편을 먹어요.

Los coreanos comen Songpyun en Chuseok.
로쓰 꼬레아노쓰 꼬멘 송편 엔 추석

\# 우리는 추석날 밤에 보름달을 보며 소원을 빌 예정이야.

Vamos a ver la luna en la noche de Chuseok y pidamos algún deseo.
바모쓰 아 베르 라 루나 엔 라 노체 데 추석 이 삐다모쓰 알군 데세오

여기서 잠깐!

Thanksgiving day를 직역하면 el Día de Acción de Gracias 엘 디아 데 악씨온 데 그라씨아쓰라고 합니다. 사전에는 존재하지만 일상생활에서는 쓰이지 않는 어휘이며 이 날을 기념하지도 않습니다.

꼭! 집고 가기

동방 박사 오신 날, 주현절

주현절은 우리나라에서는 낯선 기념일이지만 유럽에서는 크리스마스만큼이나 중요하고 의미 있는 날로, 정확히 말하면 '동방 박사 오신 날'(Día de los Reyes Magos 디아 데 로쓰 레예쓰 마고쓰)입니다. 1월 6일이 이 동방 박사 오신 날로, 1월 5일 저녁 스페인 주요 도시의 거리에서 기념 퍼레이드를 하며 마드리드에서의 행사는 TV로 중계도 할 만큼 크고 중요하게 진행됩니다. 여러 모양의 큰 인형들이 차를 타고 거리 행진을 합니다. 이 행진이 절정에 이르는 때는 당연히 3명의 동방 박사가 지나가는 시간입니다. 거리에 있는 사람들에게 사탕을 던져 주며, 몇몇 사람은 떨어지는 사탕을 받기 위해 우산을 거꾸로 펼쳐 들고 서 있기도 합니다. 아이들은 크리스마스뿐만 아니라 이 동방 박사 오신 날에도 선물을 받으며, 어른들은 크리스마스와 동방 박사 오신 날을 합쳐 이 1월 6일에만 선물을 주고받는 경우도 많습니다. 그리고 이날 다음 날인 1월 7일부터 겨울 대 바겐 세일이 시작됩니다. 선물을 정가로 사고 나면, 세일을 시작하여 또 지출하게 되죠. 학교에서는 크리스마스이브인 24일부터 동방 박사 오신 날인 1월 6일까지 길게 방학을 하는 경우가 많으며, 몇몇 직장 역시 이 기간은 휴가 기간인 경우가 많습니다.

크리스마스①

\# 어린이들은 크리스마스에 선물을 기대합니다.

Los niños esperan los regalos para Navidad.
로쓰 니뇨쓰 에스뻬란 로쓰 레갈로쓰 빠라 나비닫

\# 크리스마스가 가깝다.

La Navidad está cerca.
라 나비닫 에스따 쎄르까

La Navidad está a la vuelta de la esquina.
라 나비닫 에스따 아 라 부엘따 데 라 에스끼나

\# 이번 크리스마스에도 솔로야.

Otra vez estoy soltero/a en Navidad.
오뜨라 베쓰 에스또이 쏠떼로/라 엔 나비닫

\# (우리는) 집에 크리스마스 트리를 설치했어.

Hemos puesto un árbol de Navidad en casa.
에모쓰 뿌에스또 운 아르볼 데 나비든 엔 까사

\# 크리스마스는 가족들과 함께 보낼 예정이다.

Voy a quedar con mi familia en Navidad.
보이 아 께다르 꼰 미 파밀리아 엔 나비닫

여기서 잠깐!

우리나라도 크리스마스 당일보다 이브에 더 설레는 것처럼 스페인도 주로 이브에 가족들과 함께 저녁을 먹습니다. 스페인어로 '크리스마스이브'는 la Nochebuena 라 노체부에나입니다.

크리스마스②

\# 크리스마스 트리를 만들자.

Vamos a montar el árbol de Navidad.
바모쓰 아 몬따르 엘 아르볼 데 나비닫

\# 친구들에게 줄 크리스마스 카드를 쓰고 있어요.

Estoy escribiendo cartas de Navidad para mis amigos.
에스또이 에스끄리비엔도 까르따쓰 데 나비닫 빠라 미쓰 아미고쓰

\# 나는 크리스마스 선물로 새 구두를 받고 싶다.

Lo que quiero para Navidad son unos zapatos nuevos.
로 께 끼에로 빠라 나비닫 쏜 우노쓰 싸빠또쓰 누에보쓰

\# 올해 크리스마스는 목요일이네.

En este año la Navidad cae en jueves.
엔 에스떼 아뇨 라 나비닫 까에 엔 후에베쓰

\# 크리스마스에 보통 뭐 해?

¿Qué sueles hacer en Navidad?
께 쑤엘레쓰 아쎄르 엔 나비닫?

\# 크리스마스 선물은 꼭 사야 한다고 생각해요.

Creo que hay que comprar los regalos de Navidad.
끄레오 께 아이 께 꼼쁘라르 로쓰 레갈로쓰 데 나비닫

\# 제발 크리스마스 선물로 뭐 준비했는지 말해 줘.

Por favor, dime qué me has comprado para Navidad.
뽀르 파보르, 디메 께 메 아쓰 꼼쁘라도 빠라 나비닫

부활절

\# 부활절을 위해 우리는 토리하를 준비했다.

Hemos preparado las torrijas para Semana Santa.
에모쓰 쁘레빠라도 라쓰 또리하쓰 빠라 쎄마나 싼따

\# 부활절이 다가오고 있어.

La Semana Santa está cerca.
라 쎄마나 싼따 에스따 쎄르까

\# 부활절을 축하합시다!

¡Felices Pascuas!
펠리쎄쓰 빠스꾸아쓰!

\# 부활절 주간은 3월과 4월 사이입니다. 이 기간 중 한 일요일이 부활절입니다.

Las fechas de Semana Santa varían entre marzo y abril. El día de Pascua es uno de los domingos de dichas fechas.
라쓰 페차쓰 데 쎄마나 싼따 바리안 엔뜨레 마르쏘 이 아브릴. 엘 디아 데 빠스꾸아 에쓰 우노 데 로쓰 도밍고쓰 데 디차쓰 페차쓰

\# 부활절 연휴에는 많은 사람들이 여행을 떠납니다.

En Semana Santa, mucha gente se va de viaje.
엔 쎄마나 싼따, 무차 헨떼 쎄 바 데 비아헤

\# 스페인에서 부활절 퍼레이드가 가장 유명한 곳은 세비야이다.

El lugar más famoso para las procesiones de Semana Santa en España, es la ciudad de Sevilla.
엘 루가르 마쓰 파모소 빠라 라쓰 쁘로쎄시오네쓰 데 쎄마나 싼따 엔 에스빠냐, 에쓰 라 씨우닫 데 쎄비야

\# 부활절을 위해 저녁 식사 준비 중이야.

Estoy preparando la cena de Semana Santa.
에스또이 쁘레빠란도 라 쎄나 데 쎄마나 싼따

꼭! 짚고 가기

스페인의 특별한 날, 부활절

우리나라에서 가장 중요한 명절 두 가지가 '설날과 추석'이라면 스페인에서는 '성탄절과 부활절'입니다. 가톨릭을 믿는 사람이 90% 이상을 차지할 만큼 가톨릭 문화가 강한 스페인에서 부활절은 종교적으로나 문화적으로 아주 중요한 날입니다.

이날이 되면 주요 도시뿐만 아니라 작은 도시들도 모두 퍼레이드를 합니다.

가장 유명하고 전통적인 퍼레이드는 '세비야 퍼레이드'로, 이날이 되면 스페인 전역과 세계 각지의 관광객들이 몰리는데 이 퍼레이드가 지나가는 골목에 위치한 집들의 발코니는 TV 중계를 하는 사람들, 언론사, 유명인들로 모두 비싼 가격에 예약되곤 합니다.

부활절은 매해 3월 22일~4월 25일 중 보름달이 뜨고 난 후의 첫 번째 일요일, 혹은 춘분이 지나고 난 뒤 첫 번째 일요일로 정해지며, 변덕스러운 봄 날씨 때문에 비가 오는 경우도 종종 있습니다. 비가 오면 이 퍼레이드 행사가 취소되는데 이날을 위해 몇 달간 열심히 준비해 온 사람들, 이 퍼레이드를 보러 온 종교인들, 관광객들은 아쉬움에 눈물을 흘리는 광경을 종종 볼 수 있습니다.

여기서 잠깐!

스페인에서 유명한 부활절 음식 중 하나는 torrija 또리하라는 디저트입니다. 큰 빵을 2㎝ 정도 두께로 자릅니다. 우유와 달걀, 설탕을 섞어 빵을 충분히 적신 후 뜨거운 기름에 빠르게 튀겨내어, 설탕과 계핏가루를 뿌리면 됩니다. 부드럽고 달콤한 맛이 일품입니다.

생일 ①

\# 오늘이 바로 내 생일이야!

¡Hoy es mi cumpleaños!
오이 에쓰 미 꿈쁠레아뇨쓰!

\# 내일이 사라 생일인 거 알고 있어?

¿Sabes que mañana es el cumpleaños de Sara?
싸베쓰 께 마냐나 에쓰 엘 꿈쁠레아뇨쓰 데 싸라?

\# 오늘이 내 생일인 거 어떻게 알았어?

¿Cómo sabías que hoy era mi cumpleaños?
꼬모 싸비아쓰 께 오이 에라 미 꿈쁠레아뇨쓰?

\# 하마터면 여자 친구의 생일을 잊어버릴 뻔했다.

Casi olvido el cumpleaños de mi novia.
까씨 올비도 엘 꿈쁠레아뇨쓰 데 미 노비아

\# 네 생일을 잊어버려서 미안해.

Lo siento, me perdí tu cumpleaños.
로 씨엔또, 메 뻬르디 뚜 꿈쁠레아뇨쓰

\# 우리는 생일이 같은 날이에요.

Nuestro cumpleaños es el mismo día.
누에스뜨로 꿈쁠레아뇨쓰 에쓰 엘 미스모 디아

여기서 잠깐!

'생일'을 뜻하는 단어인 cumpleaños 꿈쁠레아뇨쓰는 보통 줄여서 cumple 꿈쁠레라고 부릅니다.
즉 ¡Hoy es mi cumple! 오이 에쓰 미 꿈쁠레! 혹은 ¿Sabes que mañana es el cumple de Sara? 싸베쓰 께 마냐나 에쓰 엘 꿈쁠레 데 싸라?라고 말할 수 있습니다.

생일 ②

\# 내 생일이 일주일 남았다.

Solo queda una semana hasta mi cumpleaños.
쏠로 께다 우나 쎄마나 아스따 미 꿈쁠레아뇨쓰

\# 이번 생일로 나는 스물다섯 살이 된다.

Tendré 25 años tras este cumpleaños.
뗀드레 베인띠씽꼬 아뇨쓰 뜨라쓰 에스떼 꿈쁠레아뇨쓰

\# 제 생일 파티를 위해 예약하려고 하는데요.

Me gustaría hacer una reserva para mi fiesta de cumpleaños.
메 구스따리아 아쎄르 우나 레세르바 빠라 미 피에스따 데 꿈쁠레아뇨쓰

\# 사라를 위해 '생일 축하' 노래를 불러요.

Cantemos "feliz cumpleaños" para Sara.
깐떼모쓰 '펠리쓰 꿈쁠레아뇨쓰' 빠라 싸라

\# 그가 오기 전에 생일 선물을 숨겨 둬!

¡Esconded su regalo antes de que llegue!
에스꼰델 쑤 레갈로 안떼쓰 데 께 예게!

\# 생일 선물로 네가 원하는 걸 사렴.

Puedes comprar lo que quieras como regalo de cumpleaños.
뿌에데쓰 꼼쁘라르 로 께 끼에라쓰 꼬모 레갈로 데 꿈쁠레아뇨쓰

\# 우리는 돈을 조금씩 내서 호르헤의 선물을 샀다.

Todos nosotros contribuimos y compramos un regalo para Jorge.
또도쓰 노소뜨로쓰 꼰뜨리부이모쓰 이 꼼쁘라모쓰 운 레갈로 빠라 호르헤

축하

\# 생일 축하합니다!

¡Feliz cumpleaños!
펠리쓰 꿈쁠레아뇨쓰!

\# (결혼) 축하합니다! 행복하길 바랍니다.

¡Felicidades! Les deseo a los dos que sean muy felices.
펠리씨다데쓰! 레쓰 데세오 아 로쓰 도쓰 께 쎄안 무이 펠리쎄쓰

\# 축하합니다! (어떤 상황에서든 축하할 때)

¡Felicidades!
펠리씨다데쓰!

¡Muchas felicidades!
무차쓰 펠리씨다데쓰!

\# 성공을 빌어요.

Espero que lo consiga.
에스뻬로 께 로 꼰시가

\# 행운을 빌어요!

¡Le deseo la mayor de las suertes!
레 데세오 라 마요르 데 라쓰 쑤에르떼쓰!

\# (너에게 좋은 일이 생겨) 나도 정말 기쁘다.

Me alegro por ti.
메 알레그로 뽀르 띠

\# 고맙습니다. 운이 좋았던 것 같아요.

Gracias. Creo que tuve suerte.
그라씨아쓰. 끄레오 께 뚜베 쑤에르떼

꼭! 짚고 가기

생일 축하 노래 및 선물 교환 티켓

생일 축하 노래는 만국 공통이 아닐까 싶네요. 스페인에도 똑같은 가락의 생일 축하 노래가 있습니다.

- Cumpleaños feliz.
  꿈쁠레아뇨쓰 펠리쓰
  생일 축하합니다.
  Cumpleaños feliz.
  꿈쁠레아뇨쓰 펠리쓰
  생일 축하합니다.
  Te deseamos todos.
  떼 데세아모쓰 또도쓰
  당신의 행운을 빌어요.
  Cumpleaños feliz.
  꿈쁠레아뇨쓰 펠리쓰
  생일 축하합니다.

스페인도 우리나라와 마찬가지로 생일에는 선물을 주고받으며 가까운 사람들끼리 식사를 합니다. 만약 상대방이 선물을 마음에 들어 하지 않을 경우를 대비하여 스페인에서는 선물을 살 때 ticket regalo 티켓 레갈로를 요구할 수 있습니다.
이 ticket regalo는 상품의 가격이 나와 있지 않은 영수증으로 일반 영수증과 동일한 효력을 발휘합니다. 스페인에서 대부분의 상품 교환 및 환불은 구매 후 30일 이내입니다. 즉 선물이 마음에 안 들면 선물에 들어 있는 ticket regalo를 가지고 교환할 수 있으며 교환할만한 물건이 없다면 교환권을 받을 수도 있습니다.

Capítulo 03

여가 생활
Ocio y tiempo libre

Capítulo 03

Unidad 1 취미

Unidad 2 음주

Unidad 3 흡연

Unidad 4 반려동물

Unidad 5 식물 가꾸기

La afición 취미
라 아피씨온

MP3. Word_C03

hacer deporte
아쎄르 데뽀르떼
운동하다

el esquí 엘 에스끼
스키

el baloncesto 엘 발론쎄스또
농구

la piscina 라 삐스씨나
수영장

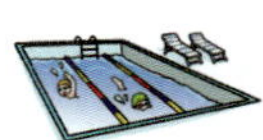

la natación 라 나따씨온
수영

el fútbol 엘 풋볼
축구

el béisbol 엘 베이스볼
야구

el yoga 엘 요가
요가

el patinaje 엘 빠띠나헤
스케이트

el patinaje en línea
엘 빠띠나헤 엔 리네아
인라인 스케이트

el patinaje sobre hielo
엘 빠띠나헤 쏘브레 이엘로
아이스 스케이트

el tenis 엘 떼니쓰
테니스

el taekwondo 엘 태권도
태권도

el bádminton 엘 받민똔
배드민턴

el tenis de mesa
엘 떼니쓰 데 메사
탁구

tocar un instrumento
또까르 운 인스뜨루멘또
악기를 연주하다

la guitarra 라 기따라
기타

el tambor 엘 땀보르
드럼, 북

el concierto 엘 꼰씨에르또
콘서트

el/la cantante 엘/라 깐딴떼
가수

el piano 엘 삐아노
피아노

el violín 엘 비올린
바이올린

el/la director/a de la orquesta
엘/라 디렉또르/라 데 라 오르께스따
지휘자

la batuta 라 바뚜따
지휘봉

el musical 엘 무시깔
뮤지컬

ver una película
베르 우나 뻴리꿀라
영화를 보다

el cine 엘 씨네
영화관

el estreno 엘 에스뜨레노
(영화)개봉

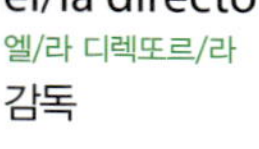

el/la director/a
엘/라 디렉또르/라
감독

el/la actor/iz
엘/라 악또르/리쓰
배우

leer un libro 레에르 운 리브로
책을 읽다

la novela 라 노벨라
소설

el poema 엘 뽀에마
시

la librería 라 리브레리아
서점

el/la autor/a 엘/라 아우또르/라,
el/la escritor/a
엘/라 에스끄리또르/라
작가

En el bar 술집에서
엔 엘 바르

beber 베베르
마시다

el vino 엘 비노
와인

la sangría 라 쌍그리아
상그리아

la cerveza 라 쎄르베싸
맥주

la cerveza sin alcohol
라 쎄르베싸 씬 알꼬올
무알콜 맥주

tener resaca 떼네르 레사까
숙취에 시달리다

la resaca 라 레사까
숙취

la copa 라 꼬빠
한잔 술

la ginebra 라 히네브라
진(술의 일종)

el whisky 엘 위스끼
위스키

el ron 엘 론
럼, 럼주

vomitar 보미따르
구토하다

marear 마레아르
어지럽게 하다

marearse 마레아르세
어지럽다

el dolor de cabeza
엘 돌로르 데 까베싸
두통

enfermo/a 엠페르모/마
아픈

el/la enfermo/a
엘/라 엠페르모/마
환자

La mascota 반려동물
라 마스꼬따

criar un animal
끄리아르 운 아니말
동물을 기르다

el/la perro/a 엘/라 뻬로/라
개

el/la gato/a 엘/라 가또/따
고양이

el hámster 엘 함스떼르
햄스터

el escarabajo 엘 에스까라바호
장수풍뎅이, 딱정벌레

el/la loro/a 엘/라 로로/라
앵무새

pasear 빠세아르
산책시키다

alimentar 알리멘따르
먹이를 주다

nombrar 놈브라르
이름 짓다

acostumbrado/a
아꼬스뚬브라도/다
길들여진

manso/a 만소/사
온순한

feroz 페로쓰
사나운

vigilante 비힐란떼
경계하는, 감시하는

activo/a 악띠보/바
활발한

cariñoso/a 까리뇨소/사
사랑스러운

ladrar 라드라르
짖다

mestizo/a 메스띠쏘/싸
잡종의

castizo/a 까스띠쏘/싸
순종의

maullar 마우야르
야옹거리다

arañar 아라냐르
할퀴다

domar 도마르
(맹수 등을) 길들이다, 조련하다, 훈련시키다

la clínica veterinaria
라 끌리니까 베떼리나리아
동물 병원

el/la veterinario/a
엘/라 베떼리나리오/아
수의사

la vacuna 라 바꾸나
예방 접종

취미 묻기

취미가 뭐니?

¿Qué hobbies tienes?
께 호비쓰 띠에네쓰?

¿Cuáles son tus aficiones?
꾸알레쓰 쏜 뚜쓰 아피씨오네쓰?

특별한 취미가 있니?

¿Tienes algún hobby en concreto?
띠에네쓰 알군 호비 엔 꽁끄레또?

¿Estás interesado/a en algo en especial?
에스따쓰 인떼레사도/다 엔 알고 엔 에스뻬씨알?

한가할 때 무엇을 하니?

¿Qué haces en tu tiempo libre?
께 아쎄쓰 엔 뚜 띠엠뽀 리브레?

기분 전환하기 위해 뭘 하니?

¿Qué haces para cambiar tu ánimo?
께 아쎄쓰 빠라 깜비아르 뚜 아니모?

어떤 것에 흥미를 갖고 있니?

¿Cuáles son tus intereses?
꾸알레쓰 쏜 뚜쓰 인떼레세쓰?

일주일에 몇 시간 정도 취미 활동을 해?

¿Cuántas horas a la semana dedicas a tus hobbies?
꾸안따쓰 오라쓰 아 라 쎄마나 데디까쓰 아 뚜쓰 호비쓰?

여기서 잠깐!

'취미'를 말하는 단어 hobby 호비는 영어에서 온 단어로, 복수형은 hobbies 호비쓰입니다. '취미'를 나타내는 단어에는 afición 아피씨온, pasatiempo 빠사띠엠뽀도 있습니다. 이 중 hobby를 가장 많이 사용하고 pasatiempo는 사용 빈도가 낮습니다.

취미 대답하기

저는 취미가 다양해요.

Tengo muchas aficiones.
뗑고 무차쓰 아피씨오네쓰

저는 특별한 취미는 없어요.

No tengo ninguna manía en particular.
노 뗑고 닝구나 마니아 엔 빠르띠꿀라르

나는 그런 일에는 취미가 없어.

No estoy muy interesado/a en ello.
노 에스또이 무이 인떼레사도/다 엔 에요

저는 집에 있는 걸 좋아해요.

Me gusta estar en casa.
메 구스따 에스따르 엔 까사

우리는 취미에 공통점이 많네요.

Tenemos muchas aficiones en común.
떼네모쓰 무차쓰 아피씨오네쓰 엔 꼬문

왜인지 모르겠지만 끌리는 게 하나도 없어.

No sé por qué, pero no hay nada que me enganche.
노 쎄 뽀르 께, 뻬로 노 아이 나다 께 메 엥간체

난 취미 활동을 할 시간이 없어.

No tengo tiempo para pasatiempos.
노 뗑고 띠엠뽀 빠라 빠사띠엠뽀쓰

난 시간이 날 때마다 취미 활동을 해.

Practico mi afición siempre que tengo tiempo.
쁘락띠꼬 미 아피씨온 씨엠쁘레 께 뗑고 띠엠뽀

사진

사진 촬영은 제 취미 중 하나예요.

Hacer fotos es una de mis aficiones.
아쎄르 포또쓰 에쓰 우나 데 미쓰 아피씨오네쓰

자동 카메라보다 수동 카메라 사용을 좋아합니다.

Prefiero usar una cámara manual a una automática.
쁘레피에로 우사르 우나 까마라 마누알 아 우나 아우또마띠까

내 카메라는 수동 기능과 자동 기능을 모두 가지고 있다.

Mi cámara tiene ambas funciones, manual y automática.
미 까마라 띠에네 암바쓰 푼씨오네쓰, 마누알 이 아우또마띠까

나는 풍경 사진 찍는 것을 좋아한다.

Me gusta hacer fotos de paisajes.
메 구스따 아쎄르 포또쓰 데 빠이사헤쓰

사진 좀 찍어 주시겠어요?

¿Le importaría hacerme una foto, por favor?
레 임뽀르따리아 아쎄르메 우나 포또, 뽀르 파보르?

제가 사진 찍어 드릴까요?

¿Quiere que le haga una foto?
끼에레 께 레 아가 우나 포또?

지나가는 사람한테 우리 사진 찍어달라고 부탁해 볼게.

Le pediré a alguien que pase cerca de nosotros que nos haga una foto.
레 뻬디레 아 알기엔 께 빠세 쎄르까 데 노소뜨로쓰 께 노쓰 아가 우나 포또

꼭! 짚고 가기

마니아의 여러 쓰임

한국어로 '마니아'라는 말은 어떤 한 분야를 열정적으로 좋아한다는 뜻으로 긍정적인 의미를 지니고 있습니다. 스페인어에도 이 '마니아'라는 말이 있는데요, manía 마니아 단어 하나만 본다면 한국어와는 다르게 부정적인 의미를 가지고 있습니다. 스페인어로 manía는 '강박 관념, 고칠 수 없는 못된 습관'이라는 뜻입니다. manía는 다른 동사와 만나 새로운 뜻을 만들어 내기도 합니다.

① Tengo la manía de lavarme las manos.
뗑고 라 마니아 데 라바르메 라쓰 마노쓰
나는 손을 씻는 강박 관념을 가지고 있다.

② coger(tener) manía a+ 사물 혹은 사람:
좋았던 관계가 나빠짐을 의미합니다.

- Llevo tanto tiempo con estos pantalones que les he cogido manía.
예보 딴또 띠엠뽀 꼰 에스또쓰 빤딸로네쓰 께 레쓰 에 꼬히도 마니아
이 바지를 오랜 시간 입었더니 상태가 나빠졌어.

③ Coger la manía (de)+어떤 것:
습관이나 관습을 얻게 되는 것을 의미합니다.

- Cogió la manía de morderse las uñas.
꼬히오 라 마니아 데 모르데르세 라쓰 우냐쓰
손톱을 물어뜯는 습관이 생겼어.

열정을 가지고 좋아하는 일을 강박 관념에 사로잡힌 일로 잘못 말하지 않도록 주의합니다.

스포츠

\# 무슨 스포츠를 좋아하세요?

¿Qué deportes te gustan?
께 데뽀르떼쓰 떼 구스딴?

¿Cuál es tu deporte favorito?
꾸알 에쓰 뚜 데뽀르떼 파보리또?

\# 스포츠라면 어떤 종류든 좋아해요.

Me gusta todo tipo de deportes.
메 구스따 또도 띠뽀 데 데뽀르떼쓰

\# 저는 스포츠광이에요.

Soy un/a fanático/a de los deportes.
쏘이 운/우나 파나띠꼬/까 데 로쓰 데뽀르떼쓰

\# 스포츠는 무엇이든 해요.

Soy un/a deportista nato/a.
쏘이 운/우나 데뽀르띠스따 나또/따

\# 어떤 스포츠라도 서툴러요.

No soy bueno/a en cualquier deporte.
노 쏘이 부에노/나 엔 꾸알끼에르 데뽀르떼

\# 저는 집에서 TV로 스포츠 보는 것을 좋아해요.

Me encanta ver cualquier deporte en la televisión de casa.
메 엥깐따 베르 꾸알끼에르 데뽀르떼 엔 라 뗄레비시온 데 까사

\# 스포츠는 하는 것보다 보는 것을 좋아해요.

Me gusta ver deportes más que practicarlos yo mismo/a.
메 구스따 베르 데뽀르떼쓰 마쓰 께 쁘락띠까를로쓰 요 미쓰모/마

\# 한국에서 가장 인기 있는 스포츠 중 하나는 야구입니다.

El béisbol es uno de los deportes más populares en Corea.
엘 베이스볼 에쓰 우노 데 로쓰 데뽀르떼쓰 마쓰 뽀뿔라레쓰 엔 꼬레아

계절 스포츠

\# 여름에는 스포츠 중에서 수영을 제일 좋아해요.

En verano el deporte que más me gusta es nadar.
엔 베라노 엘 데뽀르떼 께 마쓰 메 구스따 에쓰 나다르

\# 저는 수영을 못해요.

No sé nadar.
노 쎄 나다르

\# 난 시간이 날 때마다 산에 자전거를 타러 가.

Voy en bicicleta a la montaña cuando tengo tiempo.
보이 엔 비씨끌레따 아 라 몬따냐 꾸안도 뗑고 띠엠뽀

\# 겨울이 되면, 거의 매주 스키를 타러 가요.

En el invierno, voy semanalmente a esquiar.
엔 엘 임비에르노, 보이 쎄마날멘떼 아 에스끼아르

\# 전 스노보드광이에요.

Me encanta el snowboard.
메 엥깐따 엘 스노우보드

Soy un/a fanático/a del snowboard.
쏘이 운/우나 파나띠꼬/까 델 스노우보드

여기서 잠깐!

스페인은 겨울에도 눈이 많이 오는 편이 아닙니다. 그래서 스페인 사람들은 스키를 타러 프랑스와 스페인 중간에 위치한 피레네산맥을 끼고 있는 안도라로 갑니다. 마드리드에서 차로 약 7시간, 바르셀로나에서 2~3시간 정도면 갈 수 있을 만큼 가까우며 스페인어가 통하기 때문에, 겨울이 되면 스키와 스노보드를 사랑하는 스페인 사람들이 많이 찾습니다.

구기 스포츠①

요즘 스페인에서 인기 있는 스포츠는 빠델입니다.

Hoy en día, uno de los deportes más populares en España es el pádel.

오이 엔 디아, 우노 데 로쓰 데뽀르떼쓰 마쓰 뽀뿔라레쓰 엔 에스빠냐 에쓰 엘 빠델

저는 요즘 테니스를 배우기 시작했습니다.

He empezado a aprender tenis estos días.

에 엠뻬싸도 아 아쁘렌데르 떼니쓰 에스또쓰 디아쓰

농구 한 게임할래?

¿Quieres jugar al baloncesto?

끼에레쓰 후가르 알 발론쎄스또?

스페인에서 가장 유명한 배구 선수는 파우 가솔입니다.

El jugador más famoso de baloncesto en España es Pau Gasol.

엘 후가도르 마쓰 파모소 데 발론쎄스또 엔 에스빠냐 에쓰 빠우 가솔

TV 야구 중계를 자주 봐요.

A menudo veo los partidos de béisbol en la televisión.

아 메누도 베오 로쓰 빠르띠도쓰 데 베이스볼 엔 라 뗄레비시온

여기서 잠깐!

패들테니스(pádel 빠델)는 테니스 혹은 스쿼시와 비슷한 운동으로, 스페인 사람들이 많이 즐깁니다. 테니스공을 사용하지만, 라켓은 테니스 라켓보다 훨씬 작고 평평한 나무 널빤지 모양입니다. 경기장은 테니스장보다 작고, 일반적으로 1~2명이 팀을 이루어 경기합니다.

꼭! 짚고 가기

축구 전쟁, 마드리드 vs 바르셀로나

스페인 지역 축구 경기 중 최고의 시청률을 자랑하는 '레알 마드리드(Real Madrid)'와 'FC 바르셀로나(FC Barcelona)' 간 시합을 '엘 클라시코(El Clásico, 전통)'라 합니다. 이 라이벌전이 치열한 이유에는, 두 팀이 모두 정상의 기량을 가졌다는 점뿐만 아니라 지역감정도 한몫합니다.

바르셀로나는 지중해를 통한 해상 무역으로 상당한 부를 축적했고, 이를 바탕으로 독립을 꾸준히 요구해 왔습니다. 바르셀로나가 속한 카탈루냐 지역은 기존에 독립된 왕국으로 존재하다가 1469년 카스티야 왕국에 통합되어 스페인이 되었기 때문입니다. 지역 간 감정은 상상을 초월할 정도로 스페인 발전에 큰 걸림돌이기도 합니다.

이런 묵은 감정을 배출하는 것이 바로 '엘 클라시코'입니다. 유독 이 경기에서 많은 반칙과 부상자들이 속출하는데, 이는 '감정싸움'이 깔려 있기 때문입니다. 여기에 세계 최고의 몸값을 자랑하는 선수들의 현란한 실력과 자존심 싸움이 더해져 축구 마니아에게는 더없이 즐거운 '전통 승부', '세기 대결'을 보여주는 경기입니다.

구기 스포츠②

\# 어제 우리 팀이 3대 1로 이겼어요.

Ayer ganó nuestro equipo tres a uno.
아예르 가노 누에스뜨로 에끼뽀 뜨레쓰 아 우노

\# 경기는 무승부로 끝났어요.

El partido terminó en empate.
엘 빠르띠도 떼르미노 엔 엠빠떼

\# 어느 축구팀을 좋아하세요?

¿Qué equipo de fútbol prefieres?
께 에끼뽀 데 풋볼 쁘레피에레쓰?

\# 저는 축구에 전혀 관심이 없어요.

No tengo ningún interés en el fútbol.
노 뗑고 닝군 인떼레쓰 엔 엘 풋볼

\# 스페인 사람들에게 있어 축구란 삶과 같죠.

Para los españoles, el fútbol es la vida.
빠라 로쓰 에스빠뇰레쓰, 엘 풋볼 에쓰 라 비다

\# 요즘 골프에 빠져 있어요.

Últimamente estoy obsesionado/a con el golf.
울띠마멘떼 에스또이 옵세시오나도/다 꼰 엘 골프

\# 한국인에게 골프는 사업을 하는 데 중요한 부분을 차지합니다.

Para los coreanos, el golf es importante para hacer negocios.
빠라 로쓰 꼬레아노쓰, 엘 골프 에쓰 임뽀르딴떼 빠라 아쎄르 네고씨오쓰

\# 저희 가족은 주말이면 같이 볼링을 치러 가요.

Mi familia juega a los bolos todos los fines de semana.
미 파밀리아 후에가 아 로쓰 볼로쓰 또도쓰 로쓰 피네쓰 데 쎄마나

음악 감상

\# 음악 듣는 것을 좋아해요.

Me gusta escuchar música.
메 구스따 에스꾸차르 무시까

\# 어떤 음악을 좋아하니?

¿Qué tipo de música te gusta?
께 띠뽀 데 무시까 떼 구스따?

\# 좋아하는 가수는 누구야?

¿Quién es tu cantante favorito?
끼엔 에쓰 뚜 깐딴떼 파보리또?

\# 모든 종류의 음악을 즐겨 들어요.

Me encanta escuchar todo tipo de música.
메 엥깐따 에스꾸차르 또도 띠뽀 데 무시까

\# 시간이 날 때에는 팝 음악을 들어요.

Escucho música pop cuando tengo tiempo libre.
에스꾸초 무시까 뽑 꾸안도 뗑고 띠엠뽀 리브레

\# 최근에 클래식 음악을 즐겨 듣기 시작했어요.

Recientemente he empezado a escuchar música clásica.
레씨엔떼멘떼 에 엠뻬싸도 아 에스꾸차르 무시까 끌라시까

\# 난 아델의 노래를 즐겨 들어.

Suelo escuchar la canción de Adele.
쑤엘로 에스꾸차르 라 깐씨온 데 아델

\# 나는 케이팝을 정말 좋아해.

Me gusta mucho el K-pop.
메 구스따 무초 엘 께이폽

악기 연주

\# 악기를 다룰 줄 아세요?

¿Sabes tocar algún instrumento?
싸베쓰 또까르 알군 인스뜨루멘또?

\# 피아노를 조금 칩니다.

Toco un poco el piano.
또꼬 운 뽀꼬 엘 삐아노

\# 열 살 때부터 바이올린을 켜고 있어요.

He tocado el violín desde que tenía 10 años.
에 또까도 엘 비올린 데스데 께 떼니아 디에쓰 아뇨쓰

\# 어렸을 때 10년 간 피아노를 쳤어요.

Toqué el piano durante 10 años cuando era pequeño/a.
또께 엘 삐아노 두란떼 디에쓰 아뇨쓰 꾸안도 에라 뻬께뇨/냐

\# 취미로 기타를 배우고 있어요.

Estoy aprendiendo a tocar la guitarra como hobby.
에스또이 아쁘렌디엔도 아 또까르 라 기따라 꼬모 호비

\# 음악에는 재능이 없어요.

No tengo ningún talento para la música.
노 뗑고 닝군 딸렌또 빠라 라 무시까

\# 종종 노래방에 가서 노래를 불러요.

A menudo voy al karaoke a cantar.
아 메누도 보이 알 까라오께 아 깐따르

el instrumento musical 엘 인스뜨루멘또 무시깔 악기
el talento 엘 딸렌또 재능

꼭! 짚고 가기

악기 관련 단어

각종 악기들 및 음악에 관련된 단어들을 알아봅시다.

- el piano 엘 삐아노 피아노
- el violín 엘 비올린 바이올린
- el violoncelo 엘 비올론쎌로 첼로
- la viola 라 비올라 비올라
- la trompeta 라 뜨롬뻬따 트럼펫
- el tambor 엘 땀보르 드럼
- la flauta 라 플라우따 플루트
- el clarinete 엘 끌라리네떼 클라리넷
- la pandereta 라 빤데레따 탬버린
- el arpa 엘 아르빠 하프
- la armónica 라 아르모니까 하모니카
- el órgano 엘 오르가노 오르간

'연주하다'는 동사 tocar 또까르를 사용합니다.

영화감상 ①

\# 영화 보기를 좋아합니다.

Me gusta ver películas.
메 구스따 베르 뻴리꿀라쓰

\# 나는 영화광입니다.

Estoy loco/a por las películas.
에스또이 로꼬/까 뽀르 라쓰 뻴리꿀라쓰

Soy un/a amante del cine.
쏘이 운/우나 아만떼 델 씨네

Soy un/a adicto/a a las películas.
쏘이 운/우나 아딕또/따 아 라쓰 뻴리꿀라쓰

\# 어떤 종류의 영화를 좋아해요?

¿Qué tipo de películas te gustan?
께 띠뽀 데 뻴리꿀라쓰 떼 구스딴?

\# 저는 미스터리 영화, 특히 탐정물을 좋아해요.

Me encantan las de misterio; sobre todo, las películas de detectives.
메 엥깐딴 라쓰 데 미스떼리오 쏘브레 또도, 라쓰 뻴리꿀라쓰 데 데떽띠베쓰

\# 공포 영화를 자주 봅니다.

A menudo veo películas de terror.
아 메누도 베오 뻴리꿀라쓰 데 떼로르

\# 외국 영화보다 우리나라 영화를 더 좋아해요.

Me gustan las películas nacionales más que las extranjeras.
메 구스딴 라쓰 뻴리꿀라쓰 나씨오날레쓰 마쓰 께 라쓰 엑스뜨랑헤라쓰

여기서 잠깐!

영화관 관련 단어를 알아볼까요?

- las palomitas 라쓰 빨로미따쓰 팝콘(주로 복수형)
- la entrada 라 엔뜨라다 영화표
- el cine 엘 씨네 영화관
- la butaca 라 부따까 좌석
- la pantalla 라 빤따야 화면

영화감상 ②

\# 지금까지 중 가장 좋았던 영화는 〈반지의 제왕〉입니다.

La película que más me gustó hasta ahora es El Señor de los Anillos.
라 뻴리꿀라 께 마쓰 메 구스또 아스따 아오라 에쓰 엘 세뇨르 데 로쓰 아니요쓰

\# 그 영화의 주연은 누구인가요?

¿Quién es el protagonista de la película?
끼엔 에쓰 엘 쁘로따고니스따 데 라 뻴리꿀라?

\# 그 영화를 다섯 번 이상 봤어요.

He visto la película más de cinco veces.
에 비스또 라 뻴리꿀라 마쓰 데 씽꼬 베쎄쓰

\# 굉장히 무서운 영화라서 그날 밤에는 잠을 잘 수 없었어요.

Era tan terrorífico que no pude dormir esa noche.
에라 딴 떼로리피꼬 께 노 뿌데 도르미르 에사 노체

\# 그녀가 주연한 영화는 모두 봤어요.

He visto todas sus películas.
에 비스또 또다쓰 쑤쓰 뻴리꿀라쓰

\# 가장 감명 깊게 본 영화는 무엇입니까?

¿Qué películas te han impresionado más?
께 뻴리꿀라쓰 떼 안 임쁘레시오나도 마쓰?

\# 스페인에서 가장 유명한 감독은 페드로 알모도바르입니다.

El director más famoso en España es Pedro Almodóvar.
엘 디렉또르 마쓰 파모소 엔 에스빠냐 에쓰 뻬드로 알모도바르

영화관 가기

\# 영화 보러 자주 가세요?

¿Vas al cine muy a menudo?
바쓰 알 씨네 무이 아 메누도?

\# 한 달에 두세 편은 봐요.

Veo dos o tres películas al mes.
베오 도쓰 오 뜨레쓰 뻴리꿀라쓰 알 메쓰

\# 저는 좀처럼 영화관에 가지 않아요.

Rara vez voy al cine.
라라 베쓰 보이 알 씨네

\# 영화관에 가기보다는 TV로 영화 보는 것을 좋아합니다.

Prefiero ver películas en la tele(visión) en lugar de ir al cine.
쁘레피에로 베르 뻴리꿀라쓰 엔 라 뗄레(비시온) 엔 루가르 데 이르 알 씨네

\# 한동안 영화를 보지 못했어요.

No he visto ninguna película desde hace tiempo.
노 에 비스또 닝구나 뻴리꿀라 데스데 아쎄 띠엠뽀

\# 오늘 밤에 영화 보러 가자.

¿Vamos a ver una película esta noche?
바모쓰 아 베르 우나 뻴리꿀라 에스따 노체?

\# 오늘 밤에 영화관 갈래?

¿Quieres ir al cine esta noche?
끼에레쓰 이르 알 씨네 에스따 노체?

\# 지금 영화관에서 뭐 하지?

¿Qué películas hay actualmente en el cine?
께 뻴리꿀라쓰 아이 악뚜알멘떼 엔 엘 씨네?

독서 ①

\# 제가 가장 좋아하는 취미는 소설 읽기예요.

Mi afición favorita es leer novelas.
미 아픽씨온 파보리따 에쓰 레에르 노벨라쓰

\# 저는 책벌레예요.

Soy un/a ratón/a de biblioteca.
쏘이 운/우나 라똔/또나 데 비브리오떼까

\# 한가할 때는 책을 읽어.

Cuando tengo tiempo libre, leo un libro.
꾸안도 뗑고 띠엠뽀 리브레, 레오 운 리브로

\# 한 달에 몇 권이나 읽으세요?

¿Cuántos libros lees al mes?
꾸안또쓰 리브로쓰 레에쓰 알 메쓰?

\# 바빠서 책 읽을 시간이 없습니다.

Como estoy muy ocupado/a, no tengo tiempo para leer libros.
꼬모 에스또이 무이 오꾸빠도/다, 노 뗑고 띠엠뽀 빠라 레에르 리브로쓰

\# 어떤 책을 즐겨 읽으세요?

¿Qué tipo de libros te gusta leer?
께 띠뽀 데 리브로쓰 떼 구스따 레에르?

\# 책을 많이 읽으세요?

¿Lees mucho?
레에쓰 무초?

\# 가장 좋아하는 장르는 무엇입니까?

¿Cuál es tu género favorito?
꾸알 에쓰 뚜 헤네로 파보리또?

독서②

\# 저는 손에 잡히는 대로 읽는 편이에요.

Leo casi todo lo que cae en mis manos.
레오 까씨 또도 로 께 까에 엔 미쓰 마노쓰

\# 1년에 50권 이상 읽어요.

Leo más de 50 libros al año.
레오 마쓰 데 씽꾸엔따 리브로쓰 알 아뇨

\# 추리 소설을 아주 좋아해요.

Me encantan las novelas de detectives.
메 엥깐딴 라쓰 노벨라쓰 데 데떽띠베쓰

\# 최근에는 로맨스 소설에 빠져 있어요.

Últimamente me gustan las novelas románticas.
울띠마멘떼 메 구스딴 라쓰 노벨라쓰 로만띠까쓰

\# 소설보다는 시를 좋아해요.

Prefiero poemas a las novelas.
쁘레피에로 뽀에마쓰 아 라쓰 노벨라쓰

\# 영문학에 흥미를 가지고 있어요.

Estoy interesado/a en la literatura inglesa.
에스또이 인떼레사도/다 엔 라 리떼라뚜라 잉글레사

\# 요즘 잘 나가는 책은 무엇인가요?

¿Cuál es el libro más vendido actualmente?
꾸알 에쓰 엘 리브로 마쓰 벤디도 악뚜알멘떼?

\# 이 책이 스페인에서도 출간되었나요?

¿Este libro se ha publicado también en España?
에스떼 리브로 쎄 아 뿌블리까도 땀비엔 엔 에스빠냐?

Unidad 2 **음주** MP3. C03_U02

주량

\# 술을 어느 정도까지 마실 수 있니?

¿Cuánto alcohol puedes beber?
꾸안또 알꼬올 뿌에데쓰 베베르?

\# 당신은 술이 센가요?

¿Eres un/a gran bebedor/a?
에레쓰 운/우나 그란 베베도르/라?

\# 전 맥주에는 잘 안 취해요.

No me emborracho con la cerveza.
노 메 엠보라초 꼰 라 쎄르베싸

\# 후안은 한 번 마셨다 하면 끝장을 봐.

Cuando Juan bebe, bebe hasta desmayarse.
꾸안도 후안 베베, 베베 아스따 데스마야르세

\# 점점 주량이 늘고 있어요.

Cada vez necesito más alcohol para emborracharme.
까다 베쓰 네쎄시또 마쓰 알꼬올 빠라 엠보라차르메

\# 전 술이 약해요.

No aguanto mucho el alcohol.
노 아구안또 무초 엘 알꼬올

Tengo poca tolerancia al alcohol.
뗑고 뽀까 똘레란씨아 알 알꼬올

\# 전 술을 못 마셔요.

No tomo alcohol.
노 또모 알꼬올

No bebo ni una gota.
노 베보 니 우나 고따

\# 나는 술만 마시면 얼굴이 빨개져.

Me pongo colorado/a cuando tomo alcohol.
메 뽕고 꼴로라도/다 꾸안도 또모 알꼬올

술에 취함

\# 난 완전 취했어.

Estoy totalmente borracho/a.
에스또이 또딸멘떼 보라초/차

\# 술기운이 도는데.

Me siento un poco borracho/a.
메 씨엔또 운 뽀꼬 보라초/차

\# 걔 장난 아니게 취했어.

Está bastante borracho/a.
에스따 바스딴떼 보라초/차

\# 도대체 얼마나 마신 거야?

¿Cuánto bebiste?
꾸안또 베비스떼?

\# 난 그렇게 취하지 않았어.

No estoy tan borracho/a.
노 에스또이 딴 보라초/차

\# 나 어제 기억이 하나도 안 나.
내가 이상한 행동이나 말 같은 거 했니?

No recuerdo nada de ayer.
¿Hice algo extraño o dije algo?
노 레꾸에르도 나다 데 아예르. 이쎄 알고 엑스뜨라뇨 오 디헤 알고?

여기서 잠깐!

'나 완전히 취했어'라는 말은 일상생활에서 'Llevo un pedo de muerte. 예보 운 뻬도 데 무에르떼'라고 많이 합니다. 물론 아주 친한 사람들끼리 하는 구어입니다. 상대방에게 '너 완전히 취했어'라고 하는 말은 'Menuda cogorza llevas. 메누다 꼬고르싸 에바쓰'이며, 역시 아주 친한 사람끼리만 사용할 수 있는 비속어입니다.

꼭! 짚고 가기

책과 장미꽃을 선물하는 날, 산 조르디

독실한 가톨릭 국가인 스페인에는 유명한 성인들이 있습니다. 그 성인들을 기념하는 몇 개의 기념일은 공휴일로도 지정이 되어 있죠. San Jordi 싼 조르디의 날은 바르셀로나를 중심으로 하는 카탈루냐 지방의 기념일인데, 매년 4월 23일이며 휴일로 지정되어 있습니다.

조르디 성인은 용으로부터 공주를 보호했다는 전설이 전해지는데요, 이날이 되면 연인들은 빨간 장미꽃 한 송이와 책을 서로에게 선물합니다. 스페인 버전의 밸런타인데이라고 할 수 있습니다.

한 송이는 유일한 사랑을 뜻하며 빨간 장미는 열정을 의미합니다. 이렇게 빨긴 장미 한 송이를 선물하던 전통에 1995년 유네스코에서 4월 23일을 세계 책의 날로 지정하면서 책을 같이 선물하는 풍습으로 변형되었습니다.

뿐만 아니라 이날은 봄의 시작을 알리는 날로 비록 카탈루냐 지방의 공휴일이지만 스페인 전역에서 임시 가판대를 쭉 설치하여 책을 판매하기도 하고 곳곳에서는 꽃을 판매하는 등 스페인의 경제 활성화에도 일조를 하는 공휴일로 여겨지고 있습니다.

여기서 잠깐!

스페인에서는 '하이볼'을 copa꼬빠라고 부릅니다. copa는 폭이 좁고 긴 유리잔을 말하는데, 위스키, 진, 럼 등에 탄산음료를 섞어 만든 술 역시 copa라고 부릅니다.
주문할 때 원하는 술 종류와 탄산음료(콜라, 환타, 토닉 등)를 같이 말하면 됩니다.
예를 들어 Ginebra con tonica 히네브라 꼰 또니까(진토닉), Whisky con coca cola 위스끼 꼰 꼬까꼴라(위스키와 코카콜라) 이런 식으로 말이죠.

술에 대한 충고

\# 나는 그녀에게 술을 마시지 말라고 충고했다.

Le aconsejé que no bebiera.
레 아꼰세헤 께 노 베비에라

Le dije que tuviera cuidado con la bebida.
레 디헤 께 뚜비에라 꾸이다도 꼰 라 베비다

\# 취하도록 마시지 마.

Trata de no emborracharte.
뜨라따 데 노 엠보라차르떼

\# 인생을 술로 허송세월하지 마라.

No malgastes tu vida con el alcohol.
노 말가스떼쓰 뚜 비다 꼰 엘 알꼬올

\# 화가 날 때 술을 마시지 말아라.

No bebas cuando estés enfadado/a.
노 베바쓰 꾸안도 에스떼쓰 엠파다도/다

\# 술 마시고 운전하는 건 위험해.

Es peligroso beber y conducir.
에쓰 뻴리그로소 베베르 이 꼰두씨르

\# 술을 마시는 건 좋지만, 정도의 문제지.

Puedes beber, pero debes saber moderarte.
뿌에데쓰 베베르, 뻬로 데베쓰 싸베르 모데라르떼

여기서 잠깐!

스페인에는 chupito 추삐또라는 식후주가 있습니다. 레스토랑에 가서 식사를 한 후 디저트까지 다 먹으면 소주잔만 한 작은 잔에 이 chupito를 따라 주는데요, 알코올이 있는 것과 없는 것이 있으며, 주로 향과 맛이 달콤하여 입가심용으로 마시기 아주 좋습니다.

술에 대한 기호

\# 한국인은 소주를 무척 즐겨 마십니다.

Los coreanos disfrutan de beber soju con frecuencia.
로쓰 꼬레아노쓰 디스프루딴 데 베베르 소주 꼰 프레꾸엔씨아

Es muy común que un coreano beba soju.
에쓰 무이 꼬문 께 운 꼬레아노 베바 소주

\# 소주보다는 맥주가 마시기에 부드럽다.

La cerveza es más suave que el soju.
라 쎄르베싸 에쓰 마쓰 쑤아베 께 엘 소주

\# 전 맥주를 그다지 좋아하지 않아요.

No soy mucho de cerveza.
노 쏘이 무초 데 쎄르베싸

\# 나는 드라이한 와인을 좋아해.

Me gusta el vino seco.
메 구스따 엘 비노 쎄꼬

\# 스페인 사람들은 주로 위스키에 음료수를 타 마십니다.

Los españoles suelen beber whisky con refresco.
로쓰 에스빠뇰레쓰 쑤엘렌 베베르 위스끼 꼰 레프레스꼬

\# 레드 와인이랑 화이트 와인 중 어떤 걸 더 좋아하세요?

¿Prefieres el vino tinto o el vino blanco?
쁘레피에레쓰 엘 비노 띤또 오 엘 비노 블랑꼬?

여기서 잠깐!

마드리드에 Mahou 마오우라는 유명한 지역 맥주가 있는데, 마드리드 사람들의 전폭적인 사랑을 받고 있는 제품으로 알코올, 무알코올, 흑맥주, 레몬이 첨가된 맥주, 클래식 등 여러 가지 제품군을 보유하고 있습니다.

금주

난 이젠 술 끊을 거야.

No voy a beber más alcohol.
노 보이 아 베베르 마쓰 알꼬올

그는 더 이상 술을 마시지 않아.

Él ya no bebe.
엘 야 노 베베

저는 술을 마시지 않습니다. (저는 금주가입니다.)

Soy abstemio/a.
쏘이 압스떼미오/아

오늘은 더 이상 못 마시겠습니다.

He llegado a mi límite y hoy no beberé más.
에 예가도 아 미 리미떼 이 오이 노 베베레 마쓰

오늘 차 가져와서 술을 못 마셔요.

No puedo beber porque me he traído el coche.
노 뿌에도 베베르 뽀르께 메 에 뜨라이도 엘 꼬체

저는 종교적인 이유로 술을 마시지 않습니다.

No bebo por motivos religiosos.
노 베보 뽀르 모띠보쓰 렐리히오소쓰

예전에는 술을 즐겨 마셨지만 요즘은 마시지 않아요.

Solía beber alcohol, pero hoy en día no bebo.
쏠리아 베베르 알꼬올, 뻬로 오이 엔 디아 노 베보

술 마시고 싶은 것을 참았어요.

Me contuve las ganas de beber alcohol.
메 꼰뚜베 라쓰 가나쓰 데 베베르 알꼬올

꼭! 짚고 가기

현재 시제의 불규칙 동사들

동사 변화는 불규칙적인 경우도 많습니다. 불규칙 변화도 유형을 크게 다섯 가지로 나누어 볼 수 있습니다.

① 1인칭만 변하는 경우
- **hacer** 하다 : hago, haces, hace, hacemos, hacéis, hacen
- **poner** 놓다 : pongo, pones, pone, ponemos, ponéis, ponen

② e가 ie로 변하는 경우
- **tener** 가지다 : tengo, tienes, tiene, tenemos, tenéis, tienen
- **empezar** 시작하다 : empiezo, empiezas, empieza, empezamos, empezáis, empiezan

③ e가 i로 변하는 경우
- **decir** 말하다 : digo, dices, dice, decimos, decís, dicen

④ o/u가 ue로 변하는 경우
- **dormir** 자다 : duermo, duermes, duerme, dormimos, dormís, duermen

* 모든 불규칙 동사들이 nosotros와 vosotros 시제인 경우 규칙 변화합니다.

⑤ 그 밖의 완전 불규칙 동사
- **ir** 가다 : voy, vas, va, vamos, vais, van
- **ser** ~이다 : soy, eres, es, somos, sois, son
- **haber** 가지다 : he, has, ha(hay), hemos, habéis, han

스페인어에서 가장 기본이 되며 중요한 것은 '동사 변화'로, 불규칙적인 경우 암기 외에 별다른 방법이 없습니다. 처음에는 개수도 많고 복잡해 보이지만, 자주 쓰이는 것을 중심으로 여러 번 반복하다 보면 정복할 수 있는 부분이니 포기하지 마세요!

술 기타

\# 매일 와인 한 잔씩 마시는 것은 건강에 좋습니다.

Una copa de vino al día es buena para la salud.
우나 꼬빠 데 비노 알 디아 에쓰 부에나 빠라 라 쌀룯

\# 지독한 숙취네요.

Tengo una resaca terrible.
뗑고 우나 레사까 떼리블레

\# 저는 와인 한 잔만 마셔도 얼굴이 벌개집니다.

Una sola copa de vino me hace enrojecer.
우나 쏠라 꼬빠 데 비노 메 아쎄 엔로헤쎄르

\# 왜 이렇게 술을 많이 마셔?

¿Por qué bebes tanto alcohol?
뽀르 께 베베쓰 딴또 알꼬올?

\# 빈속에 술을 마시지 마세요.

No beba con el estómago vacío.
노 베바 꼰 엘 에스또마고 바씨오

\# 더 이상은 못 마셔.

No puedo beber más.
노 뿌에도 베베르 마쓰

\# 자기 전에 한 잔 마시면 푹 잘 수 있을 거예요.

Una copa por la noche le ayudará a dormir mejor.
우나 꼬빠 뽀르 라 노체 레 아유다라 아 도르미르 메호르

\# 스페인에서는 18세 이상이 되어야 술을 구매할 수 있다.

En España, la gente puede comprar alcohol a partir de 18 años.
엔 에스빠냐, 라 헨떼 뿌에데 꼼쁘라르 알꼬올 아 빠르띠르 데 디에씨오초 아뇨쓰

Unidad 3 **흡연** MP3. C03_U03

흡연①

\# 여기에서 담배 피워도 될까요?

¿Está permitido fumar aquí?
에스따 뻬르미띠도 푸마르 아끼?

¿Aquí se puede fumar?
아끼 쎄 뿌에데 푸마르?

¿Te importa si fumo?
떼 임뽀르따 씨 푸모?

¿Puedo fumar aquí?
뿌에도 푸마르 아끼?

\# 그는 골초예요.

Es un gran fumador.
에쓰 운 그란 푸마도르

Es un fumador empedernido.
에쓰 운 푸마도르 엠뻬데르니도

Fuma como un carretero.
푸마 꼬모 운 까레떼로

\# 그는 습관적으로 담배를 피워요.

Fuma solo por costumbre.
푸마 쏠로 뽀르 꼬스뚬브레

\# 전 담배를 그다지 많이 피우지는 않아요.

Soy un/a fumador/a esporádico/a.
쏘이 운/우나 푸마도르/라 에스뽀라디꼬/까

\# 담배 피우러 나갈래?

¿Quieres salir a fumar?
끼에레쓰 쌀리르 아 푸마르?

\# 담배 생각이 간절한데요.

Me muero de ganas de fumar un cigarro.
메 무에로 데 가나쓰 데 푸마르 운 씨가로

\# 전자담배는 어디서 살 수 있어?

¿Dónde puedo comprar cigarrillos electrónicos?
돈데 뿌에도 꼼쁘라르 씨가리요쓰 엘렉뜨로니꼬쓰?

흡연 ②

\# 담배는 일종의 마약입니다.

El tabaco es un tipo de droga.
엘 따바꼬 에쓰 운 띠뽀 데 드로가

\# 담배는 건강에 해로워요.

Fumar es perjudicial para la salud.
푸마르 에쓰 뻬르후디씨알 빠라 라 쌀룯

\# 담배꽁초를 함부로 버리지 마세요.

No tire colillas (de cigarrillos) al suelo.
노 띠레 꼴리야쓰 (데 씨가리요쓰) 알 쑤엘로

\# 담배가 해롭다는 건 누구나 알고 있는 사실입니다.

Todo el mundo sabe el daño del tabaco.
또도 엘 문도 싸베 엘 다뇨 델 따바꼬

\# 저는 세상에서 담배 연기를 가장 싫어해요.

Lo que más odio de todo es el humo del tabaco.
로 께 마쓰 오디오 데 또도 에쓰 엘 우모 델 따바꼬

\# 나는 일반 담배에서 전자 담배로 바꿨어.

He cambiado los cigarrillos de tabaco por cigarrillos electrónicos.
에 깜비아도 로쓰 씨가리요쓰 데 따바꼬 뽀르 씨가리요쓰 엘렉뜨로니꼬쓰

\# 스페인은 여성 흡연자들 수와 남성 흡연자들 수가 비슷합니다.

Las mujeres españolas fuman tanto como los hombres.
라쓰 무헤레쓰 에스빠뇰라쓰 푸만 딴또 꼬모 로쓰 옴브레쓰

꼭! 짚고 가기

바르셀로나 가우디 투어

이베리아반도 오른쪽 끝, 지중해를 끼고 있는 작은 항구 도시 바르셀로나는 도시 자체가 안토니 가우디(Antoni Gaudí) 작품이라고 해도 과언이 아닙니다. 가우디는 빛, 물과 같은 자연을 사랑하고 선의 아름다움을 표현한 천재 건축가입니다. 그만의 독특한 양식은 그가 활동하던 시절 '기괴하다'는 혹평도 받았습니다. 하지만 지금은 도시 곳곳에서 주변 환경과 잘 녹아든 그의 건축물을 보기 위해 전 세계 관광객들이 바르셀로나로 향하고 있습니다.

가우디의 가장 유명한 작품은 '사그라다 파밀리아(La Sagrada Familia, 성가족 성당)'로 1882년부터 공사를 시작하여 가우디 사망한 이후 현재까지 진행 중입니다. 우뚝 솟은 첨탑 4개가 상징인 이 건축물은 사후 100주년이 되는 2026년 완성할 예정입니다.

그밖에 모자이크 양식의 화려함을 자랑하는 구엘 공원(Park Güell)과 벤치, 해골 뼈를 연상시키는 카사 바트요(Casa Batlló), 곡선이 아름답게 흐르는 카사 밀라(Casa Milà) 등이 유명합니다.

가우디의 다양한 건축물들을 둘러보는 '가우디 투어'가 있습니다. 건축에 관심이 없는 사람도 감탄하며 본다는 그의 건축물들을 설명과 함께 둘러볼 기회이자 바르셀로나에서 꼭 해야 할 여행상품입니다.

금연①

담배 좀 꺼 주시겠어요?

¿Le importaría apagar su cigarro?
레 임뽀르따리아 아빠가르 쑤 씨가로?

여기서 담배 피우지 마세요.

No fume aquí, por favor.
노 푸메 아끼, 뽀르 파보르

이 건물은 금연 빌딩이에요.

No está permitido fumar en este edificio.
노 에스따 뻬르미띠도 푸마르 엔 에스떼 에디피씨오

금연 구역!

¡No fumar!
노 푸마르!

¡Está prohibido fumar!
에스따 쁘로히비도 푸마르!

스페인에서는 실내 공공장소에서 담배를 피우는 것이 법으로 금지되어 있습니다.

En España no está permitido fumar en lugares públicos cerrados.
엔 에스빠냐 노 에스따 뻬르미띠도 푸마르 엔 루갈레쓰 뿌블리꼬쓰 쎄라도쓰

그는 담배를 피우지 않아요.

Él no fuma.
엘 노 푸마

나 금연을 시작했어.

He empezado a dejar de fumar.
에 엠뻬싸도 아 데하르 데 푸마르

이제 1년째 금연 중이야.

Llevo un año sin fumar.
예보 운 아뇨 씬 푸마르

금연②

담배를 끊기로 결심했어.

He decidido dejar de fumar.
에 데씨디도 데하르 데 푸마르

나는 담배를 끊을 거야. (나는 다시는 담배를 피우지 않을 거야.)

No voy a fumar nunca más.
노 보이 아 푸마르 눙까 마쓰

나는 담배를 완전히 끊었어.

Dejé de fumar por completo.
데헤 데 푸마르 뽀르 꼼쁠레또

He jurado dejar de fumar.
에 후라도 데하르 데 푸마르

전 하루 1개비로 줄였어요.

Recorté el tabaco para solo fumar uno al día.
레꼬르떼 엘 따바꼬 빠라 쏠로 푸마르 우노 알 디아

끊으려고 노력은 하는데, 잘 안되네요.

Estoy tratando de dejarlo, pero no puedo.
에스또이 뜨라딴도 데 데하를로, 뻬로 노 뿌에도

담배를 끊기는 어려워요.

Es difícil dejar de fumar.
에쓰 디피실 데하르 데 푸마르

나는 금연을 위한 도움이 필요해.

Necesito ayuda para dejar de fumar.
네쎄시또 아유다 빠라 데하르 데 푸마르

반려동물①

저는 동물 기르는 것을 좋아해요.

Soy aficionado/a a la cría de animales.
쏘이 아피씨오나도/다 아 라 끄리아 데 아니말레쓰

반려동물을 키우고 있습니까?

¿Tienes mascota?
띠에네쓰 마스꼬따?

어떤 반려동물을 기르고 있습니까?

¿Qué tipo de mascota tienes?
께 띠뽀 데 마스꼬따 띠에네쓰?

어떤 종류의 반려동물을 키우고 싶어요?

¿Qué tipo de mascota es la que quieres tener?
께 띠뽀 데 마스꼬따 에쓰 라 께 끼에레쓰 떼네르?

반려동물로 뭐가 좋을까, 강아지 아니면 고양이?

¿Qué prefieres como una mascota, un perrito o un gatito?
께 쁘레피에레쓰 꼬모 우나 마스꼬따, 운 뻬리또 오 운 가띠또?

동물 키우는 일은 여간 힘든 일이 아니에요.

Es bastante duro cuidar de los animales.
에쓰 바스딴떼 두로 꾸이다르 데 로쓰 아니말레쓰

반려동물②

오늘 공원에 버려진 고양이를 발견했어요.

Hoy he encontrado un gato callejero en el parque.
오이 에 엥꼰뜨라도 운 가또 까예헤로 엔 엘 빠르께

부모님은 개 키우는 것을 허락하지 않아요.

Mis padres no me dejan tener un perro en casa.
미쓰 빠드레쓰 노 메 데한 떼네르 운 뻬로 엔 까사

개를 키우고 싶지만, 아파트에 살고 있어서 키울 수가 없어요.

Quiero tener un perro, pero no puedo porque vivo en un piso.
끼에로 떼네르 운 뻬로, 뻬로 노 뿌에도 뽀르께 비보 엔 운 삐소

죄송해요, 반려동물은 출입금지입니다.

Lo siento, las mascotas no están permitidas.
로 씨엔또, 라쓰 마스꼬따쓰 노 에스딴 뻬르미띠다쓰

여기는 반려동물을 데려와도 되나요?

¿Se admiten mascotas en este sitio?
쎄 아드미뗀 마스꼬따쓰 엔 에스떼 씨띠오?

작은 동물을 키우는 것도 큰일이 돼요.

Incluso una pequeña mascota puede conllevar un montón de trabajo.
잉끌루소 우나 뻬께냐 마스꼬따 뿌에데 꼰예바르 운 몬똔 데 뜨라바호

반려동물 기르기는 아이들에게 책임감을 가르쳐 줍니다.

Tener una mascota enseña a los niños a tener responsabilidad.
떼네르 우나 마스꼬따 엔세냐 아 로쓰 니뇨쓰 아 떼네르 레스뽄사빌리닫

개①

\# 우리 개는 산책 가는 걸 너무 좋아해.

A mi perro le encanta salir a pasear.
아 미 뻬로 레 엥깐따 쌀리르 아 빠세아르

\# 매일 저녁 개를 데리고 산보를 나가요.

Paseo con mi perro todas las noches.
빠세오 꼰 미 뻬로 또다쓰 라쓰 노체쓰

\# 우리 강아지는 한 살이다.

Mi perrito tiene solo un año.
미 뻬리또 띠에네 쏠로 운 아뇨

\# 우리 강아지는 공놀이를 좋아한다.

A mi perrito le gusta mucho jugar con el balón.
아 미 뻬리또 레 구스따 무초 후가르 꼰 엘 발론

\# 그 강아지 제가 키워도 돼요?

¿Puedo quedarme con el cachorro?
뿌에도 께다르메 꼰 엘 까초로?

\# 강아지를 기르게 해 주세요.

Dejadme cuidar del perrito.
데핟메 꾸이다르 델 뻬리또
(상대가 복수일 경우, 이 문장에서는 부모를 가리킴)

\# 얼마 전 유기견을 입양했어.

Hace poco adopté un perro abandonado.
아쎄 뽀꼬 아돕떼 운 뻬로 아반도나도

여기서 잠깐!

'개'는 perro 뻬로라고 하며, 개보다 작은 '강아지'는 앞에서 설명한 것처럼 -ito 이또를 붙여 perrito 뻬리또라고 합니다. 재미있는 건 빵 사이에 소시지를 끼워 먹는 '핫도그' 또한 perrito 뻬리또라고 하는 겁니다.

개②

\# 나는 강아지에게 '밤비'라고 이름을 지어 주었다.

Llamé al cachorro "Bambi".
야메 알 까초로 '밤비'

\# '아우라'라고 하는 개를 키우고 있어요.

Tengo una perra llamada "Aura".
뗑고 우나 뻬라 야마다 '아우라'

\# 우리 개는 하얀 바탕에 검정 얼룩이 있다.

Mi perro es de color blanco con pequeños toques negros.
미 뻬로 에쓰 데 꼴로르 블랑꼬 꼰 뻬께뇨쓰 또께쓰 네그로쓰

\# 다섯 살 난 잡종 개를 키우고 있어요.

Mi mascota es un mestizo de cinco años de edad.
미 마스꼬따 에쓰 운 메스띠쏘 데 씽꼬 아뇨쓰 데 에닫

\# 우리 개는 온순해요.

Mi perro es tan manso como un cordero.
미 뻬로 에쓰 딴 만소 꼬모 운 꼬르데로

\# 우리 강아지는 낯선 사람에게 달려들어요.

Mi perro ladra a todos los extraños.
미 뻬로 라드라 아 또도쓰 로쓰 엑쓰뜨라뇨쓰

여기서 잠깐!

흔히 개와 고양이를 가리켜 서로 사이가 안 좋다고 하죠. 스페인에서도 이러한 생각은 동일한가 봅니다. 일상생활에서 많이 쓰이는 속담 중 'Llevarse como el perro y el gato. 예바르세 꼬모 엘 뻬로 이 엘 가또'라는 속담이 있습니다. '개와 고양이 사이 같다'라는 뜻으로 만나기만 하면 싸우고 의견 일치를 보지 못하는 사이에 비유할 수 있는 말입니다.

개 ③

\# 휴가 동안 제 강아지를 돌봐 줄 사람이 필요한데요.

Necesito a alguien para cuidar de mis cachorros mientras estoy de vacaciones.
네세씨또 아 알기엔 빠라 꾸이다르 데 미쓰 까초로쓰 미엔뜨라쓰 에스또이 데 바까씨오네쓰

\# 그의 개는 아무 데서나 대소변을 본다.

Su perro hace pis y caca por todas partes.
쑤 뻬로 아쎄 삐쓰 이 까까 뽀르 또다쓰 빠르떼쓰

\# 이 강아지는 잘 길들여져 있어요.

Este perro es muy cariñoso conmigo.
에스떼 뻬로 에쓰 무이 까리뇨소 꼰미고

\# 개는 낯선 사람을 잘 따르지 않는다.

Los perros no son siempre amables con los extraños.
로쓰 뻬로쓰 노 쏜 씨엠쁘레 아마블레쓰 꼰 로쓰 엑쓰뜨라뇨쓰

\# 개들은 주인에게 충실하다.

Los perros son fieles a sus amos.
로쓰 뻬로쓰 쏜 피엘레쓰 아 쑤쓰 아모쓰

고양이

\# 우리 집 고양이는 굉장히 도도하다.

Mi gato es muy arrogante.
미 가또 에쓰 무이 아로간떼

\# 고양이가 발톱으로 날 할퀴었다.

Mi gato me arañó en la mano.
미 가또 메 아라뇨 엔 라 마노

\# 고양이 꼬리를 갖고 장난치지 마세요.

No juegues con la cola del gato.
노 후에게쓰 꼰 라 꼴라 델 가또

\# 새끼 고양이가 슬리퍼를 물어뜯었다.

El gatito arañaba las zapatillas.
엘 가띠또 아라냐바 라쓰 싸빠띠야쓰

\# 우리 집 고양이가 새끼 세 마리를 낳았다.

Mi gata ha tenido tres gatitos.
미 가따 아 떼니도 뜨레쓰 가띠또쓰

\# 고양이들에게 밥 줄 시간이야.

Es hora de dar de comer a los gatos.
에쓰 오라 데 다르 데 꼬메르 아 로쓰 가또쓰

\# 고양이가 목을 그르렁거린다.

El gato está ronroneando.
엘 가또 에스따 론로네안도

반려동물 기타

\# 내 햄스터는 양배추를 즐겨 먹는다.

A mi hámster le gusta comer repollo.
아 미 함스떼르 레 구스따 꼬메르 레뽀요

\# 햄스터를 항상 우리에 넣어 길러야 합니다.

Deben tener siempre a los hámsteres en jaulas para mascotas.
데벤 떼네르 씨엠쁘레 아 로쓰 함스떼레쓰 엔 하울라쓰 빠라 마스꼬따쓰

\# 그는 애완용 뱀을 키워요.

Él tiene de mascota una serpiente.
엘 띠에네 데 마스꼬따 우나 쎄르삐엔떼

\# 반려동물로 장수풍뎅이를 키우는 사람도 있어.

Hay algunas personas que tienen escarabajos como mascotas.
아이 알구나쓰 뻬르쏘나쓰 께 띠에넨 에스까라바호쓰 꼬모 마스꼬따쓰

\# 나는 특이한 종류의 앵무새를 키워.

Tengo un tipo de loro bastante peculiar.
뗑고 운 띠뽀 데 로로 바스딴떼 뻬꿀리아르

el repollo 엘 레뽀요 양배추
el hámster 엘 함스떼르 햄스터
la serpiente 라 쎄르삐엔떼 뱀
el escarabajo 엘 에스까라바호 장수풍뎅이, 딱정벌레류
el/la loro/a 엘/라 로로/라 앵무새

식물 가꾸기 ①

\# 아나는 그녀의 화분에 물을 주고 있다.

Ana está regando sus plantas.
아나 에스따 레간도 쑤쓰 쁠란따쓰

\# 깻잎 키우기에 도전해 봤는데, 모두 실패했어.

He intentado cultivar hojas de perilla, pero todos han fallado.
에 인뗀따도 꿀띠바르 오하쓰 데 뻬리야, 뻬로 또도쓰 안 파야도

\# 저 식물은 일주일에 한 번 이상 물을 주면 안 돼요.

No debe regar la planta más de una vez a la semana.
노 데베 레가르 라 쁠란따 마쓰 데 우나 베쓰 아 라 쎄마나

\# 네 식물은 잘 자라는데, 왜 내 것은 시드는 거지?

¿Por qué tu planta sigue creciendo y la mía se está muriendo?
뽀르 께 뚜 쁠란따 씨게 끄레씨엔도 이 라 미아 쎄 에스따 무리엔도?

\# 장미는 특별히 보살핌을 필요로 해요.

Las rosas requieren cuidados especiales.
라쓰 로사쓰 레끼에렌 꾸이다도쓰 에스뻬씨알레쓰

regar 레가르 물을 주다
la planta 라 쁠란따 식물
la rosa 라 로사 장미

식물 가꾸기 ②

\# 우리 집 테라스에는 미니 정원이 있어.

Tenemos un pequeño jardín en la terraza de mi casa.

떼네모쓰 운 뻬께뇨 하르딘 엔 라 떼라싸 데 미 까사

\# 정원 가꾸기에 많은 시간을 할애하고 있어요.

He estado pasando mucho tiempo con la jardinería.

에 에스따도 빠산도 무초 띠엠뽀 꼰 라 하르디네리아

\# 가족을 위해 마당에서 채소를 기르고 있어요.

Estoy cultivando verduras en mi patio para mi familia.

에스또이 꿀띠반도 베르두라쓰 엔 미 빠띠오 빠라 미 파밀리아

\# 꽃 중에서 난을 가장 좋아합니다.

Me gustan las orquídeas más que el resto de las flores.

메 구스딴 라쓰 오르끼데아쓰 마쓰 께 엘 레스또 데 라쓰 플로레쓰

\# 잡초들은 빨리 자라요.

La mala hierba del jardín crece a menudo.

라 말라 이에르바 델 하르딘 끄레쎄 아 메누도

\# 내 책상엔 미니 선인장이 있어. 전자파 차단에 효과가 있다고 해서 말이야.

En mi escritorio tengo un mini cactus. Dicen que es efectivo para bloquear las ondas electromagnéticas.

엔 미 에스끄리또리오 뗑고 운 미니 깍뚜쓰. 디쎈 께 에쓰 에펙띠보 빠라 블로께아르 라쓰 온다쓰 엘렉뜨로마그네띠까쓰

꼭! 짚고 가기

구청 소속의 공식 정원사!

스페인에는 구청 소속의 공식 '정원사 jardinero 하르디네로'가 있습니다. 길가의 가로수부터 동네 곳곳의 정원, 꽃이 자라는 장소는 모두 이 정원사에 의해 관리됩니다. 특히 스페인은 사거리에 신호등이 아닌 원형의 로터리(rotonda 로똔다)를 만들어 자율적으로 차들이 지나갈 수 있도록 하는데, 이 원형 로터리에는 나무와 꽃들, 혹은 그 마을의 이름 등으로 장식이 되어 있으며, 이 공간은 모두 정원사들이 관리합니다. 이들은 모두 해당 자치주 구청(ayuntamiento 아윤따미엔또) 소속 공무원입니다. 아기자기하게 길가를 꾸미고 있는 나무와 꽃들에 전문가의 손길이 닿아 있음을 기억하세요!

Capítulo 04

학교와 직장
Escuela y trabajo

Capítulo 04

En clase 교실에서
엔 끌라세

MP3. Word_C04

la clase 라 끌라세 교실, 수업	el curso 엘 꾸르소 강좌	la asignatura 라 아시그나뚜라 과목	el programa 엘 쁘로그라마 교과 과정, 수업 계획
el uniforme escolar 엘 우니포르메 에스꼴라르 교복	el examen 엘 엑싸멘 시험	el resultado 엘 레술따도 결과, 성적	la nota media 라 노따 메디아 평균 점수
hacer el examen 아쎄르 엘 엑싸멘 시험을 치르다	tomar apuntes 또마르 아뿐떼쓰 필기하다	los deberes 로쓰 데베레쓰 숙제(항상 복수형)	evaluar 에발루아르 평가하다
enseñar 엔세냐르 가르치다	aprender 아쁘렌데르 배우다	estudiar 에스뚜디아르 공부하다	repasar 레빠사르 복습하다
el libro escolar, 엘 리브로 에스꼴라르 libro de texto 리브로 데 떽스또 교과서	el cuaderno 엘 꾸아데르노 공책, 노트	la beca 라 베까 장학금	el título 엘 띠뚤로 학위

el/la profesor/a 엘/라 쁘로페소르/라 선생님 	el/la estudiante, 엘/라 에스뚜디안떼 el/la alumno/a 엘/라 알룸노/나 학생 	el compañero de clase 엘 꼼빠녜로 데 끌라세 반 친구	los padres de los estudiantes 로쓰 빠드레쓰 데 로쓰 에스뚜디안떼쓰 학부형들

Después de clase 수업 후

데스뿌에쓰 데 끌라세

jugar 후가르 놀다 	juguetear 후게떼아르 놀다, 장난하다 	hacer los deberes 아쎄르 로쓰 데베레쓰 숙제하다 	descansar 데스깐사르 쉬다 
el juego 엘 후에고 게임 	la broma 라 브로마 농담, 장난	el descanso 엘 데스깐소 쉬는 시간	el reposo 엘 레뽀소 휴식
divertido/a 디베르띠도/다 즐거운 	aburrido/a 아부리도/다 지루한 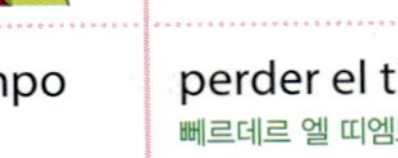	difícil 디피씰 어려운	fácil 파씰 쉬운
pasar el tiempo 빠사르 엘 띠엠뽀 시간을 보내다	perder el tiempo 뻬르데르 엘 띠엠또 시간을 낭비하다	faltar tiempo 팔따르 띠엠뽀 시간이 모자라다	no tener tiempo 노 떼네르 띠엠뽀 시간이 없다

En el trabajo 회사에서

엔 엘 뜨라바호

ir a la oficina 이르 아 라 오피씨나, ir a trabajar 이르 아 뜨라바하르 출근하다	el trabajo 엘 뜨라바호 일 la oficina 라 오피씨나 사무실	en metro 엔 메뜨로 전철로 en autobús 엔 아우또부쓰 버스로
llegar tarde 예가르 따르데 지각하다	el retraso 엘 레뜨라소 지각 la huelga 라 우엘가 파업	Había un gran atasco. 아비아 운 그란 아따스꼬 교통 체증이 심했다. ¡Mi alarma no sonó! 미 알라르마 노 쏘노! 제 알람이 울리지 않았어요!
salir temprano de la oficina 쌀리르 뗌쁘라노 데 라 오피씨나 (회사) 조퇴하다	¡Rápido! 라삐도! 빨리! temprano/a 뗌쁘라노/나 이른	Hay que ir. 아이 께 이르 가야 한다. una hora antes 우나 오라 안떼쓰 한 시간 빨리
salir de la oficina 쌀리르 데 라 오피씨나 퇴근하다	la hora extra 라 오라 엑쓰뜨라 초과 근무 apagar el ordenador 아빠가르 엘 오르데나도르 컴퓨터 전원을 끄다	después del trabajo 데스뿌에쓰 델 뜨라바호 일 끝나고 a tiempo 아 띠엠뽀 정시에

El salario 월급
엘 쌀라리오

el salario 엘 쌀라리오 월급	el salario bruto 엘 쌀라리오 브루또 총급여	el salario neto 엘 쌀라리오 네또 실수령 급여
	el salario mínimo interprofesional 엘 쌀라리오 미니모 인떼르쁘로페시오날 최저 임금	salario medio 쌀라리오 메디오 평균 임금
	el bonus 엘 보누쓰 보너스	la pensión 라 뻰시온 연금

Buscar un trabajo 일자리를 구하다
부스까르 운 뜨라바호

buscar empleo 부스까르 엠쁠레오 구직하다	el trabajo 엘 뜨라바호 일 el curro 엘 꾸로 일(속어)	la oferta de trabajo 라 오페르따 데 뜨라바호 구인광고
	la carta de presentación 라 까르따 데 쁘레센따씨온 자기소개서	el currículum 엘 꾸리꿀룸 이력서
la entrevista 라 엔뜨라비스따 면접	la experiencia 라 엑쓰뻬리엔씨아 경험	la educación 라 에두까씨온 교육
	la posición 라 뽀시씨온 직위	evaluar 에발루아르 평가하다

등교①

학교까지 걸어서 얼마나 걸려?

¿Cuánto tiempo se tarda en llegar al colegio a pie?
꾸안또 띠엠뽀 쎄 따르다 엔 예가르 알 꼴레히오 아 삐에?

보통 걸어서 등교한다.

Suelo ir al colegio andando.
쑤엘로 이르 알 꼴레히오 안단도

학교까지 걸어가기에는 너무 멀어요.

Está demasiado lejos para ir al colegio a pie.
에스따 데마시아도 레호쓰 빠라 이르 알 꼴레히오 아 삐에

학교에 자전거 타고 가니?

¿Vas en bicicleta al colegio?
바쓰 엔 비씨끌레따 알 꼴레히오?

매일 버스 타고 등교해요.

Cojo el autobús todos los días para ir al colegio.
꼬호 엘 아우또부쓰 또도쓰 로쓰 디아쓰 빠라 이르 알 꼴레히오

학생들은 교복을 입고 학교에 간다.

Los estudiantes van uniformados al colegio.
로쓰 에스뚜디안떼쓰 반 우니포르마도쓰 알 꼴레히오

학교는 집에서 걸어서 10분 거리에 있습니다.

El colegio está a 10 minutos andando desde mi casa.
엘 꼴레히오 에스따 아 디에쓰 미누또쓰 안단도 데스데 미 까사

등교②

학생들은 오전 9시까지 학교에 도착해야 한다.

Los estudiantes deben llegar al colegio antes de las 9 de la mañana.
로쓰 에스뚜디안떼쓰 데벤 예가르 알 꼴레히오 안떼쓰 데 라쓰 누에베 데 라 마냐나

나는 매일 친구랑 같이 등교해.

Voy al colegio con mi amigo/a todos los días.
보이 알 꼴레히오 꼰 미 아미고/가 또도쓰 로쓰 디아쓰

저는 매일 아이들을 차로 등교시켜요.

Todos los días llevo a mis hijos al colegio en coche.
또도쓰 로쓰 디아쓰 예보 아 미쓰 이호쓰 알 꼴레히오 엔 꼬체

이 학교에 통학버스 서비스가 있나요?

¿Este colegio tiene servicio de ruta escolar?
에스떼 꼴레히오 띠에네 쎄르비씨오 데 루따 에스꼴라르?

여기서 잠깐!

스페인의 학교들은 크게 사립(privado 쁘리바도), 반사립(concertado 꼰쎄르따도), 국립(público 뿌블리꼬)으로 나뉩니다. 사립은 학비가 매우 비싼 편이며 국립은 무료입니다. 반사립은 사립보다 저렴하지만 수업료를 냅니다. 세 학교 모두 급식비는 별도이며 교재는 학교를 통해 구입하거나, 학교에서 목록을 알려 주면 부모들이 직접 서점, 백화점 등에 예약하여 구매합니다. 신학기가 시작될 무렵에 서점과 백화점, 대형 마트 등에서 ¡Reserva tus libros de texto! 레세르바 뚜쓰 리브로쓰 데 떽스또! 등의 문구를 쉽게 볼 수 있는데 이곳에서 아이들의 '교과서를 예약하라'는 뜻입니다.
교복은 사립과 반사립 학교에서만 입으며 국립 학교는 교복을 착용하지 않습니다.

하교

\# 엄마가 학교로 나를 데리러 왔어요.

Mi madre ha venido al colegio a recogerme.

미 마드레 아 베니도 알 꼴레히오 아 레꼬헤르메

\# 수업 끝나고 뭐 해?

¿Tienes algún plan después de clase?

띠에네쓰 알군 쁠란 데스뿌에쓰 데 끌라세?

\# 남자 친구가 학교 앞에서 기다리고 있어.

Mi novio está esperando en frente del colegio.

미 노비오 에스따 에스뻬란도 엔 프렌떼 델 꼴레히오

\# 수업 끝나고 집에 같이 갈래?

¿Por qué no vamos juntos a casa después de clase?

뽀르 께 노 바모쓰 훈또쓰 아 까사 데스뿌에쓰 데 끌라세?

\# 수업 끝나고 좀 놀다 가자.

Juguemos un poco después de clase.

후게모쓰 운 뽀꼬 데스뿌에쓰 데 끌라세

\# 평소보다 집에 좀 늦게 갈 거야.

Voy a ir a casa un poco más tarde de lo habitual.

보이 아 이르 아 까사 운 뽀꼬 마쓰 따르데 데 로 아비뚜알

después de 데스뿌에쓰 데 ~후에
jugar 후가르 놀다
habitual 아비뚜알 습관적인

꼭! 짚고 가기

스페인의 학교 시스템①

스페인에서는 어떤 과정으로 정규 교육이 이루어지는지 알아봅시다.

유아 교육(Educación infantil 에두까씨온 인판띨)은 크게 두 개로 나누어집니다.

① **Primer ciclo** 쁘리메르 씨끌로
(0-3 años 쎄로-뜨레쓰 아뇨쓰)

스페인은 맞벌이 부부가 많기 때문에 대부분의 아이는 guardería 구알데리아라는 어린이집에 갑니다. 맞벌이가 아니더라도 대부분의 부모는 아이가 어린이집에 가야 규칙을 배우고 사회성을 기를 수 있다고 생각하여 아주 어린 나이부터 어린이집을 보내는 게 자연스럽습니다. guardería는 국립과 사립으로 나뉘며 국립은 부모의 소득(낮은 순으로 높은 점수), 통학 거리, 형제 유무, 맞벌이 여부 등에 따라 점수가 매겨지며 높은 점수순으로 들어갈 수 있습니다. 교육비가 사립보다 2~3배 정도 저렴한 편이지만 맞벌이 부부가 아니라면 보통 입학 점수가 낮아 입학이 어려운 편입니다.
국립 어린이집은 주마다 보통 한 곳씩 있으며 사립은 비교적 찾기 쉽습니다. 사립은 별다른 조건 없이 등록순으로 입학하기 때문에 괜찮은 곳은 9월 학기가 4, 5월에 미리 마감됩니다. 0-3세 반은 한 반당 20명을 넘을 수 없으며 인원에 따라 선생님의 수도 의무적으로 조정됩니다.

② **Segundo ciclo** 쎄군도 씨끌로
(3-6 años 뜨레쓰-쎄이쓰 아뇨스)

의무 교육은 아니지만 거의 대부분의 아이가 3세부터 학교에 들어갑니다. 학교는 보통 사립, 반사립, 국립으로 나뉩니다. 특히 국립을 제외한 사립과 반사립은 보통 어린이집부터 고등 교육까지 학교가 이어지는 경우가 많아서 부모들의 신중한 선택이 필요합니다. 한 반에 25명을 넘어서는 안 됩니다.

입학 ①

\# 한국은 아이들이 6살에 학교에 간다.

En Corea, los niños empiezan el colegio a los 6 años.

엔 꼬레아, 로쓰 니뇨쓰 엠삐에싼 엘 꼴레히오 아 로쓰 쎄이쓰 아뇨쓰

\# 우리 아이는 올 9월에 초등학교에 입학을 한다.

Mi hijo/a entrará en el colegio en septiembre.

미 이호/하 엔뜨라라 엔 엘 꼴레히오 엔 쎕띠엠브레

\# 입학에 필요한 서류는 무엇인가요?

¿Qué tipo de documento se requiere para la admisión?

께 띠뽀 데 도꾸멘또 쎄 레끼에레 빠라 라 아드미시온?

\# 스페인에서는 사립 학교와 반사립 학교만 교복을 착용합니다.

En España se llevan uniformes solo en colegios privados y concertados.

엔 에스빠냐 쎄 예반 우니포르메쓰 쏠로 엔 꼴레히오쓰 쁘리바도쓰 이 꼰쎄르따도쓰

\# 초등 교육은 의무 교육이다.

La educación primaria es obligatoria.

라 에두까씨온 쁘리마리아 에쓰 오블리가또리아

여기서 잠깐!

방과 후 활동을 뭐라고 할까요? extraescolar 엑스뜨라에스꼴라르입니다. 영어나 제2외국어 등 공부 관련 수업을 듣기도 하지만 많은 어린이들이 축구나 체조, 댄스 같은 스포츠 활동을 하며 미술, 음악, 체스 등의 예술 활동도 인기 있습니다.

입학 ②

\# 스페인 대학의 평균 학비는 어느 정도입니까?

¿Cuánto son las tasas de matrícula promedio en las universidades de España?

꾸안또 쏜 라쓰 따사쓰 데 마뜨리꿀라 쁘로메디오 엔 라쓰 우니베르시다데쓰 데 에스빠냐?

\# 대학 입학을 위한 경쟁은 치열하다.

La competencia para acceder a la universidad es alta.

라 꼼뻬뗀씨아 빠라 악쎄데르 아 라 우니베르시닫 에쓰 알따

\# 나는 입학 시험을 통과하였다.

Pasé el examen de acceso.

빠세 엘 엑싸멘 데 악쎄소

\# 한국에선 원하는 대학에 입학하기 위해 재수를 하는 것이 아주 흔하다.

En Corea, es muy común hacer dos veces la selectividad para acceder a la carrera deseada.

엔 꼬레아, 에쓰 무이 꼬문 아쎄르 도쓰 베쎄쓰 라 쎌렉띠비닫 빠라 악쎄데르 아 라 까레라 데세아다

\# 나는 지난 학기에 성적 우수 장학금을 받았어.

Recibí una beca de excelencia académica el pasado trimestre.

레씨비 우나 베까 데 엑쎌렌씨아 아까데미까 엘 빠사도 뜨리메스뜨레

la beca 라 베까 장학금

신입생

\# 대학 입학을 축하해!

¡Felicitaciones por ingresar a la universidad!
펠리씨따씨오네쓰 뽀르 잉그레사르 아 라 우니베르시닫!

\# 어떤 걸 공부할 예정이야?

¿Qué vas a estudiar?
께 바쓰 아 에스뚜디아르?

\# 대학 생활이 너무 기대돼.

Tengo muchas ganas de empezar la vida universitaria.
뗑고 무차쓰 가나쓰 데 엠뻬싸르 라 비다 우니베르시따리아

\# 꼭 들어야 하는 수업이 있나요?

¿Hay alguna asignatura obligatoria que deba tomar?
아이 알구나 아시그나뚜라 오블리가또리아 께 데바 또마르?

여기서 잠깐!

스페인 가정에서 1년 중 지출이 가장 많은 달은 언제일까요? 바로 새학기가 시작되는 9월입니다. 이렇게 새 학기가 시작되는 것을 la vuelta al cole 라 부엘따 알 꼴레 라고 부릅니다. 많은 상점들이 la vuelta al cole 맞이 반짝 세일을 하기도 합니다.

꼭! 짚고 가기

스페인의 학교 시스템②

초등 교육

Educación primaria 에두까씨온 쁘리마리아

(6–12 años 쎄이쓰–도쎄 아뇨쓰)

총 6년간의 의무 교육입니다. 국립, 반사립, 사립으로 나뉘며 국립은 수업료가 무료입니다. 사립은 보통 영국 혹은 미국식 학제를 따온 국제 학교들이 많으며 반사립은 이 두 학교의 중간 형태로 수업료를 내는 국립 학교라고 생각하면 됩니다. 반사립은 국립과 마찬가지로 정부의 보조를 받습니다. 국립은 보통 지원자가 많을 경우 거주지를 우선으로 선발하기에 스페인도 좋은 학교들이 있는 동네는 집값이 비싼 편입니다. 부모에 따라 국립보다는 반사립 혹은 사립을 선호하는 경우도 있습니다. 세 종류 학교의 교육의 질이 학비와 비례하는 것은 아니랍니다.

진학

\# 나는 대학 진학보다 빨리 취직하고 싶어.

Quiero conseguir un trabajo en lugar de ir a la universidad.
끼에로 꼰세기르 운 뜨라바호 엔 루가르 데 이르 아 라 우니베르시닫

\# 내 꿈의 대학은 하버드야.

La universidad de mis sueños es Harvard.
라 우니베르시닫 데 미쓰 쑤에뇨쓰 에쓰 하버드

\# 대학을 졸업하면 대학원에 갈 생각이야.

Cuando me gradúe en la universidad, estoy pensando en hacer un posgrado.
꾸안도 메 그라두에 엔 라 우니베르시닫, 에스또이 뻰산도 엔 아쎄르 운 뽀스그라도

\# 저는 경영학과 경제학을 복수 전공했어요.

Tengo una doble especialización en Administración y Dirección de Empresas y en Economía.
뗑고 우나 도블레 에스뻬씨알리싸씨온 엔 아드미니스뜨라씨온 이 디렉씨온 데 엠쁘레사쓰 이 엔 에꼬노미아

\# 군대에 가기 위해 휴학 중이야.

Estoy en período de excedencia para ingresar al servicio militar.
에스또이 엔 뻬리오도 데 엑쎄덴씨아 빠라 잉그레사르 알 쎄르비씨오 밀리따르

\# 전공이 맞지 않은 것 같아 휴학하고 생각 좀 해보려고.

Creo que mi carrera no es adecuada para mí, así que me tomaré un período de excedencia para pensar.
끄레오 께 미 까레라 노 에쓰 아데꾸아다 빠라 미, 이씨 께 메 또마레 운 뻬리오도 데 엑쎄덴씨아 빠라 뻰사르

졸업

\# 졸업이 한 학기밖에 남지 않았다.

Ya solamente queda un trimestre antes de acabar la carrera.
야 쏠라멘떼 께다 운 뜨리메스뜨레 안떼쓰 데 아까바르 라 까레라

\# 그는 대학을 갓 졸업한 것 같은데.

Parece que acaba de terminar la carrera.
빠레쎄 께 아까바 데 떼르미나르 라 까레라

\# 졸업 후에 뭐 할 거니?

¿Qué vas a hacer después de acabar la carrera?
께 바쓰 아 아쎄르 데스뿌에쓰 데 아까바르 라 까레라?

\# 졸업 후에 무엇을 해야 할지 모르겠어.

No estoy seguro/a de qué hacer después de acabar mis estudios.
노 에스또이 쎄구로/라 데 께 아쎄르 데스뿌에쓰 데 아까바르 미쓰 에스뚜디오쓰

\# 언제 대학을 졸업했어?

¿Cuándo acabaste la carrera?
꾸안도 아까바스떼 라 까레라?

\# 내년에 졸업하니?

¿Esperas graduarte el próximo año?
에스뻬라쓰 그라두아르떼 엘 쁘록씨모 아뇨?

\# 저는 아직 대학 졸업 전이에요.

Todavía no he terminado la universidad.
또다비아 노 에 떼르미나도 라 우니베르시닫

\# 한국에서는 대체로 18세에 고등학교를 졸업한다.

Los coreanos generalmente acaban la escuela secundaria a los 18 años.
로쓰 꼬레아노쓰 헤네랄멘떼 아까반 라 에스꾸엘라 쎄꾼다리아 아 로쓰 디에씨오초 아뇨쓰

졸업 성적

졸업하려면 2학점이 더 필요해.

Necesito dos créditos más para graduarme.
네쎄시또 도쓰 끄레디또쓰 마쓰 빠라 그라두아르메

한국의 많은 대학들은 졸업을 위해 일정 점수 이상의 영어 실력을 요구합니다.

Muchas universidades en Corea piden un nivel mínimo de inglés para graduarse.
무차쓰 우니베르시다데쓰 엔 꼬레아 삐덴 운 니벨 미니모 데 잉글레쓰 빠라 그라두아르세

누리아는 우수한 성적으로 대학을 졸업했다.

Nuria se graduó en la universidad con excelentes notas.
누리아 쎄 그라두오 엔 라 우니베르시닫 꼰 엑쎌렌떼쓰 노따쓰

그는 나보다 1년 빠르게 졸업했다.

Acabó sus estudios un año antes que yo.
아까보 쑤쓰 에스뚜디오쓰 운 아뇨 안떼쓰 께 요

저는 2023년에 대학을 졸업했습니다.

Acabé mi carrera en 2023.
아까베 미 까레라 엔 도쓰 밀 베인띠뜨레쓰

el crédito 엘 끄레디또 학점
graduarse en [de] la universidad
그라두아르세 엔 (데) 라 우니베르시닫 대학을 졸업하다
la carrera 라 까레라 학위

꼭! 짚고 가기

스페인의 학교 시스템③

중등 교육

Educación secundaria 에두까씨온 쎄꾼 다리아 (12–16 años 도쎄–디에씨쎄이쓰 아뇨쓰)

4년간의 의무 교육으로 2년씩 두 단계로 나뉘며 각각은 유급도 가능합니다. 보통 이 4년을 마치면 진학과 취업의 길을 선택할 수 있습니다. 스페인에서 법으로 지정된 정식 취업 가능한 나이는 최소 16세입니다. 따라서 이 과정을 끝냈다면 취업하는 데 법적으로 문제가 없습니다.

진학을 선택하면 역시 크게 두 가지로 나뉩니다. 상급 학교 진학을 위한 Bachillerato 바치예라또와 직업 전문 학교 과정인 Ciclos Formativos de Grado Medio 씨끌로쓰 포르마띠보쓰 데 그라도 메디오입니다.

후자는 정부에서 운영하는 공식 직업 학교로 보통 디자인 관련, 체육 관련, 기술 관련, 관광 관련 등 여러 분야가 있으며 쉽게 말해 실질적인 기술을 가르치는 실업계 고등학교 정도로 생각하면 됩니다.

Bachillerato는 16~18세의 고등학교 과정으로 보통 대학 진학을 준비하거나 실업계 과정인 Ciclos Formativos de Grado Medio 씨끌로쓰 포르마띠보쓰 데 그라도 메디오보다 한 단계 높은 Ciclos Formativos de Grado Superior 씨끌로쓰 포르마띠보쓰 데 그라도 쑤뻬리오르 과정에 진학할 수 있습니다.

대학 진학을 위해서는 흔히 selectividad 셀렉띠비닫으로 알려진 'EBAU 혹은 EvAU (Evaluación del Bachillerato para el Acceso a la Universidad, 수학능력시험)'를 쳐야 합니다. 스페인은 교육제도가 자주 개편되어, 공식 입학시험 명칭도 빈번히 변경되는데 보통 selectividad으로 부릅니다.

졸업 기타

졸업식이 언제야?

¿Cuándo es la ceremonia de graduación?
꾸안도 에쓰 라 쎄레모니아 데 그라두아씨온?

졸업 후 포부에 대해 말해 봐라.

Dime lo que piensas hacer después de terminar tus estudios.
디메 로 께 삐엔사쓰 아쎄르 데스뿌에쓰 데 떼르미나르 뚜쓰 에스뚜디오쓰

졸업 선물로 뭐 받았어?

¿Qué has recibido como regalo de graduación?
께 아쓰 레씨비도 꼬모 레갈로 데 그라두아씨온?

어느 대학교에서 공부했어요?

¿En qué universidad estudiaste?
엔 께 우니베르시닫 에스뚜디아스떼?

졸업한 이상, 스스로 자립해야 한다.

Ahora que he terminado mis estudios, tengo que ser independiente.
아오라 께 에 떼르미나도 미쓰 에스뚜디오쓰, 뗑고 께 쎄르 인데뻰디엔떼

졸업 후에는 네 길을 스스로 결정해야 한다.

Cuando acabes tu carrera debes decidir tu propio camino.
꾸안도 아까베쓰 뚜 까레라 데베쓰 데씨디르 뚜 쁘로삐오 까미노

la graduación 라 그라두아씨온 졸업
el regalo 엘 레갈로 선물
independiente 인데뻰디엔떼 독립적인
el camino 엘 까미노 길

학교생활

수업은 5시에 끝나요.

Las clases terminan a las 5 de la tarde.
라쓰 끌라세쓰 떼르미난 아 라쓰 씽꼬 데 라 따르데

네 전공은 잘 맞는 거 같아?

¿Crees que tu carrera es adecuada para ti?
끄레에쓰 께 뚜 까레라 에쓰 아데꾸아다 빠라 띠?

대학생활은 내 인생의 황금기였어.

La vida universitaria fue la época dorada de mi vida.
라 비다 우니베르시따리아 푸에 라 에뽀까 도라다 데 미 비다

너 학과 사무실이 어딘지 아니?

¿Sabes dónde está la secretaria de la facultad?
싸베쓰 돈데 에스따 라 쎄끄레따리아 데 라 파꿀딷?

다음 학기 수강 신청은 했어?

¿Ya te has inscrito en las clases para el próximo trimestre?
야 떼 아쓰 인스끄리또 엔 라쓰 끌라세쓰 빠라 엘 쁘록씨모 뜨리메스뜨레?

수업은 9시에 시작해요.

Las clases comienzan a las 9 en punto.
라쓰 끌라세쓰 꼬미엔싼 아 라쓰 누에베 엔 뿐또

점심시간은 1시부터 3시까지입니다.

La hora de la comida es de una a tres.
라 오라 데 라 꼬미다 에쓰 데 우나 아 뜨레쓰

수업 전후

지난 시간에 어디까지 수업했지?

¿Hasta dónde nos quedamos en la última clase?
아스따 돈데 노쓰 께다모쓰 엔 라 울띠마 끌라세?

수업에 늦어서 죄송합니다.

Lo siento, llego tarde a clase.
로 씨엔또, 예고 따르데 아 끌라세

이 수업에서는 모두 영어로 말해야 합니다.

Todo el mundo debería hablar en inglés en esta clase.
또도 엘 문도 데베리아 아블라르 엔 잉글레쓰 엔 에스따 끌라세

수업 중에 떠들지 마라.

No hablé durante la clase.
노 아블레 두란떼 라 끌라세

그들은 지금 수업 중인데요.

Ahora están en clase.
아오라 에스딴 엔 끌라세

여기서 잠깐!
'학교'를 말하는 단어로 la escuela 라 에스꾸엘라와 el colegio 엘 꼴레히오가 있습니다. 일반적으로 스페인에서 학교를 말할 때 escuela보다 colegio를 월등히 많이 씁니다. colegio는 보통 초등학교(3~12세)를 말하며, 중학교 이상(12~18세) 학교는 instituto 인스띠뚜또라고 합니다.

수업 시간표

다음 수업은 무슨 과목이지?

¿Qué asignatura tenemos en la siguiente clase?
께 에시그나뚜라 떼네모쓰 엔 라 씨기엔떼 끌라세?

나는 오늘 공강 시간이 하나도 없어.

Hoy no tengo ni un solo hueco en mi agenda.
오이 노 뗑고 니 운 쏠로 우에꼬 엔 미 아헨다

이번 학기에 몇 과목 들어?

¿Cuántas horas de clase tienes este trimestre?
꾸안따쓰 오라쓰 데 끌라세 띠에네쓰 에스떼 뜨리메스뜨레?

좋아하는 과목이 뭐야?

¿Cuál es tu asignatura favorita?
꾸알 에쓰 뚜 아시그나뚜라 파보리따?

영어 수업은 주 6시간이다.

Tenemos 6 horas de clases de inglés a la semana.
떼네모쓰 쎄이쓰 오라쓰 데 끌라세쓰 데 잉글레쓰 아 라 쎄마나

야간 수업 가니?

¿Vas a clases nocturnas?
바쓰 아 끌라세쓰 녹뚜르나쓰?

내일 미술사 수업이 있다.

Mañana tengo clase de Historia del Arte.
마냐나 뗑고 끌라세 데 이스또리아 델 아르떼

이번 학기 수강 신청은 완전히 망했어.

La inscripción de clases para este trimestre ha sido un completo desastre.
라 인스끄립씨온 데 끌라세쓰 빠라 에스떼 뜨리메스뜨레 아 씨도 운 꼼쁠레또 데사스뜨레

수업 난이도&기타

나는 수업이 이해되지 않았다.

No entendí la clase.
노 엔뗀디 라 끌라세

그 수업은 나에겐 너무 어려웠다.

Esa clase fue muy difícil para mí.
에사 끌라세 푸에 무이 디피실 빠라 미

나는 수업 시간에 졸다가 선생님에게 주의를 받았다.

El profesor me regañó porque me estaba durmiendo en clase.
엘 쁘로페소르 메 레가뇨 뽀르께 메 에스따바 두르미엔도 엔 끌라세

나는 학창 시절, 수학을 제일 싫어했다.

Cuando estaba en el instituto, odiaba las matemáticas.
꾸안도 에스따바 엔 엘 인스띠뚜또, 오디아바 라쓰 마떼마띠까쓰

가 봐야겠어. 곧 수업이 있거든.

Me tengo que ir, tengo pronto una clase.
메 뗑고 께 이르, 뗑고 쁘론또 우나 끌라세

불량한 수업 태도

수업 중 휴대폰은 무음 모드로 바꿔라.

Pon el móvil en modo silencio durante la clase.
뽄 엘 모빌 엔 모도 씰렌씨오 두란떼 라 끌라세

많은 학생들이 수업 중 휴대폰을 사용한다.

Muchos estudiantes usan el móvil durante la clase.
무초쓰 에스뚜디안떼쓰 우산 엘 모빌 두란떼 라 끌라세

걔는 수업 시간에 항상 딴 생각을 해.

Él siempre está pensando en otras cosas durante la clase.
엘 씨엠쁘레 에스따 뻰산도 엔 오뜨라쓰 꼬사쓰 두란떼 라 끌라세

조용!

¡Silencio!
씰렌씨오!

어제 수업에 왜 안 왔어?

¿Por qué no viniste a clase ayer?
뽀르 께 노 비니스떼 아 끌라쎄 아예르?

entender 엔뗀데르 이해하다
el clase 엘 끌라세 수업
difícil 디피실 어려운
regañar 레가냐르 잔소리하다
odiar 오디아르 싫어하다

여기서 잠깐!

스페인은 학교 급식이 모두 유료입니다. 따라서 급식비를 내고 학교에서 먹거나, 아이를 집으로 데려와 점심을 먹이고 다시 학교로 보낼 수 있습니다. 마드리드 평균 급식비는 월 110유로 정도입니다.

수업 기타

\# 여기는 어떤 종류의 동아리가 있어?

¿Qué tipo de asociación hay aquí?
께 띠뽀 데 아소씨아씨온 아이 아끼?

\# 중국어 공부는 잘돼가?

¿Cómo vas a estudiar chino?
꼬모 바쓰 아 에스뚜디아르 치노?

\# 다음 학기엔 어떤 수업을 들어야 할지 모르겠어.

No sé qué asignaturas coger el próximo trimestre.
노 쎄 께 아시그나뚜라쓰 꼬헤르 엘 쁘록씨모 뜨리메스뜨레

\# 대학에서 뭘 공부했니?

¿Qué estudiaste en la universidad?
께 에스뚜디아스떼 엔 라 우니베르시닫?

\# 나는 경제학을 공부했어.

Me especialicé en economía.
메 에스뻬씨알리쎄 엔 에꼬노미아

\# 저는 한국에서 온 교환 학생입니다.

Soy estudiante coreano/a de intercambio.
쏘이 에스뚜디안떼 꼬레아노/나 데 인떼르깜비오

\# 우리가 대학을 졸업한 지 10년이 지났다.

Han pasado 10 años desde que nos graduamos en la universidad.
안 빠사도 디에쓰 아뇨쓰 데스데 께 노쓰 그라두아모쓰 엔 라 우니베르시닫

꼭! 짚고 가기

2023년 마드리드 수학능력시험 최고점자는 바로 한국 학생

2023년, 스페인 selectividad(EvAU, Evaluación del Bachillerato para el Acceso a la Universidad, 수학능력시험) 결과에서 아주 놀라운 소식이 전해졌습니다. 바로 마드리드 자치주의 selectividad에서 가장 높은 점수를 획득한 학생이 마드리드의 villaba 지역에 사는 한국인 여학생으로 14점 만점에 13.650점을 기록했다고 합니다.

더욱 놀라운 건 스페인에서 나고 자란 현지인이 아닌, 불과 10년 전 스페인에 처음 갔을 때는 스페인어를 한마디도 못 하던 한국 출신이라는 사실입니다. 결과가 나온 뒤 언론사 인터뷰에서 본인은 스페인 태생이 아니기 때문에 언어, 역사 등이 어려웠지만 그만큼 준비를 많이 했다고 말했습니다.

참고로 스페인은 자치주 별로 각기 다른 문제로 selectividad를 칩니다.

스페인은 자치주마다 다른 문제로 selectividad를 칩니다. 좀 더 쉬운 시험을 보기 위해 전학을 가는 경우도 가끔 있습니다.

2022년 selectividad의 통과 학생 수를 기준으로 가장 어려운 시험을 치른 자치주 5개는 무르시아(Murcia), 갈리시아(Galicia), 엑스트라마두라(Extremadura), 까나리아스(Canarias), 마드리드(Madrid)였습니다. 가장 쉬운 시험을 치른 주는 라 리오하(La Rioja)였습니다.

숙제 끝내기

\# 숙제 끝내려면 얼마나 걸리니?

¿Cuánto tiempo tardarás en terminar los deberes?
꾸안또 띠엠뽀 따르다라쓰 엔 떼르미나르 로쓰 데베레쓰?

\# 나 어젯밤 12시까지 숙제했어.

Anoche hice mis deberes hasta las 12 de la noche.
아노체 이쎄 미쓰 데베레쓰 아스따 라쓰 도쎄 데 라 노체

\# 난 숙제를 끝내야 해.

Tengo que terminar mis deberes.
뗑고 께 떼르미나르 미쓰 데베레쓰

\# 숙제할 시간이다.

Es hora de hacer los deberes.
에쓰 오라 데 아쎄르 로쓰 데베레쓰

\# 어젯밤 과학 숙제를 하느라 늦게까지 깨어 있었다.

Ayer estuve despierto hasta tarde haciendo mis deberes de ciencias.
아예르 에스뚜베 데스삐에르또 아스따 따르데 아씨엔도 미쓰 데베레쓰 데 씨엔씨아쓰

\# 난 차라리 집에서 숙제나 할래.

Prefiero quedarme en casa y hacer los deberes.
쁘레피에로 께다르메 엔 까사 이 아쎄르 로쓰 데베레쓰

\# 나 숙제가 엄청 많아.

Tengo montones de deberes.
뗑고 몬또네쓰 데 데베레쓰

숙제 평가

\# 그는 숙제를 대충대충한다.

Hace los deberes sin pensar.
아쎄 로쓰 데베레쓰 씬 뻰사르

\# 호세는 아무래도 숙제를 안 할 것 같은데.

Creo que José no hará los deberes.
끄레오 께 호세 노 아라 로쓰 데베레쓰

\# 선생님은 마리아가 숙제를 잘했다고 칭찬했다.

El profesor elogió a María por hacer bien los deberes.
엘 쁘로페소르 엘로히오 아 마리아 뽀르 아쎄르 비엔 로쓰 데베레쓰

\# 우리 선생님은 숙제를 많이 내 주신다.

Nuestro profesor nos manda una gran cantidad de deberes.
누에스뜨로 쁘로페소르 노쓰 만다 우나 그란 깐띠닫 데 데베레쓰

pensar 뻰사르 생각하다
alabar 알라바르 칭찬하다
la cantidad 라 깐띠닫 양

숙제를 마친 후

\# 그는 숙제를 쉽게 끝냈다.

Él terminó los deberes fácilmente.
엘 떼르미노 로쓰 데베레쓰 파씰멘떼

\# 그 숙제는 너무 쉬웠어.

Los deberes eran coser y cantar.
로쓰 데베레쓰 에란 꼬세르 이 깐따르

\# 알바로는 가까스로 숙제를 끝냈다.

Álvaro terminó sus deberes a duras penas.
알바로 떼르미노 쑤쓰 데베레쓰 아 두라쓰 뻬나쓰

\# 어제 숙제하느라고 바빴어.

Ayer estaba muy ocupado/a haciendo los deberes.
아예르 에스따바 무이 오꾸빠도/다 아씨엔도 로쓰 데베레쓰

\# 숙제하느라 밤새 한숨도 못 잤어요.

Me quedé toda la noche despierto/a haciendo los deberes.
메 께데 또다 라 노체 데스삐에르또/따 아씨엔도 로쓰 데베레쓰

\# 그는 숙제가 너무 어려운 것을 불평했다.

Se quejó de que los deberes eran demasiado difíciles.
쎄 께호 데 께 로쓰 데베레쓰 에란 데마시아도 디피씰레쓰

\# 나는 숙제를 반밖에 하지 못했어.

Hice solo la mitad de mis deberes.
이쎄 쏠로 라 미딷 데 미쓰 데베레쓰

\# 숙제하느라고 죽는 줄 알았네.

Fue un infierno hacer los deberes.
푸에 운 임피에르노 아쎄르 로쓰 데베레쓰

꼭! 짚고 가기

좋아하다 gustar 동사

'좋아하다'라는 뜻의 gustar 구스따르 동사가 있습니다. 이 동사를 어떻게 사용하는지 알아봅시다.

Me 메 나는		
Te 떼 너는		
Le 레 그, 그녀, 당신은		
Nos 노쓰 우리는	gusta 구스따	la manzana 라 만싸나
Os 오쓰 너희는	gustan 구스딴	las manzanas 라쓰 만싸나쓰
Les 레쓰 그들은, 그녀들은, 당신들은		

gustar 동사는 주어의 인칭에 따라 동사의 끝이 변하는 일반 동사 변화가 아닌, 3인칭 형태로만 변화하며 단수와 복수가 반영됩니다. 또한 gustar 동사의 뒤에는 동사 원형과 명사만 올 수 있으며 명사가 단수냐 복수냐에 따라 동사의 단·복수 형태가 결정됩니다.

- Me gusta la comida coreana.
  메 구스따 라 꼬미다 꼬레아나
  나는 한국 음식을 좋아한다.
- Le gusta salir. 레 구스따 쌀리르
  그는 나가는 것을 좋아한다.

가장 좋아하는 것을 나타낼 수 있는, '좋아하다'보다 강한 표현으로 encantar 엥깐따르가 있으며 용법은 gustar 동사와 동일합니다.

- Les encanta el fútbol.
  레쓰 엥깐따 엘 풋볼
  그들은 축구를 정말(가장) 좋아한다.
- Me encantan las flores.
  메 엥깐딴 라쓰 플로레쓰
  나는 꽃을 정말(가장) 좋아한다.

숙제 기타①

\# 숙제해라.

Haz los deberes.
아쓰 로쓰 데베레쓰

\# 숙제할 시간이야.

Es hora de hacer los deberes.
에쓰 오라 데 아쎄르 로쓰 데베레쓰

\# 숙제 먼저 하고 쉬어.

Haz primero los deberes y luego descansa.
아쓰 쁘리메로 로쓰 데베레쓰 이 루에고 데스깐사

\# 왜 그렇게 빈둥대고 있니? 오늘 숙제 없어?

¿Por qué estás tan relajado/a? ¿No tienes deberes hoy?
뽀르 께 에스따쓰 딴 렐라하도/다?
노 띠에네쓰 데베레쓰 오이?

\# 다음 주까지 숙제를 제출하겠습니다.

Entregaré los deberes la próxima semana.
엔뜨레가레 로쓰 데베레쓰 라 쁘록씨마 쎄마나

\# 부모들이 아이들의 숙제를 도와줘야 할까요?

¿Deben ayudar los padres a hacer los deberes a sus hijos?
데벤 아유다르 로쓰 빠드레쓰 아 아쎄르 로쓰 데베레쓰 아 쑤쓰 이호쓰?

antes de 안떼쓰 데 ~하기 전에
ayudar 아유다르 돕다

숙제 기타②

\# 과제 제출일을 잊어버렸어.

Olvidé la fecha de entrega de los deberes.
올비데 라 페차 데 엔뜨레가 데 로쓰 데베레쓰

\# 내 숙제를 도와줄 수 있어?

¿Podrías ayudarme con los deberes?
뽀드리아쓰 아유다르메 꼰 로쓰 데베레쓰?

\# 이번 주는 숙제를 면해 줄게.

Te voy a dejar no hacer los deberes esta semana.
떼 보이 아 데하르 노 아쎄르 로쓰 데베레쓰 에스따 쎄마나

\# 네 숙제는 틀린 것을 여러번 반복해서 쓰는 것이다.

Tus deberes son escribir varias veces los errores que habías tenido.
뚜쓰 데베레쓰 쏜 에스끄리비르 바리아쓰 베쎄쓰 로쓰 에로레쓰 께 아비아쓰 떼니도

\# 숙제 때문에 네 책을 좀 빌려야 해.

Necesito que me prestes algunos libros para los deberes.
네쎄시또 께 메 쁘레스떼쓰 알구노쓰 리브로쓰 빠라 로쓰 데베레쓰

\# 그녀는 항상 숙제를 열심히 한다.

Ella siempre hace los deberes con mucha motivación.
에야 씨엠쁘레 아쎄 로쓰 데베레쓰 꼰 무차 모띠바씨온

\# 부모들은 아이들에게 숙제를 스스로 할 수 있도록 도와줘야 한다.

Los padres deben enseñar a sus hijos a hacer los deberes por sí mismos.
로쓰 빠드레쓰 데벤 엔세냐르 아 쑤쓰 이호쓰 아 아쎄르 로쓰 데베레쓰 뽀르 씨 미스모쓰

시험을 앞두고

\# 기말고사가 2주 후에 있어.

Los exámenes finales son en dos semanas.
로스 엑싸메네쓰 피날레쓰 쏜 엔 도쓰 쎄마나쓰

\# 시험 날짜가 일주일 후로 다가왔다.

El examen es dentro de una semana.
엘 엑싸멘 에쓰 덴뜨로 데 우나 쎄마나

Queda solo una semana para el examen.
께다 쏠로 우나 쎄마나 빠라 엘 엑싸멘

\# 시험이 닥쳐온다.

El examen está cerca.
엘 엑싸멘 에스따 쎄르까

La fecha del examen está próxima.
라 페차 델 엑싸멘 에스따 쁘록씨마

\# 5점 미만은 재시험을 보겠습니다.

Si obtienes menos de 5 puntos, tendrás que hacer el examen de nuevo.
씨 옵띠에네쓰 메노쓰 데 씽꼬 뿐또쓰, 뗀드라쓰 께 아쎄르 엘 엑싸멘 데 누에보

\# 너무 부담 갖지 말고 최선만 다하렴.

No te sientas demasiado presionado/a, simplemente haz lo mejor que puedas.
노 떼 씨엔따쓰 데마시아도 쁘레시오나도/다, 씸쁠레멘떼 아쓰 로 메호르 께 뿌에다쓰

\# 시험 준비 다 했니?

¿Estás preparado para el examen?
에스따쓰 쁘레빠라도 빠라 엘 엑싸멘?

시험 후

\# 시험이 끝났다.

El examen ha terminado.
엘 엑싸멘 아 떼르미나도

\# 그 시험은 아주 쉬웠다.

El examen era muy fácil.
엘 엑싸멘 에라 무이 파씰

\# 이번 시험은 예상보다 쉬웠어.

El examen fue más fácil de lo esperado.
엘 엑싸멘 푸에 마쓰 파씰 데 로 에스뻬라도

\# 나는 시험 결과에 대해 떨고 있어.

Estoy preocupado/a por el resultado del examen.
에스또이 쁘레오꾸빠도/다 뽀르 엘 레술따도 델 엑싸멘

\# 나는 시험이 끝나서 긴장이 풀렸다.

Me sentí muy relajado/a porque el examen había terminado.
메 쎈띠 무이 렐라하도/다 뽀르께 엘 엑싸멘 아비아 떼르미나도

\# 시험에서 실력을 충분히 발휘했다고 생각해.

Creo que hice el examen lo mejor que pude.
끄레오 께 이쎄 엘 엑싸멘 로 메호르 께 뿌데

\# 시험의 마지막 문제가 가장 어려웠다.

La última pregunta del examen fue la más difícil.
라 울띠마 쁘레군따 델 엑싸멘 푸에 라 마쓰 디피씰

preparar 쁘레빠라르 준비하다

시험 결과

걱정한 것보다 시험을 잘 본 것 같아.

Creo que me fue mejor en el examen de lo que pensaba.
끄레오 께 메 푸에 메호르 엔 엘 엑싸멘 데 로 께 뻰사바

나는 시험 결과를 기다리는 중이야.

Estoy esperando los resultados del examen.
에스또이 에스뻬란도 로쓰 레술따도쓰 델 엑싸멘

노력한 것만큼 결과가 좋지 않아.

El resultado no es tan bueno como intenté.
엘 레술따또 노 에쓰 딴 부에노 꼬모 인뗀떼

그는 시험 결과에 대해 마음을 졸이고 있다.

Él está preocupado por los resultados del examen.
엘 에스따 쁘레오꾸빠도 뽀르 로쓰 레술따도쓰 델 엑싸멘

시험을 몽땅 망쳤어.

Metí la pata hasta el fondo en todo el examen.
메띠 라 빠따 아스따 엘 폰도 엔 또도 엘 엑싸멘

시험 점수가 나빠 부모님한테 야단맞을 게 걱정이다.

Me preocupa que mis padres me regañen porque saqué una mala nota en el examen.
메 쁘레오꾸빠 께 미쓰 빠드레쓰 메 레가녠 뽀르께 싸께 우나 말라 노따 엔 엘 엑싸멘

성적표

나는 역사 과목을 낙제했다.

He suspendido Historia.
에 쑤스뻰디도 이스또리아

문학 시험을 망쳤어, 통과할 수 있을지 모르겠네.

No hice muy bien el examen de lengua, no tengo claro que pueda aprobar.
노 이쎄 무이 비엔 엘 엑싸멘 데 렝구아, 노 뗑고 끌라로 께 뿌에다 아쁘로바르

기말고사에서 좋은 성적을 받아야만 해.

Tengo que conseguir sacar buena nota en el examen final.
뗑고 께 꼰세기르 싸까르 부에나 노따 엔 엘 엑싸멘 피날

시험에서 0점 받았어.

Tengo un cero patatero en el examen.
뗑고 운 쎄로 빠따떼로 엔 엘 엑싸멘

시험에서 만점을 받았어.

He obtenido la máxima puntuación en el examen.
에 옵떼니도 라 막씨마 뿐뚜아씨온 엔 엘 엑싸멘

성적은 학교 포털에 게시되었습니다.

Las calificaciones han sido publicadas en el portal del colegio.
라쓰 깔리피까씨오네쓰 안 씨도 뿌블리까다쓰 엔 엘 뽀르딸 델 꼴레히오

우수한 성적①

\# 그는 성적이 훌륭하다.

Tiene buenas notas.
띠에네 부에나쓰 노따쓰

\# 그는 우리 반에서 가장 공부를 열심히 하는 학생 중 하나야.

Él es uno de los estudiantes más trabajadores de nuestra clase.
엘 에쓰 우노 데 로쓰 에스뚜디안떼쓰 마쓰 뜨라바하도레쓰 데 누에스뜨라 끌라쎄

\# 내 성적이 많이 올랐어.

Mis notas han mejorado mucho.
미쓰 노따쓰 안 메호라도 무초

\# 내 성적은 평균 이상이다.

Mis notas están por encima de la media.
미쓰 노따쓰 에스딴 뽀르 엔씨마 데 라 메디아

\# 그는 좋은 성적을 얻으려고 엄청 노력했다.

Se esforzó para obtener buenas notas.
쎄 에스포르쏘 빠라 옵떼네르 부에나쓰 노따쓰

\# 그의 성적은 늘 반에서 다섯 손가락 안에 듭니다.

Sus notas siempre le colocan entre los cinco mejores de clase.
쑤쓰 노따쓰 씨엠쁘레 레 꼴로깐 엔뜨레 로쓰 씽꼬 메호레쓰 데 끌라세

\# 대체적으로 호르헤는 올해 학교 성적이 좋았다.

En general, Jorge tuvo buenas notas durante todo el año.
엔 헤네랄, 호르헤 뚜보 부에나쓰 노따쓰 두란떼 또도 엘 아뇨

우수한 성적②

\# 이사벨은 역사 시험에서 가장 높은 성적을 받았다.

Isabel ha logrado las mejores notas en el examen de Historia.
이사벨 아 로그라도 라쓰 메호레쓰 노따쓰 엔 엘 엑싸멘 데 이스또리아

\# (나는) 이번 학기에는 수학 성적이 올라갔다.

Tengo mejores notas en matemáticas este trimestre.
뗑고 메호레쓰 노따쓰 엔 마떼마띠까쓰 에스떼 뜨리메스뜨레

\# 누리아는 우수한 성적으로 대학을 졸업했다.

Nuria se graduó de la universidad con excelentes notas.
누리아 쎄 그라두오 데 라 우니베르시닫 꼰 엑쎌렌떼쓰 노따쓰

\# 그들은 영어 성적에서 어깨를 나란히 한다.

Tienen las mismas notas en Inglés.
띠에넨 라쓰 미스마쓰 노따쓰 엔 잉글레쓰

\# 화학을 제외하고, 그의 성적은 매우 좋아.

A excepción de la de Química, sus notas son buenas.
아 엑쓰쎕씨온 데 라 데 끼미까, 쑤스 노따쓰 쏜 부에나쓰

la historia 라 이스또리아 역사
las matemáticas 라쓰 마떼마띠까쓰 수학
la química 라 끼미까 화학

나쁜 성적

결과가 내 기대에 못 미쳐.

Los resultados no cumplen con mis expectativas.
로스 레술따도스 노 꿈쁠렌 꼰 미스 엑스뻭따띠바스

스페인에서는 성적이 나쁘면 초등학생도 유급을 한다.

En España, incluso los estudiantes de primaria repiten curso si sus notas son malas.
엔 에스빠냐, 잉끌루소 로스 에스뚜디안떼스 데 쁘리마리아 레삐뗀 꾸르소 씨 쑤스 노따스 쏜 말라스

마지막 시험 점수가 많이 떨어졌어.

Mis notas en el último examen han bajado mucho.
미스 노따스 엔 엘 울띠모 엑싸멘 안 바하도 무초

시험을 그렇게 잘 보진 못했지만, 통과했어요.

No lo hice bien en el examen; no obstante, aprobé.
노 로 이쎄 비엔 엔 엘 엑싸멘; 노 옵스딴떼, 아쁘로베

그녀는 이번 학기에도 성적이 안 좋아요.

Tampoco ha tenido buenas notas este trimestre.
땀뽀꼬 아 떼니도 부에나스 노따스 에스떼 뜨리메스뜨레

시험에 통과하지 못했어요.

No he aprobado el examen.
노 에 아쁘로바도 엘 엑싸멘

저는 수학에서 좋은 점수를 받아 본 적이 없어요.

Nunca he tenido buenas notas en matemáticas.
눙까 에 떼니도 부에나스 노따스 엔 마떼마띠까스

성적 기타

성적 증명서 사본을 신청해야 해요.

Necesito solicitar un certificado de mis notas.
네쎄시또 쏠리씨따르 운 쎄르띠피까도 데 미스 노따스

이번 쪽지 시험은 최종 성적에 10% 반영된다.

Esta prueba supone el 10% de la nota final.
에스따 쁘루에바 쑤뽀네 엘 디에스 뽀르 씨엔또 데 라 노따 피날

이번 기말고사는 총 성적의 60%를 차지합니다.

La prueba final supondrá un 60% de la calificación total.
라 쁘루에바 피날 쑤뽄드라 운 쎄센따 뽀르 씨엔또 데 라 깔리피까씨온 또딸

좋은 성적 받길 바란다.

Espero que consigas unas buenas notas.
에스뻬로 께 꼰시가스 우나스 부에나스 노따스

로사리오는 아나의 성적을 샘내고 있다.

Rosario envidia las notas de Ana.
로사리오 엠비디아 라스 노따스 데 아나

성적이 오를 때까지 외출 금지.

No podrás salir hasta que mejoren tus notas.
노 뽀드라스 쌀리르 아스따 께 메호렌 뚜스 노따스

방학 전

\# 여름 방학이 다가오고 있다.

Las vacaciones de verano están a la vuelta de la esquina.
라쓰 바까씨오네쓰 데 베라노 에스딴 아 라 부엘따 데 라 에스끼나

\# 방학이 언제 시작해요?

¿Cuándo comienzas las vacaciones?
꾸안도 꼬미엔싸쓰 라쓰 바까씨오네쓰?

\# 그들은 방학을 기다리고 있다.

Están esperando que lleguen las vacaciones.
에스딴 에스뻬란도 께 예겐 라쓰 바까씨오네쓰

\# 어서 방학이 왔으면 좋겠다.

Espero que las vacaciones lleguen pronto.
에스뻬로 께 라쓰 바까씨오네쓰 예겐 쁘론또

\# 너희들은 겨울 방학이 끝나자마자 숙제를 제출해야 한다.

Tenéis que entregar los deberes tras volver de las vacaciones de invierno.
떼네이쓰 께 엔뜨레가르 로쓰 데베레쓰 뜨라쓰 볼베르 데 라쓰 바까씨오네쓰 데 임비에르노

\# 아이들은 여름 방학을 기다리고 있다.

Los niños están esperando las vacaciones de verano.
로쓰 니뇨쓰 에스딴 에스뻬란도 라쓰 바까씨오네쓰 데 베라노

방학 기대&계획

여름 방학에 뭐 할 거야?

¿Qué vas a hacer en las vacaciones de verano?

께 바쓰 아 아쎄르 엔 라쓰 바까씨오네쓰 데 베라노?

시험이 끝나고 방학이다.

Empezará las vacaciones tras acabar los exámenes.

엠뻬싸라 라쓰 바까씨오네쓰 뜨라쓰 아까바르 로쓰 엑싸메네쓰

이번 방학 때 유럽 여행을 갈 거야.

Estas vacaciones me voy de viaje a Europa.

에스따쓰 바까씨오네쓰 메 보이 데 비아헤 아 에우로빠

난 겨울 방학 동안에 스키장에 갈 거야.

Voy a la estación de esquí durante las vacaciones de invierno.

보이 아 라 에스따씨온 데 에스끼 두란떼 라쓰 바까씨오네쓰 데 임비에르노

방학에 단기 아르바이트를 할 예정이다.

Trabajaré a tiempo parcial en mis vacaciones.

따라바하레 아 띠엠뽀 빠르씨알 엔 미쓰 바까씨오네쓰

방학 때 애들을 친가에 보내려고요.

Les dejaré en casa de sus abuelos durante las vacaciones.

레쓰 데하레 엔 까사 데 쑤쓰 아부엘로쓰 두란떼 라쓰 바까씨오네쓰

방학 후

방학이 끝났다.

Las vacaciones llegaron a su fin.

라쓰 바까씨오네쓰 예가론 아 쑤 핀

겨울 방학도 어느덧 지나가 버렸다.

Las vacaciones de invierno han pasado demasiado pronto.

라쓰 바까씨오네쓰 데 임비에르노 안 빠사도 데마시아도 쁘론또

겨울 방학 잘 보냈니?

¿Has pasado bien las vacaciones de invierno?

아쓰 빠사도 비엔 라쓰 바까씨오네쓰 데 임비에르노?

그녀는 방학을 즐겁게 보냈다.

Se lo pasó bien en sus vacaciones.

쎄 로 빠소 비엔 엔 쑤쓰 바까씨오네쓰

우리는 방학을 정말 재미있게 보냈다.

Nos lo pasamos de maravilla en nuestras vacaciones.

노쓰 로 빠사모쓰 데 마라비야 엔 누에스뜨라쓰 바까씨오네쓰

나는 텔레비전 앞에서 빈둥거리며 방학 내내 허송세월을 보냈다.

Perdí las vacaciones enteras delante del televisor.

뻬르디 라쓰 바까씨오네쓰 엔떼라쓰 델란떼 델 뗄레비소르

여름 내내 나가 놀았더니 피부가 새까매졌어.

He estado fuera todo el verano, y mi piel se ha vuelto morena.

에 에스따도 푸에라 또도 엘 베라노, 이 미 삐엘 쎄 아 부엘또 모레나

소풍

\# 우리는 산으로 소풍을 갔다.

Fuimos de excursión a la montaña.
푸이모쓰 데 엑쓰꾸르시온 아 라 몬따냐

\# 우리는 내일 소풍 간다.

Mañana vamos de excursión.
마냐나 바모쓰 데 엑쓰꾸르시온

\# 소풍 가면 재미있겠는데.

Sería divertido ir de excursión.
쎄리아 디베르띠도 이르 데 엑쓰꾸르시온

\# 학교에서 놀이공원으로 소풍을 가.

Nos vamos de excursión escolar al parque de atracciones.
노쓰 바모쓰 데 엑쓰꾸르시온 에스꼴라르 알 빠르께 데 아뜨락씨오네쓰

\# 소풍 날에 날씨가 좋으면 좋겠다.

Espero que haga buen tiempo en la excursión.
에스뻬로 께 아가 부엔 띠엠뽀 엔 라 엑쓰꾸르시온

\# 내일 소풍은 비 예보로 인해 다음 주로 연기되었습니다.

La excursión de mañana se ha pospuesto para la próxima semana debido a la previsión de lluvia.
라 엑쓰꾸르시온 데 마냐나 쎄 아 뽀스뿌에스또 빠라 라 쁘록씨마 쎄마나 데비도 아 라 쁘레비시온 데 유비아

\# 소풍이 끝나면, 쓰레기를 치워 주세요.

Después de la excursión, deshágase de la basura.
데스뿌에쓰 데 라 엑쓰꾸르시온, 데스아가세 데 라 바수라

\# 소풍은 어땠나요?

¿Cómo fue la excursión?
꼬모 푸에 라 엑쓰꾸르시온?

꼭! 짚고 가기

일상생활에 자주 쓰이는 관용어①

스페인어에는 단어들이 모여 숙어를 이루면 뜻이 전혀 달라지는 관용어가 존재합니다. 자주 쓰이는 몇 가지 중요한 관용어를 알아보도록 합시다.

① **meter la pata** 메떼르 라 빠따

meter 메떼르는 '(무엇의 안에) 넣다'라는 뜻이며, la pata 라 빠따는 '(동물의) 다리'를 뜻합니다. 하지만 meter la pata라는 구문은 '실수하다'라는 뜻입니다.

- Hoy he **metido la pata** con Ana. Le he dicho "tonta" sin querer.
  오이 에 메띠도 라 빠따 꼰 아나.
  레 에 디초 '똔따' 씬 께레르
  나 오늘 아나한테 **실수한** 것 같아. 걔한테 의도치 않게 바보라고 말했어.

② **hacer la pelota o ser un pelota (de alguien)**
아쎄르 라 뻴로따 오 쎄르 운 뻴로따 (데 알기엔)

hacer 아쎄르는 '되다', ser 쎄르는 '~이다'라는 뜻이며 la pelota 라 뻴로따는 '공'이란 뜻입니다. 문장 뒤에 전치사 a 아와 'alguien 알기엔 사람'을 같이 씁니다. 뜻은 a 뒤에 오는 사람에게 '아부하다'라는 뜻입니다.

- No me gusta **hacer la pelota a** mi jefe, pero a veces es necesario.
  노 메 구스따 아쎄르 라 뻴로따 아 미 헤페, 뻬로 아 베쎄쓰 에쓰 네쎄사리오
  내 상사한테 **아부하기** 싫지만 가끔은 그게 필요하지.

여기서 잠깐!

우리나라의 수학여행은 유치원에서부터 고등학교까지 하루 이틀 밤 자고 오는 게 흔하지만, 스페인에서는 흔한 편이 아닙니다. 장소에 따라 관광버스를 대절하기도 하고, 보통 대중교통으로 쉽게 갈 수 있는 박물관, 미술관, 극장 등을 이용합니다. 공원이나 산에 가기도 하며 우리나라처럼 간단한 도시락을 지참하여 같이 먹고 돌아오는 것이 보통입니다.

운동회

\# 우리 학교에서는 연말에 운동회를 한다.

En mi colegio hacemos olimpiadas escolares a final de año.
엔 미 꼴레히오 아쎄모쓰 올림삐아다쓰 에스꼴라레쓰 아 피날 데 아뇨

\# 우리 반은 운동회 날 노란색 티셔츠를 입고 가야 돼.

En nuestra clase, debemos llevar camisetas amarillas el día de las olimpiadas escolares.
엔 누에스뜨라 끌라세, 데베모쓰 예바르 까미세따쓰 아마리야쓰 엘 디아 데 라쓰 올림삐아다쓰 에스꼴라레쓰

\# 다음 주에 학교 운동회가 있다.

La próxima semana hay unas olimpiadas escolares.
라 쁘록씨마 쎄마나 아이 우나쓰 올림삐아다쓰 에스꼴라레쓰

\# 비 때문에 운동회가 중단되었다.

Las olimpiadas escolares se suspendieron debido a la lluvia.
라쓰 올림삐아다쓰 에스꼴라레쓰 쎄 쑤스뻰디에론 데비도 아 라 유비아

\# 운동회는 4월 5일에 열린다.

Las olimpiadas escolares serán el 5 de abril.
라쓰 올림삐아다쓰 에스꼴라레쓰 쎄란 엘 씽꼬 데 아브릴

여기서 잠깐!

스페인에도 운동회가 있을까요? 있습니다. 운동회는 olimpiadas escolares 올림삐아다쓰 에스꼴라레쓰라고 말합니다. 반별 혹은 그룹별로 팀을 나눠 다양한 단체 스포츠를 하는 것이 우리나라와 비슷합니다.

출근

\# 8시까지 출근합니다.

Voy a trabajar hasta las 8.
보이 아 뜨라바하르 아스따 라쓰 오초

\# 저는 정시 출근을 엄수합니다.

Soy muy puntual para ir al trabajo.
쏘이 무이 뿐뚜알 빠라 이르 알 뜨라바호

\# 나는 재택근무를 해서 사무실까지 가는 피곤함은 없어.

No me canso al ir a la oficina porque trabajo en remoto.
노 메 깐소 알 이르 아 라 오피씨나 뽀르께 뜨라바호 엔 레모또

\# 페르난도는 매일 일찍 출근해요.

Fernando viene siempre antes.
페르난도 비에네 씨엠쁘레 안떼쓰

\# 사무실까지 어떻게 가?

¿Cómo vas a la oficina?
꼬모 바쓰 아 라 오피씨나?

\# 회사까지 얼마나 걸려요?

¿Cuánto tiempo se tarda en ir a tu oficina?
꾸안또 띠엠뽀 쎄 따르다 엔 이르 아 뚜 오피씨나?

\# 출근하는 데 보통 40분 걸린다.

Normalmente, me lleva 40 minutos llegar al trabajo.
노르말멘떼, 메 예바 꾸아렌따 미누또쓰 예가르 알 뜨라바호

\# 주말에는 출근하지 않아요.

No voy a trabajar los fines de semana.
노 보이 아 뜨라바하르 로쓰 피네쓰 데 쎄마나

정시 출근이 힘들 때

\# 왜 늦었어? 걱정했잖아.

¿Por qué has llegado tarde? Estaba preocupado/a.

뽀르 께 아쓰 예가도 따르데? 에스따바 쁘레오꾸빠도/다

\# 늦어서 죄송합니다. 출근 길에 버스가 고장 났어요.

Siento llegar tarde. Mi autobús se averió de camino esta mañana.

씨엔또 예가르 따르데. 미 아우또부쓰 쎄 아베리오 데 까미노 에스따 마냐나

\# 죄송합니다. 차가 너무 밀려서 늦었어요.

Lo siento. Había mucho tráfico.

로 씨엔또. 아비아 무초 뜨라피꼬

\# 죄송합니다. 방금 일어났어요. 지금 당장 가겠습니다.

Lo siento. Acabo de despertarme. Voy ahora mismo.

로 씨엔또. 아까보 데 데스뻬르따르메. 보이 아오라 미스모

\# 죄송합니다. 갑자기 일이 생겨 조금 늦을 것 같아요.

Lo siento. Me surgió algo de repente, así que llegaré un poco tarde.

로 씨엔또. 메 수르히오 알고 데 레뻰떼, 아씨 께 예가레 운 뽀꼬 따르데

\# 제가 내일 아침 한 시간 늦게 출근해도 될까요?

¿Puedo llegar una hora tarde mañana por la mañana?

뿌에도 예가르 우나 오라 따르데 마냐나 뽀르 라 마냐나?

꼭! 짚고 가기

스페인의 최저 임금 및 평균 임금

스페인의 최저 임금은 얼마일까요? 2024년 기준 근로자가 법적으로 받을 수 있는 최저 임금은 월 기준 1,134유로이며, 이는 1년 14회 기준입니다. 14회 기준의 연봉일 경우, 보통 7월과 12월에 월급을 한 번씩 더 받습니다. 이를 합산하면 최저 연봉은 15,876유로로 근로 시간은 주당 40시간 기준입니다. 만약 시간으로 계산한다면 최저 시급은 8.28유로(1,400원 환율 기준, 약 11,600원)입니다.

그렇다면 평균 임금은 얼마일까요? 2023년 기준 스페인의 연평균 임금은 25,896유로입니다. 정확히는 남성 28,388유로, 여성 23,175유로로 남녀 간의 격차가 있습니다. 스페인도 도심화 현상이 두드러져, 스페인 내 총 자치 주 17개 중에서 가장 높은 평균 임금을 기록한 자치주는 País Vasco이며 연평균 임금은 31,063유로입니다. 그 뒤로 Madrid(29,513유로), Navarra(28,459유로), Cataluña(28,145유로) 이렇게 4개의 자치주가 스페인 전체 평균보다 높았습니다. 가장 낮은 연평균 임금의 자치주는 Extremadura(21,393유로)로 가장 높은 País Vasco와 비교하면 1만 유로 정도 차이가 납니다.

가장 높은 소득의 직업군은 전기, 가스, 에어컨 설치 기술자로 연평균 임금이 약 52,985유로입니다. 한국과는 사뭇 다른 직종이 가장 높은 연봉을 받는 모습입니다. 스페인도 소득이 높을수록 세금을 많이 냅니다. 평균 연봉 12,450유로까지 19%, 20,199유로까지 24%, 35,199유로까지 30%, 59,999유로까지 37%, 299,999유로까지 45%, 30만 유로부터는 최대 47%까지 세금을 냅니다.

출근 기타

\# 저는 재택근무를 합니다.

Trabajo desde casa.
뜨라바호 데스데 까사

\# 사무실까지 전철로 갑니다.

Voy a la oficina en metro.
보이 아 라 오피씨나 엔 메뜨로

\# 출근 시간엔 차가 너무 막혀.

A la hora de ir al trabajo, hay mucho tráfico.
아 라 오라 데 이르 알 뜨라바호, 아이 무초 뜨라피꼬

\# 오늘 출근하지 못할 것 같은데요.

Creo que hoy no podré ir a trabajar.
끄레오 께 오이 노 뽀드레 이르 아 뜨라바하르

\# 저는 정장 차림으로 출근합니다.

Llevo traje para ir al trabajo.
예보 뜨라헤 빠라 이르 알 뜨라바호

\# 취직한 걸 축하해.

Enhorabuena por tu nuevo trabajo.
에노라부에나 뽀르 뚜 누에보 뜨라바호

\# 언제부터 출근하니?

¿Cuándo empiezas?
꾸안도 엠삐에싸쓰?

el metro 엘 메뜨로 지하철
el tráfico 엘 뜨라피꼬 교통
enhorabuena 에노라부에나 축하해

퇴근

\# 몇 시쯤 퇴근할 것 같니?

¿A qué hora crees que saldrás del trabajo?
아 께 오라 끄레에쓰 께 쌀드라쓰 델 뜨라바호?

\# 언제 퇴근해?

¿A qué hora sales del trabajo?
아 께 오라 쌀레쓰 델 뜨라바호?

¿Cuándo sales del trabajo?
꾸안도 쌀레쓰 델 뜨라바호?

\# 난 7시에 칼퇴근이야.

Salgo del trabajo a las 7 en punto.
쌀고 델 뜨라바호 아 라쓰 씨에떼 엔 뿐또

\# 그는 10시가 넘어야 퇴근해.

Suele salir más tarde de las 10.
쑤엘레 쌀리르 마쓰 따르데 데 라쓰 디에쓰

\# 그는 방금 퇴근했어요.

Acaba de irse a casa.
아까바 데 이르세 아 까사

Se acaba de ir.
쎄 아까바 데 이르

\# 오늘 7시까지 퇴근하지 못하는데.

Creo que no podré salir de trabajo antes de las 7.
끄레오 께 노 뽀드레 쌀리르 데 뜨라바호 안떼쓰 데 라쓰 씨에떼

\# 난 한번도 칼퇴근을 한 적이 없어.

Nunca salgo puntual del trabajo.
눙까 쌀고 뿐뚜알 델 뜨라바호

여기서 잠깐!

'재택근무'는 trabajo a distancia 뜨라바호 아 디스딴씨아, trabajo desde casa 뜨라바호 데스데 까사, teletrabajo 뗄레뜨라바호, trabajo en remoto 뜨라바호 엔 레모또 등으로 말할 수 있습니다.

즐거운 퇴근 시간

\# 더 시키실 일 없으면, 그만 가보겠습니다.

Si no hay más trabajo que me corresponda, me iré a casa.
씨 노 아이 마쓰 뜨라바호 께 메 꼬레스뽄다, 메 이레 아 까사

\# 오늘 퇴근 후 뭐해?

¿Qué vas a hacer hoy después del trabajo?
께 바쓰 아 아쎄르 오이 데스뿌에쓰 델 뜨라바호?

\# 좋아, 퇴근 후에 보자.

Bueno, nos vemos después del trabajo.
부에노, 노쓰 베모쓰 데스뿌에쓰 델 뜨라바호

\# 퇴근하고 한잔 할래?

¿Te apetece tomar algo después del trabajo?
떼 아뻬떼쎄 또마르 알고 데스뿌에쓰 델 뜨라바호?

\# 퇴근 후에 술 마시러 자주 가니?

¿Sueles ir a tomar algo después del trabajo?
쑤엘레쓰 이르 아 또마르 알고 데스뿌에쓰 델 뜨라바호?

\# 배고프다. 퇴근하고 간단하게 뭐 좀 먹자.

Me muero de hambre. Vamos a picar algo después del trabajo.
메 무에로 데 암브레. 바모쓰 아 삐까르 알고 데스뿌에쓰 델 뜨라바호

여기서 잠깐!

comer 꼬메르는 '(정식으로 무엇)을 먹다'라는 뜻이라면 picar 삐까르는 '(간단하게) 요기하다'라는 느낌의 동사입니다. 보통 친구와의 약속 시간이 식사 시간이라면 만나서 무얼 먹자고 하기보다 이 picar를 사용합니다. picar와 같은 의미의 동사로 picotear 삐꼬떼아르도 자주 쓰입니다.

꼭! 짚고 가기

스페인어로 직업 묻고 답하기

스페인어로 직업을 묻는 기본 표현은 '¿A qué te dedicas? 아 께 떼 데디까쓰?' 입니다. '너는 무슨 일 해?'라는 뜻으로, 직역하면 '너는 네 스스로를 무엇에 헌신해?' 입니다.

재귀 동사 dedicarse a ~ 데디까르세 아 ~ (~에 헌신하다, ~에 전념하다)를 쓴 문장입니다. 이 표현은 전체를 외우는 것이 좋습니다. 같은 표현으로 '¿En qué trabajas? 엔 께 뜨라바하쓰? 어떤 일을 해?'가 있습니다. 이 질문에 대한 대답으로 직업을 말할 때는 ser 동사를 씁니다. 직업은 그 사람이 가진 고유 특성이기 때문입니다. 단, 잠시 일하는 임시직은 'estar de 에스따르 데'로 말할 수 있습니다. 예문으로 살펴보겠습니다.

- **Soy** informático pero ahora **estoy de** taxista.
  나는 원래 프로그래머이지만 지금은 택시 기사이다.

직업 단어를 남성형-여성형, 남여 형태가 같은 순으로 알아보겠습니다.

- profesor/a 쁘로페소르/라 선생, 교사, 교수
- bombero/a 봄베로/라 소방관
- ingeniero/a 잉헤니에로/라 엔지니어
- médico/a 메디꼬/까 의사
- enfermero/a 엠페르메로/라 간호사
- político/a 뽈리띠꼬/까 정치인
- cocinero/a 꼬씨네로/라 요리사

- dentista 덴띠스따 치과 의사
- periodista 뻬리오디스따 기자
- policía 뽈리씨아 경찰관

퇴근 5분 전

퇴근하기 전에 더 할 일 있나요?

¿Hay algo más que le gustaría que yo hiciera antes de irme?
아이 알고 마쓰 께 레 구스따리아 께 요 이씨에라 안떼쓰 데 이르메?

상사가 오늘 퇴근 전까지 보고서를 끝내라고 했어.

Mi jefe quería que terminara el informe hoy antes de salir de la oficina.
미 헤페 께리아 께 떼르미나라 엘 임포르메 오이 안떼쓰 데 쌀리르 데 라 오피씨나

오늘까지 할 수 있을 것 같아?

¿Crees que puedes hacer esto al final del día?
끄레에쓰 께 뿌에데쓰 아쎄르 에스또 알 피날 델 디아?

퇴근할 때 반드시 컴퓨터를 끄세요.

Cuando te vayas, asegúrate de apagar el ordenador.
꾸안도 떼 바야쓰, 아세구라떼 데 아빠가르 엘 오르데나도르

내일 중요한 프레젠테이션이 있어서 야근해야 돼.

Mañana tengo una presentación importante, así que tengo que trabajar horas extras.
마냐나 뗑고 우나 쁘레센따씨온 임뽀르딴떼, 아씨 께 뗑고 께 뜨라바하르 오라쓰 엑쓰뜨라쓰

오늘은 꼭 칼퇴할 거야.

Hoy saldré puntual del trabajo.
오이 쌀드레 뿐뚜알 델 뜨라바호

la presentación 라 쁘레센따씨온 프레젠테이션

조퇴 관련

오늘 일찍 퇴근해도 괜찮을까요?

¿Está bien si hoy salgo antes del trabajo?
에스따 비엔 씨 오이 쌀고 안떼쓰 델 뜨라바호?

¿Le importaría si salgo del trabajo hoy un poco más temprano?
레 임뽀르따리아 씨 쌀고 델 뜨라바호 오이 운 뽀꼬 마쓰 뗌쁘라노?

클라라는 일찍 퇴근했다.

Clara ha salido del trabajo temprano.
끌라라 아 쌀리도 델 뜨라바호 뗌쁘라노

산드라는 한 시간 정도 일찍 퇴근했어요.

Sandra salió aproximadamente una hora antes.
싼드라 쌀리오 아쁘록씨마다멘떼 우나 오라 안떼쓰

어제 몸이 안 좋아서 조퇴했어.

Ayer no me sentía bien así que salí del trabajo temprano.
아예르 노 메 센띠아 비엔, 아시 께 쌀리 델 뜨라바호 뗌쁘라노

우리 회사는 자율근무제야.

Mi empresa tiene horario flexible.
미 엠쁘레사 띠에네 오라리오 플렉씨블레

오늘 조금 일찍 퇴근하고 모자란 시간은 내일 채워도 될까요?

¿Puedo salir un poco antes hoy y recuperar las horas que faltan mañana?
뿌에도 쌀리르 운 뽀꼬 안떼쓰 오이 이 레꾸뻬라르 라쓰 오라쓰 께 팔딴 마냐나?

temprano/a 뗌쁘라노/나 이른
aproximadamente 아쁘록씨마다만떼 대략

Unidad 5 **업무** MP3. C04_U05

담당 업무 ①

\# 전 마케팅 담당이에요.

Me encargo del marketing.
메 엔까르고 델 마르께띵

\# 영업 쪽 일을 해요.

Trabajo en el área de ventas.
뜨라바호 엔 엘 아레아 데 벤따쓰

\# 저는 페레스 씨와 일합니다.

Trabajo con el Sr. Pérez.
뜨라바호 꼰 엘 쎄뇨르 뻬레쓰

\# 저는 팀장입니다.

Soy el/la jefe/a del equipo.
쏘이 엘/라 헤페/파 델 에끼뽀

\# 어떠한 업무 경험을 갖고 계십니까?

¿Qué tipo de experiencia tienes?
께 띠뽀 데 엑쓰뻬리엔씨아 띠에네쓰?

\# 누가 물류 업무를 담당하고 있나요?

¿Quién está a cargo de logística?
끼엔 에스따 아 까르고 데 로히스띠까?

여기서 잠깐!

'~씨'라고 말할 때는 이름 앞에 Señor/a 세뇰/뇨라를 붙이면 됩니다. 단 'Señor ○○ 씨' 할 때, 이 '누구'는 '이름'으로는 잘 사용하지 않으며 '성'을 사용합니다. 예를 들어 이름이 '김수민'이고 여성이라면, 'Señora Kim 세뇨라 김'이라고 합니다.

꼭! 짚고 가기

여름과 금요일에는 단축 근무를?

스페인의 모든 회사가 그런 건 아니지만 대부분의 큰 회사들은 7, 8월과 매주 금요일에 단축 근무를 하고 있습니다.
여름에는 날씨가 덥기도 하고 또 대부분 사람들이 한 달씩 길게 휴가를 쓰기 때문에 많은 회사에서 자체적으로 서머 타임 제도를 운영하고 있답니다.
또한 매주 금요일 역시 오후 3시면 퇴근하는 사람들이 많으며 늘 이 시간에 퇴근하는 사람들로 시내 도로가 막히는 것을 자주 볼 수 있습니다.
공공기관 역시 7, 8월에는 오전 근무를 하는 곳이 대부분이기 때문에 업무를 보러 가기 전 반드시 시간을 확인해야 합니다.

담당 업무②

\# 그는 업무 능력도 뛰어나고 발도 넓어요.

Es una persona muy hábil con muchos contactos.
에쓰 우나 뻬르소나 무이 아빌 꼰 무초쓰 꼰딱또쓰

\# 그 업무는 그의 능력 밖이에요.

El trabajo excede sus capacidades.
엘 뜨라바호 엑쓰쎄데 쑤쓰 까빠씨다데쓰

\# 제가 이 프로젝트를 담당하고 있습니다.

Estoy a cargo de este proyecto.
에스또이 아 까르고 데 에스떼 쁘로옉또

\# 리카르도는 회사의 거래를 관리한다.

Ricardo gestiona los negocios de su empresa.
리까르도 헤스띠오나 로쓰 네고씨오쓰 데 쑤 엠쁘레사

\# 저는 인사팀에서 일합니다.

Trabajo en recursos humanos.
뜨라바호 엔 레꾸르소쓰 우마노쓰

\# 제 일은 영어로 전화 통화를 해야 하는 일이 많습니다.

La mayor parte de mi trabajo supone hablar telefónicamente en inglés.
라 마요르 빠르떼 데 미 뜨라바호 쑤뽀네 아블라르 뗄레포니까멘떼 엔 잉글레쓰

\# 저는 주로 홍보 기사를 쓰고 뉴스레터를 발행합니다.

Mi trabajo principal es redactar artículos promocionales y publicar newsletter.
미 뜨라바호 쁘린씨빨 에쓰 레닥따르 아르띠꿀로쓰 쁘로모씨오날레쓰 이 뿌블리까르 뉴스레터
(newsletter는 boletín electrónico 볼레띤 엘렉뜨로니꼬 라고 해도 되지만 보통 영어 그대로 씁니다.)

el proyecto 엘 쁘로옉또 프로젝트

너무 바쁜 업무

\# 죽도록 일했다.

Me maté trabajando.
메 마떼 뜨라바한도

\# 요즘에는 일하고 잘 시간밖에 없다.

Lo único para lo que tengo tiempo estos días es para trabajar y dormir.
로 우니꼬 빠라 로 께 뗑고 띠엠뽀 에스또쓰 디아쓰 에쓰 빠라 뜨라바하르 이 도르미르

\# 일 때문에 너무 바쁘다.

Estoy hasta arriba de trabajo.
에스또이 아스따 아리바 데 뜨라바호

\# 눈 깜박할 시간도 없어.

No tengo tiempo ni de pestañear.
노 뗑고 띠엠뽀 니 데 뻬스따녜아르

\# 오늘 하루 종일 회의가 있어.

Hoy tengo reuniones todo el día.
오이 뗑고 레우니오네쓰 또도 엘 디아

\# 오늘 일이 너무 많아 점심을 못 먹을 거 같아.

Hoy tengo mucho trabajo y no voy a poder ir a comer.
오이 뗑고 무초 뜨라바호 이 노 보이 아 뽀데르 이르 아 꼬메르

\# 타이핑을 하도 많이 했더니 손목이 아파.

Me duelen las muñecas de tanto teclear.
메 두엘렌 라쓰 무녜까쓰 데 딴또 떼끌레아르

\# 마감일까지 끝낼 수 없을 거 같은데요.

Me temo que no podemos hacerlo en la fecha límite.
메 떼모 께 노 뽀데모쓰 아쎄를로 엔 라 페차 리미떼

업무 지시&체크①

일들 하라고.

Vuelta al trabajo.
부엘따 알 뜨라바호

계속 수고들 해요.

Sigan trabajando así.
씨간 뜨라바한도 아시

오늘 프레젠테이션 준비 다 되었니?

¿Estás listo/a para la presentación de hoy?
에스따쓰 리스또/따 빠라 라 쁘레센따씨온 데 오이?

제출 기한까지 끝낼 수 있겠어?

¿Puedes terminarlo para la fecha de entrega?
뿌에데쓰 떼르미나르로 빠라 라 페차 데 엔뜨레가?

프로젝트는 잘되어 가나요?

¿Cómo va el proyecto?
꼬모 바 엘 쁘로옉또?

프로젝트를 진행하는 데 어려운 점이 있어?

¿Tiene dificultades con el proyecto?
띠에네 디피꿀따데스 꼰 엘 쁘로옉또?

내가 도와줄 수 있는 게 있다면 언제든지 말해.

Si hay algo en lo que pueda ayudar, por favor avísame.
씨 아이 알고 엔 로 께 뿌에다 아유다르, 뽀르 파보르 아비사메

volver 볼베르 돌아가다

업무 지시&체크②

이 서류들을 분쇄해 주세요.

Destruye estos documentos, por favor.
데스뜨루예 에스또쓰 도꾸멘또쓰, 뽀르 파보르

다섯 부 복사해 줄래요?

¿Podrías hacer cinco copias, por favor?
뽀드리아쓰 아쎄르 씽꼬 꼬삐아쓰, 뽀르 파보르?

이 자료를 엑셀로 만들어 줄 수 있어?

¿Puedes crear este documento en Excel?
뿌에데쓰 끄레아르 에스떼 도꾸멘또 엔 엑셀?

이 서류철들을 정리해 줄래요?

¿Por favor, podrías organizar estos archivos?
뽀르 파보르, 뽀드리아쓰 오르가니싸르 에스또쓰 아르치보쓰?

이 파일을 이메일로 받아볼 수 있을까?

¿Puedo recibir este archivo por correo electrónico?
뿌에도 레씨비르 에스떼 아르치보 뽀르 꼬레오 엘렉뜨로니꼬?

다시 체크해 보세요.

Por favor, revísalo otra vez.
뽀르 파보르, 레비살로 오뜨라 베쓰

업무 지시에 대한 대답

\# 언제까지 필요하신 건가요?

¿Cuándo lo necesitas?
꾸안도 로 네쎄시따쓰?

\# 지금 하는 중입니다.

Estoy en ello.
에쓰또이 엔 에요

\# 문제가 될 리 없습니다.

No debería ser un problema.
노 데베리아 쎄르 운 쁘로블레마

\# 잘되어 가고 있습니다.

Todo está controlado.
또도 에스따 꼰뜨롤라도

\# 최선을 다할게요.

Voy a dar lo mejor de mí.
보이 아 다르 로 메호르 데 미

\# 하다가 어려운 점이 있으면 여쭤볼게요.

Si tengo alguna dificultad al hacer esto, lo preguntaré.
씨 뗑고 알구나 디피꿀땃 알 아쎄르 에스또, 로 쁘레군따레

\# 서류를 또 고쳐야 하나요?

¿Debo corregir el documento otra vez?
데보 꼬레히르 엘 도꾸멘또 오뜨라 베쓰?

\# 우리는 매니저의 결정을 기다리고 있어요.

Estamos a la espera de la decisión del manager.
에스따모쓰 아 라 에스뻬라 데 라 데씨시온 델 마나헬
(manager를 gerente 헤렌떼라고 해도 되지만 많은 경우 영어 그대로 씁니다.)

외근&기타

\# 그는 업무차 런던에 가 있다.

Está en Londres por trabajo.
에스따 엔 론드레쓰 뽀르 뜨라바호

\# 업무차 시외로 나갈 거예요.

Voy a estar fuera de la ciudad por trabajo.
보이 아 에스따르 푸에라 데 라 씨우닫 뽀르 뜨라바호

\# 저는 출산 휴가자 대체자로 6개월 동안 근무합니다.

Estoy trabajando como sustituto de una baja por maternidad estos 6 meses.
에스또이 뜨라바한도 꼬모 쑤스띠뚜또 데 우나 바하 뽀르 마떼르니닫 에스또쓰 쎄이쓰 메세쓰

\# 내 업무는 출장이 잦은 외근직이야.

Mi puesto de trabajo requiere frecuentes viajes por trabajo fuera de la oficina.
미 뿌에스또 데 뜨라바호 레끼에레 프레꾸엔떼쓰 비아헤쓰 뽀르 뜨라바호 푸에라 데 라 오피씨나

\# 나중에 전화할게, 지금 업무 중이야.

Te llamaré luego, estoy trabajando.
떼 야마레 루에고, 에스또이 뜨라바한도

여기서 잠깐!

'일을 하다'라고 할 때 '일'은 스페인어로 trabajo 뜨라바호입니다. 하지만 일상생활에서는 curro 꾸로라는 단어를 아주 많이 사용합니다. 아래 둘 다 같은 표현이지만, curro는 대화상에만 쓰는 '구어'입니다.

- Tengo mucho **trabajo**. 나는 일이 아주 많다.
  = Tengo mucho **curro**. (구어)

근무 조건

\# 토요일에는 근무하지 않습니다.

No trabajo el sábado.
노 뜨라바호 엘 싸바도

\# 주 5일 근무합니다.

Trabajo 5 días a la semana.
뜨라바호 씽꼬 디아쓰 아 라 쎄마나

\# 매주 토요일에 근무합니다.

Trabajo todos los sábados.
뜨라바호 또도쓰 로쓰 싸바도쓰

\# 사무실에서는 정장을 입어야 합니다.

Tengo que llevar traje a la oficina.
뗑고 께 예바르 뜨라헤 아 라 오피씨나

\# 업무 시간이 자유로워요.

Tengo un horario de trabajo flexible.
뗑고 운 오라리오 데 뜨라바호 플렉씨블레

el sábado 엘 싸바도 토요일
llevar 예바르 (옷을) 입다, 가져가다
el horario 엘 오라리오 시간표
flexible 플렉씨블레 자유로운

꼭! 짚고 가기

스페인 이색 직업, 투우사

동물 보호 협회의 반대와 시대 변화로 열기가 많이 식었지만, 스페인 하면 여전히 빼놓을 수 없는 게 바로 투우입니다. 과거에 투우사는 선망의 직업으로 인기와 부를 누렸습니다. 지금도 몇몇 유명한 투우사들의 일거수일투족이 관심의 대상입니다.
현재 왕성히 활동하고 있는 가장 유명한 투우사는 호세 토마스(José Tomás)입니다. 2010년 멕시코에서 경기 도중 소뿔에 찔리는 큰 사고를 당한 후, 2012년 성공적으로 복귀했습니다. 호세 토마스는 자신의 경기를 TV에서 중계하는 것을 절대 허락하지 않습니다. 경기를 보고 싶다면 투우장에 와서 직접 보라는 자신감이 깔린 행동으로, 특히 해를 거듭할수록 가라앉는 투우 문화를 살리자는 노력이 담겨있기도 합니다.
스페인에서 투우를 언제 어디서든 볼 수 있다고 생각하는데, 마드리드를 제외한 곳은 그 지역 축제 기간에만 4~5일 진행됩니다. 심지어 바르셀로나에서는 2012년부터 투우가 금지되어 이제는 볼 수 없습니다. 마드리드에서는 여름 시즌 일요일에 정기적으로 투우를 볼 수 있지만, 이는 관광객들을 위한 것입니다. 현지인들을 위한 '진짜 투우'는 5~6월 초 '산 이시드로(San Isidro)' 축제 기간에 열립니다.

급여①

급여일이 언제예요?

¿Cuándo es el día de paga?
꾸안도 에쓰 엘 디에 데 빠가

나는 매달 25일에 월급을 받는다.

Todos los 25 de cada mes recibo mi nómina.
또도쓰 로쓰 베인띠씽꼬 데 까다 메쓰 레씨보 미 노미나

월급날이 다가오고 있다.

El día de pago está la vuelta de la esquina.
엘 디아 데 빠고 에스따 라 부엘따 데 라 에스끼나

제 월급이 쥐꼬리만해요.

Cobro una miseria.
꼬브로 우나 미세리아

내 월급으로 생활하기 빠듯하다.

Es difícil sobrevivir con mi salario.
에쓰 디피씰 쏘브레비비르 꼰 미 쌀라리오
Apenas logró sobrevivir con mi sueldo.
아뻬나쓰 로그로 쏘브레비비르 꼰 미 쑤엘도

급여명세서는 매월 초 회사 인트라넷에서 다운로드할 수 있습니다.

Los recibos de nómina se pueden descargar desde la intranet de la empresa a principios de cada mes.
로쓰 레씨보쓰 데 노미나 쎄 뿌에덴 데스까르가르 데스데 라 인뜨라넷 데 라 엠쁘레사 아 쁘린씨삐오쓰 데 까다 메쓰

세금은 매달 월급에서 공제된다.

Deducen los impuestos de mi sueldo todos los meses.
데두쎈 로쓰 임뿌에스또쓰 데 미 쑤엘도 또도쓰 로쓰 메세쓰

급여②

어제 월급을 타서 주머니 사정이 좋아.

Me acaban de pagar ayer y tengo liquidez.
메 아까반 데 빠가르 아예르 이 뗑고 리끼데쓰

월급을 올려 달라고 하고 싶어.

Quiero pedir un aumento de sueldo.
끼에로 뻬디르 운 아우멘또 데 쑤엘도

월급이 오르지 않으면 그만둘 생각이야.

Dejaré el trabajo si no me dan un aumento de sueldo.
데하레 엘 뜨라바호 씨 노 메 단 운 아우멘또 데 쑤엘도

급여를 인상해 달라고 말해 본 적 있어?

¿Alguna vez has pedido un aumento de sueldo?
알구나 베쓰 아쓰 뻬디도 운 아우멘또 데 쑤엘도?

이번 달 월급이 올랐어요.

Me han aumentado el sueldo este mes.
메 안 아우멘따도 엘 쑤엘도 에스떼 메쓰

그녀는 급여가 상당히 인상될 것이라고 예상했다.

Pensó que iba a conseguir una gran subida.
뻰소 께 이바 아 꼰세기르 우나 그란 쑤비다

그의 월급이 삭감됐다.

Le recortaron el sueldo.
레 레꼬르따론 엘 쑤엘도

상여금

\# 나는 1년에 두 번 상여금을 받아요.

Tengo bonus dos veces al año.
뗑고 보누쓰 도쓰 베쎄쓰 알 아뇨

\# 상여금을 무엇에 쓸 거야?

¿Cómo te vas a gastar el bonus?
꼬모 떼 바쓰 아 가스따르 엘 보누쓰?

\# 우리 상여금은 수익에 따라 달라진다.

Nuestros bonus dependen del volumen de beneficios.
누에스뜨로쓰 보누쓰 데뻰덴 델 볼루멘 데 베네피씨오쓰

\# 그는 특별 상여금을 받았다.

Recibió un bonus especial.
레씨비오 운 보누쓰 에스뻬씨알

\# 특별 상여금이 지급될 것 같은데.

Supongo que recibiremos algún tipo de bonus adicional.
쑤뽕고 께 레씨비레모쓰 알군 띠뽀 데 보누쓰 아디씨오날

\# 우리 사장님은 인색해서 상여금을 절대 안 줘.

Mi jefe es tan tacaño que nunca da bonus.
미 헤페 에쓰 딴 따까뇨 께 눙까 다 보누쓰

여기서 잠깐!

'구두쇠'를 뜻하는 말로 tacaño/a 따까뇨/냐가 있습니다. agarrado/a 아가라도/다, roñoso/a 로뇨소/사라고도 쓸 수 있습니다.

- Es un tacaño. 에쓰 운 따까뇨 그는 구두쇠다.

출장

\# 다음 주에 출장 갑니다.

Me voy de viaje de negocios la semana que viene.
메 보이 데 비아헤 데 네고씨오쓰 라 쎄마나 께 비에네

\# 대전으로 당일치기 출장을 다녀왔다.

Fui a un viaje de negocios por un día a Daejeon.
푸이 아 운 비아헤 데 네고씨오쓰 뽀르 운 디아 아 대전

\# 한달 간 해외 출장을 가게 되었습니다.

Voy a ir a trabajar al extranjero durante un mes.
보이 아 이르 아 뜨라바하르 알 엑쓰뜨랑헤로 두란떼 운 메쓰

\# 출장 관련 비용은 어떻게 정산되나요?

¿Cómo se pagan los gastos de viaje?
꼬모 쎄 빠간 로쓰 가스또쓰 데 비아헤?

\# 유럽 출장은 어땠어요?

¿Qué tal fue tu viaje de negocios por Europa?
께 딸 푸에 뚜 비아헤 데 네고시오쓰 뽀르 에우로빠?

\# 성공적인 출장이었기를 바랍니다.

Espero que fuera un viaje de negocios exitoso.
에스뻬로 께 푸에라 운 비아헤 데 네고씨오쓰 엑씨또소

스트레스&불만

\# 제일 많이 스트레스 받는 사람이 바로 나야.

Soy quien está más estresado/a.
쏘이 끼엔 에스따 마쓰 에스뜨레사도/다

\# 이 모든 스트레스가 내 건강을 해치고 있다.

Todo este estrés está afectando a mi salud.
또도 에스떼 에스뜨레쓰 에스따 아펙딴도 아 미 쌀룯

\# 좀 스트레스 받고 있어.

Estoy un poco estresado/a.
에스또이 운 뽀꼬 에스뜨레사도/다

\# 스트레스는 어떻게 관리하세요?

¿Cómo maneja el estrés?
꼬모 마네하 엘 에스뜨레쓰?

\# 이런 식으로 일할 수 없어요.

No puedo trabajar así.
노 뿌에도 뜨라바하르 아시

\# 이것은 제 일이 아닙니다.

Este no es mi trabajo.
에스떼 노 에쓰 미 뜨라바호

\# 더 못 참겠어요.

No aguanto más.
노 아구안또 마쓰

여기서 잠깐!

'승진'을 뜻하는 말로 ascenso 아스쎈소, promoción 쁘로모씨온이 있습니다. ascenso는 월급, 직급 등이 오르는 수직적 승진을, promoción은 수직적 승진뿐만 아니라 부서 변경 등 수평적 승진도 포함합니다.

회사 동료에 대해 말할 때

\# 쟤는 낙하산이라는 소문이 있어.

Hay un rumor de que está enchufado/a.
아이 운 루모르 데 께 에스따 엔추파도/다

\# 그와 일하는 거 어때?

¿Cómo es trabajar con él?
꼬모 에쓰 뜨라바하르 꼰 엘?

\# 그녀는 항상 한 박자가 늦어.

Está siempre un paso por detrás.
에스따 씨엠쁘레 운 빠소 뽀르 데뜨라쓰

\# 그는 승부욕이 강해.

Es muy competitivo.
에쓰 무이 꼼뻬띠띠보

\# 그녀는 일중독자야.

Es una adicta al trabajo.
에쓰 우나 아딕따 알 뜨라바호

\# 그는 계획적이지만, 너무 꼼꼼해요.

Es organizado, pero demasiado meticuloso.
에쓰 오르가니싸도, 뻬로 데바시아도 메띠꿀로소

\# 그녀는 남들과 함께 일할 타입이 아니야.

No es un trabajador de equipo.
노 에쓰 운 뜨라바하도르 데 에끼뽀

\# 쟤는 다른 사람들과 같이 일하는 걸 좋아하지 않아.

No le gusta trabajar con otras personas.
노 레 구스따 뜨라바하르 꼰 오뜨라쓰 뻬르소나쓰

승진

너는 승진할 만해.

Te mereces conseguir el ascenso.
떼 메레쎄쓰 꼰세기르 엘 아스쎈소

그녀는 사실 진작에 승진했어야 할 사람이었어.

Debería haber conseguido el ascenso hace mucho tiempo.
데베리아 아베르 꼰세기도 엘 아스쎈소 아쎄 무초 띠엠뽀

이번에 승진할 거라고 생각해?

¿Crees que podrás promocionar esta vez?
끄레에쓰 께 뽀드라쓰 쁘로모씨오나르 에스따 베쓰?

카를로스는 열심히 일해서 승진했다.

Carlos consiguió promocionar por lo bien que lo hizo.
까를로쓰 꼰시기오 쁘로모씨오나르 뽀르 로 비엔 께 로 이쏘

펠리페가 승진했다는 거 들었어?

¿Has oído que Felipe ha sido promocionado?
아쓰 오이도 께 펠리뻬 아 씨도 쁘로모씨오나도?

내년에는 승진하길 바란다.

Espero que promociones el año que viene.
에스뻬로 께 쁘로모씨오네쓰 엘 아뇨 께 비에네

그는 승진하기 위해 상사에게 아첨한다.

Hace la pelota a su jefe para promocionar.
아쎄 라 뻴로따 아 쑤 헤페 빠라 쁘로모씨오나르

그는 이번 승진에서 나를 제외시켰다.

Me apartaron de los candidatos para promocionar en esta ocasión.
메 아빠르따론 데 로쓰 깐디다또쓰 빠라 쁘로모씨오나르 엔 에스따 오까시온

꼭! 짚고 가기

회사 부서 이름 말하기

회사에는 다양한 부서가 있습니다. 내가 근무하는 부서는 스페인어로 어떻게 말할까요?

- 총무부
  departamento de dirección generales
  데빠르따멘또 데 디렉씨온 헤네랄레쓰
- 영업부
  departamento de ventas
  데빠르따멘또 데 벤따쓰
- 재무부
  departamento financiero
  데빠르따멘또 피난씨에로
- 홍보부
  departamento de relaciones públicas
  데빠르따멘또 데 렐라씨오네쓰 뿌블리까쓰
- 인사부
  departamento de recursos humanos
  데빠르따멘또 데 레꾸르소쓰 우마노쓰
- 마케팅부
  departamento de marketing
  데빠르따멘또 데 마르께띵
- 구매부
  departamento de compras
  데빠르따멘또 데 꼼쁘라쓰
- 연구개발부
  departamento de investigación y desarrollo
  데빠르따멘또 데 임베스띠가씨온 이 데사로요
- 고객 서비스부
  departamento de atención al cliente
  데빠르따멘또 데 아뗀씨온 알 끌리엔떼

회의 시작

\# 오늘 회의를 시작합시다.

Vamos a empezar la reunión de hoy.
바모쓰 아 엠뻬싸르 라 레우니온 데 오이

\# 각자 현재 맡은 일에 대한 진행 상황을 공유해 주세요.

Por favor, indiquen el progreso de su trabajo actualizado.
뽀르 파보르, 인디껜 엘 쁘로그레소 데 쑤 뜨라바호 악뚜알리싸도

\# 괜찮다면 회의 동안 화상 카메라를 켜줄 수 있을까요?

Si no os importa, ¿podéis encender la cámara durante la reunión?
씨 노 오쓰 임뽀르따, 뽀데이쓰 엔쎈데르 라 까마라 두란떼 라 레우니온?

\# 두 가지 항목이 안건으로 있습니다.

Hay dos puntos en la agenda.
아이 도쓰 뿐또쓰 엔 라 아헨다

\# 각각의 안건에 대해 25분간 논의할 것입니다.

Vamos a discutir los temas durante 25 minutos cada uno.
바모쓰 아 디스꾸띠르 로쓰 떼마쓰 두란떼 베인띠씽꼬 미누또쓰 까다 우노

\# 오늘 회의 목적은 신제품 가격에 대해 협상하는 것입니다.

El propósito de la reunión de hoy, es negociar el precio de los productos más recientes.
엘 쁘로뽀시또 데 라 레우니온 데 오이, 에쓰 네고씨아르 엘 쁘레씨오 데 로쓰 쁘로둑또쓰 마쓰 레씨엔떼쓰

\# 오늘 회의는 짧게 할 생각입니다.

La reunión de hoy será corta.
라 레우니온 데 오이 쎄라 꼬르따

회의 진행

\# 다음 안건이 뭔지 봅시다.

Vamos a pasar al siguiente tema de la agenda.
바모쓰 아 빠사르 알 씨기엔떼 떼마 데 라 아헨다

\# 주목해 주시겠습니까?

¿Pueden prestarme su atención, por favor?
뿌에덴 쁘레스따르메 쑤 아뗀씨온, 뽀르 파보르?

\# 그것에 대해 한번 토론해 보죠.

Vamos a hablar de eso.
바모쓰 아 아블라르 데 에소

\# 질문 있는 분 계십니까?

¿Alguien tiene alguna pregunta?
알기엔 띠에네 알구나 쁘레군따?

\# 이에 대한 의견 있습니까?

¿Tiene algo que añadir?
띠에네 알고 께 아냐디르?

\# 이 의견에 얼마나 찬성하시나요?

¿Cuántos votos a favor tenemos?
꾸안또쓰 보또쓰 아 파보르 떼네모쓰?

\# 이 계획에 반대하시는 분 있습니까?

¿Hay alguien que no está de acuerdo con este plan?
아이 알기엔 께 노 에스따 데 아꾸에르도 꼰 에스떼 쁠란?

\# 한 가지 더 짚고 넘어가겠습니다.

Quería comentar una cosa más.
께리아 꼬멘따르 우나 꼬사 마쓰

회의 마무리

질문은 마지막에만 받습니다.

Solamente permitiremos preguntas al final.
쏠라멘떼 뻬르미띠레모쓰 쁘레군따쓰 알 피날

나중에 답변해 드려도 될까요?

¿Puedo responderle sobre este punto más adelante?
뿌에도 레스뽄데를레 쏘브레 에스떼 뿐또 마쓰 아델란떼?

그건 다음으로 미뤄야겠습니다.

Vamos a tener que dejarlo para la próxima vez.
바모쓰 아 떼네르 께 데하를로 빠라 라 쁘록씨마 베쓰

그러니까 제 말씀은 이겁니다.

Así que lo que estoy tratando de decir es esto.
아시 께 로 께 에스또이 뜨라딴도 데 데씨르 에쓰 에스또

오늘의 주제는 모두 다루었습니다.

Hemos hablado todos los temas del día.
에모쓰 아블라도 또도쓰 로쓰 떼마쓰 델 디아

회의가 끝났다.

La reunión ha terminado.
라 레우니온 아 떼르미나도

회의가 연기되었다.

La reunión ha sido aplazada.
라 레우니온 아 씨도 아쁠라싸다

전화를 걸 때(회사)

프로젝트 때문에 전화 드렸습니다.

Estoy llamando en referencia al proyecto.
에스또이 야만도 엔 레페렌씨아 알 쁘로옉또

내일 회의 확인하려고 전화했어요.

Estoy llamando para confirmar la reunión de mañana.
에스또이 야만도 빠라 꼼피르마르 라 레우니온 데 마냐나

전화하셨다고 해서 전화 드렸는데요.

Le estoy llamando porque me han comentado que llamó antes.
레 에스또이 야만도 뽀르께 메 안 꼬멘따도 께 야모 안떼쓰

제 주문에 관해 알바레스 씨와 통화하고 싶습니다.

Me gustaría hablar con el Sr. Álvarez respecto a mi pedido.
메 구스따리아 아블라르 꼰 엘 쎄뇨르 알바레쓰 레스뻭또 아 미 뻬디도

인사부 아무나 바꿔 주시겠습니까?

¿Puedo hablar con alguien del departamento de recursos humanos?
뿌에도 아블라르 꼰 알기엔 델 데빠르따멘또 데 레꾸르소쓰 우마노쓰?

여기서 잠깐!

스페인 대부분의 식당에서는 평일 점심에 menú del día 메뉴 델 디아라는 점심 메뉴를 판매합니다. 전식, 본식, 후식, 음료를 12~18유로 선에서 먹을 수 있습니다. 하지만 스페인 평균 월급과 외식 물가를 비교하면 매일 사 먹기에는 부담스러울 수 있는 가격입니다. 따라서 도시락을 가지고 다니는 직장인들이 아주 많답니다.

전화를 받을 때(회사)

\# 안녕하세요, AB사입니다.
무엇을 도와드릴까요?

Hola, compañía AB. ¿En qué le puedo ayudar?
올라, 꼼빠니아 아베. 엔 께 레 뿌에도 아유다르?

\# 안녕하세요, AB사 영업부의 사무엘입니다.

Hola, compañía AB. Soy Samuel del departamento de ventas.
올라, 꼼빠니아 아베. 쏘이 싸무엘 델 데빠르따멘또 데 벤따쓰

\# AB 센터로 전화 주셔서 감사합니다.
무엇을 도와드릴까요?

Gracias por llamar a Centro AB. ¿En qué le puedo ayudar?
그라씨아쓰 뽀르 야마르 아 쎈뜨로 아베.
엔 께 레 뿌에도 아유다르?

\# 여보세요, 페레스 씨의 전화입니다.

Hola, el señor Pérez al teléfono.
올라, 엘 쎄뇨르 뻬레쓰 알 뗄레포노

la compañía 라 꼼빠니아 회사
el departamento 엘 데빠르따멘또 부서
la venta 라 벤따 판매
el teléfono 엘 뗄레포노 전화

휴가①

\# 블랑카는 휴가 중이다.

Blanca está de vacaciones.
블랑까 에스따 데 바까씨오네쓰

\# 과장님은 휴가 중입니다.

El director está de vacaciones.
엘 디렉또르 에스따 데 바까씨오네쓰

\# 네 휴가는 언제 끝나?

¿Cuándo terminas tus vacaciones?
꾸안도 떼르미나쓰 뚜쓰 바까씨오네쓰?

\# 내일 휴가 내도 될까요?

¿Podría tener mañana el día libre?
뽀드리아 떼네르 마냐나 엘 디아 리브레?

\# 휴가를 신청하려고 합니다.

Me gustaría solicitar vacaciones.
메 구스따리아 쏠리씨따르 바까씨오네쓰

\# 걱정 말고, 푹 쉬면서 휴가 잘 보내렴.

No te preocupes, simplemente, relájate y ten unas maravillosas vacaciones.
노 떼 쁘레오꾸뻬쓰, 씸쁠레멘떼, 렐라하떼 이 뗀 우나쓰 마라비요사쓰 바까씨오네쓰

\# 미리 휴가 계획을 공유해서 서로 겹치지 않게 하세요.

Por favor, compartid vuestros planes de vacaciones con antelación para evitar que coincidan.
뽀르 파보르, 꼼빠르띧 부에스뜨로쓰 쁠라네쓰 데 바까씨오네쓰 꼰 안뗄라씨온 빠라 에비따르 께 꼬인씨단

휴가②

\# 저는 다음 주 금요일까지 휴가입니다.

Estoy de vacaciones hasta el próximo viernes.

에스또이 데 바까씨오네쓰 아스따 엘 쁘록씨모 비에르네쓰

\# 급한 일이 생기면, 언제든지 연락 주세요.

Si surge algo urgente, por favor contáctame en cualquier momento.

씨 쑤르헤 알고 우르헨떼, 뽀르 파보르 꼰딱따메 엔 꾸알끼에르 모멘또

\# 지금 휴가 중인 건 아는데, 문제가 생겨서요.

Sé que estás de vacaciones ahora mismo, pero hay un problema.

쎄 께 에스따쓰 데 바까씨오네쓰 아오라 미스모, 뻬로 아이 운 쁘로블레마

\# 스페인 사람들은 대부분 여름에 휴가를 가는 편이다.

Los españoles suelen ir de vacaciones en verano.

로쓰 에스빠뇰레쓰 쑤엘렌 이르 데 바까씨오네쓰 엔 베라노

\# 스페인 사람들은 대개 미식을 위한 여행 혹은 휴식을 위한 여행을 간다.

Los españoles suelen ir de vacaciones gastronómicas o de descanso.

로쓰 에스빠뇰레쓰 쑤엘렌 이르 데 바까씨오네쓰 가스뜨로노미까쓰 오 데 데스깐소

꼭! 짚고 가기

스페인 사람들이 사랑하는 휴가지

스페인 사람들은 대체로 인생을 즐기려는 생각이 강합니다. 따라서 휴가를 갈 때도 맛있는 음식을 먹으며 휴식을 취할 수 있는 곳으로 정하는 경우가 많습니다.

스페인 내에서 미식을 위한 여행(gastronomía 가스뜨로노미아)을 한다면 해산물이 풍부한 북쪽 갈리시아 지방이 좋습니다.

산 세바스티안은 스페인에서 부촌으로 꼽히는 곳 중 하나로 미슐랭 별을 받은 유명한 레스토랑이 많으며 pincho 핀쵸(지역어로는 pintxo)라는 핑거푸드 종류의 음식이 유명합니다.

바다가 없는 내륙 지방에 사는 사람들은 바닷가 근처로 휴가를 많이 가는 편입니다. Marbella 마르베야, Málaga 말라가 등 남쪽이 유명하며 특히 Marbella는 부자들의 별장이 있는 곳으로 물가가 아주 비싼 편입니다. 또한 Salou 쌀로우도 깨끗한 바다로 인기가 높은 휴양지입니다.

젊은이라면 꼭 한번 방문해야 할 곳으로는 Ibiza 이비싸 섬이 있습니다. 여름이 되면 유럽의 많은 젊은이들이 모이는 곳으로 유명합니다.

기타 휴가

오늘 아파서 휴가를 냈다.

Tuve el día libre por estar enfermo.
뚜베 엘 디에 리브레 뽀르 에스따르 엠페르모

안드레아는 병가 중입니다.

Andrea está de baja por enfermedad.
안드레아 에스따 데 바하 뽀르 엠페르메닫

오늘 몸이 안 좋아요. 반차를 낼 수 있을까요?

No me siento bien hoy. ¿Puedo pedir medio día libre?
노 메 씨엔또 비엔 오이. 뿌에도 뻬디르 메디오 디아 리브레?

월차를 내려고 합니다.

Me gustaría coger un día libre.
메 구스따리아 꼬헤르 운 디아 리브레

페르난다는 출산 휴가 중이에요.

Fernanda está de baja por maternidad.
페르난다 에스따 데 바하 뽀르 마떼르니닫

그들은 유급 휴가를 받을 자격이 있다.

Tienen derecho a vacaciones pagadas.
띠에넨 데레초 아 바까씨오네쓰 빠가다쓰

전 지금 휴직 상태예요.

Actualmente estoy de baja.
악뚜알멘떼 에스또이 데 바하

Unidad 7 **비즈니스** MP3. C04_U07

거래처 방문

안녕하세요, 일전에 전화 드렸던 AB회사의 마르타입니다.

Hola, soy Marta de la empresa AB, que llamé anteriormente.
올라, 쏘이 마르따 데 라 엠쁘레사 아베, 께 야메 안떼리올멘떼

마르티네스 씨를 만나러 왔습니다.

Estoy aquí para quedar con el señor Martínez.
에스또이 아끼 빠라 께다르 꼰 엘 쎄뇨르 마르띠네쓰

마르티네스 씨가 곧 나오실 겁니다.

El señor Martínez vendrá pronto.
엘 쎄뇨르 마르띠네쓰 벤드라 쁘론또

약속하고 오셨어요?

¿Tiene cita?
띠에네 씨따?

그가 기다리고 계십니다.

Le está esperando.
레 에스따 에스뻬란도

들어가 보세요.

Por favor, adelante.
뽀르 파보르, 아델란떼

저희 신제품의 샘플을 몇 가지 가져왔습니다.

Hemos traído algunas muestras de nuestros nuevos productos.
에모쓰 뜨라이도 알구나쓰 무에스뜨라쓰 데 누에스뜨로쓰 누에보쓰 쁘로둑또쓰

홍보

\# 자세한 내용은 저희 회사 웹사이트를 참조하세요.

Por favor, consulte nuestra página web para obtener más información.
뽀르 파보르, 꼰술떼 누에스뜨라 빠히나 웹 빠라 옵떼네르 마쓰 임포르마씨온

\# 저희 홈페이지를 보신 적 있나요?

¿Alguna vez ha visitado nuestra página web?
알구나 베쓰 아 비시따도 누에스뜨라 빠히나 웹?

\# 이것은 최신 팸플릿입니다.

Este es el último folleto.
에스떼 에쓰 엘 울띠모 포예또

\# 카탈로그 좀 보여 주세요.

Por favor, muéstrame el catálogo.
뽀르 파보르, 무에스뜨라메 엘 까딸로고

\# 소셜 미디어에서 최신 소식을 확인하세요.

Consulta las últimas noticias en nuestras redes sociales.
꼰술따 라쓰 울띠마쓰 노띠씨아쓰 엔 누에스뜨라쓰 레데쓰 쏘씨알레쓰

consultar 꼰술따르 상담하다
obtener 옵떼네르 얻다, 획득하다
la información 라 임포르마씨온 정보
el folleto 엘 포예또 팸플릿
mostrar 모스뜨라르 보이다

상품 소개①

\# 저희 제품을 소개하겠습니다.

Les presentamos nuestros productos.
레쓰 쁘레센따모쓰 누에스뜨로쓰 쁘로둑또쓰

\# 제품의 세부적인 내용에 대해 설명해 드리겠습니다.

Me gustaría explicar los detalles del producto.
메 구스따리아 엑쓰쁠리까르 로쓰 데따예쓰 델 쁘로둑또

\# 이것은 저희 회사의 최고 인기 모델 중 하나입니다.

Este es uno de nuestros modelos más populares.
에스떼 에쓰 우노 데 누에스뜨로쓰 모델로쓰 마쓰 뽀뿔라레쓰

\# 다양한 색상과 디자인으로 제공됩니다.

Se ofrece en varios colores y diseños.
쎄 오프레쎄 엔 바리오쓰 꼴로레쓰 이 디세뇨쓰

\# 이 제품은 환경친화적인 소재로 제작되었습니다.

Este producto está fabricado con materiales respetuosos con el medio ambiente.
에스떼 쁘로둑또 에스따 파브리까도 꼰 마떼리알레쓰 레스뻬뚜오소쓰 꼰 엘 메디오 암비엔떼

\# 예를 들어 설명해 드리겠습니다.

Voy a explicárselo en detalle con un ejemplo.
보이 아 엑쓰쁠리까르셀로 엔 데따예 꼰 운 에혬쁠로

상품 소개②

\# 주머니에 쏙 들어가는 작은 크기입니다.

Es de tamaño de bolsillo.
에쓰 데 따마뇨 데 볼시요

\# 앱을 통해서도 작동할 수 있습니다.

También se puede manejar a través de una aplicación.
땀비엔 쎄 뿌에데 마네하르 아 뜨라베쓰 데 우나 아쁠리까씨온

\# 정말 오래갑니다.

Dura mucho tiempo.
두라 무초 띠엠뽀

Tiene una duración muy elevada.
띠에네 우나 두라씨온 무이 엘레바다

\# 최고의 명품입니다.

Fue hecho por los mejores artesanos.
푸에 에초 뽀르 로쓰 메호레쓰 아르떼사노쓰

\# 마음에 들지 않으면, 환불하실 수 있습니다.

Si no le gusta, le devolveremos su dinero.
씨 노 레 구스따, 레 데볼베레모쓰 쑤 디네로.

\# 품질을 보장합니다.

La calidad está garantizada.
라 깔리닫 에스따 가란띠싸다

\# 정말 튼튼한 제품입니다.

Es muy potente.
에쓰 무이 뽀뗀떼

상담

\# 가격이 가장 중요해요.

El precio es lo más importante.
엘 쁘레씨오 에쓰 로 마쓰 임뽀르딴떼

\# 시장 점유율이 어느 정도인가요?

¿Cuál es su cuota de mercado?
꾸알 에쓰 쑤 꾸오따 데 메르까도?

\# 얼마 동안 품질 보증이 되나요?

¿Cuánto tiempo dura la garantía?
꾸안또 띠엠뽀 두라 라 가란띠아?

\# 이 계약은 언제까지 유효합니까?

¿Por cuánto tiempo permanecerá vigente este contrato?
뽀르 꾸안또 띠엠뽀 뻬르마네쎄라 비헨떼 에스떼 꼰뜨라또?

\# 신제품의 장점이 무엇인가요?

¿Cuáles son los beneficios de este nuevo producto?
꾸알레쓰 쏜 로쓰 베네피씨오쓰 데 에스떼 누에보 쁘로둑또?

\# 단가가 얼마입니까?

¿Cuál es el precio por unidad?
꾸알 에쓰 엘 쁘레씨오 뽀르 우니닫?

¿Cuánto cuesta una unidad?
꾸안또 꾸에스따 우나 우니닫?

주문

\# 2천 개를 주문하고 싶은데요.

Me gustaría pedir 2 000 unidades.
메 구스따리아 뻬디르 도쓰 밀 우니다데쓰

Voy a realizar un pedido de 2 000 unidades.
보이 아 레알리싸르 운 뻬디도 데 도쓰 밀 우니다데쓰

Me quedo con 2 000 unidades.
메 께도 꼰 도쓰 밀 우니다데쓰

\# 수량은 몇 개나 염두에 두고 계세요?

¿Qué cantidad tiene en mente?
께 깐띠닫 띠에네 엔 멘떼?

\# 이 상품은 최소 주문 수량이 얼마입니까?

¿Cuál es el pedido mínimo de este producto?
꾸알 에쓰 엘 뻬디도 미니모 데 에스떼 쁘로둑또?

\# 주문을 변경하고 싶습니다.

Me gustaría cambiar mi pedido.
메 구스따리아 깜비아르 미 뻬디도

\# 결정하면 연락해 주시길 바랍니다.

Contacte con nosotros cuando se decida.
꼰딱떼 꼰 노소뜨로쓰 꾸안도 쎄 데씨다

\# 조만간 연락해 주시길 기대하겠습니다.

Esperamos tener noticias de usted pronto.
에스뻬라모쓰 떼네르 노띠씨아쓰 데 우스뗃 쁘론또

pedir 뻬디르 주문하다
la unidad 라 우니닫 낱개
mínimo/a 미니모/마 최소의, 최저의
contactar 꼰딱따르 연락하다
decidir 데씨디르 결정하다

협상

\# 재주문하면 가격을 얼마나 낮출 수 있습니까?

¿Cuánto puede bajar el precio si hacemos un nuevo pedido?
꾸안또 뿌에데 바하르 엘 쁘레씨오 씨 아쎄모쓰 운 누에보 뻬디도?

\# 가격을 더 내리는 것은 곤란합니다.

Es difícil reducir más el precio.
에쓰 디피실 레두씨르 마쓰 엘 쁘레씨오

\# 가격은 수량에 따라 달라집니다.

El precio depende de la cantidad.
엘 쁘레씨오 데뻰데 데 라 깐띠닫

\# 2천 개 이상 주문하시면 10% 할인해 드립니다.

Si realiza un pedido de más de 2 000 unidades, le ofrecemos un descuento del 10%.
씨 레알리싸 운 뻬디도 데 마쓰 데 도쓰 밀 우니다데쓰, 레 오프레쎄모쓰 운 데스꾸엔또 델 디에쓰 뽀르 씨엔또

\# 그게 가장 저렴한 가격인가요?

¿Ese es su mejor precio?
에세 에쓰 쑤 메호르 쁘레씨오?

\# 이것이 저희가 제시할 수 있는 최선의 조건입니다.

Esta es la mejor oferta que podemos ofrecer.
에스따 에쓰 라 메호르 오페르따 께 뽀데모쓰 오프레쎄르

\# 이번주 중으로 답변 드리겠습니다.

Voy a darle una respuesta esta semana.
보이 아 다를레 우나 레스뿌에스따 에스따 쎄마나

납품

수요일까지 5대 납품해 주실 수 있습니까?

¿Podría entregarnos 5 unidades para el miércoles?
뽀드리아 엔뜨레가르노쓰 씽꼬 우니다데쓰 빠라 엘 미에르꼴레쓰?

언제 납품받을 수 있나요?

¿Cuándo va a ser capaz de entregarlas?
꾸안도 바 아 쎄르 까빠쓰 데 엔뜨레가를라쓰?

판매 대금은 영업일 기준 10일 이내에 지급됩니다.

Las ventas se pagan en 10 días hábiles.
라쓰 벤따쓰 쎄 빠간 엔 디에쓰 디아쓰 아빌레쓰

내일 정오까지 납품을 보증하겠습니다.

Garantizamos la entrega mañana al mediodía.
가란띠싸모쓰 라 엔뜨레가 마냐나 알 메디오디아

최소 일주일은 필요하겠는데요.

Vamos a necesitar al menos una semana.
바모쓰 아 네쎄시따르 알 메노쓰 우나 쎄마나

다음 주에는 도착하길 바랍니다.

Esperamos que llegue la próxima semana.
에스뻬라모쓰 께 예게 라 쁘록씨마 쎄마나

다른 납품 업체를 찾을 수 있을까요?

¿Podemos encontrar otro proveedor?
뽀데모쓰 엥꼰뜨라르 오뜨로 쁘로베에도르?
¿Tenemos proveedores alternativos?
떼네모쓰 쁘로베에도레쓰 알떼르나띠보쓰?

클레임

귀사의 제품에 문제가 하나 있습니다.

Tenemos un problema con sus productos.
떼네모쓰 운 쁘로블레마 꼰 쑤쓰 쁘로둑또쓰

클레임을 걸고 싶습니다.

Me gustaría presentar una queja.
메 구스따리아 쁘레센따르 우나 께하

유감스럽게도, 상품의 일부가 운송 도중 파손되었어요.

Desgraciadamente, varias de las piezas fueron dañadas en el transporte.
데스그라씨아다멘떼, 바리아쓰 데 라쓰 삐에싸쓰 푸에론 다냐다쓰 엔 엘 뜨란스뽀르떼

파손 상품에 대해 변상을 청구하려고 하는데요.

Me gustaría reclamar una compensación por los daños hechos.
메 구스따리아 레끌라마르 우나 꼼뻰사씨온 뽀르 로쓰 다뇨쓰 에초쓰

주문한 상품이 도착하지 않았습니다.

No hemos recibido los productos que pedimos.
노 에모쓰 레씨비도 로쓰 쁘로둑또쓰 께 뻬디모쓰

책임자와 이야기를 나누고 싶은데요.

Me gustaría hablar con la persona a cargo.
메 구스따리아 아블라르 꼰 라 뻬르소나 아 까르고

la queja 라 께하 불평
desgraciadamente 데스그라씨아다멘떼 유감스럽게도
el transporte 엘 뜨란스뽀르떼 운송
la compensación 라 꼼뻰사씨온 보상
el daño 엘 다뇨 손해

Unidad 8 **해고&퇴직** MP3. C04_U08

해고

\# 엘레나가 해고됐어.

Elena fue despedida.
엘레나 푸에 데스뻬디다

\# 그는 실수해서 해고되었다.

Perdió su trabajo por sus fallos.
뻬르디오 쑤 뜨라바호 뽀르 쑤쓰 파요쓰

\# 우리 회사는 어제 아무런 예고 없이 몇몇 직원을 해고했어.

Mi empresa despidió ayer a varios empleados sin previo aviso.
미 엠쁘레사 데스삐디오 아예르 아 바리오쓰 엠쁠레아도쓰 씬 쁘레비오 아비소

\# 저는 부당해고 되어 소송을 준비 중입니다.

Estoy preparando una demanda por despido injustificado.
에스또이 쁘레빠란도 우나 데만다 뽀르 데스삐도 인후스띠피까도

\# 차라리 해고가 나아. 실업 급여라도 받을 수 있잖아.

Prefiero que me despidan. Al menos puedo recibir el paro.
쁘레피에로 께 메 데스삐단. 알 메노쓰 뿌에도 레씨비르 엘 빠로

\# 유감이지만 오늘 날짜로 해고되셨습니다.

Lamentablemente, a partir de hoy ha sido despedido/a.
라멘따블레멘떼, 아 빠르띠르 데 오이 아 씨도 데스뻬디도/다

\# 개인 소지품만 가지고 나가시면 됩니다.

Puede retirarse, llevándose solo sus pertenencias personales.
뿌에데 레띠라르세 예반도세 쏠로 쑤쓰 뻬르떼넨씨아쓰 뻬르소날레쓰

despedir 데스뻬디르 이별하다

꼭! 짚고 가기

유용한 표현①

① **estar a punto de** + 동사원형 :
막 ~하려던 참이다
- Estoy a punto de comer.
나는 막 먹기 시작하려던 참이다.

② **estar / ir / seguir / llevar** + 현재분사:
계속 ~하는 중이다
- Estoy comiendo.
나는 먹는 중이다.
- Ve, ve comiendo.
먹어, 계속 먹어라.
- Sigo pensando que está mal.
나는 여전히 그게 잘못되었다고 생각한다.
- Te llevo diciendo una semana que limpies el baño.
내가 일주일 동안 너한테 화장실 청소하라고 말하고 있잖아.

③ **acabar de / dejar de** + 동사원형 :
~을 끝내다, ~을 그만두다
- Acabo de comer.
나는 지금 막 점심 먹었다. (완전히 끝남)
- He dejado de buscar trabajo.
나는 구직하는 거 그만뒀다. (멈춤)

④ **soler** + 동사원형 :
대개 ~하다
- Suelo comer a las 12.
나는 12시쯤 점심을 먹곤 한다. (습관)

퇴직&퇴사

저는 정년퇴직까지 5년 남았어요.

Me quedan 5 años para jubilarse.
메 께단 씽꼬 아뇨쓰 빠라 후빌라르세

정년퇴직 후 계획은 있어요?

¿Tienes algún plan después de la jubilación?
띠에네쓰 알군 쁠란 데스뿌에쓰 데 라 후빌라씨온?

나 다음 주에 퇴사해.

Mi último día será la semana que viene.
미 울띠모 디아 쎄라 라 쎄마나 께 비에네

다른 곳으로 이직했어.

Me he encontrado otro trabajo.
메 에 엥꼰뜨라도 오뜨로 뜨라바호

마리아가 다음 주에 퇴사한대.

María dejará el trabajo la próxima semana.
마리아 데하라 엘 뜨라바호 라 쁘록씨마 쎄마나

송별회 준비할까?

¿Preparamos una despedida?
쁘레빠라모쓰 우나 데스뻬디다?

저는 퇴직금을 얼마나 받게 되나요?

¿Cuánto finiquito recibiré?
꾸안또 피니끼또 레씨비레?

기타

회사에서 메신저를 막아 놨어요.

Mi empresa bloqueó la mensajería instantánea.
미 엠쁘레사 블로께오 라 멘사헤리아 인스딴따네아

실업급여는 어떻게 신청하나요?

¿Cómo solicitar el paro?
꼬모 쏠리씨따르 엘 빠로?

또 야근이에요.

Me quedo otra vez trabajando hasta tarde.
메 께도 오뜨라 베쓰 뜨라바한도 아스따 따르데

힘든 직업이에요.

Es un trabajo muy difícil.
에쓰 운 뜨라바호 무이 디피씰

저는 전망이 없는 일을 하고 있어요.

Estoy en un trabajo sin futuro.
에스또이 엔 운 뜨라바호 씬 푸뚜로

잘하면 잘리겠는데.

Mi trabajo está en juego.
미 뜨라바호 에스따 엔 후에고

그는 현재 실직 상태야.

Está actualmente sin trabajo.
에스따 악뚜알멘떼 씬 뜨라바호

여기서 잠깐!

스페인에서는 정직원을 해고할 때 보상금(indemnización 인뎀니싸씨온)을 지급하며, 이외에 정부에서 지급하는 실업급여(paro 빠로)가 있습니다.

구직

\# 그는 요즘 일자리를 알아보는 중이야.

Está buscando un trabajo.
에스따 부스깐도 운 뜨라바호

\# 스페인에서, 가장 구직 공고가 많이 나는 사이트는 링크드인이야.

En España, la web donde se publican más ofertas de empleo es LinkedIn.
엔 에스빠냐, 라 웹 돈데 쎄 뿌블리깐 마쓰 오페르따쓰 데 엠쁠레오 에쓰 링크드인

\# 자격요건이 부족하더라도, 지원해 보기를 추천해.

Aunque no cumplas con todos los requisitos, te recomiendo que presentes tu solicitud.
아운께 노 꿈쁠라쓰 꼰 또로쓰 로쓰 레끼시또쓰, 떼 레꼬미엔도 께 쁘레센떼쓰 뚜 쏠리씨뚣

\# 한 10군데 지원했는데, 아직 연락이 없어.

He aplicado en unas 10 empresas, pero todavía no he recibido ninguna respuesta.
에 아쁠리까도 엔 우나쓰 디에쓰 엠쁘레사쓰, 뻬로 또다비아 노 에 레씨비도 닝구나 레스뿌에스따

\# 이 보직에 지원하고 싶습니다.

Me gustaría solicitar este puesto.
메 구스따리아 쏠리씨따르 에스떼 뿌에스또

\# 그 일에는 경력이 필요합니까?

¿El puesto requiere experiencia?
엘 뿌에스또 레끼에레 엑쓰뻬리엔씨아?

\# 언제 면접을 봅니까?

¿Cuándo va a tener la entrevista?
꾸안도 바 아 떼네르 라 엔뜨레비스따?

꼭! 짚고 가기

유용한 표현②

① **volver a** + 동사원형 :
~에 다시 오다, ~을 다시 두다
- Volveré a visitarte otro día.
다른 날 다시 올게.

② **haber que** / **tener que** + 동사원형 :
~해야 한다
- Hay que comer sano.
건강하게 먹어야 한다.
- Tengo que comer.
나는 점심을 먹어야 한다.

③ **poder** + 동사원형 :
~할 수 있다
- Puedo hablar con él si quieres.
네가 원한다면 내가 그와 말할 수 있다.

④ **ir a** + 동사원형 :
~할 것이다
- Voy a dormir pronto.
나 일찍 잘 거야.

이력서

\# 이력서는 이메일로 보내 주세요.

Envíe su C.V. por correo electrónico.
엠비에 수 꾸리꿀룸 비따에 뽀르 꼬레오 엘렉뜨로니꼬

\# 이력서와 커버 레터를 같이 제출하세요.

Por favor, presente su C.V. con carta de presentación.
뽀르 파보르, 쁘레센떼 수 꾸리꿀룸 비따에 꼰 까르따 데 쁘레센따씨온

\# 모든 이력서는 이메일로만 접수하며 미선정 시 개별 연락을 드리지 않습니다.

Todos los currículums se reciben únicamente por correo electrónico y no se realizarán contactos individuales en caso de no ser seleccionado.
또도쓰 로쓰 꾸리꿀룸쓰 쎄 레씨벤 우니까멘떼 뽀르 꼬레오 엘렉뜨로니꼬 이 노 쎄 레알리싸란 꼰딱또쓰 인디비두알레쓰 엔 까소 데 노 쎄르 쎌렉씨오나도

\# 이력서 쓰는 법을 참고할 만한 사이트가 있을까?

¿Hay algún sitio web recomendado para consultar cómo redactar un currículum?
아이 알군 씨띠오 웹 레꼬멘다도 빠라 꼰술따르 꼬모 레닥따르 운 꾸리꿀룸?

\# 이력서는 최대한 간단 명료해야 합니다.

El C.V. debe ser lo más simple posible.
엘 꾸리꿀룸 비따에 데베 쎄르 로 마쓰 씸쁠레 뽀시블레

\# 이력서에 쓸만한 게 없어.

No tengo nada que valga la pena escribir en mi currículum.
노 뗑고 나다 께 발가 라 뻬나 에스끄리비르 엔 미 꾸리꿀룸

면접 예상 질문①

\# 자신에 대해 소개해 보세요.

Cuéntenos un poco sobre usted.
꾸엔떼노쓰 운 뽀꼬 쏘브레 우스뗃

\# 좀 더 구체적으로 말해 보세요.

Por favor, cuéntame algo más específico.
뽀르 파보르, 꾸엔따메 알고 마쓰 에스페씨피꼬

\# 장점이 무엇입니까?

¿Cuáles son sus puntos fuertes?
꾸알레쓰 쏜 쑤쓰 뿐또쓰 푸에르떼쓰?

\# 외국어를 하는 게 있나요?

¿Habla algún idioma más?
아블라 알군 이디오마쓰 마쓰?

\# 본인에 대해 말해 보세요.

Descríbase a sí mismo.
데스끄리바세 아 씨 미스모

\# 전 직장을 왜 그만뒀습니까?

¿Por qué dejó su último trabajo?
뽀르 께 데호 쑤 울띠모 뜨라바호?

\# 우리 회사에 대해 아는 것을 말해 보세요.

Cuéntenos lo que sabe sobre nuestra empresa.
꾸엔떼노쓰 로 께 싸베 쏘브레 누에스뜨라 엠쁘레사

여기서 잠깐!

이력서는 curriculum vitae 꾸리꿀룸 비따에라고 하며 구어로는 흔히 curriculum 혹은 C.V.라고 줄여 말합니다. 스페인어 발음으로는 '쎄우베'라고 읽기도 하지만 대부분 curriculum, C.V. 모두 '꾸리꿀룸'이라고 합니다.

면접 예상 질문②

\# 연봉은 어느 정도 원하십니까?

¿Qué nivel salarial buscas?
께 니벨 쌀라리알 부스까쓰?

¿Cuánto le gustaría cobrar?
꾸안또 레 구스따리아 꼬브라르?

\# 언제부터 일할 수 있습니까?

¿Cuándo podría empezar?
꾸안도 뽀드리아 엠뻬싸르?

\# 이사가 가능한가요?

¿Estaría dispuesto a mudarse?
에스따리아 디스뿌에스또 아 무다르세?

\# 왜 여기서 일하고 싶은 건가요?

¿Por qué quiere trabajar aquí?
뽀르 께 끼에레 뜨라바하르 아끼?

\# 팀워크가 필요한 일이 많은데, 괜찮겠어요?

Hay muchos proyectos que requieren trabajo en equipo, ¿estarías bien con eso?
아이 무초쓰 쁘로옉또쓰 께 레끼에렌 뜨라바호 엔 에끼뽀, 에스따리아쓰 비엔 꼰 에소?

\# 5년 후 어떤 모습이 되고 싶습니까?

¿Dónde se ve en 5 años?
돈데 쎄 베 엔 씽꼬 아뇨쓰?

꼭! 짚고 가기

스페인의 구직 사이트

스페인도 우리나라와 마찬가지로 웹사이트를 통한 구직이 아주 활발한 편입니다.
구직 사이트 중 가장 유명한 곳은 www.infojobs.net입니다. 구인·구직 모두 등록이 가능하며, 대기업은 전체 구인 공고를 한꺼번에 내기도 합니다. 따라서 관심 있는 기업이 있다면 기업 이름으로 검색해 볼 수 있습니다.
그 외에 www.monster.es도 많은 구직자들이 즐겨 보는 사이트이며, www.infoempleo.com에도 활발하게 올라옵니다.
또한 구직 못지않게 중요한 게 바로 본인의 linkedin (es.linkedin.com)을 잘 관리하는 것입니다. 스페인에서는 이력서에 본인의 linkedin 주소를 쓰는 것이 아주 일반적이며, 구인을 원하는 회사에서 이 linkedin에 등록된 프로필 등을 보고 먼저 연락해 오는 경우도 많습니다.
linkedin은 사생활을 제외한 facebook이라고 생각하면 쉽습니다. 본인의 커리어, 학력 등을 올리며 회사 동료들, 학교 동기들 등과 친구를 맺을 수도 있습니다. 본인의 관심 분야를 설정하면 구직을 하고 있는 회사들을 볼 수 있고 직접 지원도 가능합니다.

Capítulo 05

Capítulo 05

Unidad 1 신체

Unidad 2 얼굴&피부

Unidad 3 이목구비

Unidad 4 헤어스타일&수염

Unidad 5 스타일

Unidad 6 옷

Unidad 7 화장

El cuerpo humano 신체

엘 꾸에르뽀 우마노

MP3. Word_C05

el cuerpo 엘 꾸에르뽀
신체

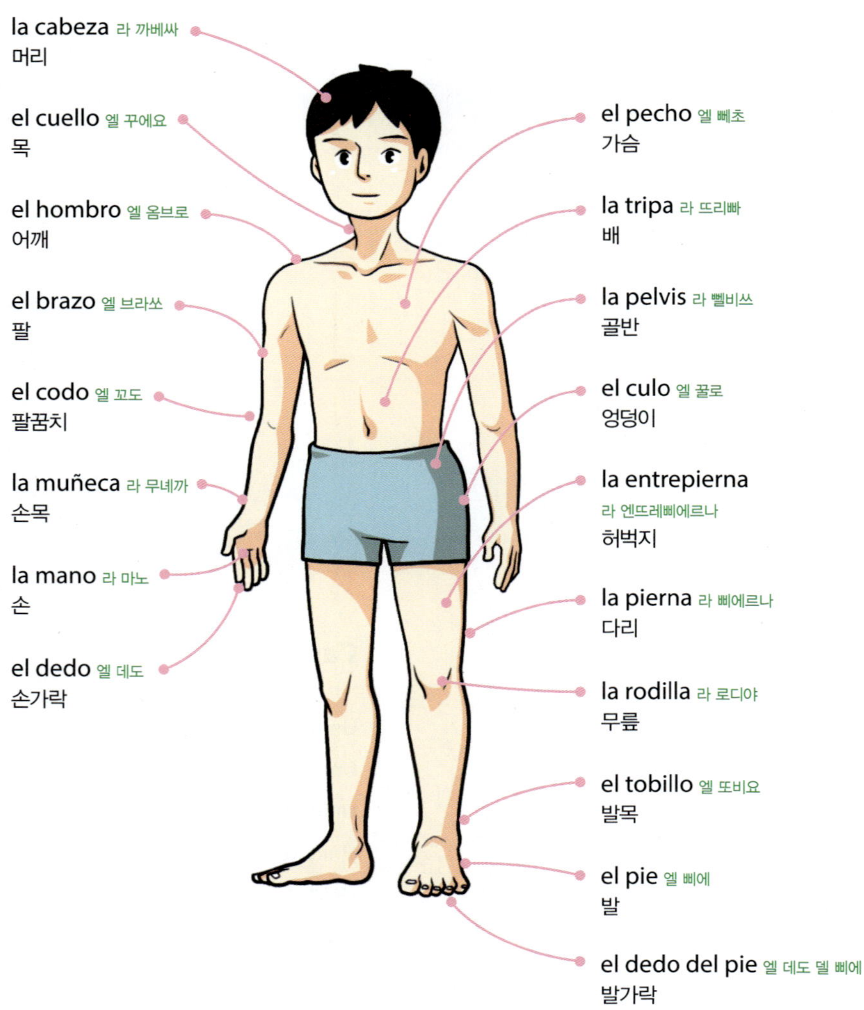

la cara 라 까라
얼굴

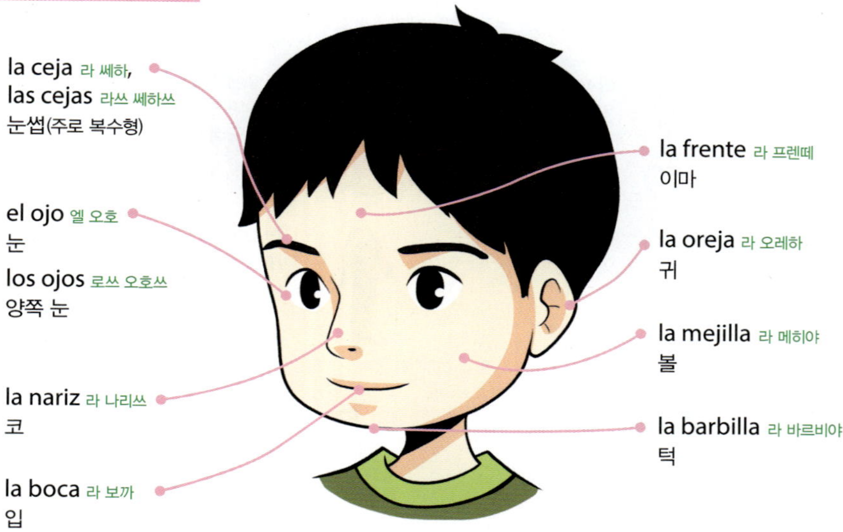

La ropa 의류
라 로빠

la ropa para mujeres
라 로빠 빠라 무헤레쓰
여성복

la falda 라 팔다
치마

la minifalda 라 미니팔다
미니스커트

el vestido 엘 베스띠도
원피스

el vestido de novia
엘 베스띠도 데 노비아
웨딩드레스

la ropa para hombres
라 로빠 빠라 옴브레쓰
남성복

el traje 엘 뜨라헤
양복

el pantalón 엘 빤딸론
바지

la corbata 라 꼬르바따
넥타이

la camisa 라 까미사
셔츠

la ropa 라 로빠
옷

la chaqueta 라 차께따
재킷

la camiseta 라 까미세따
티셔츠

el abrigo 엘 아브리고
코트

los vaqueros 로쓰 바께로쓰
청바지

la ropa de invierno
라 로빠 데 임비에르노
겨울옷

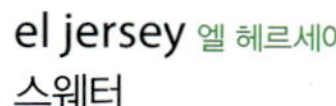

el jersey 엘 헤르세이
스웨터

la rebeca 라 레베까
카디건

el jersey de cuello alto
엘 헤르세이 데 꾸에요 알또
터틀넥 스웨터

la sudadera 라 쑤다데라
라운드 티셔츠(맨투맨 티셔츠)

	la bufanda 라 부판다 목도리	el plumas 엘 쁠루마쓰 패딩 (단수지만 복수로 말함, pluma 쁠루마 깃털)
	el gorro 엘 고로 비니	el guante/los guantes 엘 구안떼/로쓰 구안떼쓰 장갑(주로 복수형)
la ropa de verano 라 로빠 데 베라노 여름옷	el bañador 엘 바냐도르 수영복	el pantalón corto 엘 빤딸론 꼬르또 반바지
	la manga corta 라 망가 꼬르따 반소매	sin mangas 씬 망가쓰 소매가 없는
etc. 엣쎄떼라 기타	la mochila 라 모칠라 (등에 메는) 가방	el zapato/los zapatos 엘 싸빠또/로쓰 싸빠또쓰 신발(주로 복수형)
	el cinturón 엘 씬뚜론 허리띠	el sombrero 엘 쏨브레로 (챙이 있는) 모자
	el pañuelo 엘 빠뉴엘로 손수건	el pijama 엘 삐하마 잠옷
	la ropa interior 라 로빠 인떼리오르 속옷	la lencería 라 렌쎄리아 란제리(여성 속옷)

Unidad 1 **신체** MP3. C05_U01

신체 특징

\# 그의 어깨는 딱 벌어졌다.

Es robusto con hombros anchos.
에쓰 로부스또 꼰 옴브로쓰 안초쓰

\# 넌 롱다리구나.

Tienes las piernas largas.
띠에네쓰 라쓰 삐에르나쓰 라르가쓰

Eres de piernas largas.
에레쓰 데 삐에르나쓰 라르가쓰

\# 내 무다리가 싫어.

No me gustan mis piernas gruesas.
노 메 구스딴 미쓰 삐에르나쓰 그루에사쓰

\# 그녀는 엉덩이가 펑퍼짐하다.

Tiene el culo gordo.
띠에네 엘 꿀로 고르도

\# 저는 왼손잡이예요.

Soy zurdo/a.
쏘이 쑤르도/다

\# 그는 키가 좀 작다.

Es bajito.
에쓰 바히또

여기서 잠깐!

'팔꿈치'는 codo 꼬도입니다. 자주 쓰이는 관용어 중 하나인 'codo a codo 꼬도 아 꼬도'는 '서로 협력하여'라는 뜻으로 'Hemos trabajado codo a codo 에모쓰 뜨라바하도 꼬도 아 꼬도'라고 하면 '우리는 서로 협력해서 일했다'라는 표현입니다.

체중

\# 체중이 얼마입니까?

¿Cuánto pesa?
꾸안또 뻬사?

\# 저는 요즘 체중이 늘었어요.

He ganado algo de peso recientemente.
에 가나도 알고 데 뻬소 레씨엔떼멘떼

\# 저는 약간 과체중이라 걱정입니다.

Me temo que tengo un poco de sobrepeso.
메 떼모 께 뗑고 운 뽀꼬 데 쏘브레뻬소

\# 너 살이 좀 빠졌네, 그렇지?

Has perdido un poco de peso, ¿no?
아쓰 뻬르디도 운 뽀꼬 데 뻬소, 노?

\# 그녀는 너무 말랐어요. 뼈만 있어요.

Es muy delgada; está en los huesos.
에쓰 무이 델가다; 에스따 엔 로쓰 우에소쓰

\# 그는 체중이 키에 비해 적당합니다.

Está en el peso medio a su altura.
에스따 엔 엘 뻬소 메디오 아 쑤 알뚜라

\# 그는 키에 비해 몸무게가 많이 나가요.

Tiene sobrepeso para su altura.
띠에네 쏘브레뻬소 빠라 쑤 알뚜라

\# 저는 몸무게를 줄이려고, 다이어트 중이에요.

Estoy intentando bajar de peso, por lo que estoy a dieta.
에스또이 인뗀딴도 바하르 데 뻬소, 뽀르 로 께 에스또이 아 디에따

체격&기타

\# 그의 체격은 표준이다.

Su físico es estándar.
쑤 피시꼬 에쓰 에스딴다르

Es de altura y peso medio.
에쓰 데 알뚜라 이 뻬소 메디오

\# 그는 체격이 좋다.

Él está en buena forma física.
엘 에스따 엔 부에나 포르마 피시까

Tiene un buen cuerpo.
띠에네 운 부엔 꾸에르뽀

\# 그는 적당한 체격을 가지고 있다.

Tiene una buena constitución.
띠에네 우나 부에나 꼰스띠뚜씨온

\# 그는 통통하다.

Es gordito.
에쓰 고르디또

\# 사람은 외형으로만 판단할 수는 없다.

No podemos juzgar a las personas solo por la apariencia.
노 뽀데모쓰 후쓰가르 아 라쓰 뻬르소나쓰 쏠로 뽀르 라 아빠리엔씨아

\# 외모에 속지 말아라.

No te dejes engañar por las apariencias.
노 떼 데헤쓰 엥가냐르 뽀르 라쓰 아빠리엔씨아쓰

여기서 잠깐!

'Es gordito. 에쓰 고르디또(그는 통통하다.)'의 gordito 고르디또는 -ito -이또가 붙은 말입니다. 즉 '뚱뚱한'의 gordo 고르도에 '작고, 귀엽다'는 의미의 -ito를 붙여 '통통하다'는 의미가 되었습니다.

꼭! 짚고 가기

일상생활에 자주 쓰이는 관용어②

신체 관련 단어 중 일상생활에서 자주 쓰는 관용어를 알아봅시다.

① **ser uña y carne** 쎄르 우냐 이 까르네

ser 쎄르는 '되다', uña 우냐는 '손톱', carne 까르네는 '고기'를 말합니다. 손톱과 고기가 되다? 이 문장의 뜻은 '떼어 낼 수 없는 사이'라는 뜻입니다. 손톱 밑에 살이 있죠? 또한 손톱과 살은 웬만큼 힘을 주지 않으면 분리하기 힘듭니다. 따라서 떼어 내기 힘들 정도로 가까운 사람 혹은 사물을 비유할 때 쓰이는 말입니다.

- Patricia y Nuria son uña y carne.
빠뜨리씨아 이 누리아 쏜 우냐 이 까르네
파트리시아와 누리아는 단짝이야.

② **ser de carne y hueso**
쎄르 데 까르네 이 우에소

ser 쎄르는 '되다', de 데는 '~의', carne 까르네는 '고기', y 이는 '그리고', hueso 우에소는 '뼈'를 말합니다. '고기와 뼈가 되다'라는 이 문장의 뜻은 바로 '사람이다'입니다.

- Cristiano Ronaldo también necesita descansar; al fin y al cabo, es de carne y hueso.
끄리스띠아노 로날도 땀비엔 네쎄시따 데스깐사르; 알 핀 이 알 까보, 에쓰 데 까르네 이 우에소
크리스티아누 호날두 역시 휴식이 필요하다. 왜냐하면 그는 사람이니까.

용모

그녀는 동안이야.

Tiene cara de niña.
띠에네 까라 데 니냐

나는 나이보다 어려 보인다.

Parezco más joven para mi edad.
빠레쓰꼬 마쓰 호벤 빠라 미 에닫

그녀는 나이가 들어 보여.

Parece mayor.
빠레쎄 마요르

Parece vieja.
빠레쎄 비에하

그녀는 자기 나이처럼 안 보이는데.

No aparenta la edad que tiene.
노 아빠렌따 라 에닫 께 띠에네

그는 이마가 넓습니다.

Tiene la frente ancha.
띠에네 라 프렌떼 안차

나는 양쪽 볼에 보조개가 있다.

Tengo hoyuelos en las mejillas.
뗑고 오유엘로쓰 엔 라쓰 메히야쓰

그(녀)는 웃을 때 보조개가 생겨요.

Cuando sonríe, le salen hoyuelos.
꾸안도 쏜리에, 레 쌀렌 오유엘로쓰

얼굴이 늘 부어 있어.

Mi cara está siempre hinchada.
미 까라 에스따 씨엠쁘레 인차다

얼굴형

내 얼굴은 동그랗다.

Tengo la cara redonda.
뗑고 라 까라 레돈다

그녀는 얼굴이 좀 둥근 편이야.

Su cara es más bien redonda.
쑤 까라 에쓰 마쓰 비엔 레돈다

난 달걀형 얼굴이야.

Tengo el rostro ovalado.
뗑고 엘 로스뜨로 오발라도

그는 얼굴이 길어.

Tiene la cara alargada.
띠에네 라 까라 알라르가다

그녀는 사각턱이야.

Tiene la mandíbula cuadrada.
띠에네 라 만디불라 꾸아드라다

나는 얼굴이 좀 통통하다.

Mi cara es un poco gordita.
미 까라 에쓰 운 뽀꼬 고르디따

나는 얼굴이 여윈 편이다.

Tengo la cara delgada.
뗑고 라 까라 델가다

달걀형은 어떤 헤어스타일이든 가장 잘 어울려요.

La forma ovalada combina mejor con cualquier peinado.
라 포르마 오발라다 꼼비나 메호르 꼰 꾸알끼에르 뻬이나도

피부

\# 그녀는 피부색이 희다.

Tiene la piel blanca.
띠에네 라 삐엘 블랑까

\# 그녀는 피부색이 검다.

Tiene la piel oscura.
띠에네 라 삐엘 오스꾸라

\# 피부가 텄어.

Mi piel está agrietada.
미 삐엘 에스따 아그리에따다

\# 피부가 거칠어.

Tengo la piel áspera.
뗑고 라 삐엘 아스뻬라

\# 그녀의 피부는 탄력이 있다.

Su piel es elástica.
쑤 삐엘 에쓰 엘라스띠까

\# 네 피부가 곱다.

Tienes la piel clara.
띠에네쓰 라 삐엘 끌라라

\# 네 피부는 지성이구나.

Tu piel es grasa.
뚜 삐엘 에쓰 그라사

여기서 잠깐!

스페인 여성들이 가장 많이 성형하는 부위는 어디일까요? 바로 가슴입니다. '가슴 확대'는 el aumento de mamas 엘 아우멘또 데 마마쓰라고 합니다. '성형 수술'은 cirugía plástica 씨루히아 쁠라스띠까라고 합니다.

피부 상태

\# 얼굴에 각질이 생겼어.

Tengo células muertas en la cara.
뗑고 쎌룰라쓰 무에르따쓰 엔 라 까라

\# 모공 때문에 고민이야.

Me preocupo por los poros de mi piel.
메 쁘레오꾸뽀 뽀르 로쓰 뽀로쓰 데 미 삐엘

\# 한국에서 가져온 마스크팩인데 정말 좋아. 자기 전에 붙여 봐.

Es una mascarilla facial que traje de Corea y es muy buena. Pruébala antes de dormir.
에쓰 우나 마스까리야 파씨알 께 뜨라헤 데 꼬레아 이 에쓰 무이 부에나. 쁘루에발라 안떼쓰 데 도르미르

\# 햇빛에 그을려 까무잡잡하다.

Estaba bronceado por el sol.
에스따바 브론쎄아도 뽀르 엘 쏠

\# 피부가 너무 예민해.

Tengo la piel sensible.
뗑고 라 삐엘 쎈시블레

\# 나는 얼굴에 여드름 자국이 많은 게 콤플렉스야.

Tengo complejo de tener muchas marcas de acné en la cara.
뗑고 꼼쁠레호 데 떼네르 무차쓰 마르까쓰 데 아끄네 엔 라 까라

la piel 라 삐엘 피부
la mascarilla 라 마스까리야 팩
bronceado/a 브론쎄아도/다 햇빛에 그을린

Unidad 3 이목구비 MP3. C05_U03

눈①

\# 난 쌍꺼풀이 있어.

Tengo los párpados dobles.
뗑고 로쓰 빠르빠도쓰 도블레쓰

\# 난 쌍꺼풀이 없는 큰 눈을 가지고 있어.

Tengo ojos grandes sin párpados dobles.
뗑고 오호쓰 그란데쓰 씬 빠르빠도쓰 도블레쓰

\# 쌍꺼풀이 있는 사람들은 눈이 더 커 보인다.

Las personas con párpados dobles parecen tener ojos más grandes.
라쓰 뻬르소나쓰 꼰 빠르빠도쓰 도블레쓰 빠레쎈 떼네르 오호쓰 마쓰 그란데쓰

\# 난 긴 속눈썹을 가졌지.

Tengo pestañas largas.
뗑고 뻬스따냐쓰 라르가쓰

\# 그는 눈이 초롱초롱하다.

Tiene unos grandes ojos brillantes.
띠에네 우노쓰 그란데쓰 오호쓰 브리얀떼쓰

\# 그녀는 크고 아름다운 눈을 가졌지.

Tiene los ojos grandes y hermosos.
띠에네 로쓰 오호쓰 그란데쓰 이 에르모소쓰

el párpado 엘 빠르빠도 눈꺼풀
la pestaña 라 뻬스따냐 속눈썹
brillante 브리얀떼 빛나는

눈②

\# 내 눈은 움푹 들어갔다.

Tengo los ojos hundidos.
뗑고 로쓰 오호쓰 운디도쓰

\# 내 눈은 멀리 떨어져 있다.

Tengo los ojos muy separados.
뗑고 로쓰 오호쓰 무이 쎄빠라도쓰

\# 그의 눈은 가까이 몰려 있어.

Sus ojos están muy juntos.
쑤쓰 오호쓰 에스딴 무이 훈또쓰

\# 내 눈은 위로 올라갔다.

Mis ojos están inclinados hacia arriba.
미쓰 오호쓰 에스딴 잉끌리나도쓰 아씨아 아리바

\# 내 눈은 아래로 처졌다.

Mis ojos están inclinados hacia abajo.
미쓰 오호쓰 에스딴 잉끌리나도쓰 아씨아 아바호

\# 내 눈은 가느다랗다.

Mis ojos son estrechos.
미쓰 오호쓰 쏜 에스뜨레초쓰

시력

\# 그는 색맹이다.

Es daltónico.
에쓰 달또니꼬

\# 너 시력에 문제가 있니?

¿Tienes algún problema de visión?
띠에네쓰 알군 쁘로블레마 데 비시온?

\# 전 시력이 아주 좋아요.

Tengo una visión perfecta.
뗑고 우나 비시온 뻬르펙따

\# 저는 근시라서 안경을 쓰고 있어요.

Soy corto/a de vista y por eso me pongo las gafas.
쏘이 꼬르또/따 데 비시따 이 뽀르 에소 메 뽕고 라쓰 가파쓰

\# 나 시력이 떨어진 것 같아.

Creo que mi vista está empeorando.
끄레오 께 미 비스따 에스따 엠뻬오란도

여기서 잠깐!

스페인에서 안경 맞춤 비용은 굉장히 높습니다. 말 그대로 맞춤이기 때문인데요, 안경테 대부분 유명 명품 브랜드 제품이며 얼굴에 편하도록 여러 번 교정해 줍니다. 본인의 도수에 맞는지, 일상생활에 불편함이 없는지 시범 착용을 거친 후 본인에 맞게 제작해 줍니다. 착용해 보면 비싼 값을 한다고 느끼실 거예요.

코의 생김새

\# 내 코는 들창코이다.

Tengo una nariz respingóna.
뗑고 우나 나리쓰 레스삥고나

\# 그는 주먹코이다.

Tiene una narizota.
띠에네 우나 나리쏘따

\# 네 코는 뾰족하구나.

Tienes la nariz puntiaguda.
띠에네쓰 라 나리쓰 뿐띠아구다

\# 그는 납작코이다.

Tiene una nariz chata.
띠에네 우나 나리쓰 차따

\# 그녀는 매부리코예요.

Tiene una nariz aguileña.
띠에네 우나 나리쓰 아길레냐

la nariz 라 나리쓰 코
respingón/a 레스삥곤/고나 (신체의 일부가) 위로 젖혀진
puntiagudo/a 뿐띠아구도/다 끝이 뾰족한

귀

\# 우리 할아버지는 보청기를 끼신다.

Mi abuelo lleva audífonos.
미 아부엘로 예바 아우디포노쓰

\# 그의 귀는 귀지가 가득하다.

Sus oídos están llenos de cera.
쑤쓰 오이도쓰 에스딴 예노쓰 데 쎄라

\# 그는 귀가 어두워.

Tiene mala audición.
띠에네 말라 아우디씨온

\# 그는 귓불이 두툼하다.

Tiene lóbulos gruesos.
띠에네 로불로쓰 그루에소쓰

\# 나는 어릴 적에, 돌출귀라고 놀림 받았어.

Cuando era niño/a, se burlaban de mí por tener orejas de soplillo.
꾸안도 에라 니뇨/냐, 쎄 부르라반 데 미 뽀르 떼네르 오레하쓰 데 쏘쁠리요

\# 한국에서는 귀가 크면 오래 산다는 말이 있어.

En Corea, hay un dicho que dice que si tienes orejas grandes, vivirás mucho tiempo.
엔 꼬레아, 아이 운 디초 께 디쎄 께 씨 띠에네쓰 오레하쓰 그란데쓰, 비비라쓰 무초 띠엠뽀

여기서 잠깐!

스페인에는 우리나라에서 쓰는 귀이개라는 물건 자체가 없으며 흔히 면봉을 사용합니다. 스페인 사람들은 1년에 한 번 정도 병원에 가서 귀를 팝니다. 병원에 가면 귀 세척 전용 액체를 귀에 넣어 귀지를 제거해 줍니다. 종종 이 젤리 귀지가 귓구멍을 막아 잘 안 들리는 현상도 발생합니다.

입&입술

\# 그는 입이 커.

Tiene la boca grande.
띠에네 라 보까 그란데

\# 그녀는 입매가 예쁘다.

Tiene una boca preciosa.
띠에네 우나 보까 쁘레씨오사

\# 그녀의 입술이 촉촉해 보인다.

Sus labios se ven brillantes.
쑤쓰 라비오쓰 쎄 벤 브리얀떼쓰

\# 그의 입술은 두껍다.

Sus labios son muy gruesos.
쑤쓰 라비오쓰 쏜 무이 그루에소쓰

\# 내 입술은 얇다.

Mis labios son delgados.
미쓰 라비오쓰 쏜 델가도쓰

\# 내 입술은 잘 튼다.

Mis labios se agrietan con frecuencia.
미쓰 라비오쓰 쎄 아그리에딴 꼰 프레꾸엔씨아

la boca 라 보까 입
precioso/a 쁘레시오소/사 귀중한, 멋진
grueso/a 그루에소/사 뚱뚱한, 두꺼운
delgado/a 델가도/다 날씬한, 얇은
agrietar 아그리에따르 균열을 만들다
(agrietarse 아그리에따르세 균열이 생기다)

꼭! 짚고 가기

코 관련 관용구 estar hasta las narices

'화가 많이 났다'는 표현으로 '머리끝까지 화났다'라는 표현이 있죠? 스페인에서는 이와 비슷한 말로 머리가 아니라 코를 사용합니다. '코'는 'la nariz 라 나리쓰'며 복수형은 'las narices 라쓰 나리쎄쓰'입니다.
'estar hasta las narices 에스따르 아스따 라쓰 나리쎄쓰'를 직역하면 '코까지 도달했다'지만, 실제 '정말 많이 지쳤다(잔소리에, 일에, 당신에게 등등), 피곤하다, 화가 났다' 등의 뜻으로 쓰입니다. 일상생활에서 아주 많이 쓰는 말입니다. 특히 연인들 혹은 부부끼리 싸울 때 자주 쓰죠. 문장 뒤에 'de 데+사람'을 쓰면 '그 사람에게 지쳤다, 짜증 난다, 화가 난다'라는 뜻입니다.

- ¡Estoy hasta las narices de ti!
  에스또이 아스따 라쓰 나리쎄쓰 데 띠!
  나는 너에게 지쳤어!
  (나는 너에게 화가 많이 났어!)

이 관용구를 어떤 상황에 많이 쓸까요? 한 가지 예를 들면, 스페인도 우리나라 못지않게 고부 갈등, 장서 갈등이 있습니다.
스페인 여성들이 시댁 갈등, 남편과의 문제 혹은 육아 질문 등을 공유하고 답변하는 사이트(foro.enfemenino.com)가 있는데, 여기에 'estoy hasta las narices'를 검색하면 'de mi marido 데 미 마리도(남편에게), de mi suegra 데 미 쑤에그라(시어머니에게), de mi cuñada 데 미 꾸냐다(시누이에게)'라고 쓰인 글들을 많이 볼 수 있답니다.

입 관련 동작

(너) 입을 크게 벌려 봐.

Abre la boca.
아브레 라 보까

(너) 혀를 내밀어 봐.

Saca la lengua.
싸까 라 렝구아

(나) 혀를 깨물었어.

Me mordí la lengua.
메 모르디 라 렝구아

그는 얼어붙은 손에 입김을 불었다.

Se sopló en las manos porque las tenía congeladas.
쎄 쏘쁠로 엔 라쓰 마노쓰 뽀르께 라쓰 떼니아 꽁헬라다쓰

그녀가 입가에 미소를 띠며 앉아 있었다.

Estaba sentada con una sonrisa en los labios.
에스따바 쎈따다 꼰 우나 쏜리사 엔 로쓰 라비오쓰

여기서 잠깐!

스페인에서는 육아 시 필수품 중 하나가 공갈젖꼭지입니다. 보건소에서 예비 엄마들에게 선물로 줄 정도로 적극 권장하는 편입니다. 아이의 빠는 욕구를 충족시키고 엄마의 수고를 덜어 준다는 이유에서죠. 하지만 몇몇 아기들은 집착이 심해져 공갈젖꼭지를 떼는데 어려움을 겪기도 합니다.

구강

네 잇몸이 보이는데.

Puedo ver tus encías.
뿌에도 베르 뚜쓰 엔씨아쓰

난 잇몸이 약해.

Tengo las encías débiles.
뗑고 라쓰 엔씨아쓰 데빌레쓰

네 입냄새가 지독해.

Te huele mal el aliento.
떼 우엘레 말 엘 알리엔또

Tu aliento huele fatal.
뚜 알리엔또 우엘레 파딸

양치질하러 가라.

Ve a lavarte los dientes.
베 아 라바르떼 로쓰 디엔떼쓰

치실 사용하니?

¿Utilizas hilo dental?
우띨리싸쓰 일로 덴딸?

구강청결제를 추천해.

Recomiendo un enjuague bucal.
레꼬미엔도 운 엥후아게 부깔

utilizar 우띨리싸르 사용하다
el hilo 엘 일로 실
enjuagar 엥후아가르 입을 헹구다

치아 관련

\# 내 치아는 가지런하다.

Tengo los dientes rectos.
뗑고 로쓰 디엔떼쓰 렉또쓰

\# 나는 덧니가 있다.

Tengo los dientes montados.
뗑고 로쓰 디엔떼쓰 몬따도쓰

\# 그녀는 이가 하얗다.

Sus dientes son blancos.
쑤쓰 디엔떼쓰 쏜 블랑꼬쓰

\# 사랑니가 나고 있어.

Me están saliendo las muelas del juicio.
메 에스딴 쌀리엔도 라쓰 무엘라쓰 델 후이씨오

\# 충치가 있어요.

Tengo una caries.
뗑고 우나 까리에쓰

\# 치아 교정을 할 거야.

Voy a hacerme la ortodoncia.
보이 아 아쎄르메 라 오르또돈씨아

\# 나는 이미 교정을 했어.

Ya me he hecho la ortodoncia.
야 메 에 에초 라 오르또돈씨아

여기서 잠깐!

스페인어로 각각의 치아는 어떻게 말할까요?

- incisivo 인씨시보 앞니
- canino 까니노 송곳니
- premolar 쁘레몰라르 소구치(어금니와 송곳니 사이의 이)
- molar 몰라르 어금니
- muela del juicio 무엘라 델 후이씨오 사랑니

꼭! 짚고 가기

신체 관련 표현 & 어휘

신체와 관련한 몇 가지 표현과 어휘를 살펴보겠습니다.

① **codo** 꼬도 팔꿈치

보통 말을 하기 시작하면 손짓 혹은 몸짓이 자연스럽게 따라오는데, 이러한 의미로 '팔꿈치까지 말을 하고 있는 것'처럼 느껴질 정도로 '엄청나게 말이 많은 것'을 비유한 'Hablar por los codos. 아블라르 뽀르 로쓰 꼬도쓰 (팔꿈치로 말을 하다)'라는 스페인 속담이 있습니다.

- Marta habla por los **codos**.
  마르타는 말이 많다.
  (마르타는 팔꿈치로 말을 한다.)

② **párpado** 빠르빠도 눈꺼풀

'쌍꺼풀'은 보통 두 겹의 눈꺼풀이라는 뜻의 párpados dobles 빠르빠도쓰 도블레쓰라고 하며, 눈 관련 표현은 주로 복수형으로 씁니다.

'외꺼풀 눈'은 '찢어진 눈'이라는 ojo rasgado 오호 라스가도, ojos rasgados 오호쓰 라스가도쓰 혹은 비속어로 '중국인 같은 눈'이라는 ojo achinado 오호 아치나도, ojos achinados 오호쓰 아치나도쓰라고도 표현합니다.

③ **culo** 꿀로 엉덩이

'엉덩이'를 뜻하는 단어로 culo, trasero 뜨라세로, pompis 뽐삐쓰, nalgas 날가쓰, glúteos 글루떼오쓰 등이 있습니다. 이 중에서 culo가 가장 구어적이면서 흔히 사용하는 단어입니다. nalgas, glúteos는 의학적 의미를 담고 있으며 trasero, pompis는 완곡하면서 격식을 차린 어감입니다.

헤어스타일

\# 그는 대머리이다.

Es calvo.
에쓰 깔보

\# 그녀는 포니테일 스타일을 좋아한다.

A ella le gustan las coletas de cola de caballo.
아 에야 레 구스딴 라쓰 꼴레따쓰 데 꼴라 데 까바요

\# 당신의 머리는 무슨 색깔이에요?

¿Cuál es tu color de pelo?
꾸알 에쓰 뚜 꼴로르 데 뻴로?

\# 그는 머리가 갈색이에요.

Tiene el pelo castaño.
띠에네 엘 뻴로 까스따뇨

Su pelo es de color marrón.
쑤 뻴로 에쓰 데 꼴로르 마론

\# 저는 단발머리예요.

Llevo media melena.
예보 메디아 멜레나

\# 제 언니는 땋은 머리를 하고 있어요.

Mi hermana mayor lleva el pelo recogido con trenzas.
미 에르마나 마요르 예바 엘 뻴로 레꼬히도 꼰 뜨렌싸쓰

\# 나는 짧은 머리이다.

Llevo el pelo corto.
예보 엘 뻴로 꼬르또

헤어스타일&수염

\# 나는 헤어스타일을 바꿨어요.

He cambiado mi estilo de peinado.
에 깜비아도 미 에스띨로 데 뻬이나도

\# 그녀는 곱슬머리에 짧은 금발이야.

Tiene el pelo corto rubio y rizado.
띠에네 엘 뻴로 꼬르또 루비오 이 리싸도

\# 나는 최근 흰머리가 나기 시작했어.

Empiezo a tener el pelo canoso.
엠삐에쏘 아 떼네르 엘 뻴로 까노소

\# 제 머릿결은 갈라졌어요.

Tengo las puntas abiertas.
뗑고 라쓰 뿐따쓰 아비에르따쓰

\# 우리 아빠는 콧수염이 있다.

Mi padre lleva bigote.
미 빠드레 예바 비고떼

\# 그는 구레나룻이 있다.

Tiene patillas.
띠에네 빠띠야쓰

\# 그는 턱밑 수염을 기른다.

Tiene una barba de chivo.
띠에네 우나 바르바 데 치보

스타일 ①

\# 그녀는 귀여워.

Es muy linda.
에쓰 무이 린다

\# 그는 아주 지적으로 생겼어.

Parece bastante inteligente.
빠레쎄 바스딴떼 인뗄리헨떼

\# 그는 잘생겼어.

Es guapo.
에쓰 구아뽀

\# 저 남자 섹시한데.

Aquel chico es muy sexy.
아껠 치꼬 에쓰 무이 쎅씨

\# 그녀는 굉장한 미인이다.

Es una mujer de bandera.
에쓰 우나 무헤르 데 반데라

\# 그녀는 글래머야.

Es muy glamurosa.
에쓰 무이 글라무로사

\# 너는 옷을 참 잘 입어.

Tienes buen gusto para la ropa.
띠에네쓰 부엔 구스또 빠라 라 로빠

Te vistes muy bien.
떼 비스떼쓰 무이 비엔

스타일 ②

\# 너 오늘 멋져 보이는데.

Hoy te ves guapo/a.
오이 떼 베쓰 구아뽀/빠

\# 그는 멋을 아는 남자이다.

Es un hombre que sabe de moda.
에쓰 운 옴브레 께 싸베 데 모다

\# 난 그의 외모가 마음에 들어요.

Me gusta su apariencia.
메 구스따 쑤 아빠리엔씨아

\# 그는 항상 그 모습 그대로인 것 같다.

Le veo igual que siempre.
레 베오 이구알 께 씨엠쁘레

\# 그녀는 항상 수수하게 옷을 입는다.

Siempre viste sencillo.
씨엠쁘레 비스떼 쎈씨요

\# 전 에너지가 넘쳤었죠.

Solía ser muy energético/a.
쏠리아 쎄르 무이 에네르헤띠꼬/까

\# 그는 여자같이 옷을 입어.

Él viste como una mujer.
엘 비스떼 꼬모 우나 무헤르

\# 난 옷 잘 입는 사람이 좋아.

Me gusta alguien que sepa vestirse bien.
메 구스따 알기엔 께 쎄빠 베스띠르세 비엔

Me gusta alguien que viste bien.
메 구스따 알기엔 께 비스떼 비엔

닮았다고 말할 때

제가 아는 사람이랑 닮았네요.

Te pareces a alguien que conozco.
떼 빠레쎄쓰 아 알기엔 께 꼬노쓰꼬

나는 외할머니를 닮았어요.

Me parezco mucho a mi abuela materna.
메 빠레쓰꼬 무초 아 미 아부엘라 마떼르나

여동생은 눈이 아버지를 닮았어요.

Mi hermana tiene los ojos de mi padre.
미 에르마나 띠에네 로쓰 오호쓰 데 미 빠드레

당신은 아버지를 닮았어요 어머니를 닮았어요?

¿Te pareces más a tu madre o tu padre?
떼 빠레쎄쓰 마쓰 아 뚜 마드레 오 뚜 빠드레?

외모 평가

나는 외모로 사람을 평가하지 않아.

No juzgo a las personas por su apariencia.
노 후쓰고 아 라쓰 뻬르소나쓰 뽀르 쑤 아빠리엔씨아

한국에선 하얀 피부를 선호해.

En Corea se prefiere la piel blanca.
엔 꼬레아 쎄 쁘레피에레 라 삐엘 블랑까

그/그녀는 잘생긴/예쁜 편은 아니지만 매력이 넘쳐.

No es exactamente guapo/a, pero tiene un encanto especial.
노 에쓰 엑싹따멘떼 구아뽀/빠, 뻬로 띠에네 운 엥깐또 에스뻬씨알

객관적으로 매력적인 외모는 아니지.

No es un aspecto objetivamente atractivo/a.
노 에쓰 운 아스뻭또 옵헤띠바멘떼 아뜨락띠보/바

여기서 잠깐!

'닮았다'라는 말은 동사 parecer 빠레쎄르를 씁니다.

- Me **parezco** a mi padre. 메 빠레쓰꼬 아 미 빠드레
  나는 아버지를 닮았다.
- Te **pareces** a tu padre. 떼 빠레쎄쓰 아 뚜 빠드레
  너는 너의 아버지를 닮았다.
- Se **parece** a su padre. 쎄 빠레쎄 아 쑤 빠드레
  그는 그의 아버지를 닮았다.
- Nos **parecemos** a nuestros padres.
  노쓰 빠레쎄모쓰 아 누에스뜨로쓰 빠드레쓰
  우리는 우리 아버지를 닮았다.
- Os **parecéis** a vuestros padres.
  오쓰 빠레쎄이쓰 아 부에스뜨로쓰 빠드레쓰
  너희들은 너희들의 아버지를 닮았다.
- Se **parecen** a sus padres. 쎄 빠레쎈 아 쑤쓰 빠드레쓰
  그들은 그들의 아버지를 닮았다.

그리고 동사 parecer는 본인 생각을 말할 때도 쓰며, 이 경우 동사는 3인칭으로만 변합니다.

- Me **parece** bien. 메 빠레쎄 비엔
  내 생각에는 좋은 것 같아.
- ¿Os **parece** bien? 오쓰 빠레쎄 비엔?
  너희들 생각에도 좋은 것 같니?
  (너희들 동의하니?)

옷 취향

\# 난 원피스를 즐겨 입어.

Me pongo vestidos a menudo.
메 뽕고 베스띠도쓰 아 메누도

\# 나는 검정색 옷만 입는다.

Siempre voy de negro.
씨엠쁘레 보이 데 네그로

\# 그녀는 옷을 야하게 입어.

Se viste muy provocativa.
쎄 비스떼 무이 쁘로보까띠바

\# 난 옷 색깔을 맞춰 입는 편이야.

Tiendo a vestir prendas del mismo color entre sí.
띠엔도 아 베스띠르 쁘렌다쓰 델 미스모 꼴로르 엔뜨레 씨

\# 그는 항상 줄무늬 옷을 입고 있던데.

Siempre lleva algo de rayas.
씨엠쁘레 예바 알고 데 라야쓰

\# 그녀는 늘 바지만 입어.

Siempre lleva pantalones.
씨엠쁘레 예바 빤딸로네쓰

\# 그는 항상 정장을 입어.

Siempre va con traje.
씨엠쁘레 바 꼰 뜨라헤

꼭! 짚고 가기!

'옷을 입다'의 여러 가지 표현

스페인에서 '입다'의 의미로 가장 많이 쓰이는 단어는 llevar 예바르로 '지금 무엇을 입고 있는 상태'를 말합니다.
vestir 베스띠르는 옷의 색상이나 스타일 등을 표현할 때 주로 사용합니다.
vestirse 베스띠르세는 옷을 입는 과정을 뜻하며, 바지나 치마 등의 목적어가 필요 없습니다.
재귀 동사 ponerse 뽀네르세는 스스로가 '~을' 입는 행위를 말하며, 행위를 수행하는 사람과 일치하는 재귀 대명사(me, te, se, nos, os, se)가 필요합니다.
일반 동사 poner 뽀네르는 타인에게 옷을 입혀 주는 행위를 말합니다.

예문으로 살펴보겠습니다.

- María es quien **lleva** una falda corta.
  마리아는 짧은 치마를 입고 있는 사람이다.
- Santiago **viste** siempre a la moda.
  산티아고는 항상 유행에 따라 옷을 입는다.
- Mi hijo ya se **viste** solo.
  우리 아들은 이제 스스로 옷을 입는다.
- Me **pongo** el uniforme antes de ir a trabajar.
  나는 출근 전에 유니폼을 입는다.
- Voy a **poner** el vestido azul a la niña.
  애한테 파란색 원피스 입혀야겠다.

옷차림 ①

\# 나는 특히 유행하는 옷은 별로야.

No me gusta especialmente la ropa de moda.
노 메 구스따 에스뻬씨알멘떼 라 로빠 데 모다

\# 그녀는 최신 유행 옷만 입어.

Solo va a la última moda.
쏠로 바 아 라 울띠마 모다

\# 이거 지금 유행 중이야.

Está a la moda.
에스따 아 라 모다

\# 이거 최신 스타일이야.

Este es el último estilo.
에스떼 에쓰 엘 울띠모 에스띨로

\# 그는 옷차림에 별로 신경을 쓰지 않아.

No se preocupa demasiado por su vestimenta.
노 쎄 쁘레오꾸빠 데마시아도 뽀르 쑤 베르띠멘따

\# 너는 아무거나 잘 어울려.

Te queda bien todo.
떼 께다 비엔 또도

la moda 라 모다 유행, 패션
la vestimenta 라 베스띠멘따 의복, 의류

옷차림 ②

\# 네 스타일 멋있는데.

Me gusta tu estilo.
메 구스따 뚜 에스띨로

\# 그거 완전 세련돼 보이는데.

Es muy elegante.
에쓰 무이 엘레간떼

\# 이 바지는 내 취향에 비해 너무 꽉 끼어.

Estos pantalones son demasiado apretados para mi gusto.
에스또쓰 빤딸로네쓰 쏜 데마시아도 아쁘레따도쓰 빠라 미 구스또

\# 요즘 '스키니진'이 유행이야.

Los 'skinny jeans' están de moda estos días.
로쓰 '스끼니 진쓰' 에스딴 데 모다 에스또쓰 디아쓰

\# 너 이런 청바지를 안 입으면 유행에 뒤떨어져.

Estás pasado de moda si no llevas estos vaqueros.
에스따쓰 빠사도 데 모다 씨 노 예바쓰 에스또쓰 바께로쓰

\# 그녀는 민소매 옷을 좋아해.

Le gusta ponerse camisetas sin mangas.
레 구스따 뽀네르세 까미세따쓰 씬 망가쓰

여기서 잠깐!

'민소매 티셔츠'는 camiseta sin mangas 까미세따 씬 망가쓰라고 합니다. '반팔 티셔츠'는 camiseta de manga corta 까미세따 데 망가 꼬르따, '긴팔 티셔츠'는 camiseta de manga larga 까미세따 데 망가 라르가라고 하죠. '티셔츠'가 아닌 '셔츠'를 말하고 싶다면 camiseta가 아닌 camisa 까미사라고 하면 됩니다.

옷차림 ③

난 캐주얼한 차림이 좋아.

Me gusta la ropa casual.
메 구스따 라 로빠 까수알

옷 좀 사야지. 회사에 입고 갈 옷이 없어.

Necesito comprar algo de ropa. No tengo nada que ponerme para ir a trabajar.
네쎄시또 꼼쁘라르 알고 데 로빠. 노 뗑고 나다 께 뽀네르메 빠라 이르 아 뜨라바하르

생일 파티 때 입을 드레스 좀 골라 줄래?

¿Puedes elegir mi vestido para la fiesta de cumpleaños?
뿌에데쓰 엘레히르 미 베스띠도 빠라 라 피에스따 데 꿈쁠레아뇨쓰?

이번 파티의 드레스 코드가 뭐예요?

¿Cuál es el código de vestimenta para esta fiesta?
꾸알 에쓰 엘 꼬디고 데 베스띠멘따 빠라 에스따 피에스따?

그녀는 결코 유행을 따라가지 않아.

Nunca va a la moda.
눙까 바 아 라 모다

그녀는 디자이너 옷만 입어.

Solo se viste con ropa de diseño.
쏠로 쎄 비스떼 꼰 로빠 데 디세뇨

elegir 엘레히르 고르다
el vestido 엘 베스띠도 원피스
vestir 베스띠르 옷을 입히다
(vestirse 베스띠르세 옷을 입다)

꼭! 짚고 가기

스페인에서 '자라'를 모르는 이유

우리나라에서도 인기 있는 패스트 패션의 선두주자 '자라'. 이 자라가 스페인 회사라는 것은 많은 사람들이 알고 있죠. 하지만 스페인에서 '자라'를 물어보았더니 못 알아듣는다면 어떨까요?
ZARA 싸라의 Z 발음은 '지읒'이 아니라 S의 '시옷'에 가까운 발음입니다. 즉 '싸라'라고 읽는 것이 올바른 발음입니다.
스페인에는 아주 많은 ZARA 매장이 있습니다. 어느 도시든 그 도시의 중심부에는 ZARA 매장이 자리 잡고 있죠. ZARA는 Inditex 인디떽쓰라는 그룹에 속해 있는 브랜드로 이 그룹은 ZARA뿐만 아니라 Massimo dutti 마씨모 두띠와 10~20대 젊은 사람을 타깃으로 한 PULL&BEAR 풀 엔 베어(영어), Bershka 베르스까, Stradivarius 쓰뜨라디바리우쓰가 있으며 속옷 전문 브랜드인 OYSHO 오이쇼를 보유하고 있습니다. 스페인뿐만 아니라 전 세계의 패션 산업을 이끌어 간다 해도 과언이 아닐 정도죠.
Inditex의 본사는 스페인 북쪽 갈리시아 지방의 La Coruña 라 꼬루냐라는 도시에 위치해 있습니다.

Unidad 7 **화장** MP3. C05_U07

화장①

난 화장하지 않으면 아무도 못 알아봐.

Si no me maquillo, nadie me reconocerá.
씨 노 메 마끼요, 나디에 메 레꼬노쎄라

너 화장이 잘 안 어울려.

Tu maquillaje no te queda bien.
뚜 마끼야헤 노 떼 께다 비엔

그녀는 항상 화장이 너무 짙다.

Siempre lleva demasiado maquillaje.
씨엠쁘레 예바 데마시아도 마끼야헤

그녀는 옅은 화장을 해서, 정말 자연스럽게 보여.

Lleva maquillaje ligero, por lo que parece muy natural.
예바 마끼야헤 리헤로, 뽀르 로 께 빠레쎄 무이 나뚜랄

(나) 화장 거의 다 끝났어.

Casi he terminado de maquillarme.
까씨 에 떼르미나도 데 마끼야르메

그녀는 매일 출근할 때 차 안에서 화장을 한다.

Siempre se maquilla en el coche cuando va a trabajar.
씨엠쁘레 쎄 마끼야 엔 엘 꼬체 꾸안도 바 아 뜨라바하르

화장②

난 화장을 자주 고친다.

Cambio de maquillaje con frecuencia.
깜비오 데 마끼야헤 꼰 프레꾸엔씨아

그녀의 화장이 두꺼워.

Su maquillaje está demasiado denso.
쑤 마끼야헤 에스따 데마시아도 덴소

립스틱 좀 발라. 아파 보여.

Píntate los labios. Pareces que estás enfermo/a.
삔따떼 로쓰 라비오쓰. 빠레쎄쓰 께 에스따쓰 엠페르모/마

그녀의 립스틱 색이 너무 진한데.

Su color de labios es demasiado fuerte.
쑤 꼴로르 데 라비오쓰 에쓰 데마시아도 푸에르떼

그녀는 화장을 안 해도 예뻐.

Se le ve preciosa sin ningún tipo de maquillaje.
쎄 레 베 쁘레시오사 씬 닝군 띠뽀 데 마끼야헤

너는 화장 안 한 것 같아.

Parece que no te has maquillado.
빠레쎄 께 노 떼 아쓰 마끼야도

내가 가장 중요하게 생각하는 메이크업은 눈썹 그리기야.

Lo más importante para mí en el maquillaje es dibujar las cejas.
로 마쓰 임뽀르딴떼 빠라 미 엔 엘 마끼야헤 에쓰 디부하르 라쓰 쎄하쓰

화장③

\# 무슨 브랜드의 화장품 쓰니?

¿Qué marca de maquillaje utilizas?
께 마르까 데 마끼야헤 우띨리싸쓰?

\# 무슨 향수를 뿌렸니?

¿Qué perfume te has puesto?
께 뻬르푸메 떼 아쓰 뿌에스또?

\# 화장 지웠니?

¿Te has quitado el maquillaje?
떼 아쓰 끼따도 엘 마끼야헤?

\# 나는 올리브유로 화장을 지운다.

Uso aceite de oliva para quitarme el maquillaje de la cara.
우소 아세이떼 데 올리바 빠라 끼따르메 엘 마끼야헤 데 라 까라

\# 나 어제 화장도 안 지우고 잤어.

Me acosté ayer con el maquillaje puesto.
메 아꼬스떼 아예르 꼰 엘 마끼야헤 뿌에스또

\# 화장을 지우는 것이 중요하지.

Es importante desmaquillarse la cara.
에쓰 임뽀르딴떼 데스마끼야르쎄 라 까라

\# 물 없이도 화장을 지우는 데 사용할 수 있습니다.

Se puede desmaquillar sin agua.
쎄 뿌에데 데스마끼야르 씬 아구아

꼭! 짚고 가기

향수를 많이 쓰는 사람들

스페인 사람들은 향수를 애용합니다. 딱히 생각나는 품목이 없을 때 향수는 늘 좋은 아이템이죠. 하지만 스페인에서도 향수는 가격이 비싼 편입니다. 브랜드, 용량에 따라 다르지만 보통 40~50유로 정도는 줘야 합니다. 비싼 향수를 대신해서 colonia 꼴로니아를 쓰기도 합니다. 향은 동일하지만 가격은 훨씬 저렴합니다. 단, 향이 오랫동안 지속되지는 않습니다.

colonia는 알코올이 없는 제품으로 유아용으로도 판매하며, 스페인에서는 단골 출산 축하 아이템입니다. 유아용 colonia는 아기가 어릴 때는 보통 옷에 뿌려 사용하며, 아이가 조금 크면 직접 뿌리기도 합니다.

남자들은 향수, colonia와 더불어 서양인 특유의 땀 냄새 때문인지 겨드랑이 땀 냄새 제거제인 데오도란트(desodorante 데소도란떼)도 필수로 사용합니다.

Capítulo 06

Capítulo 06

Unidad 1 좋은 감정

Unidad 2 좋지 않은 감정

Unidad 3 성격

Unidad 4 기호

Los sentimientos 감정

로스 쎈띠미엔또쓰

MP3. Word_C06

positivo/a 뽀시띠보/바 긍정적인	agradable 아그라다블레 기분 좋은	satisfecho/a 싸띠스페초/차 만족한
	contento/a 꼰뗀또/따 기쁜	suficiente 수피씨엔떼 충분한
	feliz 펠리쓰 행복한	divertido/a 디베르띠도/다 즐거운, 재미있는
	tranquilo/a 뜨랑낄로/라 조용한, 침착한	interesante 인떼레산떼 흥미있는
	el placer 엘 쁠라쎄르 기쁨	la alegría 라 알레그리아 환희
	la sonrisa 라 쏜리사 미소	la felicidad 라 펠리씨닫 행복
	creer 끄레에르 믿다	reír 레이르 웃다
	cómodo/a 꼬모도/다 편안한	gustar 구스따르 좋아하다

negativo/a 네가띠보/바
부정적인

triste 뜨리스떼
슬픈

la tristeza 라 뜨리스떼
슬픔

doloroso/a 돌로로소/사
괴로운

la vergüenza 라 베르구엔싸
수치, 부끄러움

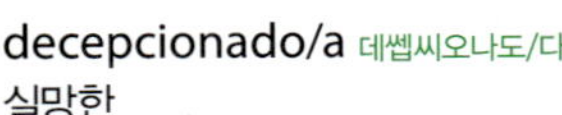

decepcionado/a 데쎕씨오나도/다
실망한

enfadado/a 엠파다도/다
화난

nervioso/a 네르비오소/사
긴장된

horrible 오리블레
무서운, 끔찍한

el dolor 엘 돌로르
고통

el daño 엘 다뇨
피해(신체적 아픔)

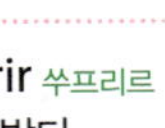

sufrir 쑤프리르
고통받다

la lágrima 라 라그리마
눈물

El carácter 성격

엘 까락떼르

bueno/a 부에노/나 좋은, 착한	amable 아마블레 친절한	sincero/a 씬쎄로/라 솔직한
	humilde 우밀데 겸손한	honesto/a 오네스또/따 정직한
activo/a 악띠보/바 활발한	espontáneo/a 에스뽄따네오/아 즉흥적인	extravertido/a 엑쓰뜨라베르띠도/다 외향적인
	sociable 쏘씨아블레 붙임성 있는	presumido/a 쁘레수미도/다 잘난 척하는
introvertido/a 인뜨로베르띠도/다 내성적인	tímido/a 띠미도/다 수줍은	discreto/a 디스끄레또/따 입이 무거운
	vergonzoso/a 베르곤쏘소/사 부끄러워 하는	silencioso/a 씰렌씨오소/사 과묵한
pesimista 뻬시미스따 비관적인	trágico/a 뜨라히꼬/까 비극의	negativo/a 네가띠보/바 부정적인
	desesperado/a 데세스뻬라도/다 절망한	pijo/a 삐호/하 콧대가 높은, 잘난 척하는

Las preferencias 기호
라쓰 쁘레페렌씨아쓰

gustar 구스따르
좋아하다

encantar 엥깐따르
매우 좋아하다

preferir 쁘레페리르
선호하다

desear 데세아르
원하다

querer 께레르
원하다

adorar 아도라르
열애하다, 몹시 좋아하다

enamorar 에나모라르
사랑을 느끼게 하다

enamorarse 에나모라르세
반하다

disgustar 디스구스따르
싫어하다

no querer 노 께레르
원하지 않다

odiar 오디아르
(강하게) 싫어하다

aborrecer 아보레쎄르
혐오하다

no tener ganas de~
노 떼네르 가나쓰 데~
~할 마음이 없다

tener miedo 떼네르 미에도
겁을 내다

vomitar 보미따르
토하다

기쁘다①

몹시 기뻐요.

Estoy muy contento/a.
에스또이 무이 꼰뗀또/따

정말 기분이 좋아요!

¡Cuánto me alegro!
꾸안또 메 알레그로!

저는 너무 감동했어요.

Estoy muy emocionado/a.
에스또이 무이 에모씨오나도/다

너무 기뻐서 눈물이 다 나오네.

Estoy tan contento/a que lloro de felicidad.
에스또이 딴 꼰뗀또/따 께 요로 데 펠리씨닫

콧노래라도 부르고 싶은 기분이에요.

Estoy a punto de cantar de lo contento/a que estoy.
에스또이 아 뿐또 데 깐따르 데 로 꼰뗀또/따 께 에스또이

아주 기뻐서 말이 안 나와요.

Estoy tan contento/a que no sé qué decir.
에스또이 딴 꼰뗀또/따 께 노 쎄 께 데씨르

내 인생 최고의 순간이야.

Es el mejor momento de mi vida.
에쓰 엘 메호르 모멘또 데 미 비다

기쁘다②

제 기쁨입니다. (상대가 고마움을 표시하자 오히려 자신이 기쁘다고 답할 때)

Es un placer.
에쓰 운 쁠라쎄르

그 말을 들으니 기뻐요.

Estoy contento/a de escucharlo.
에스또이 꼰뗀또/따 데 에스꾸차를로

너를 만나서 정말 기뻐.

Me alegra verte.
메 알레그라 베르떼

그 결정에 만족스러워.

Estoy satisfecho/a con esa decisión.
에스또이 싸띠스페초/차 꼰 에사 데씨시온

그들은 아주 들떠 있어요.

Están muy entusiasmados/as.
에스딴 무이 엔뚜시아스마도쓰/다쓰

저는 운이 좋은 것 같아요.

Me siento muy afortunado/a.
메 씨엔또 무이 아포르뚜나도/다

네, 기꺼이.

Sí, me encantaría.
씨, 메 엥깐따리아

Claro, es un placer.
끌라로, 에쓰 운 쁠라쎄르

행복하다

\# 난 행복해요.

Soy feliz.
쏘이 펠리쓰

\# 더 이상 행복할 수 없어요.

No podría ser más feliz.
노 뽀드리아 쎄르 마쓰 펠리쓰

\# 내 인생에 이보다 더 행복했던 적은 없었어요.

Nunca he sido más feliz.
눙까 에 씨도 마쓰 펠리쓰

\# 하나님 감사합니다!

¡Gracias a Dios!
그라씨아쓰 아 디오쓰!

\# 꿈만 같아요.
(사실이라기엔 너무 좋네요.)

Es demasiado bueno para ser verdad.
에쓰 데마시아도 부에노 빠라 쎄르 베르닫

\# 작은 것에서 행복을 찾아봐.

Busca la felicidad en las cosas pequeñas.
부스까 라 펠리씨닫 엔 라쓰 꼬사쓰 뻬께냐쓰

\# 행복은 가까이 있어.

La felicidad está cerca.
라 펠리씨닫 에스따 쎄르까

\# 내가 그 순간 얼마나 행복했는지는 말로 표현할 수 없다.

No puedo expresar lo feliz que era en aquel momento.
노 뿌에도 엑쓰쁘레사르 로 펠리쓰 께 에라 엔 아껠 모멘또

꼭! 짚고 가기

스페인어에 대해 물어보세요

스페인어는 사용 국가의 범위가 넓어서인지 스페인어를 연구하고 규칙을 만드는 기관인 RAE(Real Academia Española, 왕립 스페인어 아카데미)가 굉장히 중요한 역할을 합니다. 스페인에서 쓰는 스페인어뿐만 아니라 중남미에서 사용하는 스페인어까지 폭넓게 언어 연구를 하고 있습니다. 헷갈리기 쉬운 표현뿐만 아니라 기존에는 없었지만 새로 생겨나는 신조어나 외래어 등을 새롭게 정해 발표합니다.

이 기관이 소통하는 창구 중 매우 활발한 활동을 하고 있는 곳이 X(트위터)입니다. 이 곳에 헷갈리는 표현을 물어보면 답글을 달아 줍니다. 기존에 쌓인 질문과 답이 아주 많기 때문에 검색을 통해 정보를 쉽게 얻을 수 있습니다.

스페인어를 공부하다 궁금한 점이 생기면, @RAEinforma를 팔로우해서 질문해 보세요!

또 참고하면 좋을 사이트는 바로 Fundéu(www.fundeu.es)입니다.

Fundéu는 La Fundación del Español Urgente의 줄임말로, 번역하자면 '긴급 스페인어 재단'인데요, 2005년 마드리드에 설립된 재단으로 위키피디아의 스페인어 버전으로 생각하면 됩니다. 매달 110만 명 이상의 사용자가 방문하는 곳으로, 헷갈리는 스페인어 표현 등 스페인어에 관해 매우 광범위한 정보를 찾아볼 수 있습니다.

안심하다

\# 정말 안심했어요!

¡Qué alivio!
께 알리비오!

¡Eso es un alivio!
에소 에쓰 운알리비오!

¡Me has quitado un peso de encima!
메 아쓰 끼따도 운 뻬소 데 엔씨마!

\# 그 소식을 들으니 안심이 돼요.

Me siento aliviado/a de escuchar la noticia.
메 씨엔또 알리비아도/다 데 에스꾸차르 라 노띠씨아

\# 마음이 편해요.

Estoy muy tranquilo/a.
에스또이 무이 뜨랑낄로/라

\# 안심해.

Tranquilo/a.
뜨랑낄로/라

\# 그것에 대해 너무 확신하지 마.

No estés tan seguro/a de ello.
노 에스떼쓰 딴 쎄구로/라 데 예요

\# 그 문제는 안심하셔도 돼요.

Esté tranquilo sobre ese asunto.
에스떼 뜨랑낄로 쏘브레 에세 아쑨또

\# 무슨 일 일어나는 줄 알았는데 다행이네.

Pensaba que iba a pasar algo malo, pero menos mal que no sucedió.
뻰사바 께 이바 아 빠사르 알고 말로, 뻬로 메노쓰 말 께 노 쑤쎄디오

만족하다

\# 정말 만족스러워요.

Estoy completamente satisfecho/a.
에스또이 꼼플레따멘떼 싸띠스페초/차

\# 현재 제 상황에 대만족이에요.

Estoy muy bien como estoy.
에스또이 무이 비엔 꼬모 에스또이

\# 나는 그에게 만족해요.

Estoy satisfecho/a con él.
에스또이 싸띠스페초/차 꼰 엘

\# 만족스러운 결과였어요.

El resultado fue bastante satisfactorio.
엘 레술따도 푸에 바스딴떼 싸띠스팍또리오

Estoy satisfecho/a con el resultado.
에스또이 싸띠스페초/차 꼰 엘 레술따도

\# 나는 그 생각에 동의해요.

Estoy de acuerdo con la idea.
에스또이 데 아꾸에르도 꼰 라 이데아

\# 그는 스스로를 자랑스러워한다.

Está muy orgulloso de sí mismo.
에스따 무이 오르구요소 데 씨 미스모

completamente 꼼쁠레따멘떼 완전히, 아무 부족함 없이
satisfecho/a 싸띠스페초/차 만족한
satisfactorio/a 싸띠스팍또리오/아 만족스러운

재미있다

\# 아주 재미있어요! (감동·감격·만족 등의 느낌 포함)

¡Qué emocionante!
께 에모씨오난떼!

\# 정말 웃겼어.

Fue muy gracioso/a.
푸에 무이 그라씨오소/사

\# 멋진 생각이에요!

¡Suena genial!
쑤에나 헤니알!

¡Es una idea maravillosa!
에쓰 우나 이데아 마라비요사!

¡Eso estaría bien!
에소 에스따리아 비엔!

¡Buena idea!
부에나 이데아!

\# 즐거운 시간을 보냈어요.
(제 인생에서 가장 최고의 순간을 보냈어요.)

Pasé el mejor momento de mi vida.
빠세 엘 메호르 모멘또 데 미 비다

\# 즐거워요.
(나는 지금 즐거운 시간을 보내고 있어요.)

Me estoy divirtiendo.
메 에스또이 디비르띠엔도

\# 아주 재미있어서 웃음이 멈추질 않아요.

Es tan divertido que no puedo parar de reír.
에쓰 딴 디베르띠도 께 노 뿌에도 빠라르 데 레이르

Unidad 2 **좋지 않은 감정** **MP3. C06_U02**

슬프다

\# 슬퍼요.

Estoy triste.
에스또이 뜨리스떼

\# 우울해요.

Estoy deprimido/a.
에스또이 데쁘리미도/다

\# 너무 괴로워요.

Estoy angustiado/a.
에스또이 앙구스띠아도/다

\# 마음이 아파요.

Me duele el corazón.
메 두엘레 엘 꼬라쏜

\# 저는 희망이 없어요.

No tengo esperanza.
노 뗑고 에스뻬란싸

\# 현재 저는 출구가 없는 상황이에요.

Actualmente, estoy en una situación sin salida.
악뚜알멘떼, 에스또이 엔 우나 씨뚜아씨온 씬 쌀리다

\# 너는 내 마음을 아프게 했어.

Me has roto el corazón.
메 아쓰 로또 엘 꼬라쏜

\# 세상이 끝나는 것 같아요.

Siento que el mundo está llegando a su fin.
씨엔또 께 엘 문도 에스따 예간도 아 쑤 핀

\# 지금 농담할 기분이 아니에요.

No estoy para bromas.
노 에스또이 빠라 브로마쓰

\# 나 기분이 정말 안 좋아.

Me siento fatal.
메 씨엔또 파딸

실망하다

\# 실망이야!

¡Qué decepción!
께 데셉씨온!

\# 그거 실망인데.

Es decepcionante.
에쓰 데셉씨오난떼

\# 네게 실망했어.

Estoy decepcionado/a contigo.
에스또이 데셉씨오나도/다 꼰띠고

\# 기대가 컸는데, 너무 실망이네.

Tenía grandes expectativas, pero es muy decepcionante.
떼니아 그란데쓰 엑쓰뻭따띠바쓰, 뻬로 에쓰 무이 데셉씨오난떼

\# 시간 낭비였어.

Fue una pérdida de tiempo.
푸에 우나 뻬르디다 데 띠엠뽀

\# 노력이 허사가 되어 버렸어.

Todos mis esfuerzos fueron en vano.
또도쓰 미쓰 에스푸에르쏘쓰 푸에론 엔 바노

\# 이번엔 실망스럽지만, 이게 끝이 아니니까.

Esta vez estoy decepcionado/a, pero esto no es el final.
에스따 베쓰 에스또이 데셉씨오나도/다, 뻬로 에스또 노 에쓰 엘 피날

화내다①

\# 너무 화가 나요.

Estoy muy enfadado/a.
에스또이 무이 엠파다도/다

Estoy cabreado/a.
에스또이 까브레아도/다

\# 그 때문에 열 받았어.

Estoy cabreado/a con él.
에스또이 까브레아도/다 꼰 엘

\# 끔찍해!

¡Qué horror!
께 오로르!

\# 젠장!

¡Joder!
호데르!

\# 나쁜 사람 같으니라고!

¡Maldito sea!
말디또 쎄아!

\# 구역질 나!

¡Eso es asqueroso!
에소 에쓰 아스께로소!

\# 너무 약 올라!

¡Qué exasperante!
께 엑싸스뻬란떼!

화내다②

\# 너 때문에 화가 나서 미치겠어.

Estoy cabreado/a contigo.
에스또이 까브레아도/다 꼰띠고

\# 닥쳐!

¡Cállate!
까야떼!

\# 적당히 해 둬!

¡Dame un respiro!
다메 운 레스삐로!

¡Ya basta!
야 바스따!

\# 이제 제발 그만둬!

¡Por favor, para de una vez!
뽀르 파보르, 빠라 데 우나 베쓰!

\# 내버려 둬!

¡Déjame en paz!
데하메 엔 빠쓰!

\# 네가 알 바 아니잖아.

No es asunto tuyo.
노 에쓰 아순또 뚜요

\# 참는 것도 한계가 있어.
(이게 한계점이야. 나는 지금 너에 대한 인내심을 잃고 있어.)

Esto es el límite. Estoy perdiendo la paciencia contigo.
에스또 에쓰 엘 리미떼. 에스또이 뻬르디엔도 라 빠씨엔씨아 꼰띠고

꼭! 짚고 가기

비속어, 많이 쓰이는 욕

스페인어는 비속어가 많은 편입니다. 일상 생활에서 비속어를 사용하지 않으면, 본인의 감정을 정확히 표현하기 힘들 정도입니다. taco 따꼬라고 불리는 이런 욕들을 기분 나빠하기보다 스페인어의 한 부분으로 받아들이는 게 중요합니다.

① joder 호데르

가장 흔하게 들을 수 있는 말입니다. '젠장! 망할!' 정도의 뜻으로, 상대에게 말하거나 나 혼자 열 받았을 때도 감탄사처럼 내뱉습니다. 부정적인 의미뿐만 아니라 예상치 못한 상황에 맞닥뜨렸을 때 아주 놀랐다는 의미로도 씁니다.

② hijo/a de puta 이호/하 데 뿌따

puta 뿌따는 '직업여성(창녀)'을 말하며 hijo/a는 '아들, 딸'을 말합니다.
크게 화났을 때 '¡**Hijo/a de** la gran **puta**! 이호/하 데 라 그란 뿌따!'라고 할 수도 있습니다. gran은 '크다'라는 뜻입니다.

③ imbécil, tonto, inútil
임베씰, 똔또, 이누띨

모두 '바보, 쓸모없는 사람'이란 뜻입니다.

- Mi marido es un **inútil**.
  미 마리도 에쓰 운 이누띨
  내 남편은 정말 쓸모없는 인간이야.

④ hostia 오스띠아

hostia는 joder와 비슷한 뜻입니다.
'젠장!'이라는 부정적인 상황뿐만 아니라 놀랐을 때 스스로 감탄사처럼 내뱉을 수도 있습니다.

- ¡**Hostia**, qué bien! 오스띠아, 께 비엔!
  어머나! 좋은데!
- Te voy a dar una **hostia**.
  떼 보이 아 다르 우나 오스띠아
  직역은 '너에게 hostia를 하나 줄 거야'로, 상대를 모욕하고 욕하는 표현입니다.

밉다

\# 증오심이 치밀어요.

Tengo tanto odio en mi interior.
뗑고 딴또 오디오 엔 미 인떼리오르

\# 왜 그렇게 선생님을 미워하니?

¿Por qué odias tanto a tu profesor?
뽀르 께 오디아쓰 딴또 아 뚜 쁘로페쏘르?

\# 나는 걔가 뭘 해도 미워.

Lo odio haga lo que haga.
로 오디오 아가 로 께 아가

\# 너는 미워하는 사람이 있어?

¿Hay alguien que no te guste?
아이 알기엔 께 노 떼 구스떼?

\# 모두가 너를 미워해, 너는 모르겠지만.

Todo el mundo te odia, aunque tú no lo sepas.
또도 엘 문도 떼 오디아, 아운께 뚜 노 로 쎄빠스

\# 사랑하면서 미워하는 마음을 동시에 느껴본 적 있어?

¿Has sentido alguna vez los sentimientos de amar y odiar al mismo tiempo?
아쓰 쎈띠도 알구나 베쓰 로쓰 쎈띠미엔또쓰 데 아마르 이 오디아르 알 미스모 띠엠뽀?

\# 나 미워하지 마.

No me odies.
노 메 오디에쓰

억울하다

\# 나는 잘못한 게 없어.

No he hecho nada malo.
노 에 에초 나다 말로

\# 나는 너무 외롭고, 나를 이해해 주는 사람은 아무도 없어.

Me siento muy solo/a y no hay nadie que me entienda.
메 씨엔또 무이 쏠로/라 이 노 아이 나디에 께 메 엔띠엔다

\# 내가 그런 거 아냐!

¡Yo no he hecho eso!
요 노 에 에초 에소!

\# 이유 없이 사람 모함하지 마.

No acuses a la gente sin razón.
노 아꾸세쓰 아 라 헨떼 씬 라쏜

\# 그는 억울함을 호소했다.

Se quejó de lo injusto que fue la situación.
쎄 께호 데 로 잉후스또 께 푸에 라 씨뚜아씨온

\# 왜 그렇게 분한 거야?

¿Por qué te sientes humillado?
뽀르 께 떼 씨엔떼쓰 우미야도?

injusto/a 인후스또/따 부당한

후회하다

\# 후회막심이에요.

Tengo tantos remordimientos.
뗑고 딴또쓰 레모르디미엔또쓰

\# 그에게 사과했어야 하는 건데.

Debería haberle pedido disculpas.
데베리아 아베를레 뻬디도 디스꿀빠쓰

\# 내가 왜 걔한테 그랬는지 후회돼요.

Me arrepiento de lo que le hice.
메 아레삐엔또 데 로 께 레 이쎄

\# 난 후회하지 않아.

No tengo ningún remordimiento.
노 뗑고 닝군 레모르디미엔또

\# 난 후회해 본 적 없어.

Nunca me he arrepentido.
눙까 메 에 아레뻰띠도

\# 너 나중에 후회하게 될 거야.

Algún día te arrepentirás.
알군 디아 떼 아레뻰띠라쓰

부끄럽다

\# 제 자신이 부끄럽습니다.

Estoy avergonzado/a de mí mismo/a.
에스또이 아베르곤싸도/다 데 미 미쓰모/마

\# 제가 한 일에 대해서 창피해요.

Estoy avergonzado/a de lo que hice.
에스또이 아베르곤싸도/다 데 로 께 이쎄

\# 전 천성적으로 수줍음을 잘 타요.

Soy muy tímido/a por naturaleza.
쏘이 무이 띠미도/다 뽀르 나뚜랄레싸

\# 살면서 가장 창피했던 순간은?

¿Cuál ha sido el momento más vergonzoso de tu vida?
꾸알 아 씨도 엘 모멘또 마쓰 베르곤쏘쏘 데 뚜 비다?

\# (나는) 부끄러움에 얼굴이 화끈거렸다.

Me sonrojé de la vergüenza.
메 쏜로헤 데 라 베르구엔싸

\# 난 사진 찍히는 게 부끄러워.

Me da vergüenza que me fotografíen.
메 다 베르구엔싸 께 메 포로그라피엔

\# 그는 수줍어서 낯선 사람과 말을 못 해요.

Es demasiado tímido para hablar con extraños.
에쓰 데마시아도 띠미도 빠라 아블라르 꼰 엑쓰뜨라뇨쓰

걱정하다

\# 무슨 일 있어?

¿Qué es lo que te pasa?
께 에쓰 로 께 떼 빠사?

¿Cuál es el problema?
꾸알 에쓰 엘 쁘로블레마?

¿Hay algo mal?
아이 알고 말?

\# 걱정거리가 있어?

¿Qué te preocupa?
께 떼 쁘레오꾸빠?

\# 왜 걱정하는데?

¿Por qué estás preocupado/a?
뽀르 께 에스따쓰 쁘레오꾸빠도/다?

\# 너 몸이 안 좋아 보이는데.

No pareces estar bien.
노 빠레쎄쓰 에스따르 비엔

\# 괜찮아?

¿Estás bien?
에스따쓰 비엔?

\# 정말 걱정이 돼요.

Estoy muy preocupado/a.
에스또이 무이 쁘레오꾸빠도/다

\# 걱정할 것 없어.

No te preocupes.
노 떼 쁘레오꾸뻬쓰

No tienes nada por lo qué preocuparte.
노 띠에네쓰 나다 뽀르 로 께 쁘레오꾸빠르떼

\# 다 잘될 거야.

Todo estará bien.
또도 에스따라 비엔

무섭다

\# 무서워요.

Tengo miedo.
뗑고 미에도

\# 무서워 죽는 줄 알았어.

Estaba muerto/a de miedo.
에스따바 무에르또/따 데 미에도

\# 소름 끼쳐.
(내 피부에 닭살이 돋았어.)

Me puso la piel de gallina.
메 뿌소 라 삐엘 데 가지나

Me dio escalofríos.
메 디오 에스깔로프리오쓰

\# 그것에 대해 생각하고 싶지도 않아.

No quiero ni pensar en ello.
노 끼에로 니 뻰사르 엔 에요

\# 무서워서 아무것도 할 수 없었어.

Estaba tan asustado/a que no podía hacer nada.
에스따바 딴 아수스따도/다 께 노 뽀디아 아쎄르 나다

\# (무서움에) 머리가 쭈뼛쭈뼛 섰어요.

Tengo los pelos de punta.
뗑고 로쓰 뻴로쓰 데 뿐따

\# 심장 떨어질 뻔했어요.

Casi me da un infarto.
까시 메 다 운 임파르또

\# 무서워하지 마!

¡No tengas miedo!
노 뗑가쓰 미에도!

놀라다①

\# 맙소사!

¡Dios mío!
디오쓰 미오!

¡Oh, Dios!
오, 디오씨!

\# 놀라운걸!

¡Qué sorpresa!
께 쏘르쁘레사!

¡Es increíble!
에쓰 잉끄레이블레!

\# 굉장해!

¡Es impresionante!
에쓰 임쁘레씨오난떼!

¡Es genial!
에쓰 헤니알!

¡Fantástico!
판따스띠꼬!

\# 믿을 수 없어!

¡Increíble!
잉끄레이블레!

¡No me lo puedo creer!
노 메 로 뿌에도 끄레에르!

\# 말도 안 되는 소리 하지 마!

¡De ninguna manera!
데 닝구나 마네라!

¡Ni hablar!
니 아블라르!

여기서 잠깐!

'말도 안 되는 소리 하지 마!'라는 표현은 '¡De ninguna manera! 데 닝구나 마네라!, ¡Ni hablar! 니 아블라르!'로 말할 수 있으며, 너무 말도 안 돼서 대답할 가치도 없음을 내포하며 짧게 말해 '닥쳐!'라는 뜻입니다. 예를 들어 아이가 장난감을 사달라고 조를 때, 짧고 굵게 한마디 할 수 있겠죠. 동일한 뜻의 비속어로는 '¡Ni de coña! 니 데 꼬냐!'가 있으며 아주 친한 사이에서만 사용해야 합니다.

꼭! 짚고 가기

스페인어 감탄문 만들기

감탄문(exclamaciones)을 만드는 방법에는 크게 아래 두 가지가 있습니다.

1. 평서문을 억양만 다르게

평서문의 앞부분을 강하게 뒷부분을 약하게 말하면 감탄문이 됩니다. 그리고 문장의 앞에는 '¡', 뒤에는 '!' 부호를 붙여 씁니다.

- Mario y Sara se han separado.
  마리오와 사라는 헤어졌어요. (평서문)

→ **¡Mario y Sara se han separado!**
  마리오와 사라는 헤어졌어요! (감탄문)

2. 감탄사 사용

① 강도 감탄사 qué

– **¡Qué** + 형용사/부사/명사(+ 동사+주어)**!**
  '강도'를 더해 주는 감탄사입니다. 말하는 것이 무엇인지 알고 있으면 동사와 주어를 생략할 수 있습니다.

- ¡Qué hambre tengo!
  나 너무 배고파!

② 수량 감탄사 cuánto

– **¡Cuánto**, **Cuánta** + 셀 수 없는 명사 (+ 동사 + 주어)**!**

– **¡Cuántos**, **Cuántas** + 셀 수 있는 명사 (+ 동사 + 주어)**!**

– **¡Cuánto** + 동사 (+주어)**!**
  '양'에 대해 감탄할 때 사용합니다. 뒤에 명사나 동사가 오는데, 말하는 것이 무엇인지 알고 있으면 동사와 주어를 생략할 수 있습니다. 뒤에 오는 명사의 수, 성에 영향을 받습니다.

- ¡Cuánto dinero! 돈이 이게 얼마야!
- ¡Cuántos bolsos tienes!
  가방이 몇 개야! (많다)
- ¡Cuánto come Sara!
  사라는 얼마나 먹는 거야!

③ 감정 감탄사 cómo

– **¡Cómo** + 동사 (+ 주어)**!**
  '감정'을 더해 주는 감탄사입니다.

- ¡Cómo nieva! 눈 오는 것 봐!

놀라다②

\# 설마?

¿De veras?
데 베라쓰?

\# 농담이지?

¡Estás de broma!
에스따쓰 데 브로마!

¿Me estás tomando el pelo?
메 에스따쓰 또만도 엘 뻴로?

\# 농담으로라도 그런 소리는 하지 마.

No digas eso ni de broma.
노 디가쓰 에소 니 데 브로마

\# 진심이야?

¿En serio?
엔 쎄리오?

\# 그럴 리 없어!

¡No puede ser!
노 뿌에데 쎄르!

¡No me lo puedo creer!
노 메 로 뿌에도 끄레에르!

\# 내 눈으로 보고도 믿을 수가 없었어.

No podía creer lo que veía.
노 뽀디아 끄레에르 로 께 베이아

\# 살면서 그런 얘기는 들어본 적이 없다.

Nunca lo había oído.
눙까 로 아비아 오이도

\# 전혀 예상 밖이야.

Fue totalmente inesperado.
푸에 또딸멘떼 이네스뻬라도

Nadie lo hubiera adivinado.
나디에 로 우비에라 아디비나도

지겹다

\# 정말 지루했어.

Era tan aburrido.
에라 딴 아부리도

\# 지루해서 죽을 뻔했어.

Me muero de aburrimiento.
메 무에로 데 아부리미엔또

\# 이젠 질렸어.

Ya estoy harto/a.
야 에스또이 아르또/따

\# 그런 말은 이제 듣기에도 지겨워.

Estoy cansado/a de escuchar eso.
에스또이 깐사도/다 데 에스꾸차르 에소

\# 생각만 해도 지긋지긋해.

Me pone enfermo/a incluso pensarlo.
메 뽀네 엠페르모/마 잉끌루소 뻰사를로

\# 네 변명은 이제 지긋지긋해.

Ya he tenido suficiente con tus excusas.
야 에 떼니도 쑤피씨엔떼 꼰 뚜쓰 엑쓰꾸사쓰

\# 오늘 하루는 지겹게도 길었어.

El día transcurrió lentamente.
엘 디아 뜨란스꾸리오 렌따멘떼

Ha sido un día demasiado largo.
아 씨도 운 디아 데마시아도 라르고

\# 더 이상은 하고 싶지 않아.

No quiero hacer más.
노 끼에로 아쎄르 마쓰

귀찮다

\# 넌 날 귀찮게 해.

Me estás molestando.
메 에스따쓰 몰레스딴도

\# 좀 내버려 둬.

No me molestes.
노 메 몰레스떼쓰

Déjame en paz.
데하메 엔 빠쓰

\# 또 시작이야.

Otra vez con lo mismo.
오뜨라 베쓰 꼰 로 미스모

\# 제발 여기서 좀 나가.

Por favor, sal de aquí.
뽀르 파보르, 쌀 데 아끼

\# 전혀 관심 없어.

No me interesa en absoluto.
노 메 인떼레사 엔 압솔루또

No quiero oírlo.
노 끼에로 오이를로

No es asunto mío.
노 에쓰 아순또 미오

꼭! 짚고 가기

말싸움할 때 쓸 수 있는 '더는 못 참아!'라는 표현

'~에 질렸다'라는 표현으로 estar harto/a 에스따르 아르또/따를 사용합니다.
'너한테 지쳤어, 질렸어!'라는 말은 'Estoy harto de ti. 에스또이 아르또 데 띠'라고 말할 수 있습니다. 'Estar harto. 에스따르 아르또'는 가장 무난한 표현입니다. 여기에 감정을 조금 더 싣는다면, 'Estar hasta las narices. 에스따르 아스따 라쓰 나리쎄쓰'라는 표현이 있습니다. 이 표현은 앞에서도 설명했죠.

- Estoy hasta las narices de mi novio.
  에스또이 아스따 라쓰 나리쎄쓰 데 미 노비오
  나는 더 이상 내 남자친구를 참아 줄 수가 없다. (정말 화난다.)

이 표현 말고도 사용할 수 있는 표현 중 'Estar hasta los huevos. 에스따르 아스따 로쓰 우에보쓰'라는 표현이 있습니다.
이 표현은 비속어이며 심한 욕설이 포함되어 있기 때문에 사용에 매우 주의해야 합니다. huevo 우에보는 달걀을 의미하기도 하지만 남성의 고환을 의미하기도 합니다.
이런 표현 말고 '나를 더 이상 화나게 하지 말아라'라는 경고의 말은 'No me toques las narices. 노 메 또께쓰 라쓰 나리쎄쓰'라는 표현을 쓸 수 있습니다. 직역하면 '내 코를 만지지 말아라'입니다.

짜증 나다

\# 정말 짜증 나.

Estoy muy cabreado/a.
에스또이 무이 까브레아도/다

\# 걔는 나를 너무 짜증 나게 해.

Él me molesta mucho.
엘 메 몰레스따 무초

\# 모든 게 짜증 나는 날이야.

Es un día en el que todo me molesta.
에쓰 운 디아 엔 엘 께 또도 메 몰레스따

\# 너랑 같이 있으면 짜증 나.

Estoy muy enfadado/a contigo.
에스또이 무이 엠파다도/다 꼰띠고

\# 정말 스트레스 쌓여.

Es muy estresante.
에쓰 무이 에스뜨레산떼

\# 당장 그만둬! 넌 정말 짜증 나.

¡Deja de hacer eso ahora mismo! Me molestas mucho.
데하 데 아쎄르 에소 아오라 미스모!
메 몰레스따쓰 무초

아쉽다

\# 아쉽네요!

¡Qué lástima!
께 라스띠마!

\# 그거 유감이네요!

¡Qué pena!
께 뻬나!

\# 그렇게 노력했는데 허사가 됐구나.

Todo fue por nada.
또도 푸에 뽀르 나다

\# 그건 꼭 봤어야 했는데.

Tenía que haberlo visto.
떼니아 께 아베를로 비스또

\# 그건 피할 수 있었을 텐데!

¡Eso podría haberse evitado!
에소 뽀드리아 아베르세 에비따도!

\# 아쉽지만 이만 가야겠어요.

Me temo que debo irme ahora.
메 떼모 께 데보 이르메 아오라

\# 아쉽게도 그를 만날 수 없었어요.

Lamentablemente, no podré verle.
라멘따블레멘떼, 노 뽀드레 베를레

긴장하다

좀 긴장되는데.

Estoy un poco nervioso/a.
에스또이 운 뽀꼬 네르비오소/사

긴장하고 있어요.

Estoy demasiado tenso/a.
에스또이 데마시아도 뗀소/사

너무 초조해요.

Estoy tan inquieto/a.
에스또이 딴 잉끼에또/따

마음이 조마조마해.

Tengo mariposas en el estómago.
뗑고 마리뽀사쓰 엔 엘 에스또마고

안절부절못하겠어요.

No puedo quedarme quieto/a.
노 뿌에도 께다르메 끼에또/따

무릎이 덜덜 떨려요.

Me tiemblan las rodillas.
메 띠엠블란 라쓰 로디야쓰

손이 땀으로 흠뻑 젖었어.

Tengo las manos sudorosas.
뗑고 라쓰 마노쓰 쑤도로사쓰

긴장 풀어. 다 잘될 거야.

Relájate. Todo saldrá bien.
렐라하떼. 또도 쌀드라 비엔

불평하다

불평 좀 그만해.

Deja de quejarte.
데하 데 께하르떼

또 불평이야.

Siempre te estás quejando de algo.
씨엠쁘레 떼 에스따쓰 께한도 데 알고

그렇게 투덜거리지 마.

Por favor, deja de quejarte tanto.
뽀르 파보르, 데하 데 께하르떼 딴또

나한테 불만 있어?

¿Tienes algo contra mí?
띠에네쓰 알고 꼰뜨라 미?

뭐가 그렇게 불만이야?

¿Por qué te quejas?
뽀르 께 떼 께하쓰?

우린 아무 불만 없어요.

No tenemos ninguna queja.
노 떼네모쓰 닝구나 께하

quejarse de 께하르세 데 ~에 대해 불평하다
contra 꼰뜨라 (전치사) ~에 대하여, 반대하여

신경질적이다

\# 그는 신경질적인 기질을 가졌다.

Es una persona muy irascible.
에스 우나 뻬르소나 무이 이라스씨블레

\# 그녀는 다혈질이다.

Tiene una personalidad muy variable.
띠에네 우나 뻬르소날리닫 무이 바리아블레

\# 나는 사소한 일에 때때로 쉽게 화가 나요.

Me enoja fácilmente con cosas sin importancia.
메 에노하 파씰멘떼 꼰 꼬사쓰 씬 임뽀르딴씨아

\# 나는 내 예민한 성격이 싫어.

No me gusta tener una personalidad tan sensible.
노 메 구스따 떼네르 우나 뻬르소날리닫 딴 센시블레

\# 너 그렇게 예민하게 굴면 아무도 너를 좋아하지 않을 거야.

No le gustarás a nadie si eres tan sensible.
노 레 구스따라쓰 아 나디에 씨 에레쓰 딴 쎈시블레

\# 왜 이렇게 안절부절못하니?

¿Por qué estás tan inquieto/a?
뽀르 께 에스따쓰 딴 잉끼에또/따?

실망하다

\# 정말 실망스러워!

¡Qué decepción!
께 데쎕씨온!

\# 내가 정말 실망했다는 한마디만 할게.

Solo voy a decir una cosa: estoy muy decepcionado/a.
쏠로 보이 아 데씨르 우나 꼬사: 에스또이 무이 데쎕씨오나도/다
(문장부호 ' : 콜론'은 목록을 나타내는 기호로 쓰며, 문장을 보충 설명할 때도 사용합니다.)

\# 나를 실망시키지 마.

No me decepciones.
노 메 데쎕씨오네쓰

\# 너한테 실망했어.

Estoy decepcionado/a contigo.
에스또이 데쎕씨오나도/다 꼰띠고

\# 기대가 크면 실망도 큰 법이다.

Las grandes expectativas llevan a grandes decepciones.
라쓰 그란데쓰 엑쓰뻭따띠바쓰 예반 아 그란데쓰 데쎕씨오네쓰

\# 난 이제 망했어.

Estoy jodido/a.
에스또이 호디도/다

여기서 잠깐!

'estoy jodido 에스또이 호디도'는 '성교하다'라는 뜻의 동사 joderse 호데르세의 형용사로, 앞서 설명한 '젠장!'을 뜻하는 joder 호데르와 같은 맥락입니다. 하지만 이 joder는 직역하여 이해하지 말고, '망했다, 엿 먹었다, 젠장' 등의 의미로 해석해야 합니다. 욕에 가까운 말로 일상생활에서 정말 자주 쓰이지만 격식 있는 자리, 친구가 아닌 사이에서는 절대 사용하면 안 됩니다.

낙천적이다

그는 긍정적이에요.

Es una persona muy positiva.
에쓰 우나 뻬르쏘나 무이 뽀시띠바

저는 매사에 낙천적입니다.

Soy optimista con todo.
쏘이 옵띠미스따 꼰 또도

그는 낙천적인 인생 철학을 가지고 있어요.

Tiene una filosofía de la vida optimista.
띠에네 우나 필로소피아 데 라 비다 옵띠미스따

Tiene una visión alegre de la vida.
띠에네 우나 비시온 알레그레 데 라 비다

그는 지나치게 낙천적이에요.

Es demasiado optimista.
에쓰 데마시아도 옵띠미스따

Siempre tiene una visión excesivamente optimista de las cosas.
씨엠쁘레 띠에네 우나 비시온 엑쓰쎄시바멘떼 옵띠미스따 데 라쓰 꼬사쓰

그는 근심이 없어요.

Está libre de preocupaciones.
에스따 리브레 데 쁘레오꾸빠씨오네쓰

positivo/a 뽀시띠보/바 긍정적인
optimista 옵띠미스따 낙천적인, 낙관론자
la filosofía 라 필로소피아 철학
libre de 리브레 데 ~가 없는

착하다

그는 마음이 착해요.

Es muy bondadoso.
에쓰 무이 본다도소

그녀는 착한 사람이에요.

Es una buena persona.
에쓰 우나 부에나 뻬르소나

그녀는 누구에게나 친절해.

Ella es amable con todos.
에야 에쓰 아마블레 꼰 또도쓰

내 남자친구가 나한테만 착했으면 좋겠어.

Quiero que mi novio sea amable solo conmigo.
끼에로 께 미 노비오 쎄아 아마블레 쏠로 꼰미고

걔는 착한 척하는 게 아니고, 진짜 착해.

No está actuando como si fuera amable, sino que realmente es amable.
노 에스따 악뚜안도 꼬모 씨 푸에라 아마블레, 씨노 께 레알멘떼 에쓰 아마블레

너무 착하면 사람들이 너를 함부로 대할 거야.

Si eres demasiado amable, la gente te tratará mal.
씨 에레쓰 데마시아도 아마블레, 라 헨떼 떼 뜨라따라 말

bondadoso/a 본다도소/사 선량한

진취적이다

저는 진취적이고 외향적인 성격이에요.

Tengo una personalidad proactiva y extrovertida.
뗑고 우나 뻬르소날리닫 쁘로악띠바 이 엑쓰뜨로베르띠다

저는 어떤 도전도 두려워하지 않습니다.

No temo a ningún desafío.
노 떼모 아 닝군 데사피오

그는 외향적이에요.

Es una persona extrovertida.
에쓰 우나 뻬르소나 엑스뜨로베르띠다

그는 의욕적이에요.

Es ambicioso.
에쓰 암비씨오소

그녀는 매사에 적극적이에요.

Es muy activa para todo.
에쓰 무이 악띠바 빠라 또도

우리 할머니는 아직도 혈기 왕성하시죠.

Mi abuela sigue siendo una persona muy enérgica.
미 아부엘라 씨게 씨엔도 우나 뻬르소나 무이 에네르히까

그는 지나치게 활동적이야.

Es hiperactivo.
에쓰 이뻬락띠보

순진하다

그는 정말 순진해요.

Es muy ingenuo.
에쓰 무이 잉헤누오

(그는 새끼양처럼 순진하다.)

Es inocente como un cordero.
에쓰 이노쎈떼 꼬모 운 꼬르데로

걔는 아이처럼 순수해.

Es tan inocente como un niño.
에쓰 딴 이노쎈떼 꼬모 운 니뇨

넌 어쩌면 그렇게 순진하니?

¿Por qué eres tan ingenuo?
뽀르 께 에레쓰 딴 잉헤누오?

¿Cómo puedes ser tan inocente?
꼬모 뿌에데쓰 쎄르 딴 이노쎈떼?

순진한 척 내숭 떨지 마.

No vengas de inocente.
노 벵가쓰 데 이노쎈떼

사람 다루는 면에 있어서 그는 너무 순진해.

Es demasiado ingenuo cuando trata con gente.
에쓰 데마시아도 잉헤누오 꾸안도 뜨라따 꼰 헨떼

ingenuo/a 잉헤누오/아 천진난만한
inocente 이노쎈떼 순진한, 결백한

내성적이다

\# 전 성격이 좀 내성적이에요.

Soy una persona introvertida.
쏘이 우나 뻬르소나 인뜨로베르띠다

Soy tímido/a.
쏘이 띠미도/다

\# 전 소극적인 편입니다.

Soy una persona pasiva.
쏘이 우나 뻬르소나 빠시바

Suelo ser más bien pasivo/a.
쑤엘로 쎄르 마쓰 비엔 빠시보/바

\# 그는 감정을 잘 드러내지 않아.

Él no expresa sus emociones fácilmente.
엘 노 엑쓰쁘레사 쑤쓰 에모씨오네쓰 파씰멘떼

No muestra muy bien sus emociones.
노 무에스뜨라 무이 비엔 쑤쓰 에모씨오네쓰

\# 그는 과묵해.

Es reservado.
에쓰 레세르바도

\# 천성적으로 수줍음을 잘 타요.

Soy tímido/a por naturaleza.
쏘이 띠미도/다 뽀르 나뚜랄레싸

\# 낯을 가리는 편이에요.

Soy tímido/a con los extraños.
쏘이 띠미도/다 꼰 로쓰 엑쓰뜨라뇨쓰

\# 저는 마음을 여는 데 시간이 걸려요.

Me toma tiempo abrir mi corazón.
메 또마 띠엠뽀 아브리르 미 꼬라쏜

Me lleva tiempo abrirme emocionalmente.
메 예바 띠엠뽀 아브리르메 에모씨오날멘떼

\# 그다지 사교적이지는 않아요.

No soy muy sociable.
노 쏘이 무이 쏘씨아블레

우유부단하다

\# 그는 우유부단한 사람이야.

Es una persona indecisa.
에쓰 우나 뻬르소나 인데씨싸

\# 그는 정말 본인의 의견이 없는 사람이야.

Es una persona sin opinión propia.
에쓰 우나 뻬르소나 씬 오삐니온 쁘로삐아

\# 그는 의지가 약한 사람이야.

Es una persona de voluntad débil.
에쓰 우나 뻬르소나 데 볼룬땁 데빌

\# 나는 결정을 잘 못해.

No tomo decisiones fácilmente.
노 또모 데씨시오네쓰 파씰멘떼

\# 나는 다른 사람들 말에 잘 흔들려.

Me dejo llevar fácilmente por lo que dicen los demás.
메 데호 예바르 파씰멘떼 뽀르 로 께 디쎈 로쓰 데마쓰

\# 우유부단한 태도를 버리고 결정을 해라.

Que te dejen de influenciar y toma una decisión de una vez.
께 떼 데헨 데 임플루엔씨아르 이 또마 우나 데씨시온 데 우나 베쓰

비관적이다

\# 넌 너무 비관적이야.

Eres demasiado pesimista.
에레쓰 데마시아도 뻬시미스따

\# 그는 매사를 비관적으로 생각한다.

Ve el lado oscuro de las cosas.
베 엘 라도 오스꾸로 데 라쓰 꼬사쓰

Tiene un punto de vista pesimista.
띠에네 운 뿐또 데 비스따 뻬시미스따

\# 저는 좀 비관적인 성격이에요.

Tengo una personalidad pesimista.
뗑고 우나 뻬르소날리닫 뻬시미스따

\# 저는 비관적인 인생관을 가지고 있어요.

Tengo una opinión negativa de la vida.
뗑고 우나 오삐니온 네가띠바 데 라 비다

\# 너무 그렇게 비관적으로만 보지 마. (항상 반만 남아 있는 잔을 보지 말아라.)

No mires siempre el vaso medio vacío.
노 미레쓰 씨엠쁘레 엘 바소 메디오 바씨오

pesimista 뻬시미스따 비관적인, 비관론자
la personalidad 라 뻬르소날리닫 성격
negativo/a 네가띠보/바 부정적인

이기적이다

\# 그는 너무 이기적이에요.

Es muy egoísta.
에쓰 무이 에고이스따

\# 너는 너밖에 모르는 사람이야.

Solo piensas en ti mismo/a.
쏠로 삐엔사쓰 엔 띠 미스모/마

\# 그렇게 이기적으로 굴지 마.

No seas tan egoísta.
노 쎄아쓰 딴 에고이스따

\# 그는 이기적인 경향이 있다.

Tiende a ser egoísta.
띠엔데 아 쎄르 에고이스따

\# 그는 다른 사람의 감정은 생각하지 않아.

No piensa en los sentimientos de otras personas.
노 삐엔사 엔 로쓰 쎈띠미엔또쓰 데 오뜨라쓰 뻬르소나쓰

\# 나는 이기적인 사람이 싫어.

No me gustan las personas egoístas.
노 메 구스딴 라쓰 뻬르소나쓰 에고이스따쓰

egoísta 에고이스따 제멋대로의, 이기적인 사람
tender a 뗀데르 아+동사 원형 : ~하려는 경향이 있다

Unidad 4 **기호** MP3. C06_U04

좋아하다

나는 음악을 좋아해요.

Me encanta la música.
메 엥깐따 라 무시까

Soy aficionado/a a la música.
쏘이 아피씨오나도/다 아 라 무시까

나는 운동을 무척 좋아해요.

Soy un/a amante de los deportes.
쏘이 운/우나 아만떼 데 로쓰 데뽀르떼쓰

Tengo predilección por los deportes.
뗑고 쁘레딜렉씨온 뽀르 로쓰 데뽀르떼쓰

Soy un/a fanático/a de los deportes.
쏘이 운/우나 파나띠꼬/까 데 로쓰 데뽀르떼쓰

커피보다는 차를 좋아해요.

Prefiero el té al café.
쁘레피에로 엘 떼 알 까페

그가 좋아 미칠 지경이에요.

Estoy loco/a por él.
에스또이 로꼬/까 뽀르 엘

그는 내가 좋아하는 사람 중 하나예요.

Es uno de mis favoritos.
에쓰 우노 데 미쓰 파보리또쓰

그도 나를 좋아하는 것 같아요.

Creo que él también me gusta.
끄레오 께 엘 땀비엔 메 구스따

싫어하다

그다지 좋아하지는 않아요.

No me gusta mucho.
노 메 구스따 무초

나는 그게 제일 싫어요.

Es lo que más odio en el mundo.
에쓰 로 께 마쓰 오디오 엔 엘 문도

나는 이런 종류의 음식을 싫어해요.

No me gusta este tipo de comida.
노 메 구스따 에스떼 띠뽀 데 꼬미다

그는 나를 엄청 싫어해요.

Él me odia.
엘 메 오디아

그는 대중 앞에 나서는 걸 아주 싫어해요.

Tiene aversión a hablar en público.
띠에네 아베르시온 아 아블라르 엔 뿌블리꼬

Detesta hablar en público.
데떼스따 아블라르 엔 뿌블리꼬

Le aterra hablar en público.
레 아떼라 아블라르 엔 뿌블리꼬

그는 내 친구들을 별로 좋아하지 않아요.

A él, no le gustan mis amigos.
아 엘, 노 레 구스딴 미쓰 아미고쓰

여기서 잠깐!

'싫어하다'는 odiar 오디아르 동사를 씁니다. 규칙 변화하는 동사로, 시제에 따라 odio 오디오, odias 오디아쓰, odia 오디아, odiamos 오디아모쓰, odiáis 오디아이쓰, odian 오디안 형태로 변화합니다.

Capítulo 07

Capítulo 07

En el aeropuerto 공항에서

엔 엘 아에로뿌에르또

MP3. Word_C07

el aeropuerto
엘 아에로뿌에르또
공항

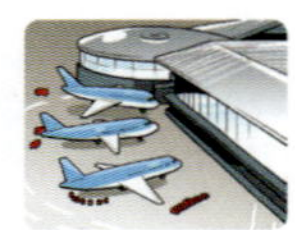

el despegue
엘 데스뻬게
(비행기) 이륙

embarcar 엠바르까르
태우다

embarcarse
엠바르까르세
타다

el viaje de ida
엘 비아헤 데 이다
편도 여행

el aterrizaje
엘 아떼리싸헤
(비행기) 착륙

bajar 바하르
내리다

el viaje de ida y vuelta
엘 비아헤 데 이다 이 부엘따
왕복 여행

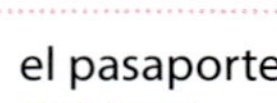

la tienda libre de impuestos
라 띠엔다 리브레 데 임뿌에스또쓰
면세점

el billete 엘 비예떼
탑승권

el pasaporte
엘 빠사뽀르떼
여권

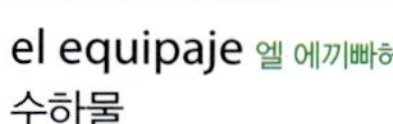

el avión 엘 아비온
비행기

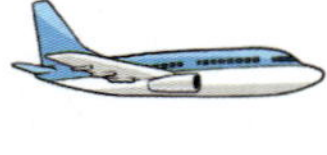

el asiento 엘 아씨엔또
좌석

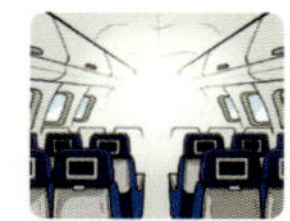

el equipaje 엘 에끼빠헤
수하물

el cinturón 엘 씬뚜론
안전벨트

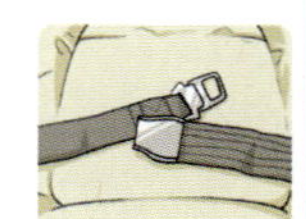

el/la azafato/a
엘/라 아싸파또/따
승무원

el monitor 엘 모니또르
모니터

el chaleco salvavidas
엘 찰레꼬 쌀바비다쓰
구명조끼

En la estación 기차역에서
엔 라 에스따씨온

la estación de trenes
라 에스따씨온 데 뜨레네쓰
기차역

el tren 엘 뜨렌
기차

el andén 엘 안덴
승강장

el carril 엘 까릴
선로, 레일

la estación terminal
라 에스따씨온 떼르미날
종착역

la información 라 임포르마씨온
안내소

el/la revisor/a de tren
엘/라 레비소르/라 데 뜨렌
역무원

el billete de tren
엘 비예떼 데 뜨렌
기차표

la taquilla 라 따끼야
매표소

la máquina de venta automática
라 마끼나 데 벤따 아우또마띠까
자동 발권기

la correspondencia
라 꼬레스뽄덴씨아
환승

el horario 엘 오라리오
운행시간표

el destino 엘 데스띠노
목적지, 도착지

la ruta 라 루따
경로

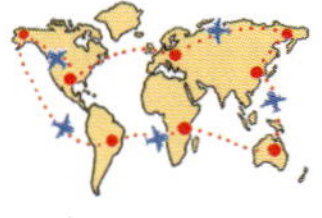

En el hotel 호텔에서
엔 엘 오뗄

el hotel 엘 오뗄
호텔

la habitación doble
라 아비따씨온 도블레
더블룸

la habitación individual
라 아비따씨온 인디비두알
싱글룸

el ascensor
엘 아스쎈소르
엘리베이터

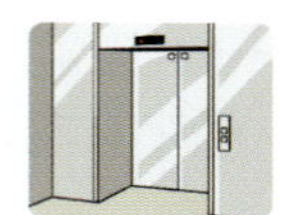

el servicio de habitaciones
엘 쎄르비씨오 데 아비따씨오네쓰
룸서비스

la llamada de despertador
라 야마다 데 데스뻬르따도르
모닝콜

la escalera
라 에스깔레라
계단

la recepción
라 레쎕씨온
접수, 프론트

la fecha de llegada
라 페차 데 예가다
체크인 날짜

la maleta 라 말레따
여행 가방, 캐리어

guardar 구아르다르
보관하다

la fecha de salida
라 페차 데 쌀리다
체크아웃 날짜

la llave 라 야베
열쇠

devolver 데볼베르
반납하다

la calefacción
라 깔레팍씨온
난방

el equipamiento
엘 에끼빠미엔또
시설, 장비

limpiar 림삐아르
청소하다

En la oficina de turismo 관광 안내소에서

엔 라 오피씨나 데 뚜리스모

la oficina de turismo
라 오피씨나 데 뚜리스모
관광 안내소

el turismo
엘 뚜리스모
관광

el hospedaje
엘 오스뻬다헤
숙박

la gastronomía

라 가스뜨로노미아
식도락

quedarse 께다르세
머물다, 체류하다

la información
라 임포르마씨온
안내

el mapa 엘 마빠

지도

el centro turístico
엘 쎈뜨로 뚜리스띠꼬
관광지

famoso/a 파모소/사
유명한

impresionante
임쁘레시오난떼
인상적인

magnífico/a
마그니피꼬/까
장엄한

el edificio 엘 에디피씨오
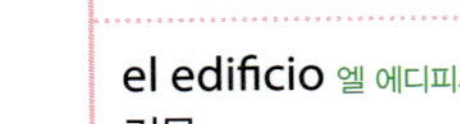
건물

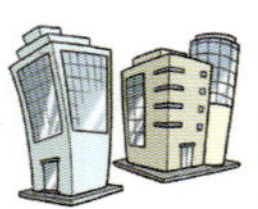

la catedral 라 까떼드랄
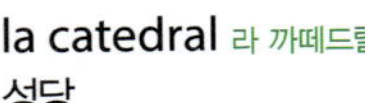
성당

el castillo 엘 까스띠요

성, 성채

el monumento
엘 모누멘또
기념물, 기념비

histórico/a
이스또리꼬/까
역사적인

comercial 꼬메르씨알
상업의

교통편 예약

\# 목적지가 어디입니까?

¿Cuál es su destino?
꾸알 에쓰 쑤 데스띠노?

\# 언제 떠날 예정인가요?

¿Cuándo quiere salir?
꾸안도 끼에레 쌀리르?

\# 편도 티켓인가요 왕복 티켓인가요?

¿Es un billete solo de ida o de ida y vuelta?
에쓰 운 비예떼 쏠로 데 이다 오 데 이다 이 부엘따?

\# 뉴욕으로 가는 비행기를 예약하고 싶은데요.

Me gustaría reservar un vuelo a Nueva York.
메 구스따리아 레세르바르 운 부엘로 아 누에바 요크

\# 바르셀로나에서 마드리드로 가는 열차를 예약하고 싶은데요.

Quiero reservar un asiento de tren de Barcelona a Madrid.
끼에로 레세르바르 운 아씨엔또 데 뜨렌 데 바르쎌로나 아 마드릳

\# 얼마입니까?

¿Cuánto cuesta?
꾸안또 꾸에스따?

¿Cuánto vale?
꾸안또 발레?

\# 마드리드에서 그라나다까지 얼마나 걸립니까?

¿Cuánto tiempo se tarda de Madrid a Granada?
꾸안또 띠엠뽀 쎄 따르다 데 마드릳 아 그라나다?

예약 확인&변경

\# 예약을 재확인하고 싶은데요.

Quiero confirmar mi reserva.
끼에로 꼼피르마르 미 레세르바

\# 성함과 비행편을 말씀해 주시겠어요?

¿Me puede decir su nombre y número de vuelo?
메 뿌에데 데씨르 쑤 놈브레 이 누메로 데 부엘로?

\# 예약 번호를 알려 주시겠습니까?

¿Podría decirme su número de reserva?
뽀드리아 데씨르메 쑤 누메로 데 레세르바?

\# 12월 1일 서울행 704편이고 제 예약 번호는 123456입니다.

Mi vuelo es el 704 a Seúl del próximo 1 de diciembre y mi número de reserva es 123456.
미 부엘로 에쓰 엘 쎄떼씨엔또쓰 꾸아뜨로 아 쎄울 델 쁘록씨모 우노 데 디씨엠브레 이 미 누메로 데 레세르바 에쓰 우노 도쓰 뜨레쓰 꾸아뜨로 씽꼬 쎄이쓰

\# 4월 1일의 예약을 4월 10일로 바꾸고 싶습니다.

Me gustaría cambiar mi reserva del 1 de abril por el día 10 de abril, por favor.
메 구스따리아 깜비아르 미 레세르바 델 우노 데 아브릴 뽀르 엘 디아 디에쓰 데 아브릴, 뽀르 파보르

여기서 잠깐!

스페인에는 AVE 아베라는 고속 열차가 있습니다. 보통 마드리드에서 바르셀로나까지의 구간은 비행기로 1시간 남짓, 차로는 7~8시간이 걸리는데 AVE로는 2시간 30분이면 갈 수 있습니다. 스페인 철도(renfe 렌페) 공식 사이트(http://www.renfe.com)에서 열차표를 구매할 수 있으며 미리 구매하면 아주 저렴한 가격으로 이용할 수 있습니다.

여권

\# 새 여권을 신청하려 하는데요.

Me gustaría solicitar un nuevo pasaporte.
메 구스따리아 쏠리씨따르 운 누에보 빠사뽀르떼

\# 어디에서 여권을 발급받을 수 있나요?

¿Dónde puedo expedir el pasaporte?
돈데 뿌에도 엑쓰뻬디르 엘 빠사뽀르떼?

\# 여권을 발급받는 데 얼마나 걸리나요?

¿Cuánto tiempo se tarda en expedir el pasaporte?
꾸안또 띠엠뽀 쎄 따르다 엔 엑쓰뻬디르 엘 빠사뽀르떼?

\# 여권 신청에 어떤 서류가 필요하나요?

¿Qué documentos necesito para solicitar un pasaporte?
께 도꾸멘또쓰 네쎄시또 빠라 쏠리씨따르 운 빠사뽀르떼?

\# 제 여권은 금년 말로 만기가 됩니다.

Mi pasaporte expira a finales de año.
미 빠사뽀르떼 엑쓰삐라 아 피날레쓰 데 아뇨

\# 여권이 곧 만기되기 때문에 갱신해야 해요.

Tengo que renovar mi pasaporte, porque está a punto de caducar.
뗑고 께 레노바르 미 빠사뽀르떼, 뽀르께 에스따 아 뿐또 데 까두까르

비자

\# 스페인 비자를 신청하고 싶습니다.

Quiero solicitar un visado para ir a España.
끼에로 쏠리씨따르 운 비사도 빠라 이르 아 에스빠냐

\# 비자 연장을 신청하고 싶은데요.

Me gustaría solicitar una extensión del visado.
메 구스따리아 쏠리씨따르 우나 엑쓰뗀시온 델 비사도

\# 비자 발급은 얼마나 걸리죠?

¿Cuánto tiempo se tarda en expedir un visado?
꾸안또 띠엠뽀 쎄 따르다 엔 엑쓰뻬디르 운 비사도?

\# 비자 발급이 허가되었는지 알고 싶은데요.

Me gustaría saber si la autorización para mi visado ha llegado ya o no.
메 구스따리아 싸베르 씨 라 아우또리싸씨온 빠라 미 비사도 아 예가도 야 오 노

\# 한국인들은 스페인에서는 3개월간 무비자로 머무를 수 있습니다.

Los coreanos pueden permanecer en España hasta 3 meses sin visado.
로쓰 꼬레아노쓰 뿌에덴 뻬르마네쎄르 엔 에스빠냐 아스따 뜨레쓰 메세쓰 씬 비사도

\# 만기 전에 비자를 갱신하세요.

Por favor, renueve su visado antes de que caduque.
뽀르 파보르, 레누에베 쑤 비사도 안떼쓰 데 께 까두께

\# 무슨 비자를 가지고 계십니까?

¿Qué tipo de visado tiene?
께 띠뽀 데 비사도 띠에네?

공항 이용

\# 늦어도 출발 한 시간 전에는 탑승 수속을 해 주세요.

Por favor, embarque al menos 1 hora antes de la hora de salida.
뽀르 파보르, 엠바르께 알 메노쓰 우나 오라 안떼쓰 데 라 오라 데 쌀리다

\# 탑승 수속을 위해 출발 두 시간 전까지는 공항에 도착해야 합니다.

Debe llegar al aeropuerto al menos 2 horas antes de su vuelo para embarcar.
데베 예가르 알 아에로뿌에르또 알 메노쓰 도쓰 오라쓰 안떼쓰 데 쑤 부엘로 빠라 엠바르까르

\# 부치실 짐이 있습니까?

¿Tiene algún equipaje que desee facturar?
띠에네 알군 에끼빠헤 께 데세에 팍뚜라르?

\# 파리로 가는 연결편을 타야 하는데요.

Tengo que coger el vuelo de conexión a París.
뗑고 께 꼬헤르 엘 부엘로 데 꼬넥씨온 아 빠리쓰

\# 국제선 터미널은 어디인가요?

¿Dónde está la terminal internacional?
돈데 에스따 라 떼르미날 인떼르나씨오날?

\# 비행기가 연착해서 연결편을 놓쳤어요.

Perdí el vuelo de conexión porque mi vuelo inicial se retrasó.
뻬르디 엘 부엘로 데 꼬넥씨온 뽀르께 미 부엘로 이니씨알 쎄 레뜨라소

\# 다음 편에 탑승하시도록 해 드릴게요.

Le pondré en el siguiente vuelo.
레 뽄드레 엔 엘 씨기엔떼 부엘로

티켓팅

\# '대한항공' 카운터는 어디입니까?

¿Dónde está la ventanilla de "Korean Air"?
돈데 에스따 라 벤따니야 데 '꼬레안 에어'?

\# 다음 창구로 가십시오.

Puede pasar a la siguiente ventanilla.
뿌에데 빠사르 아 라 씨기엔떼 벤따니야

\# 인터넷으로 비행기를 예약했습니다.

Reservé un vuelo por internet.
레세르베 운 부엘로 뽀르 인떼르넷

\# 좌석 업그레이드가 가능한가요?

¿Puedo subir de categoría mi asiento?
뿌에도 쑤비르 데 까떼고리아 미 아시엔또?

\# 창가 쪽 좌석을 부탁합니다.

Quisiera un asiento con ventanilla, por favor.
끼씨에라 운 아씨엔또 꼰 벤따니야, 뽀르 파보르

\# 체크인은 몇 시입니까?

¿A qué hora empieza el check-in?
아 께 오라 엠삐에싸 엘 체낀?

\# 서울행 대한항공은 몇 번 게이트입니까?

¿Cuál es el número de puerta de embarque del vuelo de "Korean Air" a Seúl?
꾸알 에쓰 엘 누메로 데 뿌에르따 데 엠바르께 델 부엘로 데 '꼬레안 에어' 아 쎄울?

el embarque 엘 엠바르께 탑승
la puerta 라 뿌에르따 문

보딩

탑승 수속은 언제 합니까?

¿A qué hora comienza el embarque?
아 께 오라 꼬미엔싸 엘 엠바르께?

어느 출입구로 가면 됩니까?

¿A qué puerta tengo que ir?
아 께 뿌에르따 뗑고 께 이르?

곧 탑승을 시작하겠습니다.

Vamos a empezar el embarque en breve.
바모쓰 아 엠뻬싸르 엘 엠바르께 엔 브레베

탑승권을 보여 주시겠습니까?

¿Puedo ver su tarjeta de embarque, por favor?
뿌에도 베르 쑤 따르헤따 데 엠바르께, 뽀르 파보르?

대한항공 702편을 이용하시는 모든 승객 여러분께서는, 12번 탑승구에서 탑승 수속을 하시기 바랍니다.

Todos los pasajeros del vuelo 702 de Korean Air, embarquen por la puerta 12.
또도쓰 로쓰 빠사헤로쓰 델 부엘로 쎄떼씨엔또쓰 도쓰 데 코리안 에어, 엠바르껜 뽀르 라 뿌에르따 도쎄

오전 10시에 출발하는 605편기 탑승구가 B29으로 변경되었습니다.

La puerta de embarque para el vuelo 605 que sale a las 10 de la mañana se ha cambiado a B29.
라 뿌에르따 데 엠바르께 빠라 엘 부엘로 쎄이스씨엔또쓰 씽꼬 께 쌀레 아 라쓰 디에쓰 데 라 마냐나 쎄 아 깜비아도 아 베 베인띠누에베

en breve 엔 브레베 조만간, 곧
el pasajero 엘 빠사헤로 승객

꼭! 짚고 가기

한국인이 발급받을 수 있는 스페인 비자

스페인 비자 관련 자세한 사항은 스페인 대사관 홈페이지(www.exteriores.gob.es)에서 확인할 수 있습니다. 한국인은 무비자로 180일까지 체류가 가능합니다. 따라서 단순 여행 목적이라면 비자를 발급받지 않아도 됩니다.

① **학생 비자**
가장 많이 또 쉽게 발급받을 수 있는 비자입니다. 이 비자를 발급받기 위해서는 학원 혹은 학교에 등록되어 있어야 하며 등록 기간이 6개월 미만은 단기 비자, 6개월 이상은 장기 비자를 신청해야 합니다. 단기 비자는 현지에서 연장이 불가능하며 장기 비자는 학업 상황에 따라 현지에서 연장이 가능합니다.

② **취업 비자**
취업 비자를 발급받기 위해서는 먼저 취업을 해야 합니다. 취업을 한 후 해당 회사에서 발급 허가를 내줘야만 취득이 가능한 비자로, 선 발급 후 취업이 아니라, 선 취업 후 발급이기 때문에 받기가 쉽지 않습니다. 무엇보다 스페인은 경제 위기 때문에 내국인 실업률을 줄이려는 추세라 특별한 경우를 제외하고는 외국인 고용을 꺼려합니다.

③ **종교인 비자**
말 그대로 종교 활동을 하려는 사람을 위한 비자입니다.

④ **가족 동반 비자**
가족 구성원 중 하나가 학생 비자 혹은 취업 비자, 종교인 비자 등으로 스페인에 간다면 나머지 가족들은 이 가족 동반 비자를 발급받을 수 있습니다.
그밖에 미성년자 학생 비자, 개인 사업 비자, 교환 교수 비자 등이 있으며 스페인 사람과의 혼인 시 비자는 필요 없고 현지에서 거주증을 신청하여야 합니다.

세관

세관 신고서를 작성해 주세요.

Por favor, rellene la hoja de declaración de aduanas.
뽀르 파보르, 레예네 라 오하 데 데끌라라씨온 데 아두아나쓰

세관 신고서를 보여 주시겠어요?

¿Puedo ver su hoja de declaración de aduanas?
뿌에도 베르 쑤 오하 데 데끌라라씨온 데 아두아나쓰?

신고하실 물품이 있습니까?

¿Algo que declarar?
알고 께 데끌라라르?

¿Tiene algo que declarar?
띠에네 알고 께 데끌라라르?

¿Qué tiene que declarar?
께 띠에네 께 데끌라라르?

신고할 것은 없습니다.

No tengo nada para declarar.
노 뗑고 나다 빠라 데끌라라르

캐리어를 테이블 위에 올려 주세요.

Por favor, ponga sus maletas encima de la mesa.
뽀르 파보르, 뽕가 쑤쓰 말레따쓰 엔씨마 데 라 메사

이것은 제가 사용하는 거예요.

Es para uso personal.
에쓰 빠라 우소 뻬르소날

액체류는 반입할 수 없습니다.

No se puede llevar líquidos.
노 쎄 뿌에데 예바르 리끼도쓰

면세점 이용

면세점은 어디 있어요?

¿Dónde están las tiendas duty free?
돈데 에스딴 라쓰 띠엔다쓰 두띠 프리?

면세점에서 쇼핑할 시간이 있을까요?

¿Habrá tiempo para hacer compras en el duty free?
아브라 띠엠뽀 빠라 아쎄르 꼼쁘라쓰 엔 엘 두띠 프리?

면세점에서는 훨씬 쌀 거예요.

Probablemente será más barato en la tienda duty free.
쁘로바블레멘떼 쎄라 마쓰 바라또 엔 라 띠엔다 두띠 프리

어디까지 가십니까?

¿A dónde va?
아 돈데 바?

¿Cuál es su destino?
꾸알 에쓰 쑤 데스띠노?

la tienda 라 띠엔다 상점, 가게
probablemente 쁘로바블레멘떼 아마, 대개

출국 심사

여권을 보여 주시겠어요?

¿Puedo ver su pasaporte, por favor?
뿌에도 베르 쑤 빠사뽀르떼, 뽀르 파보르?

출국 신고서를 주시겠어요?

¿Puede entregar su formulario de declaración de salida?
뿌에데 엔뜨레가르 쑤 포르물라리오 데 데끌라라씨온 데 쌀리다?

출국 신고서 작성법을 알려 주시겠어요?

¿Me puede explicar cómo completar el formulario de declaración de salida?
메 뿌에데 엑쓰쁠리까르 꼬모 꼼쁠레따르 엘 포르물라리오 데 데끌라라씨온 데 쌀리다?

여권 사진과의 대조를 위해 안경을 벗어주시겠어요?

¿Podría quitarse las gafas para comparar su cara con la foto de su pasaporte?
뽀드리아 끼따르세 라쓰 가파쓰 빠라 꼼빠라르 쑤 까라 꼰 라 포또 데 쑤 빠사뽀르떼?

언제 돌아오십니까?

¿Cuándo va a volver?
꾸안도 바 아 볼베르?

일행이 있습니까?

¿Va alguien con usted?
바 알기엔 꼰 우스뗃?

상사와 함께 갑니다.

Voy con mi jefe.
보이 꼰 미 헤페

꼭! 짚고 가기

출국할 때 잊지 말고 세금 환급

스페인은 관광 대국입니다. 어딜 가든 쉽게 세금 환급 tax free 딱스 프리 신청을 할 수 있습니다.
계산 시 카운터에 'Me gustaría hacer el tax free. 메 구스따리아 아쎄르 엘 딱스 프리'라고 요청하면 해당 서류를 마련해 줍니다. 서류에는 카드 혹은 현금 환급을 선택해 기입할 수 있습니다.
출국 날 공항 입국 심사장 들어가기 전, 보딩 패스하는 곳들 사이에 작은 tax free 창구가 있습니다. 창구에서 산 물건과 서류를 보여 주고 도장을 받은 후 입국 심사장에 들어갑니다. 그러면 바로 세금을 현금으로 환급해 주는 창구들이 있습니다. 그곳에 서류를 제출하면 약간의 수수료를 제한 환급금을 현금으로 받을 수 있습니다.
카드 환급은 옆에 있는 우체통에 서류를 넣으면 됩니다. 창구를 통하지 않고, 무인발권기에서 영수증 바코드를 인식시켜 환급받을 수도 있습니다.

입국 심사

\# 스페인에서는 얼마 동안 어디에서 체류하실 예정인가요?

¿Cuánto tiempo estará en España y dónde se alojará?
꾸안또 띠엠뽀 에스따라 엔 에스빠냐 이 돈데 쎄 알로하라?

\# 국적은 어디입니까?

¿De dónde es?
데 돈데 에쓰?

¿Cuál es su nacionalidad?
꾸알 에쓰 쑤 나씨오날리닫?

\# 방문 목적은 무엇입니까?

¿Cuál es el motivo de su visita?
꾸알 에쓰 엘 모띠보 데 쑤 비시따?

\# 관광차 왔습니다.

Estoy aquí solo para hacer turismo.
에스또이 아끼 쏠로 빠라 아쎄르 뚜리스모

\# 출장차 왔습니다.

Estoy por viaje de negocios.
에스또이 뽀르 비아헤 데 네고씨오쓰

Estoy aquí por trabajo.
에스또이 아끼 뽀르 뜨라바호

\# 친척들을 만나러 왔어요.

Estoy aquí para visitar a unos parientes.
에스또이 아끼 빠라 비시따르 아 우노쓰 빠리엔떼쓰

\# 돌아갈 항공권을 갖고 있습니까?

¿Tiene el billete de vuelta?
띠에네 엘 비예떼 데 부엘따?

\# 첫 방문입니까?

¿Es su primera visita?
에쓰 쑤 쁘리메라 비시따?

짐을 찾을 때

\# 캐리어를 어디에서 찾나요?

¿Dónde puedo recoger la maleta?
돈데 뿌에도 레꼬헤르 라 말레따?
(수하물은 equipaje, 캐리어는 maleta라고 합니다.)

\# 모니터에 비행 편별로 수하물 찾는 곳 번호가 나옵니다.

El monitor muestra las cintas transportadoras para la recogida de equipaje de cada vuelo.
엘 모니또르 무에스뜨라 라쓰 씬따쓰 뜨란스뽀르따도라쓰 빠라 라 레꼬히다 데 에끼빠헤 데 까다 부엘로

\# 제 짐이 보이지 않아요.

Mi equipaje no está aquí.
미 에끼빠헤 노 에스따 아끼

No encuentro mi maleta.
노 엥꾸엔뜨로 미 말레따

\# 제 짐이 어디 있는지 확인해 주시겠어요?

¿Podría comprobar el registro para ver dónde está mi equipaje?
뽀드리아 꼼쁘로바르 엘 레히스뜨로 빠라 베르 돈데 에스따 미 에끼빠헤?

\# 제 짐이 파손됐어요.

Mi equipaje está dañado.
미 에끼빠헤 에스따 다냐도

\# 제 짐이 아직 도착하지 않았어요.

Mi equipaje todavía no ha llegado.
미 에끼빠헤 또다비아 노 아 예가도

la maleta 라 말레따 여행 가방, 캐리어
el equipaje 엘 에끼빠헤 짐, 수하물
comprobar 꼼쁘로바르 확인하다
el registro 엘 레히스뜨로 기록

마중

\# 공항에 누가 저를 마중 나올 예정입니까?

¿Quién vendrá a recogerme al aeropuerto?
끼엔 벤드라 아 레꼬헤르메 알 아에로뿌에르또?

\# 공항에 마중 나와 주시겠습니까?

¿Podría venir a por mí al aeropuerto?
뽀드리아 베니르 아 뽀르 미 알 아에로뿌에르또?

\# 공항에 누구 좀 마중 나오게 해 주시겠어요?

¿Podría gestionar que alguien me recoja en el aeropuerto?
뽀드리아 헤스띠오나르 께 알기엔 메 레꼬하 엔 엘 아에로뿌에르또?

\# 우리를 마중 나와 줘서 고마워요.

Gracias por venir a por nosotros.
그라씨아쓰 뽀르 베니르 아 뽀르 노소뜨로쓰

\# 내 남자 친구가 공항으로 올 거야.

Mi novio vendrá al aeropuerto.
미 노비오 벤드라 알 아에로뿌에르또

\# 내가 공항에 마중하러 나갈게.

Iría yo a recogerte.
이리아 요 아 레꼬헤르떼

Te recogeré en el aeropuerto.
떼 레꼬헤레 엔 엘 아에로뿌에르또

꼭! 짚고 가기

스페인에서 사 가면 좋은 것들

스페인에서 기념품으로 사기 좋은 것 중 하나는 올리브 관련 제품입니다. 스페인의 올리브 관련 제품은 가격이 저렴하면서도 최상의 질을 자랑합니다. 올리브와 올리브유 등은 캔으로 포장된 것도 있어 안전하게 한국까지 사 갈 수 있으며 올리브로 만든 비누, 소금, 화장품 등 다양한 제품이 있습니다.

La chinita 라 치니따 샵에 가면 예쁘게 포장된 다양한 올리브 제품들이 많습니다. (www.lachinata.es)

와인 역시 빼놓을 수 없는 상품입니다. 스페인에는 유명한 bodega 보데가(와인 만드는 곳)들이 많이 있습니다. 유명한 곳 중 하나는 La rioja 라 리오하입니다. La rioja에서 생산된 와인은 품질이 아주 우수합니다. 보통 10유로(약 1만 4천 원)만으로도 아주 훌륭한 와인을 구입할 수 있으며 저렴한 것들은 1~2유로대에서도 구매 가능합니다.

그다음으로 유명한 것은 가죽입니다. 스페인은 가죽 제품이 가격 대비 아주 훌륭한 질을 자랑합니다. 진공 포장된 하몬도 빼놓을 수 없겠죠. 좋은 하몬은 짜면서도 감칠맛이 납니다. 하몬 이베리코와 같은 제품은 도토리를 먹인 흑돼지로 만들어 금값보다 비쌀 정도입니다. 유명한 하몬 중 하나는 5J 씽꼬 호따라는 제품입니다. 이 제품의 가격은 마트에서 구매 시 대략 100g당 14~15유로 정도입니다.

그 밖에 자라, 막시모 두띠 등 한국에서도 유명한 스페인 의류들을 전 세계에서 가장 저렴한 가격으로 구매할 수 있습니다.

마드리드에서 명품 쇼핑을 하려면 Serrano 쎄라노 거리 혹은 Nuevos Ministerios 누에보쓰 미니스떼리오쓰 역에 있는 El Corte Inglés 엘 꼬르떼 잉글레쓰에 가면 됩니다.

공항 기타

\# 런던에서 환승해서 갑니다.

Hago escala en Londres para cambiar de vuelo.
아고 에스깔라 엔 론드레쓰 빠라 깜비아르 데 부엘로

\# 빌바오에서 출발해 파리를 경유하는 비행기입니다.

Es un avión de Bilbao vía París.
에쓰 운 아비온 데 빌바오 비아 빠리쓰

\# 택시 승강장은 어디인가요?

¿Dónde está la parada de taxis?
돈데 에스따 라 빠라다 데 딱씨쓰?

\# 환전소가 어디인가요?

¿Dónde está la oficina de cambio de moneda?
돈데 에스따 라 오피씨나 데 깜비오 데 모네다?

\# 이 비행기는 마드리드로 직항합니다.

Este avión está haciendo un vuelo directo a Madrid.
에스떼 아비온 에스따 아씨엔도 운 부엘로 디렉또 아 마드릳

\# 제가 탈 비행기는 로마 직항입니까?

¿Mi vuelo es directo a Roma?
미 부엘로 에쓰 디렉또 아 로마?

Unidad 3 **기내에서** MP3. C07_U03

기내 좌석 찾기&이륙 준비

\# 탑승권을 보여 주시겠습니까?

¿Puedo ver su tarjeta de embarque, por favor?
뿌에도 베르 쑤 따르헤따 데 엠바르께, 뽀르 파보르?

¿Podría mostrarme su tarjeta de embarque?
뽀드리아 모스뜨라르메 쑤 따르헤따 데 엠바르께?

\# 제 좌석이 어디인가요?

¿Dónde está mi asiento?
돈데 에스따 미 아시엔또?

\# 전자기기를 비행 모드로 전환해 주세요.

Por favor ponga su dispositivo electrónico en modo avión.
뽀르 파보르 뽕가 쑤 디스뽀시띠보 엘렉뜨로니꼬 엔 모도 아비온

\# 제 짐을 캐비닛 위에 올리도록 도와주시겠습니까?

¿Podría ayudarme a subir mi maleta al portaequipajes?
뽀드리아 아유다르메 아 쑤비르 미 말레따 알 뽀르따에끼빠헤쓰?

\# 제 가방을 의자 밑에 두어도 되나요?

¿Puedo dejar mi bolsa debajo del asiento?
뿌에도 데하르 미 볼사 데바호 델 아씨엔또?

\# 잠시 후에 이륙합니다.

Despegaremos en breve.
데스뻬가레모쓰 엔 브레베

\# 안전벨트를 매 주십시오.

Abróchese el cinturón de seguridad.
아브로체세 엘 씬뚜론 데 쎄구리닫

기내

\# 비행기가 많이 흔들리고 있습니다.

El avión está experimentando fuertes turbulencias.
엘 아비온 에스따 엑쓰뻬리멘딴도 푸에르떼쓰 뚜르불렌씨아쓰

\# 자리로 돌아가 안전벨트를 착용하세요.

Por favor, regrese a su asiento y abroche su cinturón de seguridad.
뽀르 파보르, 레그레세 아 쑤 아시엔또 이 아브로체 쑤 씬뚜론 데 쎄구리닫

\# 남는 담요와 베개가 있나요?

¿Tienes mantas y almohadas de sobra?
띠에네쓰 만따쓰 이 알모하다쓰 데 쏘브라?

\# 실례합니다. 저랑 자리를 바꿔 주실 수 있습니까?

Discúlpeme. ¿Le importaría cambiar el asiento conmigo?
디스꿀뻬메. 레 임뽀르따리아 깜비아르 엘 아씨엔또 꼰미고?

\# 비행시간은 얼마나 걸립니까?

¿Cuánto tiempo dura el vuelo?
꾸안또 띠엠뽀 두라 엘 부엘로?

\# 서울과 마드리드의 시차는 얼마입니까?

¿Cuántas horas hay de diferencia entre Seúl y Madrid?
꾸안따쓰 오라쓰 아이 데 디페렌씨아 엔뜨레 쎄울 이 마드릳?

\# 비행기가 완전히 멈출 때까지 좌석에서 기다려 주세요.

Por favor, permanezcan en su asiento hasta que el avión se haya detenido por completo.
뽀르 파보르, 뻬르마네쓰깐 엔 쑤 아씨엔또 아스따 께 엘 아비온 쎄 아야 데떼니도 뽀르 꼼쁠레또

기내식

\# 음료수는 무엇으로 하시겠습니까?

¿Qué le gustaría tomar?
께 레 구스따리아 또마르?

\# 음료수를 좀 주시겠습니까?

¿Podría traerme algo de beber, por favor?
뽀드리아 뜨라에르메 알고 데 베베르, 뽀르 파보르?

\# 오늘은 소고기와 생선이 준비되어 있습니다. 어떤 것으로 드릴까요?

Hoy tenemos carne y pescado. ¿Qué le gustaría?
오이 떼네모쓰 까르네 이 뻬스까도.
께 레 구스따리아?

\# 소고기로 할게요.

Carne, por favor.
까르네, 뽀르 파보르

Prefiero carne.
쁘레피에로 까르네

\# 커피는 됐습니다.

No quiero café.
노 끼에로 까페

\# 물 한 컵 주시겠어요?

¿Podría traerme agua, por favor?
뽀드리아 뜨라에르메 아구아, 뽀르 파보르?

\# 테이블을 치워 드릴까요?

¿Puedo limpiar la mesa?
뿌에도 림삐아르 라 메사?

기차표 구입

\# 론다행 기차표를 하나 구매하고 싶습니다.

Quiero comprar un billete para ir a Ronda.
끼에로 꼼쁘라르 운 비예떼 빠라 이르 아 론다

\# 리스본행 가장 빠른 시간의 열차가 몇 시에 있나요?

¿A qué hora es el tren más rápido para ir a Lisboa?
아 께 오라 에쓰 엘 뜨렌 마쓰 라삐도 빠라 이르 아 리스보아?

\# 바르셀로나행 열차표 어른 2장, 아이 1장 주세요.

Quiero dos billetes de adulto y uno de niño para Barcelona.
끼에로 도쓰 비예떼쓰 데 아둘또 이 우노 데 니뇨 빠라 바르셀로나

\# 편도로 가장 싼 티켓은 얼마입니까?

¿Cuál es la tarifa más económica para ir?
꾸알 에쓰 라 따리파 마쓰 에꼬노미까 빠라 이르?

\# 편도 요금은 60유로이고, 왕복 요금은 90유로입니다.

Cuestan 60 euros los billetes de ida y 90 los de ida y vuelta.
꾸에스딴 쎄센따 에우로쓰 로쓰 비예떼쓰 데 이다 이 노벤따 로쓰 데 이다 이 부엘따

\# 그럼 왕복표로 주세요.

Entonces dame un billete de ida y vuelta, por favor.
엔똔쎄쓰 다메 운 비예떼 데 이다 이 부엘따, 뽀르 파보르

el billete 엘 비예떼 (기차, 전철) 표
la tarifa 라 따리파 가격표
económico/a 에꼬노미꼬/까 저렴한, 경제적인

기차 타기

\# 마드리드행 기차는 어디에서 타나요?

¿Dónde puedo coger el tren para ir a Madrid?
돈데 뿌에도 꼬헤르 엘 뜨렌 빠라 이르 아 마드릳?

\# 기차 안에 짐을 따로 보관할 수 있는 곳이 있나요?

¿Hay algún sitio para guardar mi maleta en el tren?
아이 알군 씨띠오 빠라 구아르다르 미 말레따 엔 엘 뜨렌?

\# 이 기차가 그라나다로 가는 게 맞나요?

Este tren va a Granada, ¿verdad?
에스떼 뜨렌 바 아 그라나다, 베르닫?

\# 기차는 몇 시에 떠나나요?

¿A qué hora sale el tren?
아 께 오라 쌀레 엘 뜨렌?

\# 기차 안에 화장실이 있나요?

¿Habrá baño en el tren?
아브라 바뇨 엔 엘 뜨렌?

\# 빌바오행 기차는 몇 번 플랫폼인가요?

¿Cuál es el número de andén para coger el tren a Bilbao?
꾸알 에쓰 엘 누메로 데 안덴 빠라 꼬헤르 엘 뜨렌 아 빌바오?

\# 기차에 자전거를 가지고 탈 수 있나요?

¿Puedo subir al tren con la bicicleta?
뿌에도 쑤비르 알 뜨렌 꼰 라 비씨끌레따?

\# 자전거를 가지고 탈 수 있지만, 움직이지 않게 잘 묶어 두셔야 합니다.

Puede subir la bicicleta al tren, pero hay que atarla bien para que no se mueva.
뿌에데 쑤비르 라 비씨끌레따 알 뜨렌, 뻬로 아이 께 아따를라 비엔 빠라 께 노 쎄 무에바

객차에서

\# 제 티켓 좀 봐 주시겠어요? 어디에 앉으면 되죠?

¿Puede mirar mi billete? ¿Dónde tengo que sentarme?
뿌에데 미라르 미 비예떼? 돈데 뗑고 께 센따르메?

\# 화장실이 어디인가요?

¿Dónde está el aseo?
돈데 에스따 엘 아세오?

('화장실'이라는 뜻의 baño와 aseo는 많은 상황에서 구분 없이 사용하지만, 엄밀히 말하면 baño는 주로 집에 욕실까지 있는 화장실을, aseo는 변기와 세면대만 있는 화장실을 말합니다.)

\# 제 짐 좀 봐 주시겠어요? 화장실을 다녀오려고요.

¿Podría echar un vistazo a mi maleta? Quiero ir al baño.
뽀드리아 에차르 운 비스따쏘 아 미 말레따? 끼에로 이르 알 바뇨

\# 옆 좌석이 비어 있는 좌석인가요? 제가 앉아도 될까요? (좌석이 차 있나요? 제가 앉아도 될까요?)

¿Está ocupado? ¿Puedo sentarme aquí?
에스따 오꾸빠도? 뿌에도 센따르메 아끼?

\# 이 좌석은 차 있지 않습니다만, 제 친구가 올 예정이에요.

No está ocupado, pero vendrá mi amigo.
노 에스따 오꾸빠도, 뻬로 벤드라 미 아미고

여기서 잠깐!

마드리드에서 중심이 되는 기차역은 바로 Atocha 아또차 역입니다. 이곳에서 모든 열차가 출발하고 도착합니다. 지방으로 가는 고속버스가 출발하는 터미널은 Avenida de América 아베니다 데 아메리까 터미널입니다.

꼭! 짚고 가기

이슬람 분위기 도시, 그라나다

스페인 안달루시아(Andalucía) 지역의 그라나다(Granada)에 위치한 알람브라(Alhambra) 궁전은 무슬림 색채가 고스란히 남아 있어 많은 관광객이 방문하는 곳입니다. 석회로 표백된 회색의 알람브라가 석양에 비춰지면 붉은색으로 보여, 아랍어 al-humra(붉은색)에서 유래했다는 설이 있으며, 이곳은 다음 네 부분으로 나뉩니다.

① **알카사바** Alcazaba
9세기 건축으로 알람브라에서 가장 오래된 곳입니다. 주변이 한눈에 보이는 군사 요새로 반원형 탑의 정원(Terraza de la Torre del Cubo)과 벨라의 탑(Torre de la Vela)이 유명합니다.

② **헤네랄리페** Generalife
왕의 정원으로 유네스코 세계문화유산에 지정되었습니다. 12~14세기 나스르 왕조의 양식을 엿볼 수 있으며, 물이 아치형으로 떨어지는 아세키아 정원(Patio de la Acequia)이 유명합니다.

③ **카를로스 5세 궁전** Palacio de Carlos V
카를로스 황제가 거주 목적으로 1527년부터 르네상스 양식으로 지었습니다. 아랍풍의 다른 알람브라 건축물과 다른 모습이지만, 700여 년간 스페인을 지배한 이슬람 세력을 몰아내고 일부를 헐고 지은 의미 있는 곳입니다.

④ **나스르 궁전** Palacios Nazaríes
화려한 이슬람 건축의 절정을 볼 수 있으며 마지막 이슬람 왕조인 나스르 왕조가 기거했던 궁전입니다. 현재 메수아르(Mexuar), 코마레스(Palacio de Comares), 사자의 궁(Palacio de los Leones)만 남아 있습니다. 물 위에 코마레스 탑(Torre de Comares)이 거울처럼 비치는 '아라야네스 정원(Patio de los Arrayanes)', 12마리의 사자상 분수(Fuente de los Leones) 등이 유명합니다.

목적지 내리기

\# 다음 역이 바르셀로나가 맞나요?

¿La siguiente estación es Barcelona?
라 씨기엔떼 에스따씨온 에쓰 바르쎌로나?

\# 다음 역은 어디인가요?

¿Cuál es la siguiente estación?
꾸알 에쓰 라 씨기엔떼 에스따씨온?

\# 다음 역은 이 열차의 종착역입니다. 모두 내리시길 바랍니다.

La siguiente estación es la última. Deben bajar todos.
라 씨기엔떼 에스따씨온 에쓰 라 울띠마. 데벤 바하르 또도쓰

\# 승객 여러분들은 두고 내리는 짐이 없는지 잘 살펴보시길 바랍니다. (열차에서 내리실 때 모든 소지품을 챙기는 것을 잊지 마세요.)

No olviden recoger todas sus pertenencias al salir del tren.
노 올비덴 레꼬헤르 또다쓰 쑤쓰 뻬르떼넨씨아쓰 알 쌀리르 델 뜨렌

\# 죄송합니다만, 짐을 열차에 두고 내렸어요.

Disculpe, pero me he dejado mi maleta en el tren.
디스꿀뻬, 뻬로 메 에 데하도 미 말레따 엔 엘 뜨렌

\# 이 역은 열차와 승강장 사이의 거리가 넓습니다. 주의하시길 바랍니다.

Esta estación tiene un hueco entre el tren y el andén, por favor tenga cuidado.
에스따 에스따씨온 띠에네 운 우에꼬 엔뜨레 엘 뜨렌 이 엘 안덴, 뽀르 빠보르 뗑가 꾸이다도

la pertenencia 라 뻬르떼넨씨아 소지품
el hueco 엘 우에꼬 빈 곳, 틈
el andén 엘 안덴 승강장

숙박 시설 예약 ①

\# 예약을 하고 싶습니다.

Me gustaría hacer una reserva.
메 구스따리아 아쎄르 우나 레세르바

Me gustaría reservar una habitación.
메 구스따리아 레세르바르 우나 아비따씨온

\# 다음 주에 2박을 예약하고 싶습니다.

Me gustaría hacer una reserva para dos noches la semana que viene.
메 구스따리아 아쎄르 우나 레세르바 빠라 도쓰 노체쓰 라 쎄마나 께 비에네

\# 죄송합니다, 방이 만실입니다.

Lo siento, señor/a. Estamos llenos.
로 씨엔또, 쎄뇨르/라. 에스따모쓰 예노쓰

Lo lamento, pero estamos llenos.
로 라멘또, 뻬로 에스따모쓰 예노쓰

\# 어떤 방을 원하십니까?

¿Qué tipo de habitación quiere?
께 띠뽀 데 아비따씨온 끼에레?

\# 욕실이 있는 싱글 룸으로 부탁합니다.

Quiero una habitación individual con baño.
끼에로 우나 아비따씨온 인디비두알 꼰 바뇨

\# 바다가 보이는 방으로 부탁합니다.

Me gustaría tener una habitación con vistas al mar.
메 구스따리아 떼네르 우나 아비따씨온 꼰 비스따쓰 알 마르

\# 싱글 룸이 있습니까?

¿Tiene una habitación individual disponible?
띠에네 우나 아비따씨온 인디비두알 디스뽀니블레?

Quisiera una habitación individual, por favor.
끼시에라 우나 아비따씨온 인디비두알, 뽀르 파보르

숙박 시설 예약②

며칠 묵으실 겁니까?

¿Para cuántas noches?
빠라 꾸안따쓰 노체쓰?

3박 하고 일요일 오전에 체크아웃하려고 합니다.

Me gustaría quedarme 3 noches y saldríamos el domingo por la mañana.
메 구스따리아 께다르메 뜨레쓰 노체쓰 이 쌀드리아모쓰 엘 도밍고 뽀르 라 마냐나

숙박비는 얼마입니까?

¿Cuál es la tarifa para esta habitación?
꾸알 에쓰 라 따리파 빠라 에스따 아비따씨온?

조식이 포함되었나요?

¿Esta tarifa incluye el desayuno?
에스따 따리파 인끌루예 엘 데사유노?

좀 더 싼 방이 있나요?

¿Tiene algo más barato?
띠에네 알고 마쓰 바라또?

오늘 밤 묵을 방이 있습니까?

¿Hay alguna habitación disponible para esta noche?
아이 알구나 아비따씨온 디스뽀니블레 빠라 에스따 노체?

꼭! 짚고 가기

호텔 이상의 특별함이 있는 곳, 국영 호텔 파라도르

스페인 전역에는 총 94개의 'Parador 파라도르'가 있습니다. 파라도르는 정부에서 운영하는 국영 호텔로 보통 최소 별 4개 이상의 고급 호텔입니다. 이 파라도르가 일반 호텔들과 다른 점은 바로 호텔로 사용하는 건물이 역사적으로 의미 있는 건축물, 교회, 성 등을 재건축하여 만들었다는 것입니다. 따라서 도심 한복판에는 존재하지 않으며 보통 시내 외곽, 한적한 시골, 역사적으로 의미 있는 장소에 위치해 있습니다.

파라도르 중에 가장 비싼 방값을 자랑하는 곳은 바로 그라나다 파라도르입니다. 그라나다 파라도르는 그라나다의 명물인 '알함브라' 성안에 위치해 있습니다. 파라도르 투숙객들은 이 알함브라 성 입장료가 면제됩니다. 남쪽 작은 해변 마을 '네르하'의 파라도르는 파라도르 이용객 전용 바다도 갖추고 있습니다. 론다의 파라도르는 론다의 명물 누에보 다리 위에 위치해 있어 론다의 호텔 중 가장 멋진 전망을 제공합니다.

보통 성수기라면 1박당 200유로 이상은 지불해야 하지만, 비수기에는 파격적인 행사를 자주 하고 있기에 부담스럽지 않은 가격으로 이용이 가능합니다. 꼭 호텔에서 투숙하지 않더라도 bar나 레스토랑은 합리적인 가격으로 운영되고 있으므로 간단한 차나 식사를 하는 것을 추천합니다.

체크인

\# 체크인을 하고 싶습니다.

Me gustaría hacer el check-in.
메 구스따리아 아쎄르 엘 체낀

\# 지금 체크인할 수 있습니까?

¿Puedo hacer el check-in ahora?
뿌에도 아쎄르 엘 체낀 아오라?

\# 체크인은 몇 시부터입니까?

¿A partir de qué hora podemos hacer el check-in?
아 빠르띠르 데 께 오라 뽀데모쓰 아쎄르 엘 체낀?

\# 예약자 분 신분증 주시겠어요?

¿Me podría mostrar la identificación de la reserva, por favor?
메 뽀드리아 모스뜨라르 라 이덴띠피까씨온 데 라 레세르바, 뽀르 파보르?

\# 싱글 룸을 예약한 사라입니다.

Mi nombre es Sara, tengo una reserva para una habitación individual.
미 놈브레 에쓰 싸라, 뗑고 우나 레세르바 빠라 우나 아비따씨온 인디비두알

\# 방을 바꾸고 싶습니다.

Me gustaría cambiar de habitación.
메 구스따리아 깜비아르 데 아비따씨온

\# 짐 좀 들어 주실 수 있나요?

¿Podría ayudarme con mi maleta, por favor?
뽀드리아 아유다르메 꼰 미 말레따, 뽀르 파보르?

체크아웃

\# 체크아웃 부탁합니다.

Me gustaría hacer el check-out ahora.
메 구스따리아 아쎄르 엘 체까웃 아오라

\# 몇 시까지 체크아웃해야 합니까?

¿Hasta qué hora es el check-out?
아스따 께 오라 에쓰 엘 체까웃?

\# 10시에 체크아웃하려고 합니다.

Voy a salir a las 10.
보이 아 쌀리르 아 라쓰 디에쓰

Querría hacer el check-out a las 10.
께리아 아쎄르 엘 체까웃 아 라쓰 디에쓰

\# 이 항목은 무슨 요금입니까?

¿Qué es este cargo que hay en mi cuenta?
께 에쓰 에스떼 까르고 께 아이 엔 미 꾸엔따?

\# 저는 룸서비스를 시키지 않았는데요.

Nunca pedí ningún servicio de habitación.
눙까 뻬디 닝군 쎄르비씨오 데 아비따씨온

\# (명세서에서) 이 부분이 잘못된 것 같은데요.

Creo que hay un error aquí.
끄레오 께 아이 운 에로르 아끼

\# 미니바에 있는 물 2병을 마셨어요.

Bebí dos botellas de agua del minibar.
베비 도쓰 보떼야쓰 데 아구아 델 미니바르

부대 서비스 이용

\# 세탁을 부탁할 수 있습니까?

¿Puedo pedir un servicio de lavandería?
뿌에도 뻬디르 운 쎄르비씨오 데 라반데리아?

\# 언제쯤 되나요?

¿Cuándo estará listo?
꾸안도 에스따라 리스또?

¿Cuánto tiempo tardará?
꾸안또 띠엠뽀 따르다라?

\# 체크아웃 후 짐 보관 서비스가 있나요?

¿Hay servicio de guardaequipajes después del check-out?
아이 쎄르비씨오 데 구아르다에끼빠헤쓰 데스뿌에쓰 델 체끄아웃?

\# 6시에 모닝콜을 해 주세요.

Me gustaría que me llamarán a las 6 para despertarme, por favor.
메 구스따리아 께 메 야마란 아 라쓰 쎄이쓰 빠라 데스뻬르따르메, 뽀르 파보르

\# 호텔 내 헬스클럽이 있나요?

¿Hay un gimnasio en el hotel?
아이 운 힘나시오 엔 엘 오뗄?

\# 사용 비용은 별도인가요?

¿Hay algún coste adicional por su uso?
아이 알군 꼬스떼 아디씨오날 뽀르 쑤 우소?

\# 호텔 내 레스토랑을 예약하고 싶습니다.

Me gustaría hacer una reserva en el restaurante del hotel.
메 구스따리아 아쎄르 우나 레세르바 엔 엘 레스따우란떼 델 오뗄

\# 룸서비스 이용은 어떻게 하나요?

¿Cómo hago para pedir al servicio de habitaciones?
꼬모 아고 빠라 뻬디르 알 쎄르비씨오 데 아비따씨오네쓰?

꼭! 짚고 가기

정중하게 요청하기 ¿Podría~?

'~해 주시겠습니까?'라는 표현은 여러 가지로 말할 수 있습니다. 가장 흔한 표현은 '¿Puedes~? 뿌에데쓰~?'입니다. 직역하면 '너 ~을 할 수 있니?'이며, '너'를 존중 표현인 usted 우스뗃으로 '¿Puede~? 뿌에데~?'로 바꾸어 사용할 수 있습니다. 이보다 조금 더 정중한 표현은 현재형인 '¿Puedes~?'를 과거형으로 말하는 것입니다. 영어의 'Can you~?'와 'Could you~?'의 차이라고 할 수 있겠네요. '¿Podrías~? 뽀드리아쓰~?' 혹은 '너'를 '당신'으로 바꾸어 '¿Podría~? 뽀드리아~?'로 문장을 시작할 수 있습니다. 문장의 앞 혹은 뒤에 영어의 please와 같은 표현인 por favor 뽀르 파보르를 붙인다면 더 좋겠죠.

- ¿Puedes abrir la ventana?
  뿌에데쓰 아브릴 라 벤따나?
  (너) 창문 열어 줄 수 있니?
- ¿Puede abrir la ventana?
  뿌에데 아브릴 라 벤따나?
  (당신) 창문 열어 줄 수 있나요?
- ¿Podrías abrir la ventana, por favor?
  뽀드리아쓰 아브릴 라 벤따나, 뽀르 파보르?
  (너) 창문 좀 열어 줄 수 있을까?
- ¿Podría abrir la ventana, por favor?
  뽀드리아 아브릴 라 벤따나, 뽀르 파보르?
  (당신) 창문 좀 열어 주실 수 있을까요?

숙박 시설 컴플레인

열쇠를 방에 두고 왔습니다.

Me dejé la llave en la habitación.
메 데헤 라 야베 엔 라 아비따씨온

방이 너무 춥습니다. 방 온도를 높여 주실 수 있나요?

La habitación está demasiado fría. ¿Podrías subir la temperatura?
라 아비따씨온 에스따 데마시아도 프리아. 뽀드리아쓰 쑤비르 라 뗌뻬라뚜라?

뜨거운 물이 나오지 않는데요.

No sale agua caliente.
노 쌀레 아구아 깔리엔떼

변기가 막혔어요.

El váter no funciona.
엘 바떼르 노 푼씨오나

방이 청소되어 있지 않아요.

Mi habitación no está limpia.
미 아비따씨온 노 에스따 림삐아

지금 점검해 주시겠어요?

¿Podría comprobarlo ahora, por favor?
뽀드리아 꼼쁘로바를로 아오라, 뽀르 파보르?

옆방이 너무 시끄러운데요.

La habitación de al lado es demasiado ruidosa.
라 아비따씨온 데 알 라도 에쓰 데마시아도 루이도사

방이 엘리베이터에 너무 가까이 있어요. 바꿀 수 있을까요?

Mi habitación está demasiado cerca del ascensor. ¿Podría cambiármela?
미 아비따씨온 에스따 데마시아도 쎄르까 델 아스쎈소르. 뽀드리아 깜비아르멜라?

Unidad 6 **관광** MP3. C07_U06

관광 안내소

관광 안내소는 어디에 있나요?

¿Dónde está la oficina de turismo?
돈데 에스따 라 오피씨나 데 뚜리스모?

이 도시의 관광 안내서를 주시겠어요?

¿Tiene un folleto turístico de esta ciudad?
띠에네 운 포예또 뚜리스띠꼬 데 에스따 씨우닫?

이 도시의 지도를 한 장 부탁합니다.

¿Puede darme un mapa de la ciudad?
뿌에데 다르메 운 마빠 데 라 씨우닫?

부근에 가 볼 만한 명소를 추천해 주시겠어요?

¿Me puede recomendar algunos lugares interesantes que haya por aquí?
메 뿌에데 레꼬멘다르 알구노쓰 루가레쓰 인떼레산떼쓰 께 아야 뽀르 아끼?

이 지역의 호텔 정보를 알고 싶은데요.

Necesito información sobre los hoteles locales.
네쎄시또 임포르마씨온 쏘브레 로쓰 오뗄레쓰 로깔레쓰

값싸고 괜찮은 호텔 하나 추천해 주시겠어요?

¿Puede recomendarme un hotel barato y agradable?
뿌에데 레꼬멘다르메 운 오뗄 바라또 이 아그라다블레?

여기서 잠깐!

스페인은 관광 대국답게 아무리 작은 마을에 가도 '인포메이션'이 꼭 하나씩은 있습니다. 이곳에서 마을 지도 등을 무료로 얻을 수 있으며 현지인들이 많이 가는 레스토랑, 숙박 시설, 방문할 명소 등에 대한 정보를 얻을 수 있습니다. la oficina de información 라 오피씨나 데 임포르마씨온을 찾으면 됩니다.

투어

투어 프로그램에는 어떤 것이 있나요?

¿Qué tipo de tours tiene?
께 띠뽀 데 뚤쓰 띠에네?

당일 투어가 있습니까?

¿Tiene programas de visita por un día?
띠에네 쁘로그라마쓰 데 비시따 뽀르 운 디아?

몇 시에 어디에서 출발합니까?

¿A qué hora y dónde sale?
아 께 오라 이 돈데 쌀레?

몇 시간이나 걸리나요?

¿Cuánto tiempo se tarda?
꾸안또 띠엠뽀 쎄 따르다?

몇 시에 돌아올 수 있나요?

¿A qué hora vamos a volver?
아 께 오라 바모쓰 아 볼베르?

¿A qué hora volveremos?
아 께 오라 볼베레모쓰?

요금은 1인당 얼마인가요?

¿Cuánto cuesta por persona?
꾸안또 꾸에스따 뽀르 뻬르소나?

¿Cuál es la tarifa por persona?
꾸알 에쓰 라 따리파 뽀르 뻬르소나?

야경을 위한 관광이 있나요?

¿Hay algún programa de visita nocturna?
아이 알군 쁘로그라마 데 비시따 녹뚜르나?

꼭! 짚고 가기

40일간의 즐거운 투우 축제 산 이시드로

동물 보호 협회의 반대로 요즘은 그 열기가 많이 사라졌지만 스페인 하면 여전히 빼놓을 수 없는 게 바로 투우입니다. 보통 스페인에 오면 언제 어디서든 투우를 볼 수 있다고 생각하는데, 마드리드를 제외한 지역에서는 그 지역 축제 기간에만 4~5일씩 투우가 진행되며 바르셀로나는 2012년부터 투우가 금지되었습니다. 마드리드에서는 보통 여름에만 매주 일요일 정기적으로 투우 경기가 있으나 이 경기는 관광객들을 위한 경기로 현지인들을 위한 '진짜 투우'는 바로 San Isidro 산 이시드로 기간에 열립니다.
5월부터 6월 초까지 San Isidro 기간에 마드리드에서는 40일 동안 매일 투우 경기가 열립니다. 스페인에서 유명한 투우사들이 총출동하는 축제로 태양이 비치는 가장 높은 구석 자리를 제외하고는 투우장이 꽉 차는 편입니다. 좌석에 상관없이 경험 삼아 보고 싶다면 가장 인기 있는 투우사의 몇 경기를 제외하고는 현장 구매가 가능합니다.
투우는 3명의 투우사들이 돌아가며 2번씩 총 6마리의 소를 죽입니다. 소들 역시 족보가 있고 혈통이 좋은 소들로만 엄선되며 투우사는 빨간 천 muleta 물레따를 이용해 화려한 기술과 절제된 동작으로 적절하게 소를 흥분시킴으로써 관객의 호응을 이끌어 냅니다. 소가 충분히 지쳤다고 생각하면 estoque 에스또께라고 불리는 가늘고 기다란 칼로 소의 정수리를 찔러 죽입니다. 이때 소의 정수리를 정확히 한 번에 찔러 죽이는 게 중요하며 여러 번 소를 찌를수록 좋지 않은 경기로 평가받습니다. 여섯 마리의 소를 모두 죽이는 데는 2시간 정도가 소요됩니다.

입장권을 살 때

티켓은 어디서 살 수 있나요?

¿Dónde puedo comprar la entrada?
돈데 뿌에도 꼼쁘라르 라 엔뜨라다?

입장료는 얼마인가요?

¿Cuánto cuesta la entrada?
꾸안또 꾸에스따 라 엔뜨라다?

어른 두 장이랑 어린이 한 장 주세요.

Dos adultos y un niño, por favor.
도쓰 아둘또쓰 이 운 니뇨, 뽀르 파보르

1시 공연의 좌석이 있나요?

¿Hay entradas disponibles a la 1?
아이 엔뜨라다쓰 디스뽀니블레쓰 아 라 우나?

단체 할인이 되나요?

¿Tienen descuento por grupo?
띠에넨 데스꾸엔또 뽀르 그루뽀?

몇 명부터 단체요금이 적용되나요?

¿A partir de cuántas personas aplica la tarifa de grupo?
아 빠르띠르 데 꾸안따쓰 뻬르소나쓰 아쁠리까 라 따리파 데 그루뽀?

20명 이상의 단체는 20%의 할인을 받을 수 있습니다.

Los grupos de 20 o más reciben un descuento del 20%.
로쓰 그루뽀쓰 데 베인떼 오 마쓰 레씨벤 운 데스꾸엔또 델 베인떼 뽀르 씨엔또

여기서 잠깐!

스페인어에서는 공연, 영화, 박물관 등의 '관람 티켓'은 la entrada 라 엔뜨라다라고 하고, 교통수단을 이용하기 위한 '탑승 티켓'은 el billete 엘 비예떼라고 합니다. 중남미에서는 el boleto 엘 볼레또라고 말하지만 스페인에서는 전혀 사용하지 않는 말입니다. 위의 세 단어를 구분할 수 있도록 주의합시다.

투우 관람 시

가장 싼 좌석은 얼마인가요?

¿Cuánto cuesta la entrada más barata?
꾸안또 꾸에스따 라 엔뜨라다 마쓰 바라따?

가장 가까운 좌석의 표들이 남아 있나요?

¿Todavía quedan entradas cercanas al ruedo?
또다비아 께단 엔뜨라다쓰 쎄르까나쓰 알 루에도?

태양을 피해서 가장 저렴한 표 2장을 사고 싶습니다.

Me gustaría comprar dos entradas donde no dé el sol.
메 구스따리아 꼼쁘라르 도쓰 엔뜨라다쓰 돈데 노 데 엘 쏠

어느 구역이 가장 좋은 구역인가요?

¿Cuál es mejor tendido?
꾸알 에쓰 메호르 뗀디도?

방석 하나 주시겠어요?

¿Me puede dar una almohadilla, por favor?
메 뿌에데 다르 우나 알모아디야, 뽀르 파보르?

표를 보여 주시겠어요?

¿Me enseña su entrada, por favor?
메 엔세냐 쑤 엔뜨라다, 뽀르 파보르?

투우 경기를 보고 싶어요. 티켓은 어디서 사나요?

Quiero ver una corrida de toros. ¿Dónde puedo comprar entradas?
끼에로 베르 우나 꼬리다 데 또로쓰.
돈데 뿌에도 꼼쁘라르 엔뜨라다쓰?

축구 관람 시

2장 연석 티켓을 사고 싶습니다.

Me gustaría comprar dos entradas consecutivas.

메 구스따리아 꼼쁘라르 도쓰 엔뜨라다쓰 꼰세꾸띠바쓰

2장 붙어 있는 좌석은 없나요?

¿Tiene dos entradas consecutivas?

띠에네 도쓰 엔뜨라다쓰 꼰세꾸띠바쓰?

원정 팀 티켓을 사고 싶습니다.

Quiero comprar entradas para zona de visitantes.

끼에로 꼼쁘라르 엔뜨라다쓰 빠라 쏘나 데 비시딴떼쓰

제 표 좀 봐 주시겠습니까? 자리가 어디인지 모르겠군요.

¿Podría mirar mi entrada? No sé dónde está mi asiento.

뽀드리아 미라르 미 엔뜨라다?

노 쎄 돈데 에스따 미 아시엔또

응원 팀 구역 근처에 앉고 싶은데요.

Me quiero sentar cerca de los ultras.

메 끼에로 쎈따르 쎄르까 데 로쓰 울뜨라쓰

여기서 잠깐!

흔히 해외에서 축구를 관람한다면 훌리건들 때문에 위험할 것이라고 생각하지만 스페인 축구는 전혀 위험하지 않습니다. 단, 경기장에 들어가면 유독 열광적으로 응원하는 사람들이 있으며, 이들은 주로 골대 뒤편에 앉습니다. 이런 응원객들을 스페인어로는 ultra 울뜨라라고 부릅니다.

꼭! 짚고 가기

축구 관람하기

스페인 정규 축구 리그는 La liga 라 리가라고 합니다. La liga 외에 Copa del Rey 꼬빠 델 레이라는 국왕컵, UEFA Champions League 우에파 참피온쓰 리그(챔피언스 리그), Supercopa 수퍼꼬빠(수퍼컵) 등의 경기가 있습니다.

보통 축구팀들은 상당수의 좌석을 카드 형식의 시즌권으로 판매하며, 구매자가 시즌권을 포기하지 않는 이상 그다음 해에도 같은 사람에게 구매 권한이 주어지기 때문에 새로운 사람들이 시즌권을 사기란 불가능에 가깝습니다. 보통 대대로 대물림하여 구매하기 때문이죠. 그만큼 스페인에는 축구를 사랑하는 사람들이 많습니다.

남은 축구 티켓 역시 클럽 회원들에게 우선적으로 판매하기 때문에 일반인들이 티켓을 구하기란 쉽지 않습니다. 하지만 강팀 경기가 아니라면, 현장에 일찍 도착하여 경기 당일 매표소에서 표를 구할 수도 있습니다.

축구 티켓에는 크게 4가지 정보가 적혀 있습니다. puerta 뿌에르따는 출입구 번호를 말하며 반드시 이 번호의 입구로만 입장하여야 합니다. sector 쎅또르는 내가 가진 좌석의 구역을 말합니다. puerta로 입장하여 sector(번호)를 확인하고 fila 필라(줄) 번호를 찾아내 asiento 아시엔또(좌석) 번호에 앉으면 됩니다.

꼭 축구를 보지 않더라도 경기가 없는 날에는 항시 경기장 내부 투어를 할 수 있으며 선수들이 직접 사용하는 라커룸, 경기장 내부 등을 살펴볼 수 있습니다. 또한 경기장 한편에는 공식 기념품 샵도 마련해 두고 있습니다.

관람

\# 정말 아름다운 곳이네요!

¡Qué lugar tan hermoso!
께 루가르 딴 에르모소!

\# 전망이 환상적이에요!

¡Qué vista tan fantástica!
께 비시따 딴 판따스띠까!

\# 관람 시간은 몇 시까지인가요? (몇 시에 닫나요?)

¿A qué hora cierra?
아 께 오라 씨에라?

\# 이 시설은 7세 미만의 어린이만 이용 가능합니다.

Esta instalación solo está disponible para niños menores de 7 años.
에스따 인스딸라씨온 쏠로 에스따 디스뽀니블레 빠라 니뇨쓰 메노레쓰 데 씨에떼 아뇨쓰

\# 내부를 둘러봐도 될까요?

¿Puedo echar un vistazo por dentro?
뿌에도 에차르 운 비스따쏘 뽀르 덴뜨로?

\# 기념품 가게는 어디 있나요?

¿Dónde está la tienda de recuerdos?
돈데 에스따 라 띠엔다 데 레꾸에르도쓰?

¿Dónde puedo comprar un recuerdo?
돈데 뿌에도 꼼쁘라르 운 레꾸에르도?

\# 출구는 어디인가요?

¿Dónde está la salida?
돈데 에스따 라 쌀리다?

길 묻기 ①

\# 프라도 미술관으로 가려면 어느 쪽으로 가야 하나요?

¿Hacia qué dirección debo ir para llegar al Museo del Prado?
아씨아 께 디렉씨온 데보 이르 빠라 예가르 알 무세오 델 쁘라도?

\# 사그라다 파밀리아로 가려면 이 길이 맞습니까?

¿Es este el camino correcto para ir a La Sagrada Familia?
에쓰 에스떼 엘 까미노 꼬렉또 빠라 이르 아 라 사그라다 파밀리아?

\# 여기에서 박물관까지는 얼마나 멉니까?

¿A qué distancia se encuentra el museo?
아 께 디스딴씨아 쎄 엥꾸엔뜨라 엘 무세오?

\# 역까지 가는 길을 가르쳐 주세요.

Por favor, dígame el camino a la estación.
뽀르 파보르, 디가메 엘 까미노 아 라 에스따씨온

¿Cómo puedo llegar a la estación?
꼬모 뿌에도 예가르 아 라 에스따씨온?

\# 곧장 가셔서 두 번째 모퉁이에서 우회전하세요.

Siga recto y gire a la derecha en la segunda curva.
씨가 렉또 이 히레 아 라 데레차 엔 라 세군다 꾸르바

여기서 잠깐!

바르셀로나는 도시 전체가 가우디의 작품으로 이루어져 있다고 해도 과언이 아닙니다. 바르셀로나에서 꼭 방문하여야 할 곳은 La Sagrada Familia 라 사그라다 파밀리아로 불리는 성가족 성당입니다. 가우디의 상상력이 곳곳에 돋보이는 건축물로 1882년부터 지금까지 건축이 이어지고 있으며, 가우디 사후 100주년이 되는 2026년에 완공될 예정이라고 합니다.

길 묻기②

근처에 지하철역이 있습니까?

¿Hay una estación de metro cerca de aquí?
아이 우나 에스따씨온 데 메뜨로 쎄르까 데 아끼?

좀 먼데요. 버스를 타셔야 할 거예요.

Está lejos de aquí. Debe coger un autobús.
에스따 레호쓰 데 아끼. 데베 꼬헤르 운 아우또부쓰

여기에서 멀어요?

¿Está lejos de aquí?
에스따 레호쓰 데 아끼?

걸어갈 수 있나요?

¿Puedo ir andando hasta allí?
뿌에도 이르 안단도 아스따 아지?

걸어서 몇 분이나 걸리나요?

¿Cuánto tiempo se tarda a pie?
꾸안또 띠엠뽀 쎄 따르다 아 삐에?

걸어서 5분이면 됩니다.

Está a solo 5 minutos a pie.
에스따 아 쏠로 씽꼬 미누또쓰 아 삐에

지금 제가 있는 곳이 무슨 길인가요?

¿En qué calle estoy ahora?
엔 께 까예 에스또이 아오라?

이 지도에서 저희가 있는 곳이 어디인가요?

¿Puede indicarme dónde estamos en este mapa?
뿌에데 인디까르메 돈데 에스따모쓰 엔 에스떼 마빠?

기차

스페인에서 포르투갈까지 가는 직행열차가 있나요?

¿Hay algún tren que vaya directo de España a Portugal?
아이 운 뜨렌 께 바야 디렉또 데 에스빠냐 아 뽀르뚜갈?

열차의 배차 간격은 어떻게 되나요?

¿Con qué frecuencia pasa el tren?
꼰 께 프레꾸엔씨아 빠사 엘 뜨렌?

¿Sabe con qué frecuencia pasan los trenes?
싸베 꼰 께 프레꾸엔씨아 빠산 로쓰 뜨레네쓰?

30분 간격입니다.

Cada 30 minutos.
까다 뜨레인따 미누또쓰

말라가행 열차는 몇 시에 출발합니까?

¿A qué hora sale el tren a Málaga?
아 께 오라 쌀레 엘 뜨렌 아 말라가?

열차가 30분 연착됐습니다.

Nuestro tren llegó con 30 minutos de retraso.
누에스뜨로 뜨렌 예고 꼰 뜨레인따 미누또쓰 데 레뜨라소

여기서 잠깐!

스페인의 기차 회사인 Renfe에서는 스페인의 먼 도시와 스페인-포르투갈을 잇는 노선에 침대칸이 있는 Trenhotel 뜨렌오뗄을 운영 중입니다. 보통 야간열차로 10시간 이상 걸리는 노선들입니다.

지하철

\# 매표소는 어디입니까?

¿Dónde está la taquilla?
돈데 에스따 라 따끼야?

\# 지하철 노선도를 받을 수 있을까요?

¿Puede darme un mapa del metro?
뿌에데 다르메 운 마빠 델 메뜨로?

Un mapa del metro, por favor.
운 마빠 델 메뜨로, 뽀르 파보르

\# 어디에서 갈아타야 하나요?

¿Dónde debería realizar el transbordo?
돈데 데베리아 레알리싸르 엘 뜨란스보르도?

¿Dónde debo cambiar de línea?
돈데 데보 깜비아르 데 리네아?

\# 2호선으로 갈아타셔야 합니다.

Tiene que cambiar a la línea 2.
띠에네 께 깜비아르 아 라 리네아 도쓰

\# 요금은 얼마입니까?

¿Cuánto cuesta?
꾸안또 꾸에스따?

\# 시청으로 나가는 출구가 어디인가요?

¿Dónde está la salida al ayuntamiento?
돈데 에스따 라 쌀리다 알 아윤따미엔또?

\# 이 도시의 지하철은 몇 호선까지 있나요?

¿Cuántas líneas de metro hay en esta ciudad?
꾸안따쓰 리네아쓰 데 메뜨로 아이 엔 에스따 씨우닫?

버스

\# 가까운 버스 정류장은 어디인가요?

¿Dónde está la parada de autobús más cercana?
돈데 에스따 라 빠라다 데 아우또부쓰 마쓰 쎄르까나?

\# 이 버스가 공항으로 가나요?

¿Este autobús va al aeropuerto?
에스떼 아우또부쓰 바 알 아에로뿌에르또?

\# 어디에서 내려야 하는지 알려 주시겠어요?

¿Podría decirme dónde me tengo que bajar?
뽀드리아 데씨르메 돈데 메 뗑고 께 바하르?

\# 버스가 끊겼어요.
(이 저녁 시간에 버스는 없습니다.)

No hay autobuses a esta hora de la noche.
노 아이 아우또부세쓰 아 에스따 오라 데 라 노체

\# 이 자리 비어 있습니까?
(이 자리가 사용 중입니까?)

¿Está ocupado?
에스따 오꾸빠도?

\# 여기에서 내리겠습니다.

Bajo aquí.
바호 아끼

여기서 잠깐!

스페인에서 도시 간 이동을 할 때 ALSA 알싸라는 고속버스도 괜찮은 옵션입니다. 비교적 넓고 쾌적한 좌석으로 편하게 이동할 수 있습니다. 웹사이트(www.alsa.es)에서 예매할 수 있으며 가격은 보통 기차보다 저렴한 편입니다.

택시

택시를 불러 주시겠어요?

¿Podría llamar a un taxi, por favor?
뽀드리아 야마르 아 운 딱씨, 뽀르 파보르?

Me gustaría pedir un taxi.
메 구스따리아 뻬디르 운 딱씨

어디로 가십니까?

¿Dónde le gustaría ir?
돈데 레 구스따리아 이르?

공항으로 가 주세요.

¿Me puede llevar al aeropuerto?
메 뿌에데 예바르 알 아에로뿌에르또?

Al aeropuerto, por favor.
알 아에로뿌에르또, 뽀르 파보르

이 주소로 가 주세요.

Lléveme a esta dirección, por favor.
예베메 아 에스따 디엑씨온, 뽀르 파보르

A esta dirección, por favor.
아 에스따 디렉씨온, 뽀르 파보르

빨리 가 주세요.

¿Podría ir más rápido, por favor?
뽀드리아 이르 마쓰 라삐또, 뽀르 파보르?

저 모퉁이에 내려 주세요.

Por favor déjame en esa esquina.
뽀르 파보르 데하메 엔 에사 에스끼나

다 왔습니다.
(이곳이 당신의 역입니다.)

Esta es su parada.
에스따 엔 쑤 빠라다

선박

1등칸으로 한 장 주세요.

Una entrada de primera clase, por favor.
우나 엔뜨라다 데 쁘리메라 끌라세, 뽀르 파보르

저는 배를 탈 때마다 배멀미를 합니다.

Me mareo cada vez que voy en barco.
메 마레오 까다 베쓰 께 보이 엔 바르꼬

승선 시간은 몇 시입니까?

¿A qué hora es el embarque?
아 께 오라 에쓰 엘 엠바르께?

비상구와 구명조끼의 위치를 확인해 주세요.

Por favor, compruebe la ubicación de las salidas de emergencia y los chalecos salvavidas.
뽀르 파보르, 꼼쁘루에베 라 우비까씨온 데 라쓰 쌀리다쓰 데 에메르헨씨아 이 로쓰 찰레꼬쓰 쌀바비다쓰

이제 곧 입항합니다.

Pronto estaremos en puerto.
쁘론또 에스따레모쓰 엔 뿌에르또

승객들은 모두 배에 올랐습니다.

Los pasajeros están a bordo.
로쓰 빠사헤로쓰 에스딴 아 보르도

marear 마레아르 멀미하다
el pasajero 엘 빠사헤로 승객
estar a bordo 에스따르 아 보르도 탑승해 있다

Capítulo 08

Capítulo 08

En el hospital 병원에서
엔 엘 오스삐딸

MP3. Word_C08

herir 에리르 상처를 입히다 herirse 에리르세 상처를 입다	la lesión 라 레시온 상처, 부상	el sabañón 엘 사바뇬 동상	la quemadura 라 께마두라 화상
	la fractura 라 프락뚜라 골절	ayudar 아유다르 돕다	quemar 께마르 태우다 quemarse 께마르세 데다
	doler 돌레르 아프다	romper 롬뻬르 쪼개다 romperse 롬뻬르세 부러지다	cortar 꼬르따르 자르다, 베다
	el hueso 엘 우에소 뼈	la sangre 라 쌍그레 피	la hemorragia 라 에모라히아 지혈

urgente 우르헨떼
긴급한, 다급한

el ataque al corazón
엘 아따께 알 꼬라쏜
심장 마비

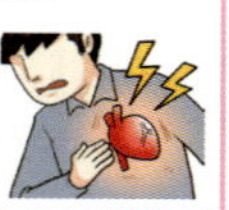

la epilepsia
라 에삘렙시아
간질

la respiración
라 레스삐라씨온
호흡

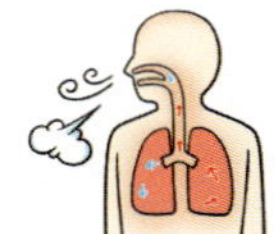

la reanimación cardiopulmonar
라 레아니마씨온
까르디오뿔모나르
심폐 소생술

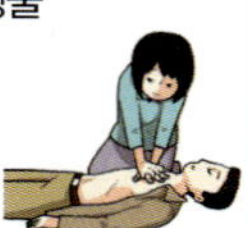

caer 까에르
쓰러지다, 넘어지다

respirar 레스삐라르
숨쉬다, 호흡하다

la salida de emergencia
라 쌀리다 데 에메르헨씨아
비상구

la ambulancia
라 암불란씨아
앰뷸런스

el botiquín de primeros auxilios
엘 보띠낀 데 쁘리메로스 아우씰리오쓰
구급상자

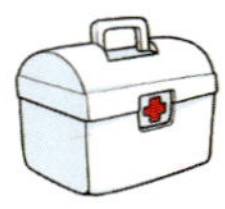

el/la médico/a
엘/라 메디꼬/까
의사

el/la enfermero/a
엘/라 엠페르메로/라
간호사

el/la paciente
엘/라 빠씨엔떼
환자

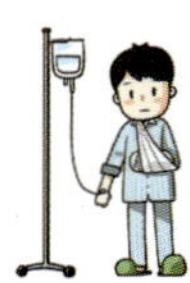
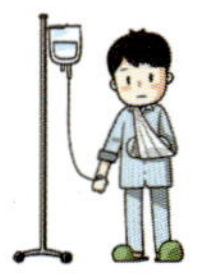

el hospital 엘 오스삐딸
(종합) 병원

la emergencia
라 에메르헨씨아
응급실

la sala de hospital
라 쌀라 데 오스삐딸
병실

En el banco 은행에서
엔 엘 방꼬

el banco 엘 방꼬
은행

el dinero 엘 디네로
돈

el efectivo 엘 에펙띠보
현금

la tarjeta 라 따르헤따
카드

la moneda 라 모네다
동전

la cuenta 라 꾸엔따
계좌

la transferencia 라 뜨란스페렌씨아
계좌 이체

la cuenta corriente
라 꾸엔따 꼬리엔떼
당좌 예금 계좌

la cuenta de ahorros
라 꾸엔따 데 아오로쓰
저축 예금 계좌

el interés 엘 인떼레쓰
이자, 수익

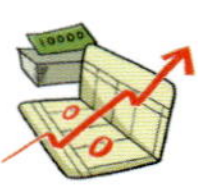

la tarifa 라 따리파
세율

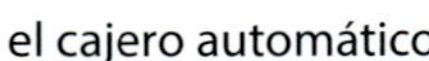

el cajero automático
엘 까헤로 아우또마띠꼬
현금 자동 인출기

la tarjeta de crédito
라 따르헤따 데 끄레디또
신용카드

la banca electrónica
라 방까 엘렉뜨로니까
인터넷뱅킹

el código PIN 엘 꼬디고 삔
비밀번호

depositar 데뽀시따르, ingresar 잉그레사르
예금하다, 입금하다

retirar 레띠라르
돈을 찾다, 출금하다

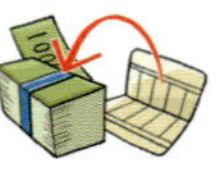

En el museo 미술관에서

엔 엘 무세오

el museo 엘 무세오
미술관

la visita 라 비시따
방문

el abono 엘 아보노
연간 회원권

el horario 엘 오라리오
운영 시간

la entrada 라 엔뜨라다
입장권

la exposición 라 엑쓰뽀시씨온
전시회

el arte 엘 아르떼
예술, 미술

el/la visitante 엘/라 비시딴떼
방문객, 관람객

la entrada general
라 엔뜨라다 헤네랄
일반 티켓(할인되지 않은 티켓)

la entrada gratuita
라 엔뜨라다 그라뚜이따
무료 티켓

la entrada reducida
라 엔뜨라다 레두씨다
노약자 할인(보통 만 65세 이상)

abierto/a 아비에르또/따
열린

cerrado/a 쎄라도/다
닫힌

la guía 라 기아
가이드, 안내원

la obra 라 오브라
작품

la pintura 라 삔뚜라
그림, 회화

la escultura 라 에스꿀뚜라
조각, 조각품

el grupo 엘 그루뽀
단체

쇼핑

같이 쇼핑하러 가지 않을래?

¿Por qué no vamos de compras juntos?
뽀르 께 노 바모쓰 데 꼼쁘라쓰 훈또쓰?

¿Quieres ir de compras conmigo?
끼에레쓰 이르 데 꼼쁘라쓰 꼰미고?

나는 쇼핑 중독이야.

Soy un/a adicto/a a las compras.
쏘이 운/우나 아딕또/따 아 라쓰 꼼쁘라쓰

나는 인터넷 쇼핑을 많이 해.

Hago muchas compras por internet.
아고 무차쓰 꼼쁘라쓰 뽀르 인떼르넷

쇼핑을 할 만한 괜찮은 곳은 어디니?

¿Dónde hay un buen lugar para ir de compras?
돈데 아이 운 부엔 루가르 빠라 이르 데 꼼쁘라쓰?

스페인은 1년에 두 번 큰 세일 기간이 있다.

En España hay grandes rebajas dos veces al año.
엔 에스빠냐 아이 그란데쓰 레바하쓰 도쓰 베쎄쓰 알 아뇨

충동구매를 하지 않으려면 쇼핑 리스트를 만들어야 해.

Debe hacer una lista de compra para no comprar nada impulsivamente.
데베 아쎄르 우나 리스따 데 꼼쁘라 빠라 노 꼼쁘라르 나다 임뿔시바멘떼

쇼핑몰

나는 다양한 가게를 한꺼번에 방문할 수 있어서 쇼핑몰이 좋아.

Me gustan los centros comerciales porque puedo visitar varias tiendas a la vez.
메 구스딴 로쓰 쎈뜨로쓰 꼬메르씨알레쓰 뽀르께 뿌에도 비시따르 바리아쓰 띠엔다쓰 아 라 베쓰

쇼핑몰에서 쇼핑하면 시간을 절약할 수 있어.

Ir de compras al centro comercial nos hace ahorrar tiempo.
이르 데 꼼쁘라쓰 알 쎈뜨로 꼬메르씨알 노쓰 아쎄 아오라르 띠엠뽀

쇼핑몰에서 시간을 보냈어요.

Solo estaba pasando el rato en el centro comercial.
쏠로 에스따바 빠산도 엘 라또 엔 엘 쎈뜨로 꼬메르씨알

저는 친구들과 어울려 쇼핑몰에 가는 것을 좋아해요.

Me gusta ir con mis amigos al centro comercial.
메 구스따 이르 꼰 미쓰 아미고쓰 알 쎈뜨로 꼬메르씨알

이 쇼핑센터의 영업시간은 어떻게 되나요?

¿Cuál es el horario de apertura de este centro comercial?
꾸알 에쓰 엘 오라리오 데 아뻬르뚜라 데 에스떼 쎈뜨로 꼬메르씨알?

여기서 잠깐!

'쇼핑몰'을 el centro comercial이라고 합니다. 스페인 시내 외곽에 대형 쇼핑몰들이 아주 많이 있답니다.

옷 가게

\# 찾으시는 물건이 있나요?
(무엇을 도와드릴까요?)

¿Le puedo ayudar?
레 뿌에도 아유다르?

\# 그냥 좀 둘러보는 중이에요.

Solo estoy mirando.
쏠로 에스또이 미란도

\# 지금 유행하는 스타일은 어떤 건가요?

¿Qué estilos son los más populares ahora?
께 에스띨로쓰 쏜 로쓰 마쓰 뽀뿔라레쓰 아오라?

\# 이 옷은 세탁기에 세탁할 수 있나요?

¿Se puede lavar esta ropa en la lavadora?
쎄 뿌에데 라바르 에스따 로빠 엔 라 라바도라?

\# 좀 입어 봐도 될까요?

¿Puedo probármelo?
뿌에도 쁘로바르멜로?

\# 당연하죠.

Por supuesto.
뽀르 쑤뿌에스또

Claro que sí.
끌라로 께 씨

\# 피팅룸은 어디인가요?

¿Dónde está el probador?
돈데 에스따 엘 쁘로바도르?

옷 구입 조건

\# 사이즈가 어떻게 되십니까?

¿Cuál es su talla?
꾸알 에쓰 쑤 따야?

\# M 사이즈는 저한테 안 맞아요.
L 사이즈가 맞을 것 같아요.

La talla M no me queda bien.
Creo que debería probarme la talla L.
라 따야 에메 노 메 께다 비엔. 끄레오 께 데베리아 쁘로바르메 라 따야 엘레

\# 더 큰 사이즈로 있나요?

¿Tiene una talla más grande?
띠에네 우나 따야 마쓰 그란데?

\# 출근용 옷 좀 추천해 주세요.

¿Puede recomendarme ropa para ir al trabajo?
뿌에데 레꼬멘다르메 로빠 빠라 이르 알 뜨라바호?

\# 이 셔츠 다른 색상은 없나요?

¿Tiene esta camisa en otro color?
띠에네 에스따 까미사 엔 오뜨로 꼴로르?

\# 나는 좀 넉넉하게 입는 걸 좋아해.

Me gusta vestir un poco más suelto.
메 구스따 베스띠르 운 뽀꼬 마쓰 쑤엘또

여기서 잠깐!
'크기'를 뜻하는 단어는 el tamaño 엘 따마뇨인데, 사물의 부피나 면적을 말할 때 쓰며, 옷의 치수를 말할 때는 반드시 la talla 라 따야를 사용해야 합니다.

옷 구입 결정

잘 어울려.
(너한테 딱인데.)

Te queda muy bien.
떼 께다 무이 비엔

이게 바로 내가 찾던 거야.

Esto es justo lo que estoy buscando.
에스또 에쓰 후스또 로 께 에스또이 부스깐도

(나는) 이걸 사야겠어.

Voy a comprarlo.
보이 아 꼼쁘라를로

Me llevo esto.
메 예보 에스또

가격이 적당하네요.
그걸로 할게요.

El precio no está mal.
Me lo llevo.
엘 쁘레씨오 노 에스따 말. 메 로 예보

몇 군데 더 둘러보고 결정하겠어요.

Voy a echar un vistazo a algunas tiendas más antes de decidirme.
보이 아 에차르 운 비스따쏘 아 알구나쓰 띠엔다쓰 마쓰 안떼쓰 데 데씨디르메

(아마도) 다음에요.

Tal vez la próxima vez.
딸 베쓰 라 쁘록씨마 베쓰

할인 기간

지금 세일 중입니까?

¿Está rebajado?
에스따 레바하도?

여름 세일이 이미 시작되었습니다.

Ya han empezado las rebajas de verano.
야 안 엠뻬싸도 라쓰 레바하쓰 데 베라노

겨울 세일은 일반적으로 1월 7일부터 시작합니다.

Las rebajas de invierno comienzan, por lo general, el 7 de enero.
라쓰 레바하쓰 데 임비에르노 꼬미엔싼, 뽀르 로 헤네랄, 엘 씨에떼 데 에네로

추가로 할인을 받는 방법이 있을까요?

¿Hay alguna forma de obtener un descuento adicional?
아이 알구나 포르마 데 옵떼네르 운 데스꾸엔또 아디씨오날?

세일은 언제 시작하나요?

¿Cuándo empiezan las rebajas?
꾸안도 엠삐에싼 라쓰 레바하쓰?

세일 기간은 얼마나 되나요?

¿Cuánto durarán las rebajas?
꾸안또 두라란 라쓰 레바하쓰?

세일은 8월말까지 지속됩니다.

Las rebajas durarán hasta finales de agosto.
라쓰 레바하쓰 두라란 아스따 피날레쓰 데 아고스또

할인 품목&할인율

전 제품을 20% 할인하고 있습니다.

Todo está rebajado al 20 por ciento.
또도 에스따 레바하도 알 베인떼 뽀르 씨엔또

시간이 지날수록 할인폭은 더 커집니다.

Con el tiempo, el descuento aumenta.
꼰 엘 띠엠뽀, 엘 데스꾸엔또 아우멘따

정가는 100유로지만, 세일해서 80유로예요.

El precio original era de 100 euros, pero está rebajado a 80 euros.
엘 쁘레씨오 오리히날 에라 데 씨엔 에우로쓰, 뻬로 에스따 레바하도 아 오첸따 에우로쓰

티셔츠가 세일 중입니다. 3장을 구입하시면 1장을 무료로 드립니다.

Las camisetas están en oferta. Compra tres camisetas y te regalamos la cuarta.
라쓰 까미세따쓰 에스딴 엔 오페르따. 꼼쁘라 뜨레쓰 까미세따쓰 이 떼 레갈라모쓰 라 꾸아르따

어떤 품목들을 세일하고 있나요?

¿Qué está de oferta?
께 에스따 데 오페르따?

이 컴퓨터는 세일 중인가요?

¿Este ordenador está rebajado?
에스떼 오르데나도르 에스따 레바하도?

그것은 할인 제품이 아닙니다.

No está rebajado.
노 에스따 레바하도

꼭! 짚고 가기

스페인의 옷과 신발 사이즈

유럽은 한국과는 다른 방식으로 옷과 신발의 사이즈를 표기합니다. ZARA 같은 인터내셔널 브랜드들은 어느 나라에서나 알아보기 쉽게 XS, S, M, L, XL로 사이즈를 나누어 놓지만 일반 스페인 로컬 브랜드나 조금 더 고가의 브랜드들은 보다 세분화된 사이즈 구분을 제공합니다.

의류는 보통 36 사이즈부터 시작합니다. 36, 38, 40, 42, 44, 46 정도 사이즈가 보편적이며 브랜드별로 이보다 더 큰 사이즈를 만들기도 합니다. 보통 S 사이즈를 입는다면 38 정도가 적당합니다. 브랜드별로 34 사이즈를 파는 경우도 있습니다.

아동 의류는 모두 나이로 표기됩니다. 2-3años 아뇨쓰라고 표기되어 있다면 2~3세용입니다. 24개월까지는 '3-6m 에메'처럼 월령으로 표기하며 24개월 이후부터는 연령 단위로 표기됩니다.

신발은 230㎜이 36 사이즈이며, 5㎜별로 숫자가 하나씩 올라갑니다. 즉 235㎜는 37 사이즈, 240㎜는 38 사이즈입니다.

아동 신발은 역시 5㎜별로 빼면 되겠죠? 예를 들어 보통 3살 아기 신발 평균인 135㎜는 24 사이즈입니다.

할인 구입 조건

\# 그 가게는 세일 기간에만 가요.

Voy a aquella tienda solo cuando están en rebajas.
보이 아 아께야 띠엔다 쏠로 꾸안도 에스딴 엔 레바하쓰

\# 난 세일 때까지 기다릴래.

Voy a esperar hasta que haya rebajas.
보이 아 에스뻬라르 아스따 께 아야 레바하쓰

\# 자라가 엄청 세일 중인데. 거의 반값이야.

Hay unas enormes rebajas en ZARA. Todo prácticamente a mitad del precio.
아이 우나쓰 에노르메쓰 레바하쓰 엔 싸라. 또도 쁘락띠까멘떼 아 미땃 델 쁘레씨오

\# 이 모자는 세일해서 겨우 5유로였어.

Este sombrero costó solamente 5 euros al estar rebajado.
에스떼 쏨브레로 꼬스또 쏠라멘떼 씽꼬 에우로쓰 알 에스따르 레바하도

\# 세일 기간 중에는 좋은 물건을 찾기 힘들어.

Realmente no se puede encontrar productos de calidad de oferta.
레알멘떼 노 쎄 뿌에데 엥꼰뜨라르 쁘로둑또쓰 데 깔리닫 데 오페르따

\# 품질이 최고예요. (품질은 스스로 말한다.)

La calidad habla por sí misma.
라 깔리닫 아블라 뽀르 씨 미스마

할부 구매

\# 할부로 구입이 가능한가요?

¿Puedo pagarlo a plazos?
뿌에도 빠가를로 아 쁠라쏘쓰?

¿Puedo pagar a plazos?
뿌에도 빠가르 아 쁠라쏘쓰?

¿Tiene un plan de pago?
띠에네 운 쁠란 데 빠고?

\# 할부로 차를 구입하고 싶은데요.

Quiero comprar un coche con financiación.
끼에로 꼼쁘라르 운 꼬체 꼰 피난씨아씨온

\# 할부로 결제하면 추가 비용이 있나요?

¿Hay algún coste adicional si pago a plazos?
아이 알군 꼬스떼 아디씨오날 씨 빠고 아 쁠라쏘쓰?

\# 할부로 하면 이자를 내야 합니까?

¿Tengo que pagar intereses si pago a plazos?
뗑고 께 빠가르 인떼레세쓰 씨 빠고 아 쁠라쏘쓰?

\# 나는 무조건 일시불로만 구매하지, 할부는 하지 않아.

Yo siempre pago al contado, no lo hago a plazo.
요 씨엠쁘레 빠고 알 꼰따도, 노 로 아고 아 쁠라쏘

\# 할부로 결제 시 월별 납부금은 얼마씩이에요?

¿Cuánto es el pago mensual al optar por el pago a plazos?
꾸안또 에쓰 엘 빠고 멘수알 알 옵따르 뽀르 엘 빠고 아 쁠라쏘쓰?

계산하기 ①

\# 전부 얼마입니까?

¿Cuánto sería el total?
꾸안또 쎄리아 엘 또딸?

\# 총액은 35유로입니다.

El importe total es de 35 euros.
엘 임뽀르떼 또딸 에쓰 데 뜨레인따 이 씽꼬 에우로쓰

\# 어떻게 지불하실 건가요?

¿Cómo le gustaría pagar?
꼬모 레 구스따리아 빠가르?

\# 현금과 카드 중 어떻게 계산하시겠어요?

¿Va a pagar en efectivo o con tarjeta?
바 아 빠가르 엔 에펙띠보 오 꼰 따르헤따?

\# 현금으로 하겠어요.

Me gustaría pagar en efectivo.
메 구스따리아 빠가르 엔 에펙띠보

Voy a pagar en efectivo.
보이 아 빠가르 엔 에펙띠보

\# 카드로 해 주세요.

Con tarjeta, por favor.
꼰 따르헤따, 뽀르 파보르

여기서 잠깐!

스페인에도 자동차 '리스'가 있습니다. 영어 그대로 사용하지만 리스(lease)가 아닌, leasing이라 쓰며 '리싱'으로 발음합니다.

꼭! 짚고 가기

스페인의 세일 기간

스페인에서는 1년에 두 번 큰 세일 기간이 있으며 이 날짜는 매년 일정합니다. 여름 세일은 7월 1일부터 두 달간 지속되며, 겨울 세일은 1월 7일부터 두 달간입니다.

요즘은 경제 위기에 따라 공격적인 마케팅의 일환으로 많은 상점들이 지정된 기간보다 2주 정도 이르게 세일을 시작하는 경우도 많지만, 공식적으로는 앞에서 밝힌 날짜에 시작합니다.

특히 스페인의 의류 시장을 이끌고 있는 ZARA 싸라를 비롯한 Inditex 인디텍쓰 의류들은 항상 날짜를 엄수하죠. 처음엔 20~30% 정도의 할인폭으로 시작해 시간이 지날수록 70%까지 할인폭이 커집니다. 하지만 세일을 시작한 주에 가지 않으면 원하는 사이즈를 구할 수 없는 경우가 아주 많습니다.

스페인 사람들에게 이 세일은 아주 중요합니다. 바로 어제까지 정가에 팔던 상품들이 오늘은 모두 세일을 하고 있기 때문이죠. 막 출시된 최신 상품을 제외한 전 품목을 모두 세일하는 데다 스페인은 30일 동안 교환 및 환불이 자유롭기 때문에 일단 구매하여 상품을 확보하고 그 후에 최종 결정을 하는 경우도 많습니다.

스페인 뉴스에서 세일 첫날이 되면 항상 El Corte Inglés 엘 꼬르떼 잉글레쓰(스페인의 유일한 백화점) 개장 시간에 맞춰 미리 줄을 서 있던 사람들이 우르르 백화점으로 들어오는 장면을 보여 줍니다. 그만큼 1년에 두 번 있는 대 바겐 세일 기간은 모두가 다 기다리는 시간입니다.

계산하기②

\# 신용카드도 되나요?

¿Puedo pagar con tarjeta de crédito?
뿌에도 빠가르 꼰 따르헤따 데 끄레디또?

¿Acepta tarjeta de crédito?
악셉따르 따르헤따 데 끄레디또?

\# 100유로짜리인데 잔돈 있으세요?

¿Tiene cambio de 100 euros?
띠에네 깜비오 데 씨엔 에우로쓰?

\# 여기 거스름돈입니다.

Aquí está su cambio.
아끼 에스따 쑤 깜비오

\# 카드는 5유로 이상에만 사용할 수 있습니다.
(5유로 이상만 카드를 받습니다.)

Aceptamos tarjeta para pagos superiores a 5 euros.
엑셉따모쓰 따르헤따 빠라 빠고쓰 쑤뻬리오레쓰 아 씽꼬 에우로쓰

\# 여기 영수증이요.

Aquí está su ticket.
아끼 에스따 쑤 띠껫

\# 영수증 좀 주시겠어요?

¿Me da el ticket, por favor?
메 다 엘 띠껫, 뽀르 파보르?

배송

\# 집까지 배송해 주시겠어요?

¿Podría llevarlo a mi casa?
뽀드리아 예바를로 아 미 까사?

\# 배송료는 어떻게 계산하나요?

¿Cómo imputan los gastos de envío?
꼬모 임뿌딴 로쓰 가스또쓰 데 엠비오?

\# 이 상품의 가격에는 배송료가 포함되어 있지 않습니다.

El precio no incluye los gastos de envío.
엘 쁘레씨오 노 인끌루예 로쓰 가스또쓰 데 엠비오

\# 배송료는 따로 청구하나요?
(제가 추가 배송료를 내야 하나요?)

¿Debo pagar un extra por el envío?
데보 빠가르 운 엑쓰뜨라 뽀르 엘 엠비오?

\# 언제 배송되나요?

¿Cuándo me lo entregarán?
꾸안도 메 로 엔뜨레가란?

\# (구입) 다음 날까지 배송됩니다.
(우리는 다음 날까지 배송해 줄 수 있습니다.)

Podemos entregarlo incluso al día siguiente.
뽀데모쓰 엔뜨레가를로 잉끌루소 알 디아 씨기엔떼

la tarjeta de crédito 라 따르헤따 데 끄레디또 신용카드
el cambio 엘 깜비오 잔돈
el billete 엘 비예떼 지폐
el ticket 엘 띠껫 영수증

환불&교환

\# 이거 환불해 주시겠어요?

¿Puedo devolver esto, por favor?
뿌에도 데볼베르 에스또, 뽀르 파보르?

Me gustaría devolver esto.
메 구스따리아 데볼베르 에스또

\# 환불 규정이 어떻게 되나요?

¿Cuáles son las condiciones de devolución?
꾸알레쓰 쏜 라쓰 꼰디씨오네쓰 데 데볼루씨온?

\# 환불 가능 기간은 언제까지인가요?

¿Qué plazo tengo para devolverlo?
께 쁠라쏘 뗑고 빠라 데볼베를로?

\# 구입일로부터 30일 이내입니다.

Tendría 30 días desde el día de compra.
뗀드리아 뜨레인따 디아쓰 데스데 엘 디아 데 꼼쁘라

\# 영수증이 없으면 환불할 수 없습니다.

No se puede devolver sin el ticket.
노 쎄 뿌에도 데볼베르 씬 엘 띠껫

\# 환불 및 교환 불가.

No hay devolución ni cambio.
노 아이 데볼루씨온 니 깜비오

여기서 잠깐!

'환불'을 뜻하는 단어에는 reembolso 레엠볼소와 devolución 데볼루씨온이 있습니다.
정확히 말하면 reembolso는 '돈을 돌려받는다'라는 뜻이고, devolución은 '물건을 돌려준다'라는 뜻입니다. 하지만 물건을 돌려주어야 환불이 이루어지기 때문에 환불을 요구할 때도 devolver 데볼베르(devolución의 동사형)를 사용할 수 있습니다.

꼭! 짚고 가기

숫자 말하기

1 uno 우노	**2** dos 도쓰
3 tres 뜨레스	**4** cuatro 꾸아뜨로
5 cinco 씽꼬	**6** seis 쎄이쓰
7 siete 씨에떼	**8** ocho 오초
9 nueve 누에베	**10** diez 디에쓰
11 once 온쎄	**12** doce 도쎄
13 trece 뜨레쎄	**14** catorce 까또르쎄
15 quince 낀쎄	
16 dieciséis 디에씨세이쓰	

17~19는 [dieci+일의 자리 숫자]입니다.

17 diecisiete 디에씨시에떼
18 dieciocho 디에씨오초
19 diecinueve 디에씨누에베
20 veinte 베인떼

21~29는 [veinti+일의 자리 숫자]입니다.

21 veintiuno 베인띠우노
22 veintidós 베인띠도쓰
30 treinta 뜨레인따
40 cuarenta 꾸아렌따
50 cincuenta 씽꾸엔따
60 sesenta 쎄센따
70 setenta 쎄뗀따
80 ochenta 오첸따
90 noventa 노벤따

91부터 99까지는 [각각의 십 단위 수+y+일의 자리 숫자]입니다.

91 noventa y uno 노벤따 이 우노
92 noventa y dos 노벤따 이 도스
100 cien 씨엔

30 이상은 각각의 숫자에 일의 자리 숫자만 더해 말하면 됩니다.
즉, 51이라면 50을 뜻하는 cincuenta 씽꾸엔따에 '~(와)과'를 뜻하는 y 이를 붙이고 1을 의미하는 uno 우노를 더하면 됩니다.
즉, 51은 cincuenta y uno 씽꾸엔따 이 우노라고 하면 됩니다.

Unidad 2 **병원&약국** MP3. C08_U02

병원-예약&수속

\# 접수 창구는 어디입니까?

¿Dónde está recepción?
돈데 에스따 레쎕씨온?

\# 진찰 예약을 하고 싶습니다.

Me gustaría reservar una cita para la consulta médica.
메 구스따리아 레세르바르 우나 씨따 빠라 라 꼰술따 메디까

\# 저희 병원은 처음이신가요?
(여기에 오신 적이 있나요?)

¿Ha estado alguna vez aquí antes?
아 에스따도 알구나 베쓰 아끼 안떼쓰?

\# 오늘이 처음입니다.
(오늘이 첫 방문입니다.)

Hoy es mi primera visita.
오이 에쓰 미 쁘리메라 비시따

\# 1시에 로페스 선생님께 진료 예약을 했는데요.

Tengo una cita con el doctor López a la 1.
뗑고 우나 씨따 꼰 엘 독또르 로뻬쓰 아 라 우나

\# 건강 검진을 받고 싶은데요.

Me gustaría hacerme una revisión general.
메 구스따리아 아쎄르메 우나 레비시온 헤네랄

\# 병원비는 어디에서 납부하나요?

¿Dónde pago las facturas del hospital?
돈데 빠고 라쓰 팍뚜라쓰 델 오스삐딸?

진찰실

\# 어디가 안 좋으신가요?

¿Qué es lo que le pasa?
께 에쓰 로 께 레 빠사?

¿Qué le sucede?
께 레 쑤쎄데?

\# 증상이 어떻습니까?

¿Cuáles son sus síntomas?
꾸알레쓰 쏜 쑤쓰 씬또마쓰?

\# 전에 이 병을 앓으신 적이 있나요?

¿Alguna vez ha sufrido esta enfermedad antes?
알구나 베쓰 아 쑤프리도 에스따 엠페르메닫 안떼쓰?

\# 체온을 재겠습니다.

Vamos a tomarle la temperatura.
바모쓰 아 또마를레 라 뗌뻬라뚜라

Veamos si tiene fiebre.
베아모쓰 씨 띠에네 피에브레

\# 진찰하도록 옷을 벗어 주세요.

Por favor, quítese su camisa para que pueda auscultarle.
뽀르 파보르, 끼떼세 쑤 까미사 빠라 께 뿌에다 아우스꿀따를레

\# 숨을 깊이 들이마시세요.

Respire profundamente.
레스삐레 쁘로푼다멘떼

여기서 잠깐!

코로나 팬데믹 이후로 스페인의 병원에서는 병원을 방문하지 않고 전화로 상담할 수 있는 서비스를 제공 중입니다. 일부 병원에서는 화상전화로 상담받을 수 있는 videoconsulta 비데오꼰술따 서비스도 운영 중입니다.

외과

\# 다리가 부었어요.

Tengo el pie hinchado.
뗑고 엘 삐에 인차도

\# 교통사고로 다리가 부러졌어요.

Me rompí la pierna en un accidente de coche.
메 롬삐 라 삐에르나 엔 운 악씨덴떼 데 꼬체

\# 넘어져서 무릎이 까졌어요.

Me caí y me desollé las rodillas.
메 까이 이 메 데소예 라쓰 로디야쓰

Me caí y me raspé las rodillas.
메 까이 이 메 라스뻬 라쓰 로디야쓰

\# (꼬리뼈 쪽) 허리가 아파요.

Me duele la rabadilla.
메 두엘레 라 라바디야

\# 등이 아파요.

Me duele la espalda.
메 두엘레 라 에스빨다

Tengo un dolor en la espalda.
뗑고 운 돌로르 엔 라 에스빨다

\# 발목을 삐었어요.

Me torcí el tobillo.
메 또르씨 엘 또비요

Tengo un esguince en el tobillo.
뗑고 운 에스긴쎄 엔 엘 또비요

\# 어깨가 결려요.

Me duele el hombro.
메 두엘레 엘 옴브로

내과-감기

\# 감기에 걸린 것 같아요.

Me parece que he cogido un resfriado.
메 빠레쎄 께 에 꼬히도 운 레스프리아도

Tengo un resfriado.
뗑고 운 레스프리아도

\# 코가 막혔어요.

Tengo la nariz congestionada.
뗑고 라 나리쓰 꽁헤스띠오나다

\# 콧물이 나요.

Me moquea mucho la nariz.
메 모께아 무초 라 나리쓰

\# 침을 삼킬 때마다 목이 아파요.

Me duele la garganta cuando trago.
메 두엘레 라 가르간따 꾸안도 뜨라고

\# 기침을 할 때마다 목이 아파요.

Me duele la garganta cada vez que toso.
메 두엘레 라 가르간따 까다 베쓰 께 또소

\# 오늘 감기 기운이 있어서 마스크를 썼어.

Siento que estoy resfriado/a, así que me he puesto la mascarilla.
씨엔또 께 에스또이 레스프리아도/다, 아씨 께 메 에 뿌에스또 라 마스까리야

여기서 잠깐!

스페인에서는 감기의 경우, 특히 아이들에게는 웬만하면 약을 잘 쓰지 않습니다. 보통 물을 많이 먹이고 잘 쉬게 하면 낫는다고 생각하죠. 하지만 감기가 오랫동안 지속되면 항생제 성분이 없는 가벼운 물약을 처방해 주기도 합니다. ExpectoDHU 엑스펙또데아체우는 처방전 없이 구매할 수 있는 감기약 중 하나입니다.

내과-열

열이 있어요.

Tengo fiebre.
뗑고 피에브레

열이 38도예요.

Tengo 38 de fiebre.
뗑고 뜨레인따 이 오초 데 피에브레

머리가 깨질 듯 아파요.

Tengo un terrible dolor de cabeza.
뗑고 운 떼리블레 돌로르 데 까베싸

Me duele la cabeza.
메 두엘레 라 까베싸

기운이 없어요.

Me siento sin fuerzas.
메 씨엔또 씬 푸에르싸쓰

목이 쉬었어요.

Tengo la voz ronca.
뗑고 라 보쓰 롱까

여기서 잠깐!

스페인에서 가장 유명한 해열제는 paracetamol 빠라쎄따몰입니다. 집집마다 하나씩은 꼭 구비해 두는 비상약 중 하나죠. 체온이 38도 이상이면 이 해열제를 용량에 맞게 복용합니다.

내과-소화기①

배가 아파요.

Me duele la tripa.
메 두엘레 라 뜨리빠

위가 너무 아파요.

Tengo un fuerte dolor en el estómago.
뗑고 운 푸에르떼 돌로르 엔 엘 에스또마고

아랫배에 통증이 있어요.

Tengo un dolor en el abdomen.
뗑고 운 돌로르 엔 엘 압도멘

배탈이 났어요.

Tengo la tripa suelta.
뗑고 라 뜨리빠 쑤엘따

구역질이 나요.

Tengo ganas de vomitar.
뗑고 가나쓰 데 보미따르

Tengo náuseas.
뗑고 나우세아쓰

Estoy mareada.
에스또이 마레아다

속이 뒤틀려서 죽겠어요.

Tengo el estómago revuelto.
뗑고 엘 에스또마고 레부엘또

내과-소화기 ②

\# 먹으면 바로 토해요.

Vomito cuando como.
보미또 꾸안도 꼬모

\# 속이 거북해요.

Me siento mal del estómago.
메 씨엔또 말 델 에스또마고

\# 트림을 멈출 수 없어요.

No puedo parar de eructar.
노 뿌에도 빠라르 데 에룩따르

\# 변비가 있어요.

Tengo estreñimiento.
뗑고 에스뜨레니미엔또

\# 요 며칠 동안 변을 못 봤어요.

No he tenido ningún movimiento intestinal durante algunos días.
노 에 떼니도 닝군 모비미엔또 인떼스띠날 두란떼 알구노쓰 디아쓰

\# 설사를 합니다.

Tengo diarrea.
뗑고 디아레아

\# 어제부터 내내 설사만 했어요.

Desde ayer, he tenido diarrea durante todo el día.
데스데 아예르, 에 떼니도 디아레아 두란떼 또도 엘 디아

치과-치통

\# 이가 몹시 아파요.

Me duelen los dientes muchísimo.
메 두엘렌 로쓰 디엔떼쓰 무치시모

Tengo un fuerte dolor en los dientes.
뗑고 운 푸에르떼 돌로르 엔 로쓰 디엔떼쓰

\# 견딜 수 없는 어금니 치통으로 고통받고 있어요.

Estoy sufriendo un dolor de muelas inaguantable.
에스또이 쑤프리엔도 운 돌로르 데 무엘라쓰 이나구안따블레

\# 치통이 있어요. 어금니가 아파요.

Tengo dolor de dientes. Me duelen las muelas.
뗑고 돌로르 데 디엔떼쓰. 메 두엘렌 라쓰 무엘라쓰

\# 이가 약간 아픕니다.

Tengo un ligero dolor en los dientes.
뗑고 운 리헤로 돌로르 엔 로쓰 디엔떼쓰

\# 먹을 때마다 이가 아파서 아무것도 먹을 수 없습니다.

No puedo comer nada, ya que tengo un fuerte dolor de muelas cada vez que como.
노 뿌에도 꼬메르 나다, 야 께 뗑고 운 푸에르떼 돌로르 데 무엘라쓰 까다 베쓰 께 꼬모

\# 치통 때문에 음식을 잘 씹을 수가 없습니다.

No puedo masticar la comida bien debido al dolor de dientes.
노 뿌에도 마스띠까르 라 꼬미다 비엔 데비도 알 돌로르 데 디엔떼쓰

충치&교정

\# 충치가 있는 것 같습니다.

Tengo una caries.
뗑고 우나 까리에쓰

\# 아래쪽 어금니에 충치가 생겼어요.

Tengo una caries en las muelas inferiores.
뗑고 우나 까리에쓰 엔 라쓰 무엘라쓰 임페리오레쓰

\# 충치가 엄청 쑤셔요.

La caries que tengo me duele una barbaridad.
라 까리에쓰 께 뗑고 메 두엘레 우나 바르바리닫

\# 치아 교정을 위한 상담을 받고 싶습니다.

Quisiera una consulta para la ortodoncia.
끼시에라 우나 꼰술따 빠라 라 오르또돈씨아

\# 치아 교정 예상 기간과 가격을 알고 싶습니다.

Me gustaría saber la duración estimada y el costo de la ortodoncia.
메 구스따리아 싸베르 라 두라씨온 에스띠마다 이 엘 꼬스또 데 라 오르또돈씨아

\# 교정기 착용 중에 주의해야 할 사항이 있을까요?

¿Qué debo tener en cuenta mientras llevo el aparato de ortodoncia?
께 데보 떼네르 엔 꾸엔따 미엔뜨라쓰 예보 엘 아빠라또 데 오르또돈씨아?

la caries 라 까리에쓰 충치
inferior 임페리오르 아래쪽의, 낮은

진료 기타

\# 꽃가루 알레르기가 있어요.

Soy alérgico/a al polen.
쏘이 알레르히꼬/까 알 뽈렌

\# 빈혈이 있어요.

Tengo anemia.
뗑고 아네미아

\# 코피가 나요.

Tengo una hemorragia nasal.
뗑고 우나 에모라히아 나살

Me sangra la nariz.
메 쌍그라 라 나리쓰

\# 고혈압이 있어요.

Tengo la presión arterial alta.
뗑고 라 쁘레씨온 아르떼리알 알따

\# 식욕이 없습니다.

No tengo apetito.
노 뗑고 아뻬띠또

\# 온몸에 온통 두드러기가 났어요.

Tengo urticaria por todo el cuerpo.
뗑고 우르띠까리아 뽀르 또도 엘 꾸에르뽀

\# 모기에 물렸어요.

Me han picado los mosquitos.
메 안 삐까도 로쓰 모스끼또쓰

\# 생리를 건너뛰었어요.

Este mes no he tenido la regla.
에스떼 메쓰 노 에 떼니도 라 레글라

꼭! 짚고 가기

아플 때 우리나라에서는 흰죽을, 스페인에서는 무엇을?

흔히 구토를 동반한 몸살 등 크게 앓고 나면, 우리나라에서는 위에 자극이 되지 않는 흰죽을 먹습니다. 그렇다면 스페인에서는 어떤 음식을 먹을까요?

우리나라 사람이라면 기함할지도 모르지만, 식빵(el pan Bimbo 엘 빤 빔보), 사과(la manzana 라 만싸나), 햄(el jamón york 엘 하몬 요크), 쌀(el arroz 엘 아로쓰) 등이 주로 추천되는 음식입니다.

식빵은 흔히 el pan Bimbo 엘 빤 빔보라고 부르는데, Bimbo 빔보는 스페인에서 식빵을 만드는 회사 중 가장 유명한 회사 이름입니다. 즉 브랜드명을 대명사처럼 쓰고 있는 경우죠. 정확한 표현은 el pan de molde Bimbo 엘 빤 데 몰데 빔보라고 '빔보와 같은 빵', 바로 '식빵'을 뜻하는 표현입니다.

아플 때 먹어야 하는 햄은 el jamón york 엘 하몬 요크로 요크 햄, 즉 삶은 햄을 말합니다. 아주 부드럽기 때문에 위장에 부담을 주지 않는다고 하네요.

입원&퇴원

나 병원에 입원했어.

Me han ingresado en el hospital.
메 안 잉그레사도 엔 엘 오스삐딸

(제가) 꼭 입원해야 하나요?

¿Es imprescindible que me ingresen en el hospital?
에쓰 임쁘레스씬디블레 께 메 잉그레센 엔 엘 오스삐딸?

입원 시 무얼 가져와야 하나요?

¿Qué hay que llevar para ingresar en el hospital?
께 아이 께 예바르 빠라 잉그레사르 엔 엘 오스삐딸?

얼마나 입원해야 합니까?

¿Cuánto tiempo tengo que estar en el hospital?
꾸안또 띠엠뽀 뗑고 께 에스따르 엔 엘 오스삐딸?

입원에도 의료 보험이 적용됩니까?

¿El seguro médico cubre la hospitalización?
엘 쎄구로 메디꼬 꾸브레 라 오스삐딸리싸씨온?

가능하면 1인실로 해 주세요.

Me gustaría tener una habitación individual, si es posible.
메 구스따리아 떼네르 우나 아비따씨온 인디비두알, 씨 에쓰 뽀시블레

(제가) 언제 퇴원할 수 있습니까?

¿Cuándo podré salir del hospital?
꾸안도 뽀드레 쌀리르 델 오스삐딸?

수술

간단한 수술입니다. 너무 걱정하지 마세요.

Es una operación sencilla.
No te preocupes demasiado.
에쓰 우나 오뻬라씨온 쎈씨야. 노 떼 쁘레오꾸뻬쓰 데마시아도

수술 외 다른 방법은 없나요?

¿Hay otras opciones además de la operación?
아이 오뜨라쓰 옵씨오네쓰 아데마쓰 데 라 오뻬라씨온?

대략적인 수술 시간은 어느 정도인가요?

¿Cuánto tiempo dura aproximadamente la operación?
꾸안또 띠엠뽀 두라 아쁘록씨마다멘떼 라 오뻬라씨온?

수술 받은 적이 있나요?

¿Ha sido operado alguna vez?
아 씨도 오뻬라도 알구나 베쓰?

제왕절개 수술을 했습니다.

Tuve una cesárea.
뚜베 우나 쎄사레아

맹장 수술을 했습니다.

Tuve una apendicectomía.
뚜베 우나 아뻰디쎅또미아

la cesárea 라 쎄사레아 제왕절개
la apendicectomía 라 아뻰디쎅또미아 맹장 수술

병원비&보험

진찰료는 얼마입니까?

¿Cuánto costará la consulta?
꾸안또 꼬스따라 라 꼰술따?

건강 보험이 있나요?

¿Tiene seguro médico?
띠에네 쎄구로 메디꼬?

저는 건강 보험에 가입되어 있어요.

Tengo seguro médico.
뗑고 쎄구로 메디꼬

저는 보험에 가입되어 있지 않아요.

No tengo seguro.
노 뗑고 쎄구로

제 보험은 적용되지 않아요.

Mi póliza de seguro no lo cubre.
미 뽈리싸 데 쎄구로 노 로 꾸브레

모든 비용이 보험 적용되나요?

¿Cubre mi seguro todos los gastos?
꾸브레 미 쎄구소 또도쓰 로쓰 가스또쓰?

반액만 보험이 적용됩니다.

Cubre solo la mitad de los gastos.
꾸브레 쏠로 라 미땃 데 로쓰 가스또쓰

일부 의약품은 보험 적용이 안 됩니다.

Algunos tipos de medicamentos no están cubiertos por el seguro.
알구노쓰 띠뽀쓰 데 메디까멘또쓰 노 에스딴 꾸비에르또쓰 뽀르 엘 쎄구로

꼭! 짚고 가기

병원에 갈 때는 돈이 아닌 보험 카드를 가져 가세요

거듭되는 경제 위기로 혜택의 폭을 줄이고 있긴 하지만, 스페인은 기본적으로 모든 의료비가 무료입니다. 하지만 이 국립 의료 혜택은 유학생들과 관광객들에게는 제한적일 수 있습니다. 학생 비자를 받으려면 사설 보험에 가입해야 하는 것이 필수 조항에 포함되어 있죠. 하지만 요즘은 스페인 사람들 중에서도 사설 의료 보험에 가입하는 사람들이 있습니다.

사립 병원은 아무 곳이나 갈 수 없고 내가 가입한 보험 회사에서 지원해 주는 병원만 갈 수 있습니다. 스페인에는 전국의 병원에서 혜택을 받는 보험 회사, 해당 지역에서만 혜택이 적용되는 지역 보험 회사 등등 80개에 가까운 사립 의료 보험 회사들이 있으며 주거래 은행을 통해 가입하기도 합니다. 또한 내가 가입한 상품에 따라 의료비가 전액 면제되거나, 병원을 방문할 때마다 2유로씩 예약비를 내는 상품 등 맞춤 설정이 가능합니다. 이렇게 사립 의료 보험에 가입했다면 병원에 갈 때는 보험 회사 카드만 가지고 가면 됩니다. 그 카드로 무료 진료 및 검진을 받을 수 있습니다.

임신을 계획하고 있다면 임신하기 전 최소 얼마 전 기간 내에 보험에 가입되어 있어야 하는 등 추가 조건이 있기 때문에 반드시 해당 보험이 출산 비용을 보장 내역에 포함하는지를 확인하여야 합니다. 보험 없이 사립 병원에 간다면 미국 못지않은 의료비 폭탄을 맞을 수 있습니다.

문병

\# 안됐군요! 몸조심하십시오.

¡Qué lástima! Por favor, cuídese.
께 라스띠마! 뽀르 파보르, 꾸이데세

\# 빨리 회복되기를 바랍니다.

Espero que se recupere pronto.
에스뻬로 께 쎄 레꾸뻬레 쁘론또

\# 좋아지시길 바랍니다.

Espero que se mejore.
에스뻬로 께 쎄 메호레

\# 심각한 병이 아니길 바랍니다.

Espero que no sea nada serio.
에스뻬로 께 노 쎄아 나다 쎄리오

\# 편찮으시다니 유감입니다.

Lamento escuchar que está enfermo/a.
라멘또 에스꾸차르 께 에스따 엠페르모/마

\# 나아지셨다니 다행이네요.

Me alegro de que se sienta mejor.
메 알레그로 데 께 쎄 씨엔따 메호르

recuperarse 레꾸뻬라르세 회복하다
mejorar 메호라르 건강이 회복되다
lamentar 라멘따르 안타까워하다, 유감스러워하다

처방전

\# 처방전을 써 드리겠습니다.

Voy a hacer una receta.
보이 아 아쎄르 우나 레쎄따

Voy a recetar un medicamento.
보이 아 레쎄따르 운 메디까멘또

\# 약을 처방해 드릴게요.

Le recetaré medicamentos.
레 레쎄따레 메디까멘또쓰

\# 3일 동안 드세요.

Tómelos durante 3 días.
또멜로쓰 두란떼 뜨레쓰 디아쓰

\# 증상이 나아지지 않으면, 2일 더 드세요.

Si los síntomas no mejoran, tómelos 2 días más.
씨 로쓰 씬또마쓰 노 메호란, 또멜로쓰 도쓰 디아쓰 마쓰

\# 약에 알레르기가 있습니까?

¿Tiene alergia a algún medicamento?
띠에네 알레르히아 아 알군 메디까멘또?

\# 이 약을 드시면 졸음이 올 겁니다.

Esto hará que se sienta un poco somnoliento.
에스또 아라 께 쎄 씨엔따 운 뽀꼬 쏨놀리엔또

\# 현재 복용하는 약이 있나요?

¿Está tomando algún medicamento?
에스따 또만도 알군 메디까멘또?

\# 이 약에 부작용은 없나요?

¿Este medicamento tiene efectos secundarios?
에스떼 메디까멘또 띠에네 에펙또쓰 쎄꾼다리오쓰?

약국

\# 몇 알씩 먹어야 하나요?

¿Cuántas pastillas debo tomar?
꾸안따쓰 빠스띠야쓰 데보 또마르?

\# 얼마나 자주 약을 먹어야 하나요?

¿Con qué frecuencia tengo que tomar el medicamento?
꼰 께 프레꾸엔씨아 뗑고 께 또마르 엘 메디까멘또?

\# 다섯 시간마다 한 알씩 복용하세요.

Tome una cada cinco horas.
또메 우나 까다 씽꼬 오라쓰

\# 이 약을 하루 한 번, 한 알씩 복용하세요.

Tome una cápsula de este medicamento al día.
또메 우나 깝쑬라 데 에스떼 메디까멘또 알 디아

\# 1일 3회, 식전에 복용하세요.

Tres veces al día antes de las comidas.
뜨레쓰 베쎄쓰 알 디아 안떼쓰 데 라쓰 꼬미다쓰

\# 수면제 좀 주세요.

¿Me puede recetar algunas pastillas para dormir?
메 뿌에데 레쎄따르 알구나쓰 빠스띠야쓰 빠라 도르미르?

\# 진통제 있나요?

¿Tiene algún analgésico?
띠에네 알군 아날헤시꼬?

\# 반창고 한 통 주세요.

Dame una caja de tiritas, por favor.
다메 우나 까하 데 띠리따쓰, 뽀르 파보르

꼭! 짚고 가기

스페인 약국과 드러그스토어, 그리고 의료 시스템

스페인에는 약국(farmacia 파르마씨아)과 드러그스토어(parafarmacia 빠라파르마씨아)가 있습니다. 두 곳 모두 분유, 미용제품, 화장품, 영양제 등 다양한 제품을 판매하지만, 약은 약국에서만 살 수 있습니다.

모든 국립 의료 시스템이 무료인 스페인에서는 약값 역시 상당 부분 국가에서 부담합니다. 국립 병원에서 처방을 받았다면 별다른 처방전 없이 본인의 의료보험카드(tarjeta sanitaria 따르헤따 사니따리아)만 약국에 가져가면 전산으로 조회할 수 있으며, 약값 역시 정부에서 일정 부분 부담합니다. 사립 병원의 처방전은 의사의 사인이 있는 종이 처방전이 필요하며 약값 역시 할인이 없습니다.

병원이나 약국에서 유용하게 쓸 수 있는 단어를 몇 가지 살펴보겠습니다.

- doler 돌레르 아프다
- toser 또쎄르 기침하다
- catarro 까따로, resfriado 레스프리아도 감기
- fiebre 피에브레 열
- dispepsia 디쓰뻽시아 소화 불량
- vómito 보미또 구토
- diarrea 디아레아 설사
- mareo 마레오 멀미, 현기증
- prescripción médica 쁘레스끄립씨온 메디까 처방전
- medicina 메디씨나 약
- digestivo 디헤스띠보 소화제
- somnífero 쏨니페로 수면제
- analgésico 아날헤시꼬 진통제
- tirita 띠리따 반창고

은행-계좌

(은행) 계좌를 개설하고 싶습니다.

Me gustaría abrir una cuenta bancaria.
메 구스따리아 아브리르 우나 꾸엔따 방까리아

저축 예금인가요 아니면 당좌 예금인가요?

¿Es una cuenta de ahorros o una cuenta corriente?
에쓰 우나 꾸엔따 데 아오로쓰 오 우나 꾸엔따 꼬리엔떼?

이자율은 어떻게 됩니까?

¿Cuál es el tipo de interés?
꾸알 에쓰 엘 띠뽀 데 인떼레쓰?

계좌 유지비가 있나요?

¿Hay comisiones de mantenimiento en la cuenta?
아이 꼬미시오네쓰 데 만떼니미엔또 엔 라 꾸엔따?

급여나 연금 수령을 하거나 매월 500유로 이상의 입금 내역이 있으면 계좌 유지비는 무료입니다.

Si recibes nómina o pensión o tienes depósitos superiores a 500 euros al mes, las comisiones de mantenimiento de la cuenta son gratuitas.
씨 레씨베쓰 노미나 오 뻰시온 오 띠에네쓰 데포시또쓰 쑤뻬리오레쓰 아 끼니엔또 에우로쓰 알 메쓰, 라쓰 꼬미시오네쓰 데 만떼니미엔또 데 라 꾸엔따 쏜 그라뚜이따쓰

체크 카드도 만드시겠습니까?

¿Le gustaría solicitar una tarjeta de débito también?
레 구스따리아 쏠리씨따르 우나 따르헤따 데 데비또 땀비엔?

(은행) 계좌를 해지하고 싶습니다.

Me gustaría cerrar mi cuenta bancaria.
메 구스따리아 쎄라르 미 꾸엔따 방까리아

모바일뱅킹-Bizum

Bizum은 어떻게 사용하는 거야?

¿Cómo se utiliza Bizum?
꼬모 쎄 우띨리싸 비쑴?

(Bizum 비쑴은 스페인에서 사용하는 전자 송금 서비스로 연결된 은행 계좌에서 핸드폰 번호만으로 송금할 수 있습니다.)

은행 앱에서 Bizum을 오픈할 수 있어.

Puedes abrir Bizum en tu aplicación bancaria.
뿌에데쓰 아브리르 비쑴 엔 뚜 아쁠리까씨온 방까리아

이거는 내가 결제할 테니까, (너희들) 15유로씩 내 번호로 Bizum해 줘.

Esto lo pagaré yo, así que hacedme un Bizum de 15 euros a mi número.
에스또 로 빠가레 요, 아씨 께 아쎄메 운 비쑴 데 낀쎄 에우로쓰 아 미 누메로

핸드폰 번호 좀 알려 주시겠어요? 지금 Bizum으로 송금할게요.

¿Podrías darme tu número de teléfono? Voy a hacer un Bizum ahora mismo.
뽀드리아쓰 다르메 뚜 누메로 데 뗄레포노? 보이 아 아쎄르 운 비쑴 아오라 미스모

은행 앱을 다운받으면 카드 등록 및 해지를 직접 할 수 있습니다.

Si descargas la aplicación bancaria, podrás registrar y cancelar tu tarjeta directamente.
씨 데스까르가쓰 라 아쁠리까씨온 방까리아, 뽀드라쓰 레히스뜨라르 이 깐쎌라르 뚜 따르헤따 디렉따멘떼

송금

\# 너 한국에 송금할 때 뭐로 해?

¿Cómo se envía dinero a Corea del Sur?
꼬모 쎄 엠비아 디네로 아 꼬레아 델 쑤르?

\# 여러 개 써봤는데 와이즈가 수수료가 가장 적어.

He probado varios y Wise tiene las comisiones más bajas.
에 쁘로바도 바리오쓰 이 와이즈 띠에네 라쓰 꼬미시오네쓰 마쓰 바하쓰

\# 급하게 송금받아야 해. 며칠 정도 걸리지?

Necesito recibir dinero urgente. ¿Cuántos días tardarán?
네쎄시또 레씨비르 디네로 우르헨떼. 꾸안또쓰 디아쓰 따르다란?

\# 은행 송금은 2일 걸리는데, Bizum은 바로 입금돼.

La transferencia bancaria tarda 2 días, pero Bizum se ingresa enseguida.
라 뜨란스페렌씨아 방까리아 따르다 도쓰 디아쓰, 뻬로 비숨 쎄 잉그레사 엔세기다

\# 국제 송금 시 어떤 게 필요한가요?

¿Qué datos necesito para realizar transferencias bancarias internacionales?
께 다또쓰 네쎄시또 빠라 레알리싸르 뜨란스페렌씨아쓰 방까리아쓰 인떼르나씨오날레쓰?

여기서 잠깐!

계좌에 돈을 '입금하다'는 동사 ingresar 잉그레사르, depositar 데뽀시따르를 '출금하다'는 sacar 싸까르, retirar 레띠라르를 사용합니다.

꼭! 짚고 가기

은행 계좌 사용료를 내는 스페인

스페인에서는 은행 계좌 사용료를 내야 합니다. 계좌를 개설할 때 나이가 25세 이상이거나 월수입이 없다면, 계좌 유지비뿐만 아니라 체크 카드 사용료도 내야 합니다. 은행 인출은 특별한 조건의 카드가 아니라면 일반적으로 수수료가 부과됩니다.
그럼 은행과 관련한 유용한 단어들을 살펴보겠습니다.

- banco 방꼬 은행
- dinero 디네로 돈
- efectivo 에펙띠보 현금
- cheque 체께 수표
- cuenta 꾸엔따 계좌
- interés 인떼레쓰 이자
- tipo de interés 띠뽀 데 인떼레쓰 금리
- préstamo 쁘레스따모 대출
- tipo de cambio 띠뽀 데 깜비오 환율
- cambio de divisa 깜비오 데 디비사 환전
- comisión 꼬미시온 수수료
- cajero automático 까헤로 아우또마띠꼬 ATM, 현금 자동 인출기
- banca en línea 방까 엔 리네아, banca online 방까 온라인 인터넷뱅킹
- número pin 누메로 삔 핀 번호, 비밀번호 (일반적인 '비밀번호'는 contraseña라고 하지만, 인터넷뱅킹 등에서 요구하는 번호는 'PIN 번호'라고 합니다.)

ATM 사용

현금 자동 지급기는 어디에 있나요?

¿Dónde está el cajero automático?
돈데 에스따 엘 까헤로 아우또마띠꼬?

ATM에서 현금을 얼마까지 인출할 수 있나요?

¿Cuánto dinero puedo sacar de un cajero automático?
꾸안또 디네로 뿌에도 싸까르 데 운 까헤로 아우또마띠꼬?

여기에 카드를 넣어 주세요.

Por favor, inserte su tarjeta aquí.
뽀르 파보르, 인세르떼 쑤 따르헤따 아끼

비밀번호를 입력하세요.

Por favor, introduzca su código PIN.
뽀르 파보르, 인뜨로두쓰까 쑤 꼬디고 삔

계좌 잔고가 부족합니다. (당신의 잔고가 충분하지 않습니다.)

Su saldo es insuficiente.
쑤 쌀도 에쓰 인수피씨엔떼

잔액 조회 버튼을 누르세요.

Por favor, pulse la tecla de saldo de la cuenta.
뽀르 파보르, 뿔세 라 떼끌라 데 쌀도 데 라 꾸엔따

el cajero automático 엘 까헤로 아우또마띠꼬
현금 자동 지급기
el código PIN 엘 꼬디고 삔 핀 번호(비밀번호)
el saldo 엘 쌀도 잔고

여기서 잠깐!

스페인에서는 애플페이, 삼성페이 등 모바일 페이도 많이 사용합니다. 신용(체크)카드 대부분은 콘택리스로 단말기에 카드를 갖다 대기만 해도 결제가 이루어집니다. 단, 결제 금액이 커지면 카드 비밀번호 입력이 필요합니다.

신용카드

신용카드를 신청하고 싶은데요.

Quiero solicitar una tarjeta de crédito.
끼에로 쏠리씨따르 우나 따르헤따 데 끄레디또

카드가 언제 발급되나요?

¿Cuánto tardan en emitirla?
꾸안또 따르단 엔 에미띠를라?

이 카드의 사용 한도는 어떻게 되나요?

¿Cuánto es el límite para esta tarjeta?
꾸안또 에쓰 엘 리미떼 빠라 에스따 따르헤따?

내 카드는 콘택리스라, 단말기에 갖다 대기만 해도 결제가 돼.

Mi tarjeta es contactless, por lo que se puede pagar simplemente acercándola al terminal.
미 따르헤따 에쓰 꼰딱리쓰, 뽈 로 께 쎄 뿌에데 빠가르 씸쁠레멘떼 아쎄르깐돌라 알 떼르미날

스페인은 카드 단말기에 복제기가 있는 경우가 있어서, 비밀번호 누를 때 손으로 가려야 해.

En España, a veces hay dispositivos de clonación en los terminales de tarjetas, por lo que hay que cubrirse la mano al teclear la contraseña.
엔 에스빠냐, 아 베쎄쓰 아이 디스뽀시띠보쓰 데 끌로나씨온 엔 로쓰 떼르미날레쓰 데 따르헤따쓰, 뽀르 로 께 아이 께 꾸브리르세 라 마노 알 떼끌레아르 라 꼰뜨라세냐

신용카드를 도난 당했어요. 해지해 주세요.

Mi tarjeta de crédito ha sido robada. Por favor, cancélenla.
미 따르헤따 데 끄레디또 아 씨도 로바다. 뽀르 파보르, 깐쎌렌라

환전

\# 환전할 수 있습니까?

¿Puedo cambiar moneda extranjera?
뿌에도 깜비아르 모네다 엑쓰뜨랑헤라?

\# 원화를 유로화로 환전하고 싶습니다.

Me gustaría cambiar de won coreano a euros.
메 구스따리아 깜비아르 데 원 꼬레아노 아 에우로쓰

\# 환전 수수료가 얼마인가요?

¿Cuál es la comisión por cambio de divisa?
꾸알 에쓰 라 꼬미시온 뽀르 깜비오 데 디비사?

\# 환전한 금액의 10%를 수수료로 받고 있습니다.

Cobramos una comisión del 10 por ciento de la cantidad intercambiada.
꼬브라모쓰 우나 꼬미시온 델 디에쓰 뽀르 씨엔또 데 라 깐띠닫 인떼르깜비아다

\# 전액 10유로 지폐로 주세요.

Por favor, deme todos en billetes de 10 euros.
뽀르 파보르, 데메 또도쓰 엔 비예떼쓰 데 디에쓰 에우로쓰

\# 길 건너편에 환전소가 있습니다.

Hay un establecimiento de intercambio de divisas al cruzar la calle.
아이 운 아스따블레씨미엔또 데 인떼르깜비오 데 디비사쓰 알 끄루싸르 라 까예

여기서 잠깐!

스페인은 유럽 연합 가입국으로, 유로화를 사용합니다. 지폐는 5, 10, 20, 50, 100, 200, 500유로가 있으며, 동전은 1, 2유로 및 1, 2, 5, 10, 20, 50센트를 사용하고 있습니다. 이 중 500유로 지폐는 탈세 방지를 목적으로 더 이상 발행하지 않으며, 대부분 받지 않아 사용이 어렵습니다. 500유로 지폐는 은행에 가서 바꿔 쓰세요.

환율

\# 오늘 환율이 어떻게 됩니까?

¿Cuál es el tipo de cambio actual?
꾸알 에쓰 엘 띠뽀 데 깜비오 악뚜알?

\# 원화를 유로화로 바꾸는 환율이 어떻게 되나요?

¿Cuál es el tipo de cambio de won a euro?
꾸알 에쓰 엘 띠뽀 데 깜비오 데 원 아 에우로?

\# 오늘 환율은 1유로당 1,300원입니다.

El tipo de cambio de hoy es de 1 300 won por euro.
엘 띠뽀 데 깜비오 데 오이 에쓰 데 밀 뜨레스씨엔또쓰 원 뽀르 에우로

\# 1유로를 1,300원으로 환전했어요.

Cambié un euro por 1 300 won.
깜비에 운 에우로 뽀르 밀 뜨레스씨엔또쓰 원

\# 환율은 벽에 게시되어 있습니다.

Los tipos de cambio están indicados en el cartel de la pared.
로쓰 띠뽀쓰 데 깜비오 에스딴 인디까도쓰 엔 엘 까르뗄 데 라 빠렏

\# 환율이 최저치로 떨어졌어요.

El tipo de cambio ha caído hasta su punto más bajo.
엘 띠뽀 데 깜비오 아 까이도 아스따 쑤 뿐또 마쓰 바호

\# 환율이 떨어졌을 때, 빨리 환전해야 합니다.

Cuando baja el tipo de cambio, debe cambiarlo cuanto antes.
꾸안도 바하 엘 띠뽀 데 깜비오, 데베 깜비아를로 꾸안또 안떼쓰

은행 기타

\# 인터넷뱅킹을 신청하고 싶은데요.

Quiero empezar a usar banca por internet.
끼에로 엠뻬싸르 아 우사르 방까 뽀르 인떼르넷

\# 동전을 지폐로 바꿀 수 있나요?

¿Puedo cambiar monedas por billetes?
뿌에도 깜비아르 모네다쓰 뽀르 비예떼쓰?

\# 잔돈으로 교환해 주시겠어요?

¿Me puede cambiar esto en monedas?
메 뿌에데 깜비아르 에스또 엔 모네다쓰?

\# 제 계좌가 갑자기 정지됐는데, 이유를 알 수 있을까요?

Mi cuenta ha sido bloqueada de repente, ¿puedo saber el motivo?
미 꾸엔따 아 씨도 블로께아다 데 레뻰떼, 뿌에도 싸베르 엘 모띠보?

\# 갑자기 큰돈이 송금되면 유럽 내 조세 방지법에 의해 돈의 출처를 증명하셔야 계좌가 풀립니다.

Si de repente recibes una gran suma de dinero, tendrás que demostrar el origen del dinero para desbloquear tu cuenta, debido a las leyes anti-impuestos en Europa.
씨 데 레뻰떼 레씨베쓰 우나 그란 쑤마 데 디네로, 뗀드라쓰 께 데모스뜨라르 엘 오리헨 델 디네로 빠라 데스블로께아르 뚜 꾸엔따, 데비도 아 라쓰 레예쓰 안띠 임뿌에스또쓰 엔 에루로빠

우체국 ①

\# 기념으로 갖고 싶은데, 그림별로 우표를 한 장씩 살 수 있나요?

Quiero tenerlo como recuerdo, ¿puedo comprar un sello con cada tipo de dibujo?
끼에로 떼네르로 꼬모 레꾸에르도, 뿌에도 꼼쁘라르 운 쎄요 꼰 까다 띠뽀 데 디부호?

\# 이 편지를 보내는 요금이 얼마입니까?

¿Cuánto cuesta enviar esta carta?
꾸안또 꾸에스따 엠비아르 에스따 까르따?

\# 소포를 보내고 싶은데, 어떤 종류가 있나요?

Quiero enviar un paquete, ¿cuáles son las opciones de envío?
끼에로 엠비아르 운 빠께떼, 꾸알레쓰 쏜 라쓰 옵씨오네쓰 데 엠비오?

\# 국내 배송인가요 국제 배송인가요?

¿Es un envío nacional o internacional?
에쓰 운 엠비오 나씨오날 오 인떼르나씨오날?

\# 국내 배송이고 등기 우편으로 보내고 싶습니다.

Es un envío nacional y quiero enviarlo por correo certificado.
에쓰 운 엠비오 나씨오날 이 끼에로 엠비아르로 뽀르 꼬레오 쎄르띠피까도

\# 착불로 보내고 싶습니다.

Me gustaría enviarlo contra reembolso.
메 구스따리아 엠비아르로 꼰뜨라 레엠볼소

el sello 엘 쎄요 우표

우체국②

\# 소포 무게 좀 달아 주시겠어요?
(이 소포의 무게가 얼마인가요?)

¿Cuánto pesa este paquete?
꾸안또 뻬사 에스떼 바께떼?

\# 포장 서비스도 있나요?

¿Disponen de un servicio de embalaje?
디스뽀넨 데 운 쎄르비씨오 데 엠발라헤?

\# 소포의 내용물은 무엇입니까?

¿Qué contiene el paquete?
께 꼰띠에네 엘 빠께떼?

\# 조심해 주세요! 깨지기 쉬운 물건입니다.

Por favor, ¡ten cuidado!
Este paquete es frágil.
뽀르 파보르, 뗀 꾸이다도! 에스떼 빠께떼 에쓰 프라힐

\# 만일을 대비해 소포를 보험에 가입해 주세요.

Por favor, asegura este paquete por si acaso.
뽀르 파보르, 아세구라 에스떼 빠께떼 뽀르 씨 아까소

\# 도착하려면 얼마나 걸리나요?

¿Cuánto tiempo tardará en llegar allí?
꾸안또 띠엠뽀 따르다라 엔 예가르 아지?
¿Cuándo llegará mi paquete?
꾸안도 예가라 미 빠께떼?

\# 이틀 후에 도착할 겁니다.

Tarda dos días en llegar allí.
따르다 도쓰 디아쓰 엔 예가르 아지
Va a llegar dentro de dos días.
바 아 예가르 덴뜨로 데 도쓰 디아쓰

꼭! 짚고 가기

돈을 나타내는 표현

스페인어로 '돈'을 뜻하는 속어가 아주 많습니다. 그중 '남자'를 뜻하는 단어인 el chico 엘 치꼬라는 말이 있는데, 정확히는 '지폐'를 말하는 속어입니다.

el chico grande 엘 치꼬 그란데는 돈의 단위가 높은 지폐, 예를 들어 50유로 지폐를, el chico pequeño 엘 치꼬 빼께뇨는 액면가가 낮은 지폐, 예를 들면 5유로 지폐를 말합니다.

- ¿Quieres al chico grande o al pequeño?
  끼에레쓰 알 치꼬 그란데 오 알 빼께뇨?
  너 큰 지폐(돈 단위가 높은)를 원하니 작은 지폐(돈 단위가 낮은)를 원하니?

우체국③

\# 이 소포를 한국으로 보내려고 합니다.

Me gustaría enviar este paquete a Corea del Sur.
메 구스따리아 엠비아르 에스떼 빠께떼 아 꼬레아 델 쑤르

\# 가장 저렴한 배송은 얼마인가요?

¿Cuánto cuesta el envío más barato?
꾸안또 꾸에스따 엘 엠비오 마쓰 바라또?

\# 배송 추적이 가능한 방법으로 보내고 싶습니다.

Me gustaría enviarlo de manera que permita el seguimiento.
메 구스따리아 엠비아르로 데 마네라 께 뻬르미따 엘 쎄기미엔또

\# 국제 소포의 경우, 박스당 최대 30㎏까지 보낼 수 있습니다.

Para paquetes internacionales, puede enviar hasta 30 kg por caja.
빠라 빠께떼쓰 인떼르나씨오날레쓰, 뿌에데 엠비아르 아스따 뜨레인따 낄로그라모스 뽀르 까하

\# 부재중 쪽지가 있어서 우편물을 찾으러 왔습니다.

He venido a recoger el correo porque hay una nota de ausencia.
에 베니도 아 레꼬헤르 엘 꼬레오 뽀르께 아이 우나 노따 데 아우센씨아

\# 배송이 금지되는 물품이 있나요?

¿Hay productos prohibidos para el envío?
아이 쁘로둑또쓰 쁘로히비도쓰 빠라 엘 엠비오?

\# 부로팩스를 보내고 싶습니다.

Quiero enviar un burofax.
끼에로 엠비아르 운 부로팍쓰

(burofax는 스페인의 '내용증명우편' 서비스를 말합니다. 항상 수신자의 서명이 필요하며, 법적 증거로 인정됩니다.)

Unidad 4 **미용실** MP3. C08_U04

미용실 상담

\# 헤어스타일을 새롭게 바꾸고 싶어요.

Necesito un nuevo estilo de pelo.
네쎄시또 운 누에보 에스띨로 데 뻴로

Me gustaría dar un nuevo estilo a mi pelo.
메 구스따리아 다르 운 누에보 에스띨로 아 미 뻴로

\# 어떤 스타일을 원하세요?

¿Qué estilo te gustaría?
께 에스띨로 떼 구스따리아?

¿Qué estilo prefieres?
께 에스띨로 쁘레피에레쓰?

\# 헤어스타일 책을 보여 드릴까요?

¿Puedo mostrarle un libro de tipos de peinados?
뿌에도 모스뜨라를레 운 리브로 데 띠뽀쓰 데 뻬이나도쓰?

\# 알아서 어울리게 해 주세요.

Lo dejo a su elección.
로 데호 아 쑤 엘렉씨온

Simplemente haga lo que crea que me quedará mejor.
씸쁠레멘떼 아가 로 께 끄레아 께 메 께다라 메호르

\# 이 사진 속의 모델처럼 하고 싶어요.

Quiero hacerme lo mismo que el modelo de esta foto.
끼에로 아쎄르메 로 미쓰모 께 엘 모델로 데 에스따 포또

여기서 잠깐!

- el pelo rizado 엘 뻴로 리싸도 곱슬머리
- el pelo liso 엘 뻴로 리소 생머리
- el pelo ondulado 엘 뻴로 온둘라도 반곱슬머리

커트①

\# 머리를 자르고 싶어요.

Me gustaría cortarme el pelo.
메 구스따리아 꼬르따르메 엘 뻴로

\# 어떻게 잘라 드릴까요?

¿Cómo le gustaría que lo corte?
꼬모 레 구스따리아 께 로 꼬르떼?

\# 이 (단발) 정도 길이로 해 주세요.

Déjame media melena.
데하메 메디아 멜레나

\# 어깨에 오는 길이로 잘라 주시겠어요?

¿Me puede cortar el pelo a la altura de los hombros?
메 뿌에데 꼬르따르 엘 뻴로 아 라 알뚜라 데 로쓰 옴브로쓰?

\# 머리를 짧게 자르고 싶어요.

Me gustaría tener el pelo muy corto.
메 구스따리아 떼네르 엘 뻴로 무이 꼬르또

\# 머리끝 약간만 잘라 주세요.

Por favor, córteme unos centímetros en los extremos.
뽀르 파보르, 꼬르떼메 우노쓰 쎈띠메뜨로쓰 엔 로쓰 엑쓰뜨레모쓰

\# 끝만 살짝 다듬어 주시겠어요?

¿Podría recortarme un poquito las puntas?
뽀드리아 레꼬르따르메 운 뽀끼또 라쓰 뿐따쓰?

꼭! 짚고 가기

스페인에서 사용할 수 있는 배송사

스페인은 배송비가 우리나라만큼 저렴하지는 않으며, 무게당 배송 요금이 결정됩니다. 그중 우체국(Correos 꼬레오스)이 가장 저렴한 배송처이며 안전하고 믿을 수 있습니다. EMS 형식으로 가장 빠르고 안전하게 한국까지 국제 소포를 보내려면, 보통 가벼운 긴팔 셔츠 하나 기준으로 13유로 정도의 요금이 듭니다.

우체국 홈페이지(www.correos.es)에서 무게와 상자 사이즈를 입력하면 미리 요금을 계산해 볼 수 있으며, 보내는 방법에 따라 다양한 요금제를 선택할 수 있습니다.

그 밖에 사설 배송 업체로는 스페인 내에서라면 MRW가 있으며, 해외 배송 업체로는 UPS, FEDEX, DHL 등이 있습니다.

커트②

\# 스포츠형으로 짧게 잘라 주세요.

Quiero un corte de pelo militar.
끼에로 운 꼬르떼 데 뻴로 밀리따르

\# 단발머리를 하고 싶어요.

Me gustaría llevar el pelo corto.
메 구스따리아 예바르 엘 뻴로 꼬르또

\# 앞머리도 잘라 주세요.

Me gustaría tener flequillo, también.
메 구스따리아 떼네르 플레끼요, 땀비엔

\# 앞머리는 그대로 두세요.

Me gustaría mantener mi flequillo.
메 구스따리아 만떼네르 미 플레끼요

Por favor, no me corte el flequillo.
뽀르 파보르, 노 메 꼬르떼 엘 플레끼요

\# 머리의 숱을 좀 쳐 주세요.

Quiero que me corte el pelo para reducirme el volumen.
끼에로 께 메 꼬르떼 엘 뻴로 빠라 레두씨르메 엘 볼루멘

\# 머리에 층을 내 주세요.

Quiero mi cabello a capas.
끼에로 미 까베요 아 까빠쓰

\# 지금 스타일과 똑같게 길이만 좀 짧게 해 주세요.

Por favor, córteme igual que mi estilo actual, solo un poco más corto.
뽀르 파보르, 꼬르떼메 이구알 께 미 에스띨로 악뚜알, 쏠로 운 뽀꼬 마쓰 꼬르또

파마

\# 파마해 주세요.

Me gustaría una permanente, por favor.
메 구스따리아 우나 뻬르마넨떼, 뽀르 파보르

\# 어떤 웨이브 파마를 원하세요?

¿Qué tipo de ondulado quiere en la permanente?
께 띠뽀 데 온둘라도 끼에레 엔 라 뻬르마넨떼?

\# 스트레이트 파마해 주세요.

Me gustaría hacer un alisado permanente.
메 구스따리아 아쎄르 운 알리사도 뻬르마넨떼

\# 웨이브 파마해 주세요.

Me gustaría hacer una permanente ondulada.
메 구스따리아 아쎄르 우나 뻬르마넨떼 온둘라다

\# 더 굵은 웨이브를 원하세요 더 얇은 웨이브를 원하세요?

¿Quieres ondas más gruesas o más finas?
끼에레쓰 온다쓰 마쓰 그루에사쓰 오 마쓰 피나쓰?

\# (당신은) 머리카락이 너무 상해서 지금은 파마를 할 수 없어요.

Ahora mismo no puedes hacerte la permanente porque tienes el pelo demasiado dañado.
아오라 미스모 노 뿌에데쓰 아쎄르떼 라 뻬르마넨떼 뽀르께 띠에네쓰 엘 뻴로 데마시아도 다냐도

\# 파마가 잘 안된 거 같아요.

Me parece que mi permanente no salió bien.
메 빠레쎄 께 미 뻬르마넨떼 노 쌀리오 비엔

염색

\# 머리를 염색해 주세요.

Me gustaría teñirme el pelo, por favor.
메 구스따리아 떼니르메 엘 뻴로, 뽀르 파보르

\# 어떤 색으로 하시겠어요?

¿De qué color quiere teñirse el pelo?
데 께 꼴로르 끼에레 떼니르세 엘 뻴로?

\# 갈색으로 염색해 주실래요?

¿Puede teñírmelo de castaño?
뿌에도 떼니르멜로 데 까스따뇨?

Quiero teñírmelo de castaño.
끼에로 떼니르멜로 데 까스따뇨

\# 금발로 하고 싶어요.

Me gustaría tener el pelo rubio.
메 구스따리아 떼네르 엘 뻴로 루비오

\# 좀 더 밝은색으로 염색하면, 어려 보일 거예요.

Si cambia el color de pelo por uno más brillante, parecerá más joven.
씨 깜비아 엘 꼴로르 데 뻴로 뽀르 우노 마쓰 브리얀떼, 빠레쎄라 마쓰 호벤

\# 염색하는 건 좀 싫은데요. (염색하는 것에 두려움이 있어요.)

Tengo miedo de cambiar de color de pelo.
뗑고 미에도 데 깜비아르 데 꼴로르 데 뻴로

\# 우리 엄마 머리가 온통 흰머리예요.

Mi madre tiene el pelo lleno de canas.
미 마드레 띠에네 엘 뻴로 예노 데 까나쓰

꼭! 짚고 가기

스페인어로 날짜 말하기

스페인어로 날짜를 말할 때는 관사가 붙지 않으며, 첫 글자를 소문자로 씁니다. 일반적으로 일–월–년 순으로 표기합니다.

- 15 de junio del 2024
  낀쎄 데 후니오 델 도쓰 밀 베인띠꾸아뜨로
  2024년 6월 15일

요일을 말할 때도 관사가 붙지 않으며, 첫 글자를 소문자로 씁니다. 요일을 묻는 표현은 '¿Qué día es hoy? 께 디아 에쓰 오이?'로 정확하게는 '요일'을 묻는 표현이지만, 상황에 따라 '요일'이나 '날짜'를 모두 의미할 수 있습니다. 요일은 '선택할 수 있는 것'이 아니기 때문에 cuál이 아닌 qué를 씁니다.

- ¿Qué día es hoy? 께 디아 에쓰 오이?
  오늘이 무슨 요일이죠?
  오늘이 며칠이죠?

그럼 1~12월을 스페인어로 살펴볼게요.

- enero 에네로 1월
- febrero 페브레로 2월
- marzo 마르쏘 3월
- abril 아브릴 4월
- mayo 마요 5월
- junio 후니오 6월
- julio 훌리오 7월
- agosto 아고스또 8월
- septiembre 셉띠엠브레 9월
- octubre 옥뚜브레 10월
- noviembre 노비엠브레 11월
- diciembre 디씨엠브레 12월ㅈ

네일

매니큐어는 어떤 색이 있나요?

¿Qué colores de esmalte de uñas tiene?
께 꼴로레쓰 데 에스말떼 데 우냐쓰 띠에네?

이 색은 마음에 안 들어요.

No me gusta este color.
노 메 구스따 에스떼 꼴로르

손톱을 다듬어 주세요.

Quiero que me recorte las uñas.
끼에로 께 메 레꼬르떼 라쓰 우냐쓰

저는 손톱이 잘 부러지는 편이에요.

Mis uñas se rompen con facilidad.
미쓰 우냐쓰 쎄 롬뻰 꼰 파씰리닫

발톱 손질도 해 드릴까요?

¿Quiere que le haga la pedicura?
끼에레 께 레 아가 라 뻬디꾸라?

여기서 잠깐!

스페인어로 '네일샵'은 뭐라고 할까요? 바로 el salón de manicura 엘 쌀론 데 마니꾸라라고 합니다. 보통 미용실과 겸해서 하고, 네일 관리만 전문적으로 하는 곳도 많습니다.

미용실 기타

저는 머리숱이 무척 많아요.

Tengo un montón de pelo.
뗑고 운 몬똔 데 뻴로

저는 가르마를 왼쪽으로 타요.

Me peino haciéndome una raya a la izquierda.
메 뻬이노 아씨엔도메 우나 라야 아 라 이쓰끼에르다

평소에는 머리를 묶고 다니는 편이에요.

Por lo general, lleva el pelo recogido.
뽀르 로 헤네랄, 예바 엘 뻴로 레꼬히도

그냥 드라이만 해 주세요.

Solo séqueme el pelo, por favor.
쏠로 쎄께메 엘 뻴로, 뽀르 파보르

면도해 주세요.

Me afeita, por favor.
메 아페이따, 뽀르 파보르

머리결이 손상됐네요.

Tiene el pelo muy dañado.
띠에네 엘 뻴로 무이 다냐도

머리카락 끝이 다 갈라졌어요.

Tengo las puntas abiertas.
뗑고 라쓰 뿐따쓰 아비에르따쓰

Unidad 5 **세탁소** MP3. C08_U05

세탁물 맡기기

\# 이 옷들은 세탁소에 맡길 거예요.

Voy a llevar esta ropa a la tintorería.
보이 아 예바르 에스따 로빠 아 라 띤또레리아

\# 이 양복을 세탁소에 좀 맡겨 줄래?

¿Puedes llevar estos trajes a la tintorería?
뿌에데쓰 예바르 에스또쓰 뜨라헤쓰 아 라 띤또레리아?

\# 이 양복 좀 세탁할 수 있을까요?

¿Podría limpiar este traje, por favor?
뽀드리아 림삐아르 에스떼 뜨라헤, 뽀르 파보르?

\# 이 바지를 좀 다려 주세요.

Me gustaría que me plancharan estos pantalones.
메 구스따리아 께 메 쁠란차란 에스또쓰 빤딸로네쓰

\# 이 코트를 드라이클리닝 해 주세요.

Me gustaría lavar en seco este abrigo.
메 구스따리아 라바르 엔 쎄꼬 에스떼 아브리고

\# 다음 주 월요일에 찾을 수 있을까요?

¿Puedo recogerlo el próximo lunes?
뿌에도 레꼬헤르로 엘 쁘록씨모 루네쓰?

세탁물 찾기

\# 언제 찾아갈 수 있나요?

¿Cuánto tardaría?
꾸안또 따르다리아?

¿Cuándo estará listo?
꾸안도 에스따라 리스또?

\# 세탁물을 찾고 싶은데요.

Quiero recoger mi ropa.
끼에로 레꼬헤르 미 로빠

\# 제 세탁물은 다 됐나요?

¿Estaría ya lista mi ropa?
에스따리아 야 리스따 미 로빠?

\# 세탁소에서 내 옷 찾아왔어?

¿Has cogido mi ropa de la tintorería?
아쓰 꼬히도 미 로빠 데 라 띤또레리아?

\# 세탁비는 얼마인가요?

¿Cuánto cuesta el lavado?
꾸안또 꾸에스따 엘 라바도?

\# 코트 한 벌 드라이클리닝 비용은 얼마인가요?

¿Cuánto cuesta limpiar en seco un abrigo?
꾸안또 꾸에스따 림삐아르 엔 쎄꼬 운 아브리고?

estar listo/a 에스따르 리스또/따 준비가 되었다
la tintorería 라 띤또레리아, el tinte 엘 띤떼 세탁소
el abrigo 엘 아브리고 코트

세탁물 확인

\# 옷 찾으러 왔습니다.

He venido a recoger mi ropa.
에 베니도 아 레꼬헤르 미 로빠

\# 코트 허리띠도 맡겼는데, 그게 빠져 있어요.

Me falta el cinturón del abrigo que dejé.
메 팔따 엘 씬뚜론 델 아브리고 께 데헤

\# 이거 다림질이 잘 안된 것 같은데요.

Creo que esto no está bien planchado.
끄레오 께 에스또 노 에스따 비엔 쁠란차도

\# 카펫도 세탁이 가능한가요?

¿Limpian también alfombras?
림삐안 땀비엔 알폼브라쓰?

\# 내일 찾으러 오라고 했는데, 혹시 됐나 해서 미리 왔어요.

Me dijeron que viniera a recogerlo mañana, pero he venido para ver si ya está listo.
메 디헤론 께 비니에라 아 레꼬헤르로 마냐나, 뻬로 에 베니도 빠라 베르 씨 야 에스따 리스또

여기서 잠깐!

스페인에서는 세탁소의 세탁 비용이 비싼 편입니다. 보통 양복 한 벌에 11~12유로 정도며, 코트나 원피스류는 더 비쌉니다.

얼룩 제거

\# 얼룩 좀 제거해 주시겠어요?

¿Podrían quitar esta mancha?
뽀드리안 끼따르 에스따 만차?

\# 이 바지의 얼룩 좀 제거해 주시겠어요?

¿Podría limpiar todas las manchas de estos pantalones?
뽀드리아 림삐아르 또다쓰 라쓰 만차쓰 데 에스또쓰 빤딸로네쓰?

\# 드레스에 커피를 쏟았어요.

Derramé café en el vestido.
데라메 까페 엔 엘 베스띠도

\# 이 얼룩은 빨아서 지워지지 않아요.

Esta mancha no se quita lavándola.
에스따 만차 노 쎄 끼따 라반돌라

\# 드라이클리닝 하면 얼룩을 지울 수 있어요.

La limpieza en seco puede eliminar las manchas.
라 림삐에싸 엔 쎄꼬 뿌에데 엘리미나르 라쓰 만차쓰

\# 얼룩이 제대로 빠지지 않았어요.

La mancha no se ha quitado bien.
라 만차 노 쎄 아 끼따도 비엔

\# 와인 얼룩도 지울 수 있나요?

¿Se pueden eliminar las manchas de vino?
쎄 뿌에덴 엘리미나르 라쓰 만차쓰 데 비노?

quitar 끼따르 없애다, 제거하다
la mancha 라 만차 얼룩
el pantalón 엘 빤딸론 바지
el vestido 엘 베스띠도 원피스

수선

\# 수선도 하시나요?

¿Arreglan también ropa?
아레글란 땀비엔 로빠?

\# 이 코트를 좀 수선해 주시겠어요?

¿Podría arreglar este abrigo?
뽀드리아 아레글라르 에스떼 아브리고?

\# 이 바지 길이를 좀 줄여 주시겠어요?

¿Podría cortar un poco el largo de estos pantalones, por favor?
뽀드리아 꼬르따르 운 뽀꼬 엘 라르고 데 에스또쓰 빤딸로네쓰, 뽀르 파보르?

\# 이 바지 수선이 가능한가요?

¿Es posible arreglar estos pantalones?
에쓰 뽀씨블레 아레글라르 에스또쓰 빤딸로네쓰?

\# 지퍼가 떨어졌어요. 수선해 주시겠어요?

Esta cremallera se ha caído. ¿Pueden cambiarla?
에스따 끄레마예라 쎄 아 까이도. 뿌에덴 깜비아를라?

\# 보이지 않게 수선해 주세요.

Por favor, arreglarlo de manera que no sea visible.
뽀르 파보르, 아레글라르로 데 마네라 께 노 쎄아 비시블레

\# 죄송하지만, 이건 수선할 수 없어요.

Lo siento, no puedo arreglar eso.
로 씨엔또, 노 뿌에도 아레글라르 에소

\# 단추를 달아 주시겠어요?

¿Pueden poner un botón?
뿌에덴 뽀네르 운 보똔?

Unidad 6 **렌터카&주유소** **MP3. C08_U06**

렌터카-대여&차종

\# 이번 토요일에 차 한 대 빌리고 싶습니다.

¿Puedo alquilar un coche para este sábado?
뿌에도 알낄라르 운 꼬체 빠라 에스떼 싸바도?

\# 어떤 차를 원하십니까?

¿Qué tipo de coche quiere?
께 띠뽀 데 꼬체 끼에레?

\# 밴을 빌리고 싶어요.

Me gustaría alquilar una furgoneta.
메 구스따리아 알낄라르 우나 푸르고네따

\# 소형차를 빌리고 싶어요.

Quiero un coche compacto.
끼에로 운 꼬체 꼼빡또

\# 오토매틱으로만 운전할 수 있어요.

Puedo conducir solo automáticos.
뿌에도 꼰두씨르 쏠로 아우또마띠꼬쓰

\# 언제까지 사용할 예정입니까?

¿Hasta cuándo lo necesita?
아스따 꾸안도 로 네쎄시따?

\# 5일간 빌리고 싶습니다.

Me gustaría alquilar un coche por 5 días.
메 구스따리아 알낄라르 운 꼬체 뽀르 씽꼬 디아쓰

\# 가능하면 지금 바로 빌리고 싶습니다.

Me gustaría recogerlo ahora mismo, si es posible.
메 구스따리아 레꼬헤를로 아오라 미스모, 씨 에쓰 뽀시블레

렌터카-요금&반납

\# 렌탈 요금은 어떻게 됩니까?

¿Cuál es su tarifa de alquiler?
꾸알 에쓰 쑤 따리파 데 알낄레르?

\# 하루에 50유로입니다.

Son 50 euros por día.
쏜 씽꾸엔따 에우로쓰 뽀르 디아

\# 보험을 가입하시겠어요?

¿Quiere un seguro?
끼에레 운 쎄구로?

\# 종합 보험을 가입해 주세요.

Con seguro a todo riesgo, por favor.
꼰 쎄구로 아 또도 리에스고, 뽀르 파보르

Con una cobertura total, por favor.
꼰 우나 꼬베르뚜라 또딸, 뽀르 파보르

\# 어디로 반납해야 하나요?

¿Dónde debo dejar el coche?
돈데 데보 데하르 엘 꼬체?

\# 전국 지점 어느 곳으로나 반납이 가능합니다.

Puede devolver el coche en cualquier oficina de todo el país.
뿌에데 데볼베르 엘 꼬체 엔 꾸알끼에르 오피씨나 데 또도 엘 빠이쓰

주유소

\# 이 근처에 주유소가 있나요?

¿Hay una gasolinera por aquí?
아이 우나 가솔리네라 뽀르 아끼?

\# 차에 기름 넣어야 돼.

Hay que echar gasolina en el coche.
아이 께 에차르 가솔리나 엔 엘 꼬체

\# 얼마나 넣을 거야?

¿Cuánto vas a echar?
꾸안또 바쓰 아 에차르?

\# 기름은 충분해?

¿Tienes suficiente gasolina?
띠에네쓰 쑤피씨엔떼 가솔리나?

\# 기름이 떨어져 가는데.

Estamos quedándonos sin gasolina.
에스따모쓰 께단도노쓰 씬 가솔리나

\# (주유기) 5번에 디젤 20유로치 주세요.

Póngale 20 euros de diésel al número cinco, por favor.
뽕갈레 베인떼 에우로쓰 데 디에셀 알 누메로 씽꼬, 뽀르 파보르

\# 이 차는 휘발유야 경유야?

¿Este coche es gasolina o diésel?
에스떼 꼬체 에쓰 가솔리나 오 디에셀?

충전소

\# 스페인에서 전기차를 충전하려면, 대형 마트에 가세요. 대부분 무료입니다.

Para cargar su coche eléctrico en España, vaya a un hipermercado. La mayoría son gratuitos.
빠라 까르가르 쑤 꼬체 엘렉뜨리꼬 엔 에스빠냐, 바야 아 운 이뻬르메르까도. 라 마요리아 쏜 그라뚜이또쓰

\# 가장 가까운 전기차 충전소가 어디예요?

¿Dónde está la estación de carga de vehículos eléctricos más cercana?
돈데 에스따 라 에스따씨온 데 까르가 데 베이꿀로쓰 엘렉뜨리꼬쓰 마쓰 쎄르까나?

\# 전기차를 충전하는 데 얼마나 걸려요?

¿Cuánto tiempo tarda en cargarse un coche eléctrico?
꾸안또 띠엠뽀 따르다 엔 까르가르세 운 꼬체 엘렉뜨리꼬?

\# 유료 충전소는 얼마예요?

¿Cuánto cuestan las estaciones de recarga de pago?
꾸안또 꾸에스딴 라쓰 에스따씨오네쓰 데 레까르가 데 빠고?

\# 40kWh 배터리 전기차의 경우, 완전히 충전하는 평균 비용은 20유로 정도이며, 약 270㎞를 주행할 수 있습니다.

Para un coche eléctrico con batería de 40 kWh, el coste medio de una carga completa es de unos 20 euros, lo que permite recorrer aproximadamente 270 km.
빠라 운 꼬체 엘렉뜨리꼬 꼰 바떼리아 데 꾸아렌따 낄로바띠오 오라, 엘 꼬스떼 메디오 데 우나 까르가 꼼쁠레따 에쓰 데 우노쓰 베인떼 에우로쓰, 로 께 뻬르미떼 레꼬레르 아쁘록씨마다멘떼 도스씨엔또쓰 쎄뗀따 낄로메뜨로

꼭! 짚고 가기

스페인에서 주유하는 방법

스페인에서 주유소는 대부분 셀프 방식입니다. 주유기 자체에 카드기가 있어 직접 결제를 하고 주유하거나, 계산하는 곳이 따로 있어 주유 전후 값을 치러야 합니다. 특히 밤 10시부터 오전 7시까지는 먼저 계산을 해야만 주유할 수 있게 해 놓은 곳이 많습니다.

기름은 크게 휘발유와 경유로 나뉩니다.
각각의 기름은 다시 고급유와 일반유로 나뉘어 Gasolina 95 가솔리나 노베인따 이 씽꼬, Gasolina 98 가솔리나 노베인따 이 오초, Diésel 디에셀, Diésel plus 디에셀 쁠루쓰(디젤 고급유는 각 주유사별로 이름이 다름), 이렇게 4가지 종류가 있습니다.

기름을 넣고 싶다면, 계산대로 가서
① 내가 몇 번 자리에 있는지
(각 주유기에 번호가 표기되어 있음)
② 어떤 기름을 원하는지
③ 얼마만큼을 넣고 싶은지
말하면 됩니다.

예를 들어, 내가 4번 주유기에서 일반 휘발유를 40유로치 넣고 싶다면, 다음과 같이 말하면 됩니다.

- Cuarenta euros de gasolina normal (o noventa y cinco) al número cuatro, por favor.
  구아렌따 에우로쓰 데 가솔리나 노르말 (오 노벤따 이 씽꼬) 알 누메로 꾸아뜨로, 뽀르 파보르
  40유로치 일반 휘발유를 4번에 주세요.

세차&정비

\# 세차해 주세요.

¿Podría limpiar mi coche, por favor?
뽀드리아 림삐아르 미 꼬체, 뽀르 파보르?

\# 셀프 세차장이 어디 있나요?

¿Dónde está el autolavado?
돈데 에스따 엘 아우또라바도?

\# 세차 비용은 얼마인가요?

¿Cuánto cuesta lavar el coche?
꾸안또 꾸에스따 라바르 엘 꼬체?

\# 배터리를 바꿔야 돼요.

Necesito cambiar la batería.
네쎄시또 깜비아르 라 바떼리아

\# 타이어 점검해 주세요.

Por favor, necesito comprobar las ruedas.
뽀르 파보르, 네쎄시또 꼼쁘로바르 라쓰 루에다쓰

\# 엔진오일 좀 봐 주시겠어요?

Revise el aceite, por favor.
레비세 엘 아쎄이떼, 뽀르 파보르

\# 차 점검을 하고 싶습니다.

Me gustaría revisar mi coche.
메 구스따리아 레비사르 미 꼬체

lavar 라바르 씻다
encerar 엔쎄라르 왁스칠하다
la rueda 라 루에다 바퀴
el aceite 엘 아쎄이떼 오일, (차량용) 엔진오일

Unidad 7 서점 MP3. C08_U07

서점&헌책방

\# 베스트셀러 코너는 어디인가요?

¿Dónde está la sección de los más vendidos?
돈데 에스따 라 쎅씨온 데 로쓰 마쓰 벤디도쓰?

\# 난 서점의 분위기와 냄새가 좋아.

Me gusta el ambiente y el olor de la librería.
메 구스따 엘 암비엔떼 이 엘 올로르 데 라 리브레리아

\# 안 보는 책은 정리해서 중고 서점에 팔려고 해.

Voy a organizar los libros que no leo y los venderé en una librería de segunda mano.
보이 아 오르가니싸르 로쓰 리브로쓰 께 노 레오 이 로쓰 벤데레 엔 우나 리브레리아 데 쎄군다 마노

\# 이것은 상하 두 권으로 된 책입니다.

El libro está dividido en dos volúmenes.
엘 리브로 에스따 디비디도 엔 도쓰 볼루메네쓰

\# 이 책은 총 10권으로 된 대하소설입니다.

Este libro es una saga que consta de un total de 10 volúmenes.
에스떼 리브로 에쓰 우나 싸가 께 꼰스따 데 운 또딸 데 디에쓰 볼루메네쓰

\# 괜찮은 중고 서점을 아세요?

¿Conoce alguna buena librería de segunda mano?
꼬노쎄 알구나 부에나 리브레리아 데 쎄군다 마노?

\# 그 헌책방에서는 새 책과 중고책을 모두 판매해요.

Esta librería de segunda mano vende libros tanto nuevos como usados.
에스따 리브레리아 데 쎄군다 마노 벤데 리브로쓰 딴또 누에보쓰 꼬모 우사도쓰

책 찾기 ①

\# 실례지만, 아르투로 페레스 레베르테의 새 책 있어요?

Disculpe, ¿tiene el nuevo libro de Arturo Pérez Reverte?
디스꿀뻬, 띠에네 엘 누에보 리브로 데 알뚜로 뻬레쓰 레베르떼?

\# 실례지만, 역사에 관한 책은 어디에 있죠?

Disculpe, ¿dónde están los libros de historia?
디스꿀뻬, 돈데 에스딴 로쓰 리브로쓰 데 이스또리아?

\# 책은 알파벳 순서대로 책꽂이에 꽂혀 있습니다.

Los libros están ordenados alfabéticamente en los diferentes estantes.
로쓰 리브로쓰 에스딴 오르데나도쓰 알파베띠까멘떼 엔 로쓰 디페렌떼쓰 에스딴떼쓰

\# 요즘 가장 많이 팔리는 책이 뭐예요?

¿Cuál es el libro más vendido actualmente?
꾸알 에쓰 엘 리브로 마쓰 벤디도 악뚜알멘떼?

\# 그 책 출판사가 어디인지 아세요?

¿Sabe qué editorial publica ese libro?
싸베 께 에디또리알 뿌블리까 에세 리브로?

\# 원하시는 책 제목을 알려 주시겠어요?

¿Me podría dar el título del libro que desea?
메 뽀드리아 다르 엘 띠뚤로 델 리브로 께 데세아?

\# 책 제목이 뭐예요?

¿Cuál es el título del libro?
꾸알 에쓰 엘 띠뚤로 델 리브로?

꼭! 짚고 가기

스페인이 사랑하는 문학 '돈키호테'

정신이 이상한 기사 돈키호테가 커다란 풍차와 싸운다는 내용의 책 '돈키호테'. 아마 한번쯤은 들어 본 이야기일 텐데요, 이 돈키호테가 바로 스페인 문학 작품입니다.

스페인 문학의 거장 Cervantes 쎄르반떼쓰가 1605년 발표한 작품으로 원제목은 'El Ingenioso Hidalgo Don Quixote de la Mancha 엘 잉헤니오소 이달고 돈 끼쇼떼 데 라 만차(재기 발랄한 라만차의 시골 귀족 끼호테 님)'입니다. 과거 x 엑끼스는 j 호따 발음으로 불렸기에 Quixote 끼쇼떼의 x가 j로 바뀌어서 지금의 정식 명칭은 'Don Quijote de la Mancha 돈 끼호떼 데 라 만차(라만차의 키호테 님)'입니다. Don은 우리말의 '옹'에 해당하는 것으로 '~씨'를 아주 높여 부르는 존칭 표현입니다. 쉽게 말해 '키호테 님' 정도로 이해하면 되겠네요.

출간된 지 400여 년이 지났지만 Don Quijote의 흔적은 여전히 스페인 곳곳에서 찾아볼 수 있습니다. 우선 스페인 공식 스페인어 교육 담당 기관의 이름이 작가의 이름을 딴 'Instituto Cervantes 인스띠뚜또 쎄르반떼쓰(세르반테스 문화원)'입니다.

매년 4월 23일은 '세르반테스의 날'이라고 해서 'el día de libro 엘 디아 데 리브로(책의 날)', 'el día de San Jorge 엘 디아 데 싼 호르헤(호르헤 성인의 날)'와 같이 기념하고 있습니다. 이 시즌이 되면 서점들은 반짝 세일을 합니다.

작품의 배경이 되는 La Mancha 라 만차에는 Don Quijote가 지나갔던 길을 관광 코스로 만들어 놓은 구역이 있습니다. 또한 Cervantes의 생가는 Alcalá de Henares 알깔라 데 에나레쓰라는 마드리드에서 30㎞ 떨어진 작은 마을에 위치해 있으며 관광객들이 방문할 수 있도록 꾸몄습니다. 이 밖에 스페인 곳곳에서 Don Quijote와 Sancho 산초의 동상을 발견할 수 있답니다.

책 찾기②

\# 제가 찾고 있는 책을 찾을 수가 없어서요.

No puedo encontrar el libro que estoy buscando.

노 뿌에도 엥꼰뜨라르 엘 리브로 께 에스또이 부스깐도

\# 엘레나 페란테의 책을 찾고 있습니다.

Estoy buscando un libro de Elena Ferrante.

에스또이 부스깐도 운 리브로 데 엘레나 페란떼

\# 그 책은 곧 출간됩니다.

El libro será puesto a la venta muy pronto.

엘 리브로 쎄라 뿌에스또 아 라 벤따 무이 쁘론또

\# 해리포터 영문판도 판매하나요?

¿Vendes también la versión en inglés de Harry Potter?

벤데레쓰 땀비엔 라 베르시온 엔 잉글레쓰 데 하리 뽀떼르?

\# 스페인어를 배울 수 있는 책을 찾고 있습니다.

Estoy buscando un libro para aprender español.

에스또이 부스깐도 운 리브로 빠라 아쁘렌데르 에스빠뇰

\# 스페인어 초보도 쉽게 읽을만한 소설이 있나요?

¿Hay novelas fáciles de leer para principiantes en español?

아이 노벨라쓰 파씰레쓰 데 레에르 빠라 쁘린씨삐안떼쓰 엔 에스빠뇰?

책 찾기③

\# 이 책은 9월에 출간되었어요.

El libro salió en septiembre.

엘 리브로 쌀리오 엔 쎕띠엠브레

\# 이것들은 최근에 출판된 책들입니다.

Estos son los libros recientemente publicados.

에스또쓰 쏜 로쓰 리브로쓰 레씨엔떼멘떼 뿌블리까도쓰

\# 이 책은 절판되었습니다.

Este libro ya no se imprime.

에스떼 리브로 야 노 쎄 임쁘리메

\# 이 책은 개정판입니다.

Este libro es la nueva edición.

에스떼 리브로 에쓰 라 누에바 에디씨온

\# 어린이 책 코너는 어디인가요?

¿Dónde está la sección de libros infantiles?

돈데 에스따 라 쎅씨온 데 리브로쓰 인판띨레쓰?

\# 한국 작가의 책이 있나요?

¿Hay algún libro de autores coreanos?

아이 알군 리브로 데 아우또레쓰 꼬레아노쓰?

\# 한국어로 된 책이 있나요?

¿Hay algún libro en coreano?

아이 알군 리브로 엔 꼬레아노?

도서 구입

\# 이 책은 얼마인가요?

¿Cuánto cuesta este libro?
꾸안또 꾸에스따 에스떼 리브로?

\# 그 책은 20유로쯤 할 걸요.

El libro va a costar unos 20 euros.
엘 리브로 바 아 꼬스따르 우노쓰 베인떼 에우로쓰

\# (책이) 뭐가 그리 비싸요?

¿Por qué es (el libro) tan caro?
뽀르 께 에쓰 (엘 리브로) 딴 까로?

\# 30%나 할인하길래 책을 충동구매해 버렸죠.

Compré los libros por impulso, ya que estaban al 30 por ciento de descuento.
꼼쁘레 로쓰 리브로쓰 뽀르 임뿔소, 야 께 에스따반 알 뜨레인따 뽀르 씨엔또 데 데스꾸엔또

\# 원래 15유로인데, 책 한 권당 20% 할인해 드립니다.

Inicialmente costaba 15 euros, pero le damos un 20 por ciento de descuento por libro.
이니씨알멘떼 꼬스따바 낀쎄 에우로쓰, 뻬로 레 다모쓰 운 베인떼 뽀르 씨엔또 데 데스꾸엔또 뽀르 리브로

\# 이 책을 선물용으로 포장해 주시겠어요?

¿Podría envolver este libro como regalo?
뽀드리아 엠볼베르 에스떼 리브로 꼬모 레갈로?

\# 책 선물은 언제나 환영입니다.

Un libro de regalo siempre es bienvenido.
운 리브로 데 레갈로 씨엠쁘레 에쓰 비엔베니도

꼭! 짚고 가기

순례자길, 카미노

프랑스 피레네산맥 '산후안피에데푸에르토(San Juan Pie de Puerto)'에서 스페인 북서쪽 도시 '산티아고데콤포스텔라(Santiago de Compostela)'까지 약 800㎞의 고요한 시골길. 이 길이 바로 스페인을 잘 모르는 사람이라도 한번쯤은 들어 봤을 '순례자길', 바로 '카미노(Camino)'입니다.
'순례자길을 걷는 사람'을 뜻하는 '카미노'는 스페인어로 '길'입니다. 노란색 화살표를 따라 걷는 이 고즈넉한 시골길은 821년 예수의 열두 제자 가운데 한 명인 야곱의 유해로 추정되는 무덤이 발견되면서, 그곳을 찾아 걸어가는 여정에서 유래되어 현재까지 이어져 오고 있습니다.
브라질 출신의 작가 '파울로 코엘료'의 〈순례자〉(1987)라는 책으로 이 길은 유명세를 치르기 시작했고, 1993년에는 유네스코의 세계문화유산으로 지정되었습니다. 한국에도 여러 매체를 통해 이곳이 알려지면서, 종교적 이유뿐만 아니라 바쁜 일상 속 자기 자신에 집중할 수 있는 시간을 갖기 위해 이곳을 많이 찾고 있습니다.

인터넷 서점

\# 온라인으로 사면 10% 할인도 되고, 서점에서 책을 픽업할 수도 있어.

Me hacen un 10% de descuento si compro en línea, y puedo recoger el libro en la librería.
메 아센 운 디에스 뽀르씨엔또 데 데스꾸엔또 씨 꼼쁘로 엔 리네아, 이 뿌에도 레꼬헤르 엘 리브로 엔 라 리브레리아

\# 들고가기 무거워서, 온라인으로 주문해야겠어.

Es muy pesado para llevarlo, así que voy a pedirlo en línea.
에쓰 무이 뻬사도 빠라 예바르로, 아씨 께 보이 아 뻬디르로 엔 리네아

\# 책 두 권을 주문했습니다.

Pedí dos libros.
뻬디 도쓰 리브로쓰

He hecho un pedido de dos libros.
에 에초 운 뻬디도 데 도쓰 리브로쓰

\# 그 책은 주문 중이에요.

El libro está ya pedido.
엘 리브로 에스따 야 뻬디도

\# 저를 위해 그 책 좀 주문해 주시겠어요?

¿Podría pedirme un libro?
뽀드리아 뻬디르메 운 리브로?

\# 한 권만 사도 무료 배송이야.

Incluso si compras solo 1 libro, el envío es gratuito.
잉끌루소 씨 꼼쁘라쓰 쏠로 운 리브로, 엘 엠비오 에쓰 그라뚜이또

도서관①

\# 도서관은 30분 후에 문을 닫습니다.

La biblioteca cierra en 30 minutos.
라 비블리오떼까 씨에라 엔 뜨레인따 미누또쓰

\# 이 도서관에는 책이 3만 권쯤 있을 걸.

Supongo que esta biblioteca puede tener unos 30 mil libros.
쑤뽕고 께 에스따 비블리오떼까 뿌에데 떼네르 우노쓰 뜨레인따 밀 리브로쓰

\# 도서관의 책을 예약했다.

Reservé un libro en la biblioteca.
레세르베 운 리브로 엔 라 비블리오떼까

\# 네가 찾는 책은 도서관에 있어.

El libro que estás buscando está en la biblioteca.
엘 리브로 께 에스따쓰 부스깐도 에스따 엔 라 비블리오떼까

\# 책을 빌리려면 어떻게 해야 하나요?

¿Qué tengo que hacer para prestar un libro?
께 뗑고 께 아쎄르 빠라 쁘레스따르 운 리브로?

\# 그 책은 다른 건물 5층에 있습니다.

Ese libro está en la planta 5ª del otro edificio.
에세 리브로 에스따 엔 라 쁠란따 낀따 델 오뜨로 에디피씨오

\# 나는 주로 도서관에서 책을 빌려 본 다음 정말 재미있게 본 책을 사는 편이야.

Normalmente tomo prestados libros de la biblioteca y luego compro los que realmente me gustan.
노르말멘떼 또모 쁘레스따도쓰 리브로쓰 데 라 비블리오떼까 이 루에고 꼼쁘로 로쓰 께 레알멘떼 메 구스딴

도서관②

\# 도서관에서 프린트할 수 있어요?

¿Se puede imprimir algo en la biblioteca?

쎄 뿌에데 임쁘리미르 알고 엔 라 비브리오떼까?

\# 저는 매주 토요일 아이들과 함께 도서관에 가서 책을 읽어요.

Voy a la biblioteca con mis hijos todos los sábados a leer.

보이 아 라 비브리오떼까 꼰 미쓰 이호쓰 또도쓰 로쓰 싸바도쓰 아 레에르

\# 시험을 앞두고 있어서, 도서관에 공부하러 가요.

Tengo un examen pronto, así que voy a la biblioteca a estudiar.

뗑고 운 엑싸멘 쁘론또, 아씨 께 보이 아 라 비브리오떼까 아 에스뚜디아르

\# 책은 작가 이름별로 정리되어 있습니다.

Los libros están organizados por nombre de autor.

로쓰 리브로쓰 에스딴 오르가니싸도쓰 뽀르 놈브레 데 아우또르

\# 도서관은 매월 둘째, 넷째 주 화요일에 휴관합니다.

La biblioteca está cerrada el segundo y cuarto martes de cada mes.

라 비브리오떼까 에스따 쎄라다 엘 쎄군도 이 꾸아르또 마르떼쓰 데 까다 메쓰

\# 도서관 카드를 만들고 싶은데요.

Me gustaría sacarme el carnet de la biblioteca.

메 구스따리아 싸까르메 엘 까르넷 데 라 비블리오떼까

꼭! 짚고 가기

스페인 국립 도서관

스페인 국립 도서관(Biblioteca Nacional de España 비블리오떼까 나씨오날 데 에스빠냐)은 마드리드 Metro Serrano 메뜨로 쎄라노역 근처에 위치해 있습니다.

1958년 이후로 출간된 책이라면 누구든 열람할 수 있으며, 도서관 소장 도서 일부는 관련 직종에 종사하거나 관련 공부를 하고 있는 학생에게만 대출을 허용하고 있습니다. 도서관 카드를 만들기 위해서는 신분증을 지참해야 합니다.

이 도서관은 책뿐만 아니라 다양한 전시회, 프로그램 등을 운영하며 홈페이지(www.bne.es/es/Inicio/)에서 프로그램 참가 신청을 할 수 있습니다.

도서 대출

\# 한 번에 몇 권까지 빌릴 수 있나요?

¿Cuántos libros puedo coger a la vez?

꾸안또쓰 리브로쓰 뿌에도 꼬헤르 아 라 베쓰?

\# 어떤 종류의 책을 대출하시겠습니까?

¿Qué tipo de libros le gustaría que le prestaran?

께 띠뽀 데 리브로쓰 레 구스따리아 께 레 쁘레스따란?

\# 책의 대출과 반납에 대해 설명해 주세요.

Me gustaría que me explicaran cómo funciona el préstamo y la devolución de libros.

메 구스따리아 께 메 엑쓰쁠리까란 꼬모 푼씨오나 엘 쁘레스따모 이 라 데볼루씨온 데 리브로쓰

\# 책은 다섯 권까지 대출할 수 있습니다.

Hay un límite de 5 libros prestados a la vez.

아이 운 리미떼 데 씽꼬 리브로쓰 쁘레스따도쓰 아 라 베쓰

\# 저는 이 네 권을 대출하려고요.

Me gustaría coger estos 4 libros.

메 구스따리아 꼬헤르 에스또쓰 꾸아뜨로 리브로쓰

\# 책을 대출하려면 어떻게 해야 되죠?

¿Cómo funciona el préstamo de libros?

꼬모 푼씨오나 엘 프레스따모 데 리브로쓰?

\# 책을 빌리려면, 도서관 카드가 필요해요.

Para coger libros, necesita un carnet de la biblioteca.

빠라 꼬헤르 리브로쓰, 네쎄시따 운 까르넷 데 라 비브리오떼까

도서 반납

\# 이 도서관 책은 내일 아침 9시까지 반납해야 해.

Estos libros de la biblioteca tienen que ser devueltos mañana a las 9 de la mañana.

에스또쓰 리브로쓰 데 라 비블리오떼까 띠에넨 께 쎄르 데부엘또쓰 마냐나 아 라쓰 누에베 데 라 마냐나

\# 오늘까지 반납해야 할 책이 있어서 도서관에 가야 해.

Durante el día tengo que ir a la biblioteca para devolver unos libros.

두란떼 엘 디아 뗑고 께 이르 아 라 비블리오떼까 빠라 데볼베르 우노쓰 리브로쓰

\# 책을 반납하려고 왔는데요.

He venido aquí para devolver este libro.

에 베니도 아끼 빠라 데볼베르 에스떼 리브로

\# 책은 10일 안에 반납해야 합니다.

Cada libro debe ser devuelto en un plazo de 10 días.

까다 리브로 데베 쎄르 데부엘또 엔 운 쁠라쏘 데 디에쓰 디아쓰

\# 그 책은 대출되었습니다. 다음 주 월요일에 반납됩니다.

Está prestado actualmente.
Será devuelto al próximo lunes.

에스따 쁘레스따도 악뚜알멘떼. 쎄라 데부엘또 알 쁘록씨모 루네쓰

\# 기한이 지난 책을 반납하려고요.

Voy a devolver estos libros, que me ha vencido el tiempo de devolución.

보이 아 데볼베르 에스또쓰 리브로쓰, 께 메 아 벤씨도 엘 띠엠뽀 데 데볼루씨온

도서 연체&대출 연장

책 한 권에 하루 50센트씩 벌금을 내셔야 합니다.

Hay una multa de 50 céntimos por libro y día.
아이 우나 물따 데 씽꾸엔따 센띠모쓰 뽀르 리브로 이 디아

도서관에서는 책을 기한 내에 반납하지 않는 사람들에게 연체료를 물린다.

La biblioteca multará a las personas por no devolver los libros antes de su fecha de vencimiento.
라 비블리오떼까 물따라 아 라쓰 뻬르소나쓰 뽀르 노 데볼베르 로쓰 리브로쓰 안떼쓰 데 쑤 페차 데 벤씨미엔또

이 책은 반납 기한이 한 달이나 지났어요.

Este libro tiene más de un mes de retraso.
에스떼 리브로 띠에네 마쓰 데 운 메쓰 데 레뜨라소

이 책은 이미 예약되어 있어서, 반납 연장이 불가능합니다.

Este libro ya está reservado, por lo que no es posible extender la devolución.
에스떼 리브로 야 에스따 레세르바도, 뽀르 로 께 노 에쓰 뽀시블레 엑쓰뗀데르 라 데볼루씨온

오늘이 반납일인데 책 대출 기한을 연장하고 싶어요.

Me gustaría renovar el préstamo del libro que tengo que entregar hoy.
메 구스따리아 레노바르 엘 쁘레스따모 델 리브로 께 뗑고 께 엔뜨레가르 오이

la multa 라 물따 벌금
el vencimiento 엘 벤씨미엔또 기한, 만기
el retraso 엘 레뜨라소 지연, 연체
renovar 레노바르 연장하다

꼭! 짚고 가기!

세계 3대 미술관 중 하나인 프라도

미국 뉴욕의 근대 미술관, 러시아 상트페테르부르크의 에르미타주 미술관과 함께 세계 3대 미술관 중 하나로 꼽히는 마드리드의 Prado 쁘라도 미술관. 이 미술관의 명물 중 하나는 바로 벨라스케스가 그린 Las meninas 라쓰 메니나쓰라는 작품입니다.

'시녀들'이라는 뜻의 이 작품의 원제목은 'La Familia 라 파밀리아(가족)'였습니다. 너무 노골적으로 지어진 이 제목은 후에 '시녀들'로 바뀌게 되죠.

이 작품은 얼핏 보면 그림을 그리고 있는 화가 자신과 마가리타 공주, 그리고 그녀의 시녀들을 그린 것처럼 보이지만, 작품을 자세히 살펴보면 왕과 왕비의 시선으로 바라보는 장면이라는 것을 알 수 있게 됩니다. 방 저편에 있는 거울 속에 바로 왕과 왕비가 있으며 벨라스케스는 이 왕과 왕비의 초상화를 그리던 중이었고, 초상화를 그리고 있는 방에 마가리타 공주가 놀러 온 순간을 표현하고 있습니다. 즉 이 작품에는 펠리페 4세 부부와 자녀 그리고 화가 본인이 모두 들어가 있으며 이 화가는 이를 가리켜 '가족'이라고 표현한 것입니다. 왕실 화가로서 얼마나 자부심을 가지고 있었는지 알 수 있겠죠.

이 작품은 스페인 내에서도 굉장히 상징적입니다. 훗날 피카소가 자신의 방식으로 이 작품을 여러 번 모방하기도 했습니다.

미술관&박물관

\# 이번 주말에 나랑 미술관에 갈래?

¿Me acompañarás al museo este fin de semana?
메 아꼼빠냐라쓰 알 무세오 에스떼 핀 데 쎄마나?

\# 프라도 미술관은 무슨 요일에 문을 닫나요?

¿Qué día cierra el Museo del Prado?
께 디아 씨에라 엘 무세오 델 쁘라도?

\# 국립 미술관에서는 지금 추상파 전시회가 열리고 있어요.

Ahora hay una exposición abstracta en el Museo Nacional.
아오라 아이 우나 엑쓰뽀시씨온 압스뜨락따 엔 엘 무세오 나씨오날

\# 이 미술관에는 볼 만한 것이 아무것도 없네.

No hay nada que ver en este museo.
노 아이 나다 께 베르 엔 에스떼 무세오

\# 박물관 입장권을 사고 싶은데요.

Me gustaría comprar entradas para el museo.
메 구스따리아 꼼쁘라르 엔뜨라다쓰 빠라 엘 무세오

\# 그 박물관은 연중 개관이다.

El museo está abierto todo el año.
엘 무세오 에스따 아비에르또 또도 엘 아뇨

\# 오디오 가이드가 있나요?

¿Tienen guías de audio disponibles?
띠에넨 기아쓰 데 아우디오 디스뽀니블레쓰?

Unidad 9 **놀이동산&헬스클럽** **MP3.C08_U09**

놀이동산

\# 놀이동산에 가는 걸 좋아하니?

¿Te gusta ir al parque de atracciones?
떼 구스따 이르 알 빠르께 데 아뜨락씨오네쓰?

\# 어떤 놀이 기구를 좋아해?

¿Qué tipo de atracciones te gustan?
께 띠뽀 데 아뜨락씨오네쓰 떼 구스딴?

\# 난 놀이 기구 타는 게 겁이 나.

Tengo miedo a montar en las atracciones.
뗑고 미에도 아 몬따르 엔 라쓰 아뜨락씨오네쓰

\# 롤러코스터 타는 거 무섭지 않아?

¿No te dan miedo las montañas rusas?
노 떼 단 미에도 라쓰 몬따냐쓰 루사쓰?

\# 놀이동산에 자주 간다면, 연간 회원권을 추천해.

Si vas con frecuencia a parques de atracciones, te recomiendo un pase anual.
씨 바쓰 꼰 프레꾸엔씨아 아 빠르께쓰 데 아뜨락씨오네쓰, 떼 레꼬미엔도 운 빠세 아누알

\# 세 번만 가도 본전을 뽑아.

Si vas tres veces, ya recuperarías el valor.
씨 바쓰 뜨레쓰 베쎄쓰, 야 레꾸뻬라리아쓰 엘 발로르

여기서 잠깐!

'롤러코스터'를 스페인에서는 '러시아 산(la montaña rusa 라 몬따냐 루사)'이라고 부릅니다. 큰 나무 슬라이드, 눈썰매 등 러시아에서 겨울 동안 개발된 오락 기구를 본떠 만들었기 때문에 이런 이름이 붙었다고 해요.

헬스클럽 등록

근처에 좋은 헬스클럽 좀 추천해 주세요.

¿Me puede recomendar un buen gimnasio cerca?

메 뿌에데 레꼬멘다르 운 부엔 힘나시오 쎄르까?

다음 달에는 헬스클럽에 등록해야지.

Me voy a apuntar al gimnasio el próximo mes.

메 보이 아 아뿐따르 알 힘나시오 엘 쁘록씨모 메쓰

새로 가입한 헬스클럽은 어때?

¿Qué opinas del nuevo gimnasio al que te has apuntado?

께 오삐나쓰 델 누에보 힘나시오 알 께 떼 아쓰 아뿐따도?

나는 퇴근 후, 보통 헬스클럽에 가서 1시간 운동하고 (그 후) 친구들을 만난다.

Después del trabajo, suelo ir al gimnasio para hacer ejercicio durante una hora y luego me quedo con los amigos.

데스뿌에쓰 델 뜨라바호, 쑤엘로 이르 알 힘나시오 빠라 아쎄르 에헤르씨씨오 두란떼 우나 오라 이 루에고 메 께도 꼰 로쓰 아미고쓰

헬스클럽에 등록하고 한 번밖에 안 갔어.

Me apunté a un gimnasio y solo fui una vez.

메 아뿐떼 아 운 힘나시오 이 쏠로 푸이 우나 베쓰

el gimnasio 엘 힘나시오 헬스클럽
apuntar 아뿐따르 회원이 되다, (장부에) 기록하다
el ejercicio 엘 에헤르씨씨오 연습, 운동

헬스클럽 이용

헬스클럽에 가자.

Vamos a ir al gimnasio.
바모쓰 아 이르 알 힘나시오

헬스클럽에 얼마나 자주 가니?

¿Con qué frecuencia vas al gimnasio?
꼰 께 프레꾸엔씨아 바쓰 알 힘나시오?

(너) 요즘 헬스클럽에서 통 안 보이던데.

No te he visto en el gimnasio últimamente.
노 떼 에 비스또 엔 엘 힘나시오 울띠마멘떼

마지막으로 헬스클럽에 간 게 언제니?

¿Cuándo fue la última vez que fuiste al gimnasio?
꾸안도 푸에 라 울띠마 베쓰 께 푸이스떼 알 힘나시오?

피티(PT) 비용은 보통 어느 정도인가요?

¿Cuánto suele costar el entrenamiento personal?
꾸안또 쑤엘레 꼬스따르 엘 엔뜨레나미엔또 뻬르소날?

근육 멋있네! 운동하니?

¡Tienes unos músculos geniales! ¿Haces ejercicio?
띠에네쓰 우노쓰 무스꿀로쓰 헤니알레쓰! 아쎄쓰 에헤르씨씨오?

Unidad 10 **영화관&공연장** **MP3.C08_U10**

영화관

기분 전환하러 영화 보러 가자.

Vamos a ir a ver una película para tomar el aire.
바모쓰 아 이르 아 베르 우나 뻴리꿀라 빠라 또마르 엘 아이레

영화관 앞에서 6시 30분에 만나자.

Quedamos a las 6:30 frente al cine.
께다모쓰 아 라쓰 쎄이쓰 이 메디아 프렌떼 알 씨네

팝콘 살까?

¿Compramos palomitas?
꼼쁘라모쓰 빨로미따쓰?

영화관에 너무 늦게 도착해서, 영화를 처음부터 못 봤어요.

Llegué al cine demasiado tarde, por eso no pude ver la película desde el principio.
예게 알 씨네 데마시아도 따르데, 뽀르 에소 노 뿌데 베르 라 뻴리꿀라 데스데 엘 쁘린씨삐오

20분 정도 광고가 나오니까, 천천히 들어가자.

Ya que habrá anuncios durante unos 20 minutos, entremos tranquilamente.
야 께 아브라 아눈씨오쓰 두란떼 우노쓰 베인떼 미누또쓰, 엔뜨레모쓰 뜨랑낄라멘떼

가장 가까운 영화관이 어디에 있습니까?

¿Dónde está el cine más cercano?
돈데 에스따 엘 씨네 마쓰 쎄르까노?

어느 영화관으로 갈거야?

¿A qué cine vas?
아 께 씨네 바쓰

영화표

\# 아직 그 영화표 구입이 가능한가요?

¿Las entradas para la película todavía están disponibles?
라쓰 엔뜨라다쓰 빠라 라 뻴리꿀라 또다비아 에스딴 디스뽀니블레쓰?

\# 내가 인터넷으로 영화표 살게.

Voy a comprar entradas de cine por Internet.
보이 아 꼼쁘라르 엔뜨라다쓰 데 씨네 뽀르 인떼르넷

\# 7시 영화표 두 장 주세요.

Dos entradas para las 7, por favor.
도쓰 엔뜨라다쓰 빠라 라쓰 씨에떼, 뽀르 파보르

Me gustaría comprar dos entradas para las 7, por favor.
메 구스따리아 꼼쁘라르 도쓰 엔뜨라다쓰 빠라 라쓰 씨에떼, 뽀르 파보르

Quiero comprar dos entradas para las 7.
끼에로 꼼쁘라르 도쓰 엔뜨라다쓰 빠라 라쓰 씨에떼

\# 7시 표가 남았나요?

¿Tiene algunas entradas para las 7?
띠에네 알구나쓰 엔뜨라다쓰 빠라 라쓰 씨에떼?

\# 영화표 샀니?

¿Has comprado las entradas?
아쓰 꼼쁘라도 라쓰 엔뜨라다쓰?

\# 죄송하지만, 매진입니다.

Lo sentimos, están agotadas.
로 쎈띠모쓰, 에스딴 아고따다쓰

\# 보고 싶은 영화가 매진이야.

La película que quiero ver está agotada.
라 뻴리꿀라 께 끼에로 베르 에스따 아고따다

꼭! 짚고 가기

티켓 관련 스페인어

'콘서트나 영화 관람'을 위한 표는 entrada 엔뜨라다입니다. 반면, '교통수단 이용'을 위한 표는 billete 비예떼라고 합니다. 영어 ticket도 사용하는데, '띠껫'이라고 강하게 발음하며 '영수증'이라는 뜻도 있습니다.
물건 구매 후 받는 '영수증'을 스페인어로 'factura simplificada 팍뚜라 씸쁠리피까다'라고 하지만, 일상에서는 ticket을 훨씬 많이 씁니다. 이외에 '세금 계산서'는 factura 팍뚜라, '면세'는 영어 그대로 tax free 딱스 프리라고 합니다.
관련한 단어를 살펴볼게요.

- entrada 엔뜨라다 입구; 입장권, 표 (중남미에서는 boleto 볼레또)
- película 뻴리꿀라 영화
- ver una película 베르 우나 뻴리꿀라 영화를 보다
- cine 씨네 영화관

- ventanilla 벤따니야 매표소
- billete de metro 비예떼 데 메뜨로 지하철 표
- billete de tren 비예떼 데 뜨렌 기차표
- billete de avión 비예떼 데 아비온 항공권

- ticket 띠껫, recibo 레씨보 표, 영수증
- factura 팍뚜라 청구서, 계산서, 송장

영화관 에티켓

영화관에서는 음식을 먹을 수 없습니다.

No está permitido comer en el cine.
노 에스따 뻬르미띠도 꼬메르 엔 엘 씨네

영화 시작 전에 휴대전화를 꺼 두세요.

Apague su móvil antes de comenzar la película.
아빠게 쑤 모빌 안떼쓰 데 꼬멘싸르 라 뻴리꿀라

앞좌석의 의자를 발로 차지 마세요.

No patee el asiento delantero.
노 빠떼에 엘 아시엔또 델란떼로

영화 상영 중 촬영은 금지입니다.

Está prohibido tomar fotografías de la pantalla durante la película.
에스따 쁘로히비도 또마르 포또그라피아쓰 데 라 빤따야 두란떼 라 뻴리꿀라

앞사람 때문에 화면이 잘 안 보여요.

No puedo ver por el hombre que tengo delante.
노 뿌에도 베르 뽀르 엘 옴브레 께 뗑고 델란떼

옆 사람한테 조용히 해 달라고 말 좀 해주세요.

Dígale a la persona de su lado que se calle.
디갈레 아 라 뻬르소나 데 쑤 라도 께 쎄 까예

옆으로 좀 옮겨 주실래요?

¿Puede moverse al siguiente asiento?
뿌에데 모베르세 알 씨기엔떼 아씨엔또?

콘서트장

남아 있는 콘서트 표가 있습니까?

¿Quedan entradas para el concierto?
께단 엔뜨라다쓰 빠라 엘 꼰씨에르또?

다음 주에 나랑 같이 콘서트 갈래?

¿Quieres ir a un concierto conmigo la próxima semana?
끼에레쓰 이르 아 운 꼰씨에르또 꼰미고 라 쁘록씨마 쎄마나?

너무 가 보고 싶어. 콘서트 안 가본 지 몇 년은 된 것 같아.

Me encantaría, no he estado en un concierto desde hace años.
메 엥깐따리아, 노 에 에스따도 엔 운 꼰씨에르또 데스데 아쎄 아뇨쓰

그 가수의 콘서트 표는 매진되었다.

Están agotadas las entradas para aquel cantante.
에스딴 아고따다쓰 라쓰 엔뜨라다쓰 빠라 아껠 깐딴떼

케이팝 가수 콘서트에 가보는 게 소원이야.

Mi sueño es ir al concierto de un cantante de K-pop.
미 쑤에뇨 에쓰 이르 알 꼰씨에르또 데 운 깐딴떼 데 께이뽑

여기서 잠깐!

스페인에서 가장 인기 있는 가수 중 하나는 David Bisbal 다빋 비스발입니다. 2001년 한 오디션 프로그램을 통해 데뷔한 그는 지금까지도 스페인, 미국, 중남미 등지에서 많은 사랑을 받으며 왕성한 활동을 하고 있습니다. 유명한 노래 중 하나는 Ave María 아베 마리아로 그에게 가장 큰 성공을 안겨준 첫 노래이기도 합니다. Bulería 불레리아는 스페인 전통 플라멩코풍의 노래로 역시 스페인의 정서를 잘 표현한 곡입니다. 2010년 남아공 월드컵 때 wavin' flag 웨이빙 플레그라는 공식 주제곡을 스페인어 버전으로 부르기도 했습니다.

기타 공연

그 연극은 지금 국립극장에서 공연 중이에요.

La obra se representa en el Teatro Nacional en estos días.
라 오브라 쎄 레쁘레센따 엔 엘 떼아뜨로 나씨오날 엔 에스또쓰 디아쓰

입장권은 14번가 극장 매표소에서 구입할 수 있어요.

Las entradas están disponibles en la taquilla del teatro de la calle 14.
라쓰 엔뜨라다쓰 에스딴 디스뽀니블레쓰 엔 라 따끼야 델 떼아뜨로 데 라 까예 까또르쎄

이 극장에서 자선 공연이 있을 것이다.

Habrá una función benéfica en el teatro.
아브라 우나 푼씨온 베네피까 엔 엘 떼아뜨로

저녁에 외식하고 뮤지컬이나 봐요.

Vamos a salir a cenar y luego a ver un musical.
바모쓰 아 쌀리르 아 쎄나르 이 루에고 아 베르 운 무시깔

뮤지컬이 20분 후에 시작해요.

El musical comienza en 20 minutos.
엘 무시깔 꼬미엔싸 엔 베인떼 미누또쓰

la obra 라 오브라 연극
la taquilla 라 따끼야 매표소
la función benéfica 라 푼씨온 베네피까 자선 공연

꼭! 짚고 가기

스페인 음식

스페인은 사계절 날씨, 풍부한 일조량, 넓은 영토, 지중해를 끼고 있는 지리적 특성으로 양질의 식자재를 이용한 다양한 조리법이 지역별로 발달한 세계 최고 '미식의 나라'입니다.

① **북부 지역** (갈리시아, 파이스 바스코 등)
스페인 북부는 바다와 맞닿아 해산물이 풍부합니다. 문어를 삶아 나무 접시 위에 잘라 놓고 고춧가루와 굵은소금을 뿌린 '풀포(pulpo)', 양팔을 높게 올려 탄산 알코올을 따르는 '시드라(sidra)', 그 외에도 수많은 '핀초스(pinchos, 핑거푸드)' 들이 유명합니다.

② **중북부 지역** (바르셀로나 등)
넓은 대지에 소, 염소, 돼지 등 목축업이 발달하여 육류를 이용한 '오븐 요리'를 즐겨 먹습니다. 카탈루냐 지역의 바르셀로나에는 구운 빵에 생마늘과 토마토를 문질러 먹는 '판콘토마테(pan con tomate)', 대파를 불에 새까맣게 태운 뒤 탄 부분을 벗겨 먹는 '칼솟(calsot)' 등이 유명합니다.

③ **중부 지역** (마드리드, 발렌시아 등)
목축업이 발달하여 치즈 등이 유명합니다. 마드리드의 따뜻한 국물 요리 '코시도 마드릴레뇨(cocido madrileño)', 세고비아의 '코치니요(cochinillo, 새끼 돼지 구이)'가 있으며, 스페인 최대 쌀 생산지 발렌시아는 '파에야(paella)'의 본고장입니다.

④ **남부 지역** (안달루시아)
세계 최고의 '올리브'를 생산하는 곳으로 '올리브유(aceite de oliva)'가 유명하고, 스페인에서 가장 더운 지역으로 여름에 차갑게 먹는 수프 '가스파초(gazpacho)'와 '살모레호(salmorejo)'도 유명합니다.

술집

나는 퇴근 후에 종종 술집에 들른다.

A menudo visito un bar después del trabajo.
아 메누도 비시또 운 바르 데스뿌에쓰 델 뜨라바호

이 술집은 제 단골집이에요.

Este bar es uno de mis favoritos.
에스떼 바르 에쓰 우노 데 미쓰 파보리또쓰

우리 술 한잔할까?

¿Vamos a tomar una copa?
바모쓰 아 또마르 우나 꼬빠?

맥주 맛도 기가 막히고 생음악도 있는데.

Hay una excelente cerveza y música en vivo.
아이 우나 엑쓰쎌렌떼 쎄르베싸 이 무시까 엔 비보

이 술집 괜찮은데.

Este es un bar bastante decente.
에스떼 에쓰 운 바르 바스딴떼 데쎈떼

스페인은 어떤 술집에서도 담배를 피울 수 없어요.

En España, no se puede fumar en cualquier bar.
엔 에스빠냐, 노 쎄 뿌에데 푸마르 엔 꾸알끼에르 바르

이 술집은 일요일마다 라이브 재즈 공연이 있어요.

Este bar tiene conciertos de jazz los domingos.
에스떼 바르 띠에네 꼰씨에르또쓰 데 자쓰 로쓰 도밍고쓰

술 약속 잡기

저 술집에 가서 맥주 한잔합시다.

Vamos a tomar unas cervezas en aquel bar.
바모쓰 아 또마르 우나쓰 쎄르베싸쓰 엔 아껠 바르

오늘 밤에 술집 갈래요?

¿Quieres ir al bar esta noche?
끼에레쓰 이르 알 바르 에스따 노체?

술집에 가서 술이나 한잔하자.

Vamos a ir a un bar y tomar una copa.
바모쓰 아 이르 아 운 바르 이 또마르 우나 꼬빠

집에 가는 길에 맥주 한잔하자.

De camino a casa, vamos a ir a tomar una cerveza.
데 까미노 아 까사, 바모쓰 아 이르 아 또마르 우나 쎄르베싸

너무 힘든 하루였어. 맥주나 한잔할까?

Ha sido un día duro. ¿Tomamos una cerveza?
아 씨도 운 디아 두로. 또마모쓰 우나 쎄르베싸?

맥주 한잔하죠!

¡Vamos a tomar una cerveza!
바모쓰 아 또마르 우나 쎄르베싸!

집에 가기 전에 긴장도 풀 겸 맥주나 한잔하자.

Vamos a tomar una cerveza para relajarnos antes de volver a casa.
바모쓰 아 또마르 우나 쎄르베싸 빠라 렐라하르노쓰 안떼쓰 데 볼베르 아 까사

술 권하기

건배!

¡Salud!
쌀룯!

¡Chin chin!
친 친!

건배합시다.

Brindemos.
브린데모쓰

뭘 위해 건배할까요?

¿Por qué brindamos?
뽀르 께 브린다모쓰?

한 잔 더 주세요.

Rellénemela, por favor.
레예네멜라, 뽀르 파보르

한 잔 더 할래?

¿Quieres una más?
끼에레쓰 우나 마쓰?

좀 더 마시자!

¡Vamos, tomamos otra más!
바모쓰, 또마모쓰 오뜨라 마쓰!

꼭! 짚고 가기

스페인에서 술 주문하는 방법

스페인에서는 술을 병째가 아닌 한 잔씩(la copa 라 꼬빠) 주문합니다. 술만 파는 bar 바르 혹은 club 클룹에 가서 주문하는 술을 알아볼게요.

① **위스키+음료수**

위스키와 음료수는 무엇을 원하는지 그 이름을 정확히 말해야 합니다. 가장 흔하게 마시는 조합은 발렌타인, 존 워커, J&B, 잭 다니엘 등에 코카콜라 혹은 스프라이트를 섞은 것입니다. 각각의 위스키 이름을 스페인식으로 읽어야 하며, 콜라는 반드시 코카콜라라고 상표명을 정확히 말해야 합니다. J&B에 콜라를 섞어 주문하려면 이렇게 말해요.

- Quiero una copa de JB con Coca-Cola, por favor.
끼에로 우나 꼬빠 데 호따 베 꼰 꼬까꼴라, 뽀르 파보르
J&B에 콜라 한 잔 주세요.

② **럼+음료수**

스페인에서 흔하게 마시는 럼(Ron)은 Brugal 브루갈, Barceló 바르셀로 등입니다. 주문한다면 '원하다'라는 의미의 동사 'querer 께레르' 혹은 '놓다'의 'poner 뽀네르'를 써서 주문합니다.

- Por favor, ¿me podrías poner un brugal con sprite?
뽀르 파보르, 메 뽀드리아쓰 뽀네르 운 브루갈 꼰 스프라이트?
사이다가 들어간 브루칼 좀 주시겠어요?

③ **진+토닉**

진은 영어로 Gin이지만, 스페인어로는 Ginebra '히네브라'라고 발음합니다. '진토닉'을 주문하려면 'Una ginebra con tónica 우나 히네브라 꼰 또니까'라고 말해야 합니다.

술 고르기

술은 뭘로 할래요?

¿Qué quieres beber?
께 끼에레쓰 베베르?

우선 술부터 시킬까?

¿Primero vamos a pedir las copas?
쁘리메로 바모쓰 아 뻬디르 라쓰 꼬빠쓰?

맥주를 더 할래 아니면 위스키를 마실까?

¿Quieres otra cerveza o un whisky?
끼에레쓰 오뜨라 쎄르베싸 오 운 위스끼?

무알콜 맥주 있나요?

¿Tienes cerveza sin alcohol?
띠에네쓰 쎄르베싸 씬 알꼬올?

위스키에 콜라를 타 주세요.

Por favor, ponme un whisky con Coca-Cola.
뽀르 파보르, 뽄메 운 위스끼 꼰 꼬까꼴라

위스키에 물을 타 줄래요?

¿Podría ponerme un whisky con agua, por favor?
뽀드리아 뽀네르메 운 위스끼 꼰 아구아, 뽀르 파보르?

클럽

클럽 가는 거 좋아해?

¿Te gusta ir a discotecas?
떼 구스따 이르 아 디스꼬떼까쓰?

그 클럽은 몇 시에 열지?

¿A qué hora abre la discoteca?
아 께 오라 아브레 라 디스꼬떼까?

그 클럽 입장료가 얼마야?

¿Cuánto cuesta entrar en esta discoteca?
꾸안또 꾸에스따 엔뜨라르 엔 에스따 디스꼬떼까?

요즘 뜨는 클럽이 어디야?

¿Cuál es la discoteca de moda estos días?
꾸알 에쓰 라 디스꼬떼까 데 모다 에스또쓰 디아쓰?

나는 춤을 못 춰서 클럽에 가는 걸 좋아하지 않아.

No me gusta ir a discotecas porque no sé bailar.
노 메 구스따 이르 아 디스꼬떼까쓰 뽀르께 노 쎄 바일라르

여기서 잠깐!

스페인에서 '클럽'은 'discoteca 디스꼬떼까'라고 합니다. 클러버들의 천국이라고 불리는 이비사(Ibiza)섬이 바로 스페인에 있는데, 이비사섬은 스페인 동쪽에 위치한 작은 섬입니다. 이곳에는 많은 관광 장소가 있지만, 여기가 유명한 이유는 바로 세계적인 클럽들이 모여 있기 때문입니다. 규모뿐만 아니라 유명한 디제이들이 공연을 하기 때문에 여름이면 연예인, 스포츠 스타 등 많은 유명 인사들이 즐겨 찾는 곳입니다.

파티 전

파티 준비는 잘되어 가니?

¿Cómo va la preparación de la fiesta?
꼬모 바 라 쁘레빠라씨온 데 라 피에스따?

파티 준비에는 많은 어려움이 있었다.

Tuve muchos problemas para preparar la fiesta.
뚜베 무초쓰 쁘로블레마쓰 빠라 쁘레빠라르 라 피에스따

우리는 라우라를 위해 깜짝 파티를 계획하고 있어.

Estamos planeando una fiesta sorpresa para Laura.
에스따모쓰 쁠라네안도 우나 피에스따 쏘르쁘레사 빠라 라우라

파티에 뭘 입고 갈까?

¿Qué debo llevar a la fiesta?
께 데보 예바르 아 라 피에스따?

파티에 제가 가져갈 게 있나요?

¿Tengo que llevar algo a la fiesta?
뗑고 께 예바르 알고 아 라 피에스따?

파티에 함께 갈 파트너가 없어.

No tengo ningún acompañante para ir a la fiesta.
노 뗑고 닝군 아꼼빠냔떼 빠라 이르 아 라 피에스따

어디에서 파티하지?

¿Dónde será la fiesta?
돈데 쎄라 라 피에스따?

파티 초대

내 파티에 올래?

¿Quieres venir a mi fiesta?
끼에레쓰 베니르 아 미 피에스따?

나는 무조건 가지.

Voy sin duda.
보이 씬 두다

Voy seguro.
보이 쎄구로

누리아는 날 파티에 초대해 줬어.

Nuria me invitó a la fiesta.
누리아 메 임비또 아 라 피에스따

이번주 토요일이 산드라의 생일이야.

Este sábado es el cumpleaños de Sandra.
에스떼 싸바도 에쓰 엘 꿈쁠레아뇨쓰 데 싼드라

안드레아는 초대하고 싶지 않아, 왜냐하면 걘는 항상 파티의 흥을 깨잖아.

No quiero invitar a Andrea porque siempre corta el rollo a todo el mundo.
노 끼에로 임비따르 아 안드레아 뽀르께 씨엠쁘레 꼬르따 엘 로요 아 또도 엘 문도

이 파티는 초대장을 받은 사람만 올 수 있어요.

A esta fiesta solo se puede acudir con invitación.
아 에스따 피에스따, 쏠로 쎄 뿌에데 아꾸디르 꼰 임비따씨온

la fiesta 라 피에스따 파티
invitar 임비따르 초대하다
el rollo 엘 로요 분위기(속어)

파티 후

파티가 끝내줬어.

La fiesta fue genial.
라 피에스따 푸에 헤니알

정말 최고의 파티였어요.

Fue la mejor fiesta.
푸에 라 메호르 피에스따

파티에서 새 친구를 많이 사귀었어.

Hice muchos nuevos amigos en la fiesta.
이쎄 무초쓰 누에보쓰 아미고쓰 엔 라 피에스따

나 어제 사진 많이 찍었어. 보내 줄게.

Ayer hice un montón de fotos. Te las enviaré.
아예르 이쎄 운 몬똔 데 포또쓰. 떼 라쓰 엠비아레

파티에서 말을 너무 많이 했어. 목이 다 쉬었어.

Hable demasiado en la fiesta. Estoy afónico/a.
아블레 데마시아도 엔 라 피에스따. 에스또이 아포니꼬/까

파티가 완전 엉망으로 끝났어.

La fiesta fue un desastre total.
라 피에스따 푸에 운 데사스뜨레 또딸

파티가 너무 지루했어.

La fiesta fue muy aburrida.
라 피에스따 푸에 무이 아부리다

다양한 파티 ①

집 샀다고 들었어. 집들이는 언제 할 거야?

He escuchado que has comprado una casa. ¿Cuándo vas a hacer la inauguración?
에 에스꾸차도 께 아쓰 꼼쁘라도 우나 까사.
꾸안도 바쓰 아 아쎄르 라 이나우구라씨온?

내 생일 파티에 초대할게.

Me gustaría invitarte a mi fiesta de cumpleaños.
메 구스따리아 임비따르떼 아 미 피에스따 데 꿈쁠레아뇨쓰

Ven a mi fiesta de cumpleaños.
벤 아 미 피에스따 데 꿈쁠레아뇨쓰

누가 댄스 파티를 주관해?

¿Quién organiza la fiesta de baile?
끼엔 오르가니싸 라 피에스따 데 바일레?

사무엘에게 송별 파티를 열어 주는 건 어때(너희들 생각은)?

¿Qué os parece si hacemos una fiesta de despedida a Samuel?
께 오쓰 빠레쎄 씨 아쎄모쓰 우나 피에스따 데 데스뻬디다 아 싸무엘?

이 파티는 자기가 마실 음료는 본인이 들고 가야 해.

En esta fiesta debes llevar tu propia bebida.
엔 에스떼 피에스따 데베쓰 에바르 뚜 쁘로삐아 베비다

결국 졸업생 파티에 오기로 했구나.

Por fin, has decidido venir a la fiesta de graduación.
뽀르 핀, 아쓰 데씨디도 베니르 아 라 피에스따 데 그라두아씨온

다양한 파티 ②

\# 크리스마스 파티에 올 거야?

¿Vas a venir a la fiesta de Navidad?
바쓰 아 베니르 아 라 피에스따 데 나비닫?

\# 핼러윈 파티에 아이들을 데리고 오세요.

Lleve a sus hijos a la fiesta de Halloween.
예베 아 쑤쓰 이호쓰 아 라 피에스따 데 할로윈

\# 12월 31일에 솔광장에 갈 거니?

¿Vas a Sol en Nochevieja?
바쓰 아 쏠 엔 노체비에하?

\# 남자들끼리 총각 파티를 할 예정이다.

Los chicos organizarán la despedida de soltero del novio.
로쓰 치꼬쓰 오르가니싸란 라 데스뻬디다 데 쏠떼로 델 노비오

\# 그녀는 날 파자마 파티에 초대했어.

Me invitó a una fiesta de pijamas.
메 임비또 아 우나 피에스따 데 삐하마쓰

\# 아나를 위해서 신부 파티를 열어 줄 거야.

Estamos preparando la despedida de soltera de Ana.
에스따모쓰 쁘레빠란도 라 데스뻬디다 데 쏠떼라 데 아나

la fiesta de Navidad 라 피에스따 데 나비닫 크리스마스 파티
la fiesta de Halloween 라 피에스따 데 할로윈 핼러윈 파티
la Nochevieja 라 노체비에하 12월 31일

꼭! 짚고 가기

올림픽 주최를 한 번도 못 한 수도, 마드리드

스페인에서 올림픽이 열렸던 건 1992년 바르셀로나에서였습니다. 마드리드는 수도임에도 불구하고 아직 한 번도 올림픽을 주최하지 못했죠. 이에 2016년과 2020년 모두 올림픽 유치에 왕 부부까지(당시 왕세자 부부) 적극적으로 뛰어들었지만 결과는 실패였습니다.

특히 2020년 올림픽 주최국을 선정할 당시에는 나라 안팎으로 '이번에는 꼭 된다'는 긍정적인 분위기가 만연했습니다. 결과 발표날 시벨레스 광장 근처 도로를 막아 놓고 시민들을 불러 모아 결과 발표 방송을 생중계하기도 하였고요.

올림픽 주최에 실패하고 난 후 과연 '누구의 잘못'이었는지 후폭풍도 대단했는데, 그 폭풍의 중심에 있던 인물이 바로 당시 마드리드 시장이었던 Ana Botella 아나 보떼야입니다. 유치 연설을 하는 아주 중요한 자리에서 제대로 된 영어가 아닌 '스펭글리쉬'를 말했기 때문인데요, '마요르 광장에서 카페라테 한잔 어떠신가요?'라는 문구를 'Relaxing cup of café con leche릴렉씽 컵 오브 까페 꼰 레체'라고 말했습니다.

그 후 그는 café con leche 까페 꼰 레체를 대명사처럼 사용했다고 말했지만 공식 석상, 그것도 아주 중요한 연설 자리에서 제대로 된 영어를 구사하지 못하는 사람에게 연설을 맡겼던 게 올바른 결정이었는지 한동안 논란이 분분했었습니다.

Ana Botella는 이 실수의 여파로 2013년 〈The Times〉에서 그해의 인물로 꼽히기도 했으며 여러 코미디 프로에서 패러디되기도 하였습니다.

Capítulo 09

Capítulo 09

En el restaurante 식당에서
엔 엘 레스따우란떼

el restaurante
엘 레스따우란떼
식당

el menú 엘 메누
메뉴, 식단

el/la camarero/a
엘/라 까마레로/라
(식당) 종업원

el/la cocinero/a
엘/라 꼬씨네로/라
요리사

la bebida 라 베비다
음료

el aperitivo
엘 아뻬리띠보
식전주, 아페리티프

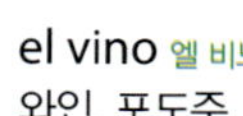

el vino 엘 비노
와인, 포도주

el entrante 엘 엔뜨란떼
전채

el plato principal
엘 쁠라또 쁘린씨빨
메인 요리

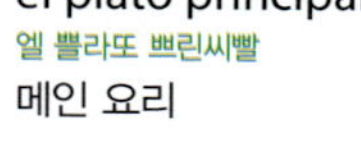

freír 프레이르
튀기다

la carne 라 까르네
고기

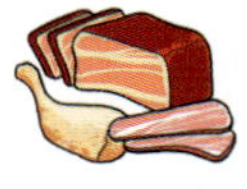

el pescado 엘 뻬스까도
물고기, 생선

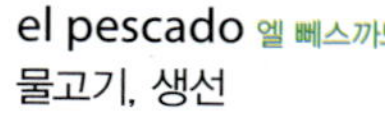

hervir 에르비르
삶다

el entrecot 엘 엔뜨레꼿
등심

el salmón 엘 쌀몬
연어

asar 아사르
굽다

el postre 엘 뽀스뜨레
디저트

la galleta 라 가예따
과자(쿠키류)

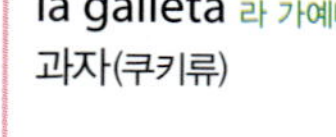

el helado 엘 엘라도
아이스크림

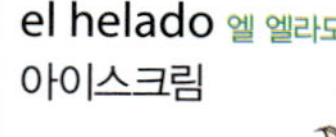

	el plato 엘 쁠라또 접시 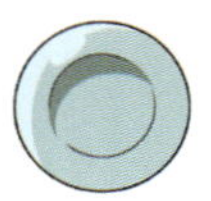	el tenedor 엘 떼네도르 포크 	el cuchillo 엘 꾸치요 칼, 나이프 
	la sal 라 쌀 소금 	la pimienta 라 삐미엔따 후추 	la sopa 라 쏘빠 수프, 국 
	la cuenta 라 꾸엔따 계산서 	la propina 라 쁘로삐나 팁 	la mesa 라 메사 탁자, 테이블 
la cafetería 라 까페떼리아 커피숍 	el café 엘 까페 커피 	la nata 라 나따 생크림 	el/la azúcar 엘/라 아쑤까르 설탕 
	la leche 라 레체 우유 	el zumo 엘 쑤모 주스 	el té 엘 떼, la infusión 라 임푸씨온 차 
	el refresco 엘 레프레스꼬 음료수 	el chocolate 엘 초꼴라떼 코코아 	el vaso 엘 바소 (유리)잔, 컵, 글라스 
	la servilleta 라 쎄르비예따 냅킨 	la cucharilla 라 꾸차리야 찻숟가락(작은 티스푼) 	la taza 라 따싸 찻잔 

En el mercado 시장에서

엔 엘 메르까도

la fruta 라 프루따 과일	las uvas 라스 우바스 포도(주로 복수형) la uva 라 우바 포도(단수형)	la manzana 라 만싸나 사과	la pera 라 뻬라 배
	la fresa 라 프레사 딸기	el mango 엘 망고 망고	la mandarina 라 만다리나 귤
	la naranja 라 나랑하 오렌지	la cereza 라 쎄레싸 체리	la piña 라 삐냐 파인애플
	la sandía 라 싼디아 수박	el melón 엘 멜론 멜론	el caqui 엘 까끼 감
	el kiwi 엘 끼위 키위	la frambuesa 라 프람부에사 산딸기	el plátano 엘 쁠라따노 바나나
	el melocotón 엘 멜로꼬똔 복숭아	el albaricoque 엘 알바리꼬께 살구	la lima 라 리마 라임

la verdura 라 베르두라
채소

la espinaca
라 에스삐나까
시금치

el nabo 엘 나보
무

el tomate 엘 또마떼
토마토

el brócoli 엘 브로꼴리
브로콜리

la lechuga 라 레추가
상추

el repollo 엘 레뽀요
양배추

la col china 라 꼴 치나
배추

el jengibre 엘 헹히브레
생강

el puerro 엘 뿌에로
대파

la cebolla 라 쎄보야
양파

el ajo 엘 아호
마늘

el perejil 엘 뻬레힐
파슬리

la berenjena
라 베렝헤나
가지

la batata 라 바따따
고구마

el pimiento
엘 삐미엔또
피망

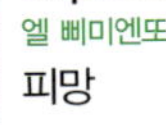

el pepino 엘 뻬삐노
오이

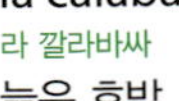

el calabacín
엘 깔라바씬
호박

la calabaza
라 깔라바싸
늙은 호박

el maíz 엘 마이쓰
옥수수

음식점 추천

\# 간단하게 식사하고 싶은데요.

Me gustaría comer algo ligero.
메 구스따리아 꼬메르 알고 리헤로

\# 이 근처에 맛있게 하는 음식점 있나요?

¿Hay un buen restaurante por aquí?
아이 운 부엔 레스따우란떼 뽀르 아끼?

\# 근처의 괜찮은 식당을 좀 추천해 주시겠어요?

¿Me recomendaría un buen restaurante cerca de aquí?
메 레꼬멘다리아 운 부엔 레스따우란떼 쎄르까 데 아끼?

\# 이 시간에 문을 연 가게가 있습니까?

¿Hay algún restaurante abierto a estas horas?
아이 알군 레스따우란떼 아비에르또 아 에스따쓰 오라쓰?

\# 식당이 많은 곳은 어디인가요?

¿Dónde está la principal zona de los restaurantes?
돈데 에스따 라 쁘린씨빨 쏘나 데 로쓰 레스따우란떼쓰?

\# 어떤 종류의 식당을 원하시나요?

¿Qué tipo de restaurante preferiría?
께 띠뽀 데 레스따우란떼 쁘레페리리아?

여기서 잠깐!

스페인 bar 바르에서 추천할 만한 음료는 'tinto de verano 띤또 데 베라노'입니다. 와인에 레몬맛 탄산음료 혹은 향이 없는 달콤한 탄산수를 섞은 음료입니다. 탄산수가 섞여서 와인보다 도수가 낮고, 달콤하여 부담이 없습니다. 이 음료를 주문하면 '¿Con limón o con casera? 꼰 리몬 오 꼰 까세라?'라는 질문을 받을 수도 있습니다. 레몬맛 탄산음료와 섞을지, 향 없는 달콤한 탄산수와 섞을지를 묻는 말입니다. casera 까세라는 탄산수 제조 회사의 브랜드명인데, 탄산수를 두루 지칭하는 대명사처럼 쓰입니다.

식당 예약

\# 제가 레스토랑을 예약할까요?

¿Reservo una mesa en el restaurante?
레세르보 우나 메사 엔 엘 레스따우란떼?

\# 레스토랑 예약 좀 도와주시겠어요?

¿Por favor, podría ayudarme a reservar un restaurante?
뽀르 파보르, 뽀드리아 아유다르메 아 레세르바르 운 레스따우란떼?

\# 예약이 필요한가요?

¿Necesitamos hacer una reserva?
네쎄시따모쓰 아쎄르 우나 레세르바?

\# 7시에 3인용 테이블을 예약하고 싶은데요.

Me gustaría reservar una mesa para tres personas a las 7.
메 구스따리아 레세르바르 우나 메사 빠라 뜨레쓰 뻬르소나쓰 아 라쓰 씨에떼

\# 창가 쪽 테이블로 해 주세요.

Me gustaría sentarme cerca de la ventana.
메 구스따리아 센따르메 쎄르까 데 라 벤따나

\# 예약을 변경하고 싶습니다.

Quiero cambiar mi reserva.
끼에로 깜비아르 미 레세르바

\# 예약을 취소해 주세요.

Quería cancelar mi reserva, por favor.
께리아 깐셀라르 미 레세르바, 뽀르 파보르

예약 없이 갔을 때

몇 분이시가요?

¿Para cuántas personas?
빠라 꾸안따쓰 뻬르소나쓰?

다섯 명입니다.

Somos cinco.
쏘모쓰 씽꼬

(다섯 명을 위한 식탁 하나가 필요합니다.)

Necesitamos una mesa para cinco personas, por favor.
네쎄시따모쓰 우나 메사 빠라 씽꼬 뻬르소나, 뽀르 파보르

안쪽과 테라스 중 어느 자리로 드릴까요?

¿Quiere sentarse dentro o en la terraza?
끼에레 쎈따르세 덴뜨로 오 엔 라 떼라싸?

테라스 부탁합니다.

En la terraza, por favor.
엔 라 떼라싸, 뽀르 파보르

죄송하지만 지금 자리가 다 찼습니다.

Me temo que no hay mesas disponibles ahora.
메 떼모 께 노 아이 메사쓰 디스뽀니블레쓰 아오라

어느 정도 기다려야 하나요?

¿Cuánto tiempo tendremos que esperar?
꾸안또 띠엠뽀 뗀드레모쓰 께 에스뻬라르?

20분 정도 걸립니다. 기다리셔야 할 것 같습니다.

Hay unos 20 minutos de espera.
Me temo que tendrá que esperar.
아이 우노쓰 베인떼 미누또쓰 데 에스뻬라.
메 떼모 께 뗀드라 께 에스뻬라르

메뉴 보기

메뉴판 좀 가져다주세요.

¿Me trae la carta, por favor?
메 뜨라에 라 까르따, 뽀르 파보르?

오늘의 추천 메뉴는 무엇인가요?

¿Qué me recomienda?
께 메 레꼬미엔다?

¿Tiene algún plato especial del día?
띠에네 알군 쁠라또 에스뻬씨알 델 디아?

메뉴를 좀 더 보고 싶은데요.

Necesitamos un poco más de tiempo para mirar la carta.
네쎄시따모쓰 운 뽀꼬 마쓰 데 띠엠뽀 빠라 미라르 라 까르따

주문을 잠시 후에 해도 괜찮을까요?

¿Podría tomar nuestro pedido un poco más tarde?
뽀드리아 또마르 누에스뜨로 뻬디도 운 뽀꼬 마쓰 따르데?

이곳의 특선 요리는 무엇인가요?

¿Cuál es la especialidad de este restaurante?
꾸알 에쓰 라 에스뻬씨알리닫 데 에스떼 레스따우란떼?

저희는 빠에야를 전문으로 하고 있습니다.

Nos especializamos en paella.
노쓰 에스뻬씨알리싸모쓰 엔 빠에야

주문하기-음료

음료는 무엇으로 하시겠습니까?

¿Qué le gustaría tomar?
께 레 구스따리아 또마르?

음료는 어떤 종류가 있습니까?

¿Qué tipo de bebidas tienen?
께 띠뽀 데 베비다쓰 띠에넨?

물 주세요.

Quiero agua.
끼에로 아구아

Agua, por favor.
아구아, 뽀르 파보르

와인 리스트를 볼 수 있을까요?

¿Puedo ver la carta de vinos?
뿌에도 베르 라 까르따 데 비노쓰?

¿Me da la carta de vinos?
메 다 라 까르따 데 비노쓰?

흑맥주가 있나요?

¿Tienen cerveza negra?
띠에넨 쎄르베싸 네그라?

여기서 잠깐!

스페인의 식당에서는 물을 무료로 제공하지 않습니다. 만약 공짜 물을 마시고 싶다면 수돗물을 달라고 요청할 수 있습니다. 스페인은 수돗물이 깨끗하기 때문에 일반 가정에서도 수돗물을 많이 마십니다. 수돗물도 괜찮다면 una jarra de agua 우나 하라 데 아구아(물 한 동이), 혹은 un vaso de agua 운 바소 데 아구아(물 한잔)를 달라고 주문하면 됩니다.

그냥 물(agua 아구아)을 달라고 하면 요금에 청구되는 미네랄워터(agua mineral 아구아 미네랄)를 가져다줍니다. 우리가 생각하는 일반적인 물은 탄산이 없는 sin gas 씬 가쓰 미네랄워터를 시켜야 합니다. 탄산이 있는 물을 처음으로 마시면 con gas 꼰 가쓰의 맛이 아주 강하게 느껴질 수 있습니다.

주문하기-메인 요리

\# 스테이크는 어떻게 해 드릴까요?

¿Cómo le gusta la carne?
꼬모 레 구스따 라 까르네?

\# 중간 정도로 익혀 주세요.

Al punto, por favor.
알 뿐또, 뽀르 파보르

\# 완전히 익혀 주세요.

Muy hecha, por favor.
무이 에차, 뽀르 파보르

\# (사이드 메뉴로) 샐러드나 감자튀김 중 어떤 걸로 드릴까요?

¿Prefiere ensalada o patatas fritas como acompañamiento?
쁘레피에레 엔살라다 오 빠따따쓰 프리따쓰 꼬모 아꼼빠냐미엔또?

\# 생선 요리는 어떤 종류가 있나요?

¿Qué platos de pescado tienen?
께 쁠라또쓰 데 뻬스까도 띠에넨?

\# 추천해 주실 만한 메인 음식이 있나요?

¿Me puede recomendar algo de segundo plato?
메 뿌에데 레꼬멘다르 알고 데 쎄군도 쁠라또?

여기서 잠깐!

메인 요리 재료는 보통 고기나 생선 둘 중 하나입니다. 스페인에는 재료 본연의 맛을 살리기 위해 양념을 최대한 피하고 재료를 그대로 요리하는 음식이 많습니다.

꼭! 짚고 가기

저렴하고 맛있는 평일 런치 메뉴 '메누 델 디아'

스페인의 대부분 레스토랑에서는 평일 점심(보통 1~4시)에 menú del día 메누 델 디아를 팝니다. menú del día는 말 그대로 '오늘의 메뉴'라는 뜻인데요, 12~15유로의 저렴한 가격에 전채, 메인, 디저트, 음료까지 포함되어 있는 풀코스 음식입니다.

전채(primer plato 쁘리메르 쁠라또)로는 보통 샐러드, 파스타, 밥 종류 등등의 음식이 있으며, 메인(segundo plato 쎄군도 쁠라또)은 고기 혹은 생선 중 선택할 수 있습니다. 여기에 맥주, 음료수, 물 혹은 와인 등의 음료와 디저트가 제공됩니다.

스페인 사람들은 점심을 가장 거창하게 먹기 때문에 아주 푸짐한 양이 제공되며, 세트 메뉴를 주문하면 한 가지씩 따로 시키는 것보다 훨씬 저렴합니다. 무엇보다 다양한 스페인 가정식을 맛볼 수 있어 menú del día는 여행객에게 꼭 추천하는 메뉴입니다.

주문하기-선택 사항

\# 밥과 빵 중 어느 것으로 하시겠어요?

¿Qué prefiere, pan o arroz?
께 쁘레피에레, 빤 오 아로쓰?

\# 수프나 샐러드가 함께 나옵니다.
어느 것으로 드릴까요?

Eso viene con sopa o ensalada.
¿Qué le gustaría?
에소 비에네 꼰 쏘빠 오 엔살라다.
께 레 구스따리아?

\# 사이드 메뉴로 수프와 샐러드 중 선택하실 수 있습니다. 어느 것으로 하시겠어요?

Puede elegir sopa o ensalada como acompañamiento de su plato.
¿Qué preferiría?
뿌에데 엘레히르 쏘빠 오 엔살라다 꼬모
아꼼빠냐미엔또 데 쑤 쁠라또. 께 쁘레페리리아?

\# 와인에는 레드, 화이트, 로제 와인이 준비되어 있습니다.

Tenemos vino tinto, blanco o rosado.
떼네모쓰 비노 띤또, 블랑꼬 오 로사도

\# 샐러드 드레싱은 어느 걸로 하시겠어요?

¿Qué tipo de salsa le gustaría con la ensalada?
께 띠뽀 데 쌀사 레 구스따리아 꼰 라 엔살라다?

주문하기-디저트

\# 디저트는 괜찮습니다.
(디저트는 안 먹겠습니다.)

No quiero postre.
노 끼에로 뽀스뜨레

Estoy bien sin postre.
에스또이 비엔 씬 뽀스뜨레

\# 디저트를 주문하시겠습니까?

¿Quiere pedir algo de postre?
끼에레 뻬디르 알고 데 뽀르뜨레?

\# 디저트로는 무엇이 있습니까?

¿Qué tipos de postre tiene?
께 띠뽀쓰 데 뽀스뜨레 띠에네?

¿Qué hay de postre?
께 아이 데 뽀스뜨레?

\# 디저트는 아이스크림으로 할게요.

Quiero helado.
끼에로 엘라도

Helado, por favor.
엘라도, 뽀르 파보르

Voy a tomar un helado.
보이 아 또마르 운 엘라도

\# 아이스크림은 어떤 맛이 있나요?

¿Qué sabores de helado tiene?
께 싸보레쓰 데 엘라도 띠에네?

\# 저는 녹차를 마시겠습니다.

Quiero un té verde.
끼에로 운 떼 베르데

여기서 잠깐!

스페인에서 샐러드를 먹을 때 가장 많이 먹는 드레싱은 단연 식초+올리브유의 조합입니다. 재료 본연의 맛을 해치지 않는 선에서 입맛을 돋울 수 있는 드레싱으로, 향이 풍부하고 진한 스페인산 올리브유에 와인으로 만든 식초를 살짝 더해 소금을 뿌리면 완성입니다.

주문하기-요청 사항

\# 소금은 빼 주세요.

Sin sal, por favor.
씬 쌀, 뽀르 파보르

\# 너무 맵지 않게 해 주세요.

Que no sea demasiado picante, por favor.
께 노 쎄아 데마시아도 삐깐떼, 뽀르 파보르

\# 빵을 좀 더 주세요.

¿Puede traerme más pan, por favor?
뿌에데 뜨라에르메 마쓰 빤, 뽀르 파보르?

\# 소금 좀 갖다주시겠어요?

¿Podría traerme un poco de sal, por favor?
뽀드리아 뜨라에르메 운 뽀꼬 데 쌀, 뽀르 파보르?

\# 물 좀 더 주시겠어요?

¿Me da otro vaso de agua, por favor?
메 다 오뜨로 바소 데 아구아, 뽀르 파보르?

\# 음료수를 바로 가져다드리겠습니다.

Ahora mismo lo traigo.
아오라 미스모 로 뜨라이고

\# 더 필요하신 건 없습니까?

¿Algo más?
알고 마쓰?

꼭! 짚고 가기

스페인 디저트

스페인 사람들은 식후에 디저트를 꼭 먹습니다. 스페인에서 주문할 수 있는 디저트에는 어떤 것들이 있을까요?

- Arroz con leche 아로쓰 꼰 레체
  밥으로 만든 디저트입니다. 밥에 우유를 섞어 죽처럼 걸쭉하게 만든 것으로 무척 달콤하며 차갑게 먹습니다. 밥알이 흐물흐물하게 살아 있는 것이 특징입니다.
- Flan 플란
  계란으로 만든 부드러운 푸딩입니다. 작은 푸딩 컵에 설탕을 녹여 깔고 그 위에 flan을 부어 차갑게 식혀 먹는 것으로 접시에 뒤집어 놓으면 갈색의 캐러멜 시럽이 푸딩 아래로 쏟아지고 flan과 시럽을 같이 떠먹습니다.
- Helado 엘라도
  아이스크림입니다.
- Crema catalana 끄레마 까딸라나
  직역하자면 카탈루냐의 크림이라는 말입니다. 카탈루냐는 바르셀로나를 중심으로 한 지역의 이름으로 달콤한 크림 위에 설탕을 뿌린 후 그 설탕을 불로 그슬려 겉면을 바삭하게 만든 Crema catalana는 이 지방에서 즐겨 먹는 디저트입니다.
- Natillas 나띠야쓰
  우유에 계란 노른자, 설탕, 바닐라향 등을 넣어 만든 아주 부드러운 크림입니다. 보통 초콜릿을 넣은 것과 노란 크림의 바닐라 맛이 유명합니다.
- Cuajada 꾸아하다
  양젖으로 만든 요거트류의 디저트로 그냥 먹으면 시큼한 맛이 나며, 보통 꿀을 넣어 먹습니다.

웨이터와 대화

\# 이 음식은 무슨 재료를 사용한 겁니까?

¿Cuáles son los ingredientes de este plato?
꾸알레쓰 쏜 로쓰 잉그레디엔떼쓰 데 에스떼 쁠라또?

\# 이 소스의 재료는 무엇인가요?

¿Cuál es la base de esta salsa?
꾸알 에쓰 라 바세 데 에스따 쌀사?

\# 포크를 하나 더 가져다주시겠어요?

¿Me trae otro tenedor, por favor?
메 뜨라에 오뜨로 떼네도르, 뽀르 파보르?

\# 식탁 좀 치워 주시겠어요?

¿Por favor, podría limpiar la mesa?
뽀르 파보르, 뽀드리아 림삐아르 라 메사?

\# 테이블 위에 물 좀 닦아 주세요.

Por favor, podría limpiar el agua que se ha derramado en la mesa.
뽀르 파보르, 뽀드리아 림삐아르 엘 아구아 께 쎄 아 데라마도 엔 라 메사

\# 접시 좀 치워 주시겠어요?

¿Por favor, podría recoger la mesa?
뽀르 파보르, 뽀드리아 레꼬헤르 라 메사?

여기서 잠깐!

스페인은 팁 문화가 퍼져 있지 않습니다. 따라서 식사 후 반드시 팁을 줘야 하는 것은 아니지만, 좋은 서비스를 받았다고 생각한다면 동전 몇 개 정도를 남기는 것이 좋습니다.

서비스 불만

\# 주문한 음식이 아직 안 나왔는데요.

No me han traído mi pedido.
노 메 안 뜨라이도 미 뻬디도

\# 이건 제가 주문한 게 아닌데요.

Esto no es lo que pedí.
에스또 노 에쓰 로 께 뻬디

\# 고기가 충분히 익지 않았는데요.

Esta carne no está lo suficientemente hecha.
에스따 까르네 노 에스따 로 쑤피씨엔떼멘떼 에차

\# 좀 더 구워 주시겠어요?

¿Podría cocinarlo un poco más, por favor?
뽀드리아 꼬씨나르로 운 뽀꼬 마쓰, 뽀르 파보르?

\# 이건 상한 것 같은데요.

Me temo que esta comida sabe rancia.
메 떼모 께 에스따 꼬미다 싸베 란씨아
Esta comida está en mal estado.
에스따 꼬미다 에스따 엔 말 에스따도

\# 수프에 뭔가 들어 있어요.

Hay algo extraño en la sopa.
아이 알고 엑쓰뜨라뇨 엔 라 쏘빠

\# 컵이 더러운데요. 다시 갖다주시겠어요?

Este vaso no está limpio. ¿Puede traer otro?
에스떼 바소 노 에스따 림삐오. 뿌에데 뜨라에르 오뜨로?

음식 맛 평가

오늘 음식 맛은 어떠셨나요?

¿Ha disfrutado hoy de su comida?
아 디스프루따도 오이 데 쑤 꼬미다?

정말 맛있었어요.

Ha estado muy bien.
아 에스따도 무이 비엔

Estaba todo muy rico.
에스따바 또도 무이 리꼬

좀 짠 것 같아요.

Está un poco salado para mi gusto.
에스따 운 뽀꼬 쌀라도 빠라 미 구스또

좀 기름진 것 같은데요.

Creo que es un poco grasiento.
끄레오 께 에쓰 운 뽀꼬 그라시엔또

죄송하지만, 제 입맛에 맞지 않아요.

Siento decirlo, pero en realidad no fue de mi gusto.
씨엔또 데씨를로, 뻬로 엔 레알리닫 노 푸에 데 미 구스또

여기서 잠깐!

스페인 음식은 전체적으로 좀 짠 편입니다. 원하는 대로 소금을 조절해서 주문해 보세요.

- Sin sal, por favor. 씬 쌀, 뽀르 파보르
  소금 좀 빼고 주세요.
- Poca sal, por favor. 뽀까 쌀, 뽀르 파보르
  소금을 적게 뿌려 주세요.

꼭! 짚고 가기

스페인 대표 음식 빠에야

스페인에서 꼭 한번 먹어 봐야 할 대표 음식으로는 paella 빠에야가 있습니다. 흔히 영어식 발음으로 '빠엘라'라고 읽기도 하지만 이는 잘못된 발음입니다. 스페인어에서 'll 에예'는 '야' 발음입니다. 빠에야는 벼농사로 유명한 Valencia 발렌시아의 전통 음식으로, 쌀로 만들어졌기 때문에 특히 한국인 입맛에 아주 잘 맞습니다. 한 번에 많은 양을 만들어야 하며 조리 시간이 길기 때문에 일반 가정에서 1~2주에 한 번, 온 가족이 모두 모여 식사를 할 때 주로 먹는 음식입니다.

- paella valenciana 빠에야 발렌씨아나
  발렌시아 전통 방식으로 만든 빠에야로, 들어가는 재료 역시 발렌시아산으로만 사용합니다. 발렌시아 빠에야는 고기와 채소가 들어가며 해산물은 들어가지 않는 것이 특징입니다.
- paella mixta 빠에야 믹쓰따
  고기와 해산물이 같이 들어가는 빠에야입니다. 가장 보편적이고 대중적인 빠에야로 paella de los turistas 빠에야 데 로쓰 뚜리스따쓰(여행객들을 위한 빠에야)라고도 부릅니다.
- paella de verduras 빠에야 데 베르두라쓰
  붉은 피망, 아티쵸크, 줄기콩 등으로 만든 채소 빠에야입니다.
- paella de arroz negro
  빠에야 데 아로쓰 네그로
  오징어 먹물과 오징어(한치)가 들어간 검정색 빠에야입니다. 먹물의 고소한 맛이 특징으로 마늘향이 나는 마요네즈 같은 소스인 alioli 알리올리와 함께 먹습니다. 꼭 한번 먹어 봐야 하는 특색 있는 음식입니다.
- fideua 피데우아
  쌀 대신 '피데우와'라는 면을 넣은 빠에야입니다. 조리 방법은 쌀 대신 면을 넣는다는 것 외에 동일하며 조리 시간은 쌀을 넣은 paella보다 짧습니다.

계산

\# 계산서 부탁합니다.

¿Me trae la cuenta, por favor?
메 뜨라에 라 꾸엔따, 뽀르 파보르?

\# 계산은 어디서 하나요?

¿Dónde puedo pagar?
돈데 뿌에도 빠가르?

\# 세금과 봉사료는 포함되어 있나요?

¿Están incluidos los impuestos y demás cargos por el servicio?
에스딴 인끌루이도쓰 로쓰 임뿌에스또쓰 이 데마쓰 까르고쓰 뽀르 엘 쎄르비씨오?

\# 각자 계산하자.

Pagamos a escote.
빠가모쓰 아 에스꼬떼

\# 오늘은 내가 살게.

Te invito hoy.
떼 임비또 오이

\# 그가 이미 계산했어요.

Él ya pagó.
엘 야 빠고

카페

\# 커피 한잔할래요?

¿Vamos a tomar un café?
바모쓰 아 또마르 운 까페?

\# 커피 한잔하면서 얘기합시다.

Vamos a hablar mientras tomamos un café.
바모쓰 아 아블라르 미엔뜨라쓰 또마모쓰 운 까페

\# 제가 커피 한잔 살게요.

Le invito a un café.
레 임비또 아 운 까페

\# 커피를 진하게 주세요.

Me gustaría el café fuerte.
메 구스따리아 엘 까페 푸에르떼

\# 커피에 설탕이나 생크림을 얹을까요?

¿Quiere un poco de azúcar o nata encima de su café?
끼에레 운 뽀꼬 데 아쑤까르 오 나따 엔씨마 데 쑤 까페?

\# 설탕과 생크림을 얹어 주세요.

Con azúcar y nata, por favor.
꼰 아쑤까르 이 나따, 뽀르 파보르

dar 다르 주다
la cuenta 라 꾸엔따 계산서
el impuesto 엘 임뿌에스또 세금
demás 데마쓰 그 밖의
el escote 엘 에스꼬떼 (회식 등의) 더치페이, 갹출

여기서 잠깐!

스페인에서는 커피에 설탕 혹은 사카린을 넣어 먹습니다. 보통 설탕보다 사카린이 살이 덜 찐다고 생각하죠. '설탕'은 azúcar 아쑤까르, '사카린'은 sacarina 싸까리나 입니다.

패스트푸드

다음 분 주문하세요.

El siguiente, por favor.
엘 씨기엔떼, 뽀르 파보르

와퍼 하나랑 콜라 주세요.

Me gustaría un Whopper y una Coca-Cola, por favor.
메 구스따리아 운 워뻬르 이 우나 꼬까꼴라, 뽀르 파보르

마요네즈는 빼 주세요.

Sin mayonesa, por favor.
씬 마요네사, 뽀르 파보르

여기에서 드실 건가요 아니면 포장인가요?

¿Es para tomar aquí o para llevar?
에쓰 빠라 또마르 아끼 오 빠라 예바르?

포장해 주세요.

Para llevar, por favor.
빠라 예바르, 뽀르 파보르

버거에 치즈가 들어가나요?

¿La hamburguesa viene con queso?
라 암부르게사 비에네 꼰 께소?

10분 정도 걸리는데, 기다리시겠어요?

Tardará 10 minutos, ¿podría esperar?
따르다라 디에쓰 미누또쓰, 뽀드리아 에스뻬라르?

꼭! 짚고 가기

커피 종류

스페인에도 대도시를 중심으로 '스타벅스'가 있지만, bar 문화가 활발한 나라답게 동네에는 작은 bar 혹은 cafetería가 많이 있습니다. 일반 커피숍에 가서 주문할 수 있는 커피의 종류에는 무엇이 있을까요?

- café solo 까페 쏠로
  아무것도 타지 않은 커피 원액으로 에스프레소를 말합니다.
- café con agua 까페 꼰 아구아
  커피에 물을 탄 아메리카노를 말합니다. 그냥 '아메리카노'라고 해도 주문할 수 있습니다.
- café con leche 까페 꼰 렉체
  우유를 탄 카페라테입니다.
- capuccino 까뿌치노
  거품이 풍부한 카푸치노를 말합니다.
- descafeinado 데스까페이나도
  카페인이 없는 커피입니다. solo 쏠로 혹은 con leche 꼰 렉체로 주문할 수 있습니다.
- té o infusión 떼 오 인푸시온
  차를 말합니다.
- zumo de naranja natural
  쑤모 데 나랑하 나뚜랄
  생 오렌지를 짠 오렌지 주스입니다.

스페인에는 아이스커피가 존재하지 않습니다. (스타벅스와 같은 글로벌 프랜차이즈 제외) 아이스로 마시고 싶다면, 위의 커피 이름에 with ice를 뜻하는 con hielo 꼰 이옐로라고 덧붙여 말하면 커피와 별도로 컵에 얼음을 넣어 제공합니다.

배달

\# 피자 시켜 먹자.

Vamos a pedir una pizza.
바모쓰 아 뻬디르 우나 삐싸

\# 좋아.

Vale, bien.
발레, 비엔

Es una buena idea.
에쓰 우나 부에나 이데아

\# 9.99유로에 작은 피자 두 판을 주문할 수 있는 쿠폰이 있어.

Tengo un cupón para dos pizzas pequeñas, por 9,99 euros.
뗑고 운 꾸뽄 빠라 도쓰 삐싸쓰 뻬께냐쓰, 뽀르 누에베 꼰 노벤따 이 누에베 에우로쓰

\# 합해서 12유로 59센트입니다.

Todo es 12,59 euros, por favor.
또도 에쓰 도쎄 꼰 씽꾸엔따 이 누에베 에우로, 뽀르 파보르

\# 배달되는 데 얼마나 걸릴까요?

¿Cuánto tardará la pizza en llegar hasta aquí?
꾸안또 따르다라 라 삐싸 엔 예가르 아스따 아끼?

\# 뭐 시켜 먹을까? 배달 앱 좀 봐봐.

¿Vamos a pedir algo? Mira la app para pedir comida.
바모쓰 아 뻬디르 알고? 미라 라 압 빠라 뻬디르 꼬미다

여기서 잠깐!

스페인에서 배달 피자로 가장 유명한 곳은 telepizza 뗄레삐싸입니다. 하지만 가격 대비 질이 뛰어난 편이 아니며, 특히 다양한 토핑과 여러 가지 도우 선택이 가능한 한국식 피자와는 비교 불가죠. 마트에 가면 오븐에 데워 먹을 수 있는 냉동 피자가 아주 많습니다. 3~4유로 정도면 구매할 수 있습니다.

Unidad 2 **시장 가기** MP3. C09_U02

식재료 구매하기

\# 딸기 1킬로에 얼마인가요?

¿Cuánto vale un kilo de fresas?
꾸안또 발레 운 낄로 데 프레사쓰?

¿Cuánto cuesta un kilo de fresas?
꾸안또 꾸에스따 운 낄로 데 프레사쓰?

\# 생강 파나요?

¿Tiene jengibre?
띠에네 헹히브레?

\# 고등어 작은 걸로 두 마리 주세요.

Me da dos caballas pequeñas, por favor.
메 다 도쓰 까바야쓰 뻬께냐쓰, 뽀르 파보르

\# 고등어는 머리와 내장은 제거해 주세요.

Por favor, quite la cabeza y las tripas de la caballa.
뽀르 파보르, 끼떼 라 까베싸 이 라쓰 뜨리빠쓰 데 라 까바야

\# 더 무엇을 드릴까요?

¿Qué más quiere?
께 마쓰 끼에레?

¿Algo más?
알고 마쓰?

\# 이건 뭐예요?

¿Qué es esto?
께 에쓰 에스또?

여기서 잠깐!

스페인에서는 채소, 과일, 생선, 고기 등 모든 식재료를 ㎏당 무게를 재서 판매합니다. 따라서 꼭 필요한 것만 한두 개씩 적게 구매할 수 있는 장점이 있습니다. 모든 가격은 ㎏으로 표기하고 있으며 내가 고른 만큼만 돈을 내면 됩니다.

요리 방법 물어보기

\# 이건 어떻게 요리하나요?

¿Cómo se cocina esto?
꼬모 쎄 꼬씨나 에스또?

\# 튀겨 먹을 수도 있나요?

¿Puedo freírlo?
뿌에도 프레이를로?

\# 이미 조리되어 있는 것이라 따뜻하게 데우기만 하면 됩니다.

Está precocinado, solo necesita calentarlo; nada más.
에스따 쁘레꼬씨나도, 쏠로 네쎄시따 깔렌따를로, 나다 마쓰

\# 팬에 구운 뒤 굵은 소금을 뿌리기만 하면 됩니다.

Solo hay que freírlo en la plancha y poner algo de sal gorda.
쏠로 아이 께 프레이를로 엔 라 쁠란차 이 뽀네르 알고 데 쌀 고르다

\# 이 요리를 하는 데 시간이 많이 걸리나요?

¿Cuesta mucho cocinar este plato?
꾸에스따 무초 꼬씨나르 에스떼 쁠라또?

여기서 잠깐!

스페인은 아직까지 재래시장이 성업 중입니다. 단 우리나라처럼 외부 길거리에 있는 것이 아닌, 모두 큰 건물 안에 모여 있으며 마트보다 훨씬 저렴하고 싱싱한 가격에 식재료를 구매할 수 있습니다. 특히 마트에서는 잘 팔지 않는 것들을 구매할 수 있으며, 중국 사람이 많이 사는 곳 근처의 시장에서는 배추, 생강 등 스페인 사람들은 잘 먹지 않는 재료를 구할 수 있습니다.

꼭! 짚고 가기

돈을 읽는 방법

스페인은 유럽 통합 화폐 유로(euro 에우로)를 사용합니다. 1유로 이하 단위는 센트(céntimo 쎈띠모)가 사용됩니다. 센트는 1~99센트가 있으며, 100센트가 1유로입니다. 유로와 센트 사이에는 한국과 다르게 쉼표(,)를 찍습니다.

- 29,08 euros = 29.08유로

보통 돈을 말할 때 '유로, 센트'라는 말은 생략합니다. 예를 들어 23.45€를 말하고 싶다면, 정식 명칭은 '23유로(에우로)와 45센트(쎈띠모)'이지만 실제로는 '23과 45'라고 말한다는 거죠.

- Veintitrés con cuarenta euros, por favor.
  베인띠뜨레쓰 꼰 꾸아렌따 에우로쓰, 뽀르 파보르
  23유로 45센트입니다.
  (23과 45유로입니다.)

물건 찾기

전기 제품 매장은 어디인가요?

¿Dónde puedo encontrar los aparatos eléctricos?
돈데 뿌에도 엥꼰뜨라르 로쓰 아빠라또쓰 엘렉뜨릭꼬쓰?

식료품 코너는 지하에 있나요?

¿La zona para ingredientes está en el sótano?
라 쏘나 빠라 잉그레디엔떼쓰 에스따 엔 엘 쏘따노?

여기 전구를 파나요?

¿Venden aquí bombillas?
벤덴 아끼 봄비야쓰?

죄송합니다만, 지금은 재고가 없어요.

Lo siento, está fuera de stock ahora mismo.
로 씨엔또, 에스따 푸에라 데 스톡 아오라 미스모

죄송하지만, 그 물건을 판매하지 않습니다.

Lo siento, no lo vendemos.
로 씨엔또, 노 로 벤데모쓰

죄송하지만, 지금 문 닫을 시간인데요.

Lo siento, pero ya estamos cerrando.
로 씨엔또, 뻬로 야 에스따모쓰 쎄란도

영업시간이 어떻게 되나요? (몇 시에 문 닫나요?)

¿A qué hora cierra?
아 께 오라 씨에라?

구매하기

쇼핑 카트 좀 가져다줘.

Trae un carrito de compra.
뜨라에 운 까리또 데 꼼쁘라

낱개 판매도 하나요?

¿Se vende por unidades?
쎄 벤데 뽀르 우니다데쓰?

이것보다 저게 나을 것 같아.

Creo que esto es mejor que eso.
끄레오 께 에스또 에쓰 메호르 께 에소

우유 한 박스 좀 카트에 담아 줘.

Por favor, pon una caja de leche en el carrito.
뽀르 파보르, 뽄 우나 까하 데 레체 엔 엘 까리또

샴푸가 어디 있는지 모르겠어요.

No sé donde está el champú.
노 쎄 돈데 에스따 엘 참뿌

여기서 잠깐!

스페인에서는 주로 멸균 우유를 마십니다. 우리나라에서 주로 마시는 냉장 유통 우유는 대형 마트에 있긴 하지만 일반적으로 많이 마시지 않습니다. 멸균 우유는 유통기한이 길기 때문에 보통 한 상자 단위로 구매하며, 한 상자에 6개가 들어 있습니다.

지불하기

\# 계산대는 어디 있어요?

¿Dónde está la caja?
돈데 에스따 라 까하?

\# 봉투 드릴까요?

¿Quiere una bolsa?
끼에레 우나 볼사?

(스페인 상점은 봉투나 쇼핑백 무상제공 금지이기 때문에, 계산원이 항상 봉투를 살 것인지 물어봅니다.)

\# 가능할 때, 비밀번호를 눌러 주세요. (신용카드 계산할 때)

Cuando pueda, introduzca la contraseña, por favor.
꾸안도 뿌에다, 인뜨로두쓰까 라 꼰뜨라세냐, 뽀르 파보르

\# 서명해 주시겠어요?

¿Puede firmar aquí?
뿌에데 피르마르 아끼?

Necesito su firma aquí.
네쎄시또 쑤 피르마 아끼

\# 제 차까지 짐을 운반해 주실 수 있어요?

¿Podría echarme una mano para llevar esto a mi coche?
뽀드리아 에차르메 우나 마노 빠라 예바르 에스또 아 미 꼬체?

여기서 잠깐!

유럽의 조세방지법에 따라 스페인에서 물건값을 지불할 때 1,000유로 이상은 현금으로 낼 수 없습니다. 물건값이 1,000유로가 넘으면 인터넷 뱅킹이나 카드로만 결제할 수 있습니다. 만약 스페인에 거주하고 있지 않으면서, 스페인에서 경제활동도 하고 있지 않은 외국인이라면 10,000유로까지는 현금 지불이 가능합니다.

꼭! 짚고 가기

마드리드의 명물 현대식 시장

마드리드 마요르 광장(Plaza mayor 쁠라싸 마요르) 바로 옆에 Mercado de san Miguel 메르까도 데 싼 미겔이라는 시장이 있습니다. '산 미겔의 시장'이라는 이름을 가진 이곳은 재래시장을 현대식으로 재건축한 곳으로, 내부가 보이는 통유리로 지어졌습니다. 마드리드를 찾는 관광객이라면 꼭 들러야 할 장소이기도 하죠.

이곳은 아주 질 좋은 식재료를 팔며 가격 역시 일반 시장의 3~4배는 비쌉니다. 단순한 시장이 아니라 간단하게 와인 한 잔, 음료 한 잔 혹은 tapas 따빠쓰 등을 즐길 수 있는 장소로 시장에서 식재료를 팔면서 한켠에는 그 식재료로 요리한 음식들을 팔고 있습니다. 맛과 멋 그리고 음식 수준까지 갖춘 tapas들을 훌륭한 스페인산 와인과 함께 간단하게 즐길 수 있습니다. 북적북적한 시장의 기분을 느끼며 잠시 쉬어 가기에 더할 나위 없이 좋은 장소입니다.

요리하기 ①

\# 오늘은 점심으로 빠에야를 준비했어.

He preparado paella para comer.
에 쁘레빠라도 빠에야 빠라 꼬메르

\# 빠에야는 좋은 육수를 준비하는 게 중요해.

Lo más importante para cocinar la paella es preparar el caldo.
로 마쓰 임뽀르딴떼 빠라 꼬씨나르 라 빠에야 에쓰 쁘레빠라르 엘 깔도

\# 저녁 준비하는 데 시간이 너무 오래 걸려.

Se tarda muchísimo tiempo en preparar la cena.
쎄 따르다 무치시모 띠엠뽀 엔 쁘레빠라르 라 쎄나

\# 맛이 어때?

¿A qué sabe?
아 께 싸베?

\# 할머니가 가르쳐 주신 요리법이야.

Esta receta era de mi abuela.
에스따 레쎄따 에라 데 미 아부엘라

\# 레시피 좀 공유해 줄 수 있니?

¿Te importaría compartir la receta?
떼 임뽀르따리아 꼼빠르띠르 라 레쎄따?

\# 이 요리법에 나온 대로만 따라 해 봐.

Solo tienes que seguir los pasos de esta receta.
쏠로 띠에네쓰 께 쎄기르 로쓰 빠소스 데 에스따 레쎄따

요리하기 ②

\# 너 상그리아 만들 수 있니?

¿Puedes hacer sangría?
뿌에데쓰 아쎄르 쌍그리아?

\# 상그리아에는 좋은 와인은 필요 없어.

No hace falta un buen vino para preparar sangría.
노 아쎄 팔따 운 부엔 비노 빠라 쁘레빠라르 쌍그리아

\# 토르티야를 만들 때 제일 어려운 것은 팬을 뒤집는 것이야.

Lo más difícil de hacer tortilla es girar la sartén.
로 마쓰 디피씰 데 아쎄르 또르띠야 에쓰 히라르 라 싸르뗀

\# 스페인 요리에는 올리브유가 많이 사용된다.

Se usa mucho aceite de oliva en la comida española.
쎄 우사 무초 아쎄이떼 데 올리바 엔 라 꼬미다 에스빠뇰라

\# 모르시야는 한국의 '순대'와 비슷하다.

La morcilla es muy parecida al "sundae".
라 모르씨야 에쓰 무이 빠레씨다 알 '순대'

\# 여러분을 위해 준비한 저녁을 맛있게 드세요.

Por favor, disfrutad de la cena que preparé para vosotros.
뽀르 파보르, 디스프루땁 데 라 쎄나 께 쁘레빠레 빠라 보소뜨로쓰

냉장고

\# 냉장고가 꽉 차서 더 넣을 공간이 없어.

El frigorífico está lleno, no hay nada de espacio.
엘 프리고리피꼬 에스따 예노, 노 아이 나다 데 에스빠씨오

\# 냉장고에서 김치 냄새가 너무 나는걸.

El frigorífico huele demasiado a kimchi.
엘 프리고리피꼬 우엘레 데마시아도 아 김치

\# 냉장고 정리 좀 해야겠어.

Tengo que organizar el frigorífico.
뗑고 께 오르가니싸르 엘 프리고리피꼬

\# 얼음은 냉동고에 있다.

El hielo está en el congelador.
엘 이엘로 에스따 엔 엘 꽁헬라도르

\# 우리 집엔 여분의 작은 냉동고가 있다.

En mi casa, hay una nevera extra.
엔 미 까사, 아이 우나 네베라 엑쓰뜨라

\# 냉장고에 유통기한이 지난 음식들이 가득하다.

Hay mucha comida caducada en el frigorífico.
아이 무차 꼬미다 까두까다 엔 엘 프리고리피꼬

\# 냉장고가 텅텅 비었다.

El frigorífico está vacío.
엘 프리고리피꼬 에스따 바씨오

꼭! 짚고 가기

세계에서 생선 소비가 일본 다음으로 많은 나라

스페인은 전 세계에서 두 번째로 생선을 많이 먹는 나라입니다. 고기나 생선 모두 냉동을 시키지 않고 싱싱하게 판매하는 만큼 가격도 비싼 편입니다. 스페인에서 많이 먹는 생선은 merluza 멜루싸(대구의 일종), lenguado 렝구아도(가자미 일종), lubina 루비나(농어), sardina 싸르디나(정어리), anchoa 안초아(멸치 종류), salmón 쌀몬(연어), atún 아뚠(참치), bacalao 바깔라오(대구) 등이며, 우리나라 사람에게 친숙한 고등어(caballa 까바야)도 팔긴 하지만 스페인에서는 그렇게 인기 있는 생선은 아닙니다. anchoa는 우리가 알고 있는 안초비를 말하는 것으로 소금과 올리브유에 짜게 절여 통조림으로 만들어 먹습니다.

가끔 시장에 가면 sable 싸블레라고 불리는 갈치를 발견할 수도 있습니다. bacalao 바깔라오(대구)는 생으로도 먹지만 소금에 절여 먹기도 합니다. 소금에 절인 bacalao를 구매하면 보통 하루 동안 물에 담가 소금기를 뺀 후 토마토 등을 넣고 조리합니다.

생선 외의 해산물 역시 아주 즐겨 먹습니다. 온 가족이 모였을 때 빼놓지 않고 먹는 것이 삶은 새우(gamba 감바) 혹은 철판에 소금으로 구운 새우이며 조개(almeja 알메하), 홍합(mejillón 메히욘) 등도 많이 먹는 편입니다.

Arroz con bogavante 아로쓰 꼰 보가반떼라는 가재밥은 밥과 가재(랍스터)를 국물이 자작하게 조리한 음식으로 빠에야와 비슷한 맛이며 우리나라 사람도 아주 좋아할 만한 음식입니다. 해산물을 직접 조리해서 먹기도 하지만 마트에서 올리브유, 식초, 소금 등에 절인 통조림으로 된 것도 있습니다. 맥주 혹은 와인과 함께 먹기 좋으며 3~4유로 정도면 충분히 구매할 수 있습니다.

Capítulo 10

Capítulo 10

Unidad 1 데이트&연애

Unidad 2 사랑

Unidad 3 갈등&이별

Unidad 4 가족&결혼

Unidad 5 임신&육아

Enamorarse 사랑에 빠지다
에나모라르세

MP3. Word_C10

el encuentro 엘 엥꾸엔뜨로
우연한 만남

el/la soltero/a 엘/라 쏠떼로/라
미혼 남자, 여자

el/la casado/a 엘/라 까사도/다
기혼 남자, 여자

el novio 엘 노비오
남자 친구(이성)

la novia 라 노비아
여자 친구(이성)

el amigo 엘 아미고
(사귀지 않는) 남자 친구

la amiga 라 아미가
(사귀지 않는) 여자 친구

ideal 이데알
이상적인

el atractivo 엘 아뜨락띠보
매력

la cita 라 씨따
데이트(이성과의 약속)

tener una cita (con)~
떼네르 우나 씨따 (꼰)~
~와 데이트하다

el día de San Valentín
엘 디아 데 싼 발렌띤
밸런타인데이

el regalo 엘 레갈로
선물

el amor 엘 아모르
사랑

besar 베사르
키스하다

abrazar 아브라싸르
포옹하다

tocar 또까르
만지다

pensar 뻰사르
생각하다

la mujer de tu vida
라 무헤르 데 뚜 비다
당신 인생의 여자

el hombre de tu vida
엘 옴브레 데 뚜 비다
당신 인생의 남자

el aniversario 엘 아니베르사리오
기념일

felicitar 펠리씨따르
축하하다

junto/a 훈또/따
같이, 함께

vivir juntos 비비르 훈또스
함께 살다

el corazón 엘 꼬라쏜
마음, 심장

echar de menos
에차르 데 메노스
그리워하다

¿Quieres casarte conmigo? 나와 결혼해 줄래?
끼에레쓰 까사르떼 꼰미고?

el matrimonio
엘 마뜨리모니오
결혼

proponer matrimonio
쁘로뽀네르 마뜨리모니오
청혼하다

ponerse de rodillas
뽀네르세 데 로디야쓰
무릎을 꿇다

casarse 까사르세
결혼하다

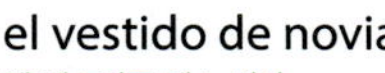

el vestido de novia
엘 베스띠도 데 노비아
웨딩드레스

el anillo 엘 아니요
반지

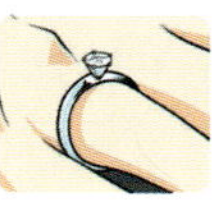

la boda 라 보다
결혼식

el marido 엘 마리도,
el esposo 엘 에스뽀소
남편

la mujer 라 무헤르,
la esposa 라 에스뽀사
아내

la familia 라 파밀리아
가족

la carta de invitación
라 까르따 데 임비따씨온
(invitación de boda)
임비따씨온 데 보다
청첩장

el suegro 엘 쑤에그로
시아버지, 장인

la suegra 라 쑤에그라
시어머니, 장모

los suegros 로쓰 쑤에그로쓰
시부모, 장인 장모

Separarse 헤어지다
쎄빠라르세

el conflicto 엘 꼼플릭또
(의견) 충돌, 대립

celoso/a 쎌로소/사
질투하는

engañar 엥가냐르
바람을 피우다, 속이다

separarse 쎄빠라르세
멀어지다, 곁을 떠나다

la separación 라 쎄빠라씨온
별거(부부 사이)

la ruptura 라 룹뚜라 이별(연인 사이) 	abandonar 아반도나르 도망치다, 포기하다	separado/a 쎄빠라도/다 갈라선, 별거 중인 
	la libertad 라 리베르땁 자유	la sospecha 라 쏘스뻬차 의혹 

¡Estoy embarazada! 임신했어요!
에스또이 엠바라싸다!

el bebé 엘 베베 아기 	el embarazo 엘 엠바라쏘 임신 	estar embarazada 에스따르 엠바라싸다 임신하다 
	el nacimiento 엘 나씨미엔또 탄생 	el parto 엘 빠르또 출산 
	la leche materna 라 레체 마떼르나 모유 	la leche en polvo 라 레체 엔 뽈보 분유 
	el biberón 엘 비베론 젖병 	el pañal 엘 빠냘 기저귀 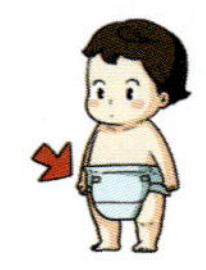
	el carricoche 엘 까리꼬체 유모차 	la cuna 라 꾸나 아기 침대 

소개팅

누구 만나는 사람 있니?

¿Estás saliendo con alguien?
에스따쓰 쌀리엔도 꼰 알기엔?

난 남자/여자 친구 없어.

No tengo novio/a.
노 뗑고 노비오/아

난 미혼이야.

Estoy soltero/a.
에스또이 쏠떼로/라

그는 그냥 친구일 뿐이야.

Él es solo un amigo.
엘 에쓰 쏠로 운 아미고

그녀는 그냥 친구일 뿐이야.

Ella es solo una amiga.
에야 에쓰 쏠로 우나 아미가

원하는 남자 스타일이 뭐야?

¿Qué tipo de chico te gusta?
께 띠뽀 데 치꼬 떼 구스따?

아무나 상관 없어.

No me importa quién es.
노 메 임뽀르따 끼엔 에쓰

그녀에게 남자 친구 있어?

¿Ella tiene novio?
에야 띠에네 노비오?

주변에 착하고 잘생긴 남자/착하고 예쁜 여자 좀 소개해 줘.

Preséntame a alguien simpático/a y guapo/a que conozcas.
쁘레센따메 아 알기엔 씸빠띠꼬/까 이 구아뽀/빠 께 꼬노쓰까쓰

소개팅 후 평가

그는 내 취향이 아니다.

No es mi tipo.
노 에쓰 미 띠뽀

그녀는 내 이상형이야.

Es la chica de mis sueños.
에쓰 라 치까 데 미쓰 쑤에뇨쓰

Es perfecta para mí.
에쓰 뻬르펙따 빠라 미

그는 동화 속 왕자님이야.

Es mi príncipe azul.
에쓰 미 쁘린씨뻬 아쑬

Es mi novio soñado.
에쓰 미 노비오 소냐도

나 그한테 완전히 반한 거 같아. (말하는 사람이 여성)

Creo que estoy completamente enamorada de él.
끄레오 께 에스또이 꼼쁠레따멘떼 에나모라다 데 엘

나 그녀한테 완전히 반한 거 같아. (말하는 사람이 남성)

Creo que estoy completamente enamorado de ella.
끄레오 께 에스또이 꼼쁠레따멘떼 에나모라도 데 에야

상사병에 걸렸어. (나는 사랑에 미쳤다.)

Estoy loco/a de amor.
에스또이 로꼬/까 데 아모르

이건 분명히 그녀가 널 좋아한다는 신호야.

Esta es una señal segura de que le gustas.
에스따 에쓰 우나 쎄냘 쎄구라 데 께 레 구스따쓰

우리는 통하는 게 많아.

Tenemos mucho en común.
떼네모쓰 무초 엔 꼬문

데이트 ①

그와의 데이트 어땠어?

¿Cómo estuvo la cita con él?
꼬모 에스뚜보 라 씨따 꼰 엘?

우리 지금 데이트하고 있는 거야?

Entonces, ¿estamos saliendo?
엔똔쎄쓰, 에스따모쓰 쌀리엔도?

직장에서 한 남자를 사귀고 있어.

Estoy saliendo con un chico del trabajo.
에스또이 쌀리엔도 꼰 운 치꼬 델 뜨라바호

우리는 만나자마자 서로 첫눈에 반했어요.

Cuando nos conocimos, fue amor a primera vista.
꾸안도 노쓰 꼬노씨모쓰, 푸에 아모르 아 쁘리메라 비스따

그들은 아직 그냥 만나는 단계일 뿐이야.

Todavía están al principio del noviazgo.
또다비아 에스딴 알 쁘린씨삐오 델 노비아쓰고

우린 사이 좋게 지내고 있어.

Tenemos una buena relación.
떼네모쓰 우나 부에나 렐라씨온

여기서 잠깐!

스페인어로 '나의 반쪽'이라는 표현으로는 오렌지를 사용합니다. Mi media naranja 미 메디아 나랑하라고 하면 '나의 반쪽'이라는 표현인데, 직역하면 '나의 오렌지 반쪽'이라는 의미거든요.

꼭! 짚고 가기

동거 문화

스페인은 동거 문화가 아주 발달해 있습니다. 두 성인이 사귀기 시작했다면 동거하는 것이 아주 일반적인 문화로 자리 잡혀 있죠. 같이 살아 보지 않고 결혼을 한다는 건 위험한 일이라는 관념이 강하죠.

스페인에서 동거는 일반 결혼과 동일하게 법적 보호를 받는 관계입니다. 또한 동거 상태에서 아이를 낳는 것 또한 아주 자연스러운 일입니다. 법적으로 동거의 관계를 인정받고 싶다면 pareja de hecho 빠레하 데 에초 (동거인 증명)를 하면 됩니다. 부부와 동일한 책임과 의무를 지고, 또 동일한 보호를 받습니다.

콜롬비아 출신 세계적인 여가수 Shakira 샤끼라와 바르셀로나 출신 축구 선수 Gerard Piqué 헤라르드 삐께 역시 결혼은 하지 않고 동거하며 아이를 낳아 기르는 유명한 동거 커플이었습니다만, 2022년 피케의 외도로 인해 파경을 맞이하였습니다. 샤키라는 그 후 'BZRP Music Sessions #53'라는 노래를 발표했는데, 가사를 보면 '너는 페라리를 버리고 트윙고(프랑스 르노의 경차)를 가졌지', '롤렉스 대신 카시오를 찼어' 등 본인을 버리고 23살짜리 대학생과 바람난 상대를 노골적으로 비난하고 있습니다.

재미있는 것은 피케의 바람 상대의 이름이 clara 끌라라인데요, 스페인어로 claramente는 '명백하게'라는 뜻의 부사이기도 합니다. 노래의 후렴구에 여러 번 Claramente를 넣어 가사처럼 보이게 하면서 내 연녀의 이름을 넣어 부르고 있습니다. 이 노래는 유튜브에 공개된 지 24시간 만에 6천만 이상의 조회수를 기록하며 크게 히트했습니다.

데이트②

\# 최근에 우리는 자주 만났어.

Últimamente hemos quedado muchas veces.
울띠마멘떼 에모쓰 께다도 무차쓰 베쎄쓰

\# 우리는 세 번 데이트했다.

Hemos salido ya tres veces juntos.
에모쓰 쌀리도 야 뜨레쓰 베쎄쓰 훈또쓰

\# 걔들 벌써 꽤 오래 만났어.

Han estado saliendo desde hace ya, bastante tiempo.
안 에스따도 쌀리엔도 데스데 아쎄 야, 바스딴떼 띠엠뽀

\# 우리는 정말 사랑에 빠졌어.

Realmente estamos muy enamorados.
레알멘떼 에스따모쓰 무이 에나모라도쓰

\# 자기야.

Cariño.
까리뇨

Amor.
아모르

\# 그한테 데이트 신청하려고 해.

Estoy pensando en invitarlo a salir.
에스또이 뻰산도 엔 임비따르로 아 쌀리르.

\# 그녀한테 데이트 신청하려고 해. 어떻게 생각해?

Estoy pensando en invitarla a salir. ¿Qué opinas?
에스또이 뻰산도 엔 임비따르라 아 쌀리르. 께 오삐나쓰?

데이트③

\# 나는 절대 마리오와 사귄 적이 없어.

Nunca había estado con Mario.
눙까 아비아 에스따도 꼰 마리오

\# 이번 주말에 시간 있으면, 영화 보러 갈래?

Si tienes tiempo este fin de semana, ¿te gustaría ir a ver una película?
씨 띠에네쓰 띠엠뽀 에스떼 핀 데 쎄마다, 떼 구스따리아 이르 아 베르 우나 뻴리꿀라?

\# 너 지금 나한테 데이트 신청하는 거야?

¿Me estás pidiendo una cita?
메 에스따쓰 삐디엔도 우나 씨따?

\# 데이트가 아니었어, 우리는 그냥 좋은 친구야.

No fue una cita, solo somos buenos amigos.
노 푸에 우나 씨따, 쏠로 쏘모쓰 부에노쓰 아미고쓰

\# 그는 너무 소심해서 그녀에게 데이트 신청을 하지 못한다. (데이트 신청을 하기에 그는 너무 소심하다.)

Es muy tímido para invitarla a salir.
에쓰 무이 띠미도 빠라 임비따를라 아 쌀리르

연애 충고 ①

\# 가장 중요한 건 솔직함이야.
너를 있는 그대로 보여 줘.

Lo más importante es la honestidad.
Muéstrate tal como eres.
로 마쓰 임뽀르딴떼 에쓰 라 오네스띠닫.
무에스뜨라떼 딸 꼬모 에레쓰

\# 넌 충분히 매력적이야. 자신감을 가져.

Eres lo suficientemente atractivo/a. Ten confianza.
에레쓰 로 쑤피씨엔떼멘떼 아뜨락띠보/바.
뗀 꼰피엔싸

\# 우선 걔랑 대화를 해 봐. 네가 뭔가 오해하고 있을 수도 있잖아.

Primero habla con él/ella. Puede que estés malinterpretando algo.
쁘리메로 아블라 꼰 엘/에야. 뿌에데 께 에스떼쓰 말린떼르쁘레딴도 알고

\# 내 남자 친구가 바람피우는 것 같아.

Creo que mi novio me está engañando.
끄레오 께 미 노비오 메 아스따 엥가냔도

\# 내 여자 친구가 바람피우는 것 같아.

Creo que mi novia me está engañando.
끄레오 께 미 노비아 메 아스따 엥가냔도

여기서 잠깐!

단어 novio 노비오(남자 친구), novia 노비아(여자 친구)는 공식적으로 소개할 수 있는 '연인' 이성 친구를 말합니다. '신랑', '신부'라는 뜻도 있습니다.

연애 충고②

\# 나는 마르타를 짝사랑하고 있어요.

Estoy enamorado en secreto de Marta.
에스또이 에나모라도 엔 쎄끄레또 데 마르따

\# 첫눈에 반하는 사랑은 없어.

No existe el amor a primera vista.
노 엑씨스떼 엘 아모르 아 쁘리메라 비스따

\# 첫눈에 반하는 건 외모만 보고 좋아하는 거지.

Enamorarse a primera vista es solo gustar por la apariencia.
에나모라르세 아 쁘리메라 비스따 에쓰 쏠로 구스따르 뽀르 라 아빠리엔씨아

\# 남녀 관계에 너무 집착하면 안 돼.

No debes obsesionarte demasiado en las relaciones entre hombres y mujeres.
노 데베쓰 옵세시오나르떼 데마시아도 엔 라쓰 렐라씨오네쓰 엔뜨레 옴브레쓰 이 무헤레쓰

\# 그건 너무 지나쳐요.

Eso es excesivo.
에소 에쓰 엑쎄시보

Eso es demasiado exagerado.
에소 에쓰 데마시아도 엑싸헤라도

\# 그녀에게 매달리지 마라.

No estés mendigándole.
노 에스떼쓰 멘디간돌레

\# 남자 친구랑 싸웠어?

¿Has discutido con tu novio?
아쓰 디스꾸띠도 꼰 뚜 노비오?

\# 바람 피우지 말아요.

No me engañes.
노 메 엥가녜쓰

사랑①

\# 널 사랑해.

Te quiero.
떼 끼에로

\# 널 좋아해.

Me gustas.
메 구스따쓰

\# 너를 향한 (좋은) 감정이 있어.

Tengo sentimientos hacia ti.
뗑고 쎈띠미엔또쓰 아씨아 띠

\# 그녀를 처음 본 순간 사랑에 빠졌어.

Me enamoré de ella en cuanto la vi por primera vez.
메 에나모레 데 에야 엔 꾸안또 라 비 뽀르 쁘리메라 베쓰

\# 숨막힐 정도로 감동적인 순간들이다.

Son los momentos que quitan el aliento.
쏜 로쓰 모멘또쓰 께 끼딴 엘 알리엔또

\# 너무 감동해서 눈물 날 것 같아.

Estoy tan impresionado/a que podría llorar.
에스또이 딴 임쁘레시오나도/다 께 뽀드리아 요라르

\# 너를 봐도 봐도, 또 보고 싶어.

No importa cuantas veces te vea, quiero volver a verte.
노 임뽀르따 꾸안따쓰 베쎄쓰 떼 베아, 끼에로 볼베르 아 베르떼

\# 너 없이 못 살아.

No puedo vivir sin ti.
노 뿌에도 비비르 씬 띠

\# 그녀는 나한테 푹 빠졌어.

Está totalmente enamorada de mí.
에스따 또딸멘떼 에나모라다 데 미

사랑 ②

너와 함께하는 모든 순간이 소중해.

Cada momento contigo es valioso.
까다 모멘또 꼰띠고 에쓰 발리오소

내가 행복할 수 있는 건 너와 함께하는 것 뿐이야.

La única manera de ser feliz es estar contigo.
라 우니까 마네라 데 쎄르 펠리쓰 에쓰 에스따르 꼰띠고

난 운명적으로 널 사랑하게 되었어.

Estaba destinado/a a amarte.
에스따바 데스띠나도/다 아 아마르떼

너와 평생 행복하고 싶어.

Quiero ser feliz contigo para siempre.
끼에로 쎄르 펠리쓰 꼰띠고 빠라 씨엠쁘레

넌 내 완벽한 이상형이야.

Eres mi chico/a ideal.
에레쓰 미 치꼬/까 이데알

다니엘이 나한테 좋아한다고 고백했어.

Daniel me confesó que le gusto.
다니엘 메 꼰페쏘 께 레 구스또

너를 보면 내가 더 좋은 사람이 되고 싶어져.

Me haces querer ser mejor persona.
메 아쎄쓰 께레르 쎄르 메호르 뻬르소나

질투&배신

걔네가 빨리 깨졌으면 좋겠어.

Espero que rompan pronto.
에스뻬로 께 롬빤 쁘론또

그들의 관계는 3개월이면 끝날 거야.

Le doy a su relación 3 meses.
레 도이 아 쑤 렐라씨온 뜨레쓰 메세쓰

그/그녀는 질투에 눈이 멀었어.

Está cegado/a por los celos.
에스따 쎄가도/다 뽀르 로쓰 쎌로쓰

그는 한 여자에게 정착하지 못한다.

Nunca ha quedado con una chica.
눙까 아 께다도 꼰 우나 치까

넌 날 가지고 놀았다.

Me has manipulado.
메 아쓰 마니뿔라도

넌 내 마음에 상처를 입혔어.

Me has roto el corazón.
메 아쓰 로또 엘 꼬라쏜

내 전 남/여자 친구가 바람을 피워서 헤어졌어.

Rompí con mi exnovio/a porque me engañó.
롬삐 꼰 미 엑쓰노비오/아 뽀르께 메 엥가뇨

갈등

뭐가 미안한지 설명해 볼래?

¿Puedes explicarme qué es lo que sientes?
뿌에데쓰 엑쓰쁠리까르메 께 에쓰 로 께 씨엔떼쓰?

그는 항상 사람에게 마음을 여는 데 시간이 좀 걸린다.

Siempre necesita tiempo para abrirse a las personas.
씨엠쁘레 네쎄시따 띠엠뽀 빠라 아브리르세 아 라쓰 뻬르소나쓰

우리 결혼을 다시 고려해 봐야 하지 않을까?

¿No deberíamos reconsiderar nuestro matrimonio?
노 데베리아모쓰 레꼰시데라르 누에스뜨로 마뜨리모니오?

남자 친구랑 잠시 시간을 갖자고 했어.

Le pedí a mi novio que nos tomemos un descanso.
레 뻬디 아 미 노비오 께 노쓰 또메모쓰 운 데스깐소

너 나에 대한 사랑이 식었구나?

¿Se ha enfriado tu amor por mí?
쎄 아 엠프리아도 뚜 아모르 뽀르 미?

너한테 질렸어.

Estoy harto/a de ti.
에스또이 아르또/따 데 띠

이별 ①

\# 우리는 아주 안 좋게 헤어졌다.

Acabamos mal.
아까바모쓰 말

\# 우리는 더 이상 사귀지 않는다.

Ya no estamos juntos.
야 노 에스따모쓰 훈또쓰

\# 그들은 2주 전에 헤어졌다.

Se separaron hace unas 2 semanas.
쎄 쎄빠라론 아쎄 우나쓰 도쓰 쎄마나쓰

\# 우린 헤어졌어.

Hemos terminado.
에모쓰 떼르미나도

Lo hemos dejado.
로 에모쓰 데하도

\# 난 그와 헤어졌어.

Rompí con él.
롬삐 꼰 엘

여기서 잠깐!

일상생활에 자주 쓰이는 'ser de piedra 쎄르 데 삐에드라'라는 표현이 있습니다. 직역하면 '~은 돌이다'라는 뜻입니다. 이 표현은 주로 "¡Oye, ¡que no soy de piedra! 오예, 께 노 쏘이 데 삐에드라!'로 많이 쓰이며, '야, 나는 감정도 없는 사람인 줄 아니!'라는 뜻입니다. 그야말로 no somos de piedra 노 쏘모쓰 데 삐에드라, '우리는 돌이 아니니까' 감정을 느끼는 것이겠죠.

꼭! 짚고 가기

3번 결혼했던 스페인 귀족 '알바 공작부인'

3조 원이 넘는 재산과 더불어 무려 40개가 넘는 귀족 작위로 기네스북에 등재된 사람이 있습니다. María del Rosario Cayetana Fitz-James Stuart y Silva 마리아 델 로사리오 까예따나 핏츠 제임스 스투어트 이 씰바로 흔히 Duquesa de Alba 두께사 데 알바, 즉 알바 공작부인으로 불렸던 사람인데요, 이 공작부인은 2014년 88세의 나이로 작고하였지만 이전까지 스페인 연예 프로그램 및 잡지의 단골손님이었습니다. 그녀의 재산과 더불어, 여러 번의 성형, 3번의 결혼이라는 화려한 이력 때문이었죠.

이미 두 번의 결혼 생활과 두 번의 사별을 겪은 알바 공작부인은 2011년 85세의 나이로 3번째 결혼을 하게 됩니다. 상대는 24살 연하의 공무원이었죠. 돈을 보고 하는 결혼이라고 세간의 말들이 많았습니다.

또한 85살의 공작부인 역시 제대로 말을 잇지 못할 정도로 연로한 상태였기에 이들의 결합은 논란이 될 수밖에 없었죠.

특히 자녀들의 반대가 심했으며 그녀가 소유한 세비야의 한 성에서 열린 세 번째 결혼식에 자녀들은 참석하지 않았습니다.

결국 결혼 전 모든 재산을 자녀들에게 배분하고, 그녀의 남편이 될 사람 역시 그녀의 재산에 대해서는 아무 요구도 하지 않을 것임을 선포했습니다.

그녀가 소유한 재산 중에는 벨라스케스와 고야의 그림들, 돈키호테 초판, 콜럼버스의 친필 편지 등도 있다고 하네요.

이별②

\# 내가 그를 찼지.

Le dejé yo.
레 데헤 요

\# 시간이 해결해 줄 거야.

Solo tienes que dejar que pase el tiempo.
쏠로 띠에네쓰 께 데하르 께 빠세 엘 띠엠뽀

El tiempo lo curará.
엘 띠엠뽀 로 꾸라라

\# 넌 괜찮아질 거야.

Estarás bien.
에스따라쓰 비엔

\# 우린 헤어졌지만 친구로 지내.

Hemos terminado pero seguimos siendo amigos.
에모쓰 떼르미나도 뻬로 쎄기모쓰 씨엔도 아미고쓰

\# 우리는 그냥 친구로 있는 게 더 좋을 것 같아.

Creo que es mejor que quedemos como amigos.
끄레오 께 에쓰 메호르 께 께데모쓰 꼬모 아미고쓰

\# 전 여자 친구는 완전히 정신 나간 애였어.

Mi exnovia estaba completamente loca.
미 엑쓰노비아 에스따바 꼼쁠레따멘떼 로까

여기서 잠깐!

스페인 사람들은 남녀노소 누구나 감정 표현에 솔직하고 열정적입니다. 길거리를 돌아다니다 보면 타인의 시선에 연연하지 않고 격정적으로 키스를 나누는 연인들을 아주 많이 발견할 수 있습니다.

기타①

\# 네 전화번호 알려 줄래?

¿Me puedes dar el número de teléfono?
메 뿌에데쓰 다르 엘 누메로 데 뗄레포노?

¿Cuál es tu número de teléfono?
꾸알 에쓰 꾸 누메로 데 뗄레포노?

\# 나도 네가 맘에 들어.

A mí también me gustas.
아 미 땀비엔 메 구스따쓰

\# 난 지금 결혼하고 싶지 않아.

No quiero casarme todavía.
노 끼에로 까사르메 또다비아

\# 난 그녀와 다시 사귀고 싶다.

Quiero volver con ella.
끼에로 볼베르 꼰 에야

casarse (con) 까사르세 (꼰) ~와 결혼하다

기타②

다니엘은 내가 좋아하는지 절대 모를 거야.

Daniel nunca sabría que me gusta.
다니엘 눙까 싸브리아 께 메 구스따

그녀를 좋아한다면, 투덜거리지 말고 친절하게 대해 줘.

Si te gusta, no seas imbécil y sé amable con ella.
씨 떼 구스따, 노 쎄아쓰 임베씰 이 쎄 아마블레 꼰 에야

나는 예전에 그와 잠깐 사귀었어.

Salí con él brevemente en el pasado.
쌀리 꼰 엘 브레베멘떼 엔 엘 빠사도

그녀는 양다리예요.

Está saliendo con dos chicos a la vez.
에스따 쌀리엔도 꼰 도쓰 치꼬쓰 아 라 베쓰

쟤가 너한테 지금 추파를 던지고 있는데?

¿Te estás insinuando?
떼 에스따쓰 인시누안도?

그 남자하고 만나는 것은 시간 낭비이다. (그는 너에게 그럴 만한 가치가 없다.)

Ese chico no te merece.
에세 치꼬 노 떼 메레쎄

여기서 잠깐!

스페인에서 초콜릿 한 상자는 아주 많이 주고받는 선물 중 하나입니다. 우리나라보다 초콜릿 종류가 더 다양하며, 대부분 선물하기 좋게 상자에 들어 있습니다.

꼭! 짚고 가기

동성 결혼이 허용되는 나라

스페인은 2005년부터 동성 결혼이 합법화 되었습니다. 성별과 관계없이 원하는 상대와 결혼할 수 있는 권리가 법적으로 보장되는 것이죠.

실제로 스페인에서 남남커플 혹은 여여커플을 찾아보기란 어려운 일이 아닙니다. 동성끼리 손을 잡고 다니거나 길거리에서 진한 애정표현을 나누는 모습을 쉽게 볼 수 있습니다.

'동성애자'를 스페인어로는 homosexual 오모섹쑤알이라고 합니다. 남성 동성애자를 비하하는 말로 maricón 마리꼰이라는 은어가 있으며 여성 동성애자를 비하하는 말로는 bollera 보예라라는 말이 있지만, 이는 아주 나쁜 뜻을 가지고 있으며 욕설에 가까운 말입니다.

스페인을 대표하는 영화감독인 Pedro Almodóvar 뻬드로 알모도바르 역시 동성애자입니다. 연간 3백만 유로(약 43억 원)를 버는 5번 채널(Telecinco 뗄레씽꼬)의 간판 진행자 Jorge Javier 호르헤 하비에르 또한 잘 알려진 동성애자입니다. 2011년 '내가 사는 피부'라는 Pedro Almodóvar 뻬드로 알모도바르 감독의 영화 여주인공으로 열연한 바 있는 Elena Anaya 엘레나 아나야 역시 동성애자입니다.

그 밖에 여러 유명인들이 동성애자임을 밝혔으며 그중 정치인들도 꽤 많이 있습니다. 우리나라와는 사뭇 다른 풍경이죠?

가족 소개

\# 나에겐 그 무엇보다 가족이 가장 소중하다.

Valoro a mi familia por encima de todo lo demás.
발로로 아 미 파밀리아 뽀르 엔씨마 데 또도 로 데마쓰

\# 저는 부모님과 남동생 두 명이 있어요.

Tengo padres y dos hermanos menores.
뗑고 빠드레쓰 이 도쓰 에르마노쓰 메노레쓰

\# 너희들에게 내 가족을 소개할게.

Os presento a mi familia.
오쓰 쁘레센또 아 미 파밀리아

\# 우리 가족은 모두 서울에 삽니다.

Toda mi familia vive en Seúl.
또다 미 파밀리아 비베 엔 쎄울

\# 저희 할머니는 올해로 92세가 되시며, 매우 정정하십니다.

Mi abuela cumple 92 años este año y está muy bien de salud.
미 아부엘라 꿈쁠레 노벤따 이 도쓰 아뇨쓰 에스떼 아뇨 이 에스따 무이 비엔 데 쌀룯

\# 저는 외동아들(딸)입니다.

Soy hijo/a único/a.
쏘이 이호/하 우니꼬/까

\# 저는 조카 두 명이 있어요.

Tengo dos sobrinos.
뗑고 도쓰 쏘브리노쓰

청혼

\# 크리스토발이 나한테 청혼했어.

Cristóbal me pidió que me casara con él.
끄리스또발 메 삐디오 께 메 까사라 꼰 엘

\# 나와 결혼해 줄래?

¿Te quieres casar conmigo?
떼 끼에레쓰 까사르 꼰미고?

\# 그는 밸런타인데이에 청혼할 거예요.

Se lo propondrá el día de san Valentín.
쎄 로 쁘로뽄드라 엘 디아 데 싼 발렌띤

\# 나는 그의 청혼을 받아들였다.

Acepté su propuesta de matrimonio.
악셉떼 쑤 쁘로뿌에스따 데 마뜨리모니오

\# 나는 그의 청혼을 거절했다.

Rechacé su propuesta de matrimonio.
레차쎄 쑤 쁘로뿌에스따 데 마뜨리모니오

\# 나는 결혼하고 싶어 죽겠어요.

Me muero de ganas por casarme.
메 무에로 데 가나쓰 뽀르 까사르메

\# 그녀가 저를 받아 준다면, 전 그녀와 결혼하겠어요.

Me casaré con ella, si acepta.
메 까사레 꼰 에야, 씨 악셉따

\# 나 여자 친구한테 프러포즈하려고 해. 좋은 아이디어 있어?

Estoy planeando proponerle matrimonio a mi novia. ¿Tienes alguna buena idea?
에스또이 쁠라네안도 쁘로뽀네르레 마뜨리모니오 아 미 노비아. 띠에네쓰 알구나 부에나 이데아?

결혼 준비

\# 신혼여행은 어디로 가나요?

¿Dónde vas a ir de luna de miel?
돈데 바쓰 아 이르 데 루나 데 미엘?

\# 신혼여행은 하와이로 가요.

Vamos a Hawái por nuestra luna de miel.
바모쓰 아 하와이 뽀르 누에스뜨라 루나 데 미엘

Iremos de luna de miel a Hawái.
이레모쓰 데 루나 데 미엘 아 하와이

\# 결혼 전에 준비할 게 아주 많아.

Hay tantas cosas que hacer antes de la boda.
아이 딴따쓰 꼬사쓰 께 아쎄르 안떼쓰 데 라 보다

\# 언제 결혼할 거니?

¿Cuándo piensas casarte?
꾸안도 삐엔사쓰 까사르떼?

\# 피로연은 호텔에서 합니다.

Celebraremos nuestra boda en un hotel.
쎌레브라레모쓰 누에스뜨라 보다 엔 운 오뗄

여기서 잠깐!

스페인의 피로연은 보통 야외에서 와인, 음료 등과 간단한 스낵을 먹고, 야외 혹은 실내에서 4~5코스 정도의 식사를 하게 됩니다. 그 후 밤이 새도록 술을 마시고 춤을 추는 La barra libre 라 바라 리브레를 하죠. 따라서 식사비 또한 보통 1인당 100유로를 넘는 편입니다. 하객들은 축의금으로 1인당 최소 100유로씩은 내는 것이 기본이며, 초대를 받는다면 여성들은 미용실에 가서 머리를 하고 '드레스'를 입고 가는 것이 예의입니다. 결혼식은 초대하는 사람이나 참석하는 사람이나 금전적으로 부담스러운 행사이기 때문에, 스페인에서는 정말 친한 사이가 아니라면 초대도 안 하고 참석하지도 않습니다.

꼭! 짚고 가기

스페인의 결혼 문화

스페인 사람들의 결혼은 시청에서 혼인 신고식만 하는 간단한 방법과 교회에서 결혼식을 올리는 방법이 있습니다. 물론 둘 다 하는 경우도 많고, 종교적인 이유로 교회 결혼식은 하지 않고 피로연만 하기도 합니다.

교회에서 정식으로 '결혼식'을 한다면 그 준비 과정과 비용이 우리나라와는 비교도 할 수 없을 만큼 많이 소요됩니다. 우선 교회 결혼식을 하기 위해서는 '부부 교육'을 수료해야 하며, 그 후에 본인이 원하는 교회를 예약할 수 있는데 보통 1년 정도의 시간을 두고 미리 예약을 해야 합니다. 그 후 주례를 서 줄 성직자를 섭외하고 피로연 장소를 물색하는데, 피로연은 보통 호텔 혹은 전문 피로연장에서 합니다.

이렇게 장소 선정이 끝났다면 신랑·신부 예복, 청첩장, 답례품 등을 준비합니다. 우리나라는 '단 하루'만 입기 때문에 웨딩드레스를 대부분 대여하지만, 스페인에서는 '단 한 번뿐'인 결혼식이라는 이유로 드레스를 구매하는 경우가 많으며, 제작 기간은 최소 6주를 잡아야 합니다. 이 웨딩드레스는 결혼식 당일까지 신랑에게는 보여 주지 않는다고 합니다.

보통 하객들을 위한 답례품도 마련하는데 답례품 중 남성에게는 el puro 엘 뿌로(시가)를, 여성에게는 el alfiler 엘 알필레르(옷핀)를 필수로 줍니다.

또한 신랑, 신부가 손님들이 앉을 좌석을 미리 지정해야 하므로 하객은 결혼식 참석 여부를 반드시 확답해 줘야만 합니다.

결혼식 초대

결혼식에 꼭 참석해 줘.

Por favor, ven a mi boda.
뽀르 파보르, 벤 아 미 보다

이건 우리 청첩장이야.

Esta es nuestra invitación de boda.
에스따 에쓰 누에스뜨라 임비따씨온 데 보다

미안하지만 네 결혼식에 못 가겠는데.

Me temo que no puedo ir a tu boda.
메 떼모 께 노 뿌에도 이르 아 뚜 보다

우리는 결혼식에 모든 친척과 친구들을 초대했어요.

Invitamos a todos nuestros familiares y amigos a la boda.
임비따모쓰 아 또도쓰 누에스뜨로쓰 파밀리아레쓰 이 아미고쓰 아 라 보다

우리는 친구들에게 청첩장을 보냈습니다.

Enviamos las invitaciones de boda a los amigos.
엠비아모쓰 라쓰 임비따씨오네쓰 데 보다 아 로쓰 아미고쓰

나는 마리오는 초대하고 싶지 않아.

No quiero invitar a Mario.
노 끼에로 임비따르 아 마리오

다음주까지 참석 여부를 말해 주겠니?

¿Me lo puedes confirmar antes de la próxima semana?
메 로 뿌에데쓰 꼼피르마르 안떼쓰 데 라 쁘록씨마 쎄마나?

결혼식

부케는 누가 받아요?

¿Quién recibirá el ramo de novia?
끼엔 레씨비라 엘 라모 데 노비아?

신부의 웨딩드레스가 아름다웠어.

El vestido de novia era precioso.
엘 베스띠도 데 노비아 에라 쁘레씨오소

결혼 반지는 부부 결합의 상징입니다.

Un anillo de boda simboliza la unión entre el marido y la mujer.
운 아니요 데 보다 씸볼리싸 라 우니온 엔뜨레 엘 마리도 이 라 무헤르

신랑 신부가 너무 닮았다. 남매 같아. 닮으면 잘산대.

El novio y la novia se parecen demasiado. Parecen hermanos. Dicen que si se parecen, vivirán bien.
엘 노비오 이 라 노비아 쎄 빠레쎈 데마시아도. 빠레쎈 에르마노쓰. 디쎈 께 씨 쎄 빠레쎈, 비비란 비엔

오늘 와 줘서 정말 고마워.

Muchas gracias por venir hoy.
무차쓰 그라씨아쓰 뽀르 베니르 오이

결혼을 축하합니다!

¡Felicidades por el matrimonio!
펠리씨다데쓰 뽀르 엘 마뜨리모니오!

두 분 행복하시길 바랍니다!

¡Les deseo a ambos lo mejor!
레쓰 데세오 아 암보쓰 로 메호르!

결혼 생활

\# 결혼해서 행복해?

¿Estás feliz de estar casado/a?
에스따쓰 펠리쓰 데 에스따르 까사도/다?

\# 혼자보단 둘이 나은 거 같아. 행복해.

Parece que es mejor estar con alguien que solo/a. Estoy feliz.
빠레쎄 께 에쓰 메호르 에스따르 꼰 알기엔 께 쏠로/라. 에스또이 펠리쓰

\# 이 결혼은 행복하지 못하다.

No es un matrimonio feliz.
노 에쓰 운 마뜨리모니오 펠리쓰

\# 저는 결혼한 지 8년 되었습니다.

Llevo casado/a desde hace 8 años.
예보 까사도/다 데스데 아쎄 오초 아뇨쓰

\# 저는 배우자와 결혼한 지 5년이 됩니다.

Mi esposo/a y yo estamos casados desde hace 5 años.
미 에스뽀소/사 이 요 에스따모쓰 까사도쓰 데스데 아쎄 씽꼬 아뇨쓰

\# 그녀는 결혼해서 아이가 둘 있습니다.

Está casada y tiene dos niños.
에스따 까사다 이 띠에네 도쓰 니뇨쓰

felizmente 펠리쓰멘떼 행복하게
el matrimonio 엘 마뜨리모니오 결혼, 부부
el/la esposo/a 엘/라 에스뽀소/사 배우자

꼭! 짚고 가기

'총각 파티'와 '처녀 파티'

스페인에서는 결혼식 전에 친구들끼리 모여 la fiesta de despedida de soltero/a 라 피에스따 데 데스뻬디다 데 쏠떼로/라를 합니다. 즉 '미혼 파티'쯤으로 해석할 수 있겠네요. 친한 친구들이 돈을 모아 주인공과 함께 하루 즐겁게 놀거나, 평소 주인공이 가고 싶었던 장소로 서프라이즈 여행을 떠나는 것이 보통입니다. 이 미혼 파티는 주인공에게는 철저하게 비밀로 진행되죠.

친구들끼리 우스꽝스러운 가발을 쓰거나 주인공에게 우스꽝스러운 코스튬을 입히고 술집 등으로 돌아다니며 술을 마시고 놀거나 식사를 하기도 합니다. 여름밤이 되면 거리에서 미혼 파티를 하는 사람들을 쉽게 볼 수 있습니다.

별거&이혼&재혼

\# 별거 중입니다.

Estoy separado/a.
에스또이 쎄빠라도/다

\# 실제로는, 그들은 이혼한 것이 아니라 별거중이다.

En realidad, no están divorciados, solo están separados.
엔 레알리닫, 노 에스딴 디보르씨아도쓰, 쏠로 에스딴 쎄빠라도쓰

\# 더는 못 견디겠어.

No puedo soportarlo más.
노 뿌에도 쏘뽀르따르로 마쓰

\# 이혼하자!

¡Vamos a divorciarnos!
바모쓰 아 디보씨아르노쓰!

\# 그들은 결국 이혼했습니다.

Finalmente se han divorciado.
피날멘떼 쎄 안 디보르씨아도

\# 재혼은 초혼보다 더 신중해야 해.

Cuando te vuelvas a casar, debes ser más cuidadoso/a que en el primer matrimonio.
꾸안도 떼 부엘바쓰 아 까사르, 데베쓰 쎄르 마쓰 꾸이다도소/사 께 엔 엘 쁘리메르 마뜨리모니오

\# 그는 지난달에 재혼했습니다.

Se volvió a casar el mes pasado.
쎄 볼비오 아 까사르 엘 메쓰 빠사도

en realidad 엔 레알리닫 사실은, 정말은

Unidad 5 임신&육아 MP3. C10_U05

임신

\# 나 임신했어, 입덧이 너무 심해.

Estoy embarazada, tengo náuseas matutinas muy fuertes.
에스또이 엠바라싸다, 뗑고 나우세아쓰 마뚜띠나쓰 무이 푸에르떼쓰

\# 그녀가 임신했어.

Está embarazada.
에스따 엠바라싸다

\# 그녀는 임신 8개월이다.

Está embarazada de 8 meses.
에스따 엠바라싸다 데 오초 메세쓰

\# 임신하려고 노력 중인데 아직까지 소식이 없어.

Estoy intentando quedarme embarazada y de momento no lo consigo.
에스또이 인텐딴도 께다르메 엠바라싸다 이 데 모멘또 노 로 꼰시고

\# 출산 예정일이 언제예요?

¿Cuál es la fecha prevista del parto?
꾸알 에쓰 라 페차 쁘레비스따 델 빠르또?

\# (너) 임신했다고 들었어.

He oído que vas a tener un bebé.
에 오이도 께 바쓰 아 떼네르 운 베베

여기서 잠깐!

스페인에서는 임신부가 특별히 먹고 싶은 음식이 있었다면, 나중에 아이의 몸에 그 모양의 반점, 얼룩 등이 생긴다는 속설이 있습니다. 예를 들어 임신 중 엄마가 딸기를 많이 먹고 싶어 했다면 아이의 몸에 딸기 모양 반점이 생긴다고 하죠.

육아

\# (아기) 우유 먹였어?

¿Le has dado la leche?
레 아쓰 다도 라 레체?

\# 아기가 5개월이 되면, 이유식을 시작해야 해요.

Cuando el bebé cumpla 5 meses, debes comenzar a introducir alimentos sólidos.
꾸안도 엘 베베 꿈뿔라 씽꼬 메세쓰, 데베쓰 꼬멘싸르 아 인뜨로두씨르 알리멘또쓰 쏠리도쓰

\# 아기는 내가 돌볼게요.

Voy a cuidar al bebé.
보이 아 꾸이다르 알 베베

\# 아기 돌볼 사람을 찾았어요.

He encontrado a una persona para cuidar de mi bebé.
에 엥꼰뜨라도 아 우나 뻬르소나 빠라 꾸이다르 데 미 베베

\# 남편이 육아휴직 중이야. 어린이집에 맡기기엔 아이가 너무 어려.

Mi marido está de baja por paternidad. El/La niño/a es demasiado pequeño/a para estar en la guardería.
미 마리도 에스따 데 바하 뽀르 빠떼르니닫. 엘/라 니뇨/냐 에쓰 데마시아도 뻬께뇨/냐 빠라 에스따르 엔 라 구아르데리아

\# 기저귀 좀 갈아 줄래?

¿Te importaría cambiarle el pañal?
떼 임뽀르따리아 깜비아를레 엘 빠냘?

\# 아기 목욕시키는 것 좀 도와줄래?

¿Puedes ayudarme a bañar al bebé?
뿌에데쓰 아유다르메 아 바냐르 알 베베?

꼭! 짚고 가기

디럭스형 유모차가 인기 있는 이유

스페인은 말 그대로 '태양의 나라'입니다. 눈이 부실 정도로 화창한 햇살을 가지고 있는 스페인에서는 태양이 건강에 좋다고 생각하죠. 우리나라는 출산 후 최소 3주는 외출을 금하고 있지만, 스페인에서 이렇게 말하면 다들 이상하게 쳐다볼지도 모릅니다. 아이가 햇볕을 쬐어야만 건강해진다고 믿기 때문이죠.
실제로 아직 얼굴이 빨간 갓 태어난 신생아들을 밖에서 심심치 않게 볼 수 있습니다. 그래서 그런지 부모의 경제력과는 상관없이 스페인에서는 바퀴가 크고 무거운 '디럭스형' 유모차가 인기를 끕니다. 누구나 당연히 좋은 유모차를 구입하고 또 그만큼 아이와 자주 외출합니다.

Capítulo 11

Capítulo 11

Unidad 1 응급 상황

Unidad 2 길을 잃음

Unidad 3 사건&사고

Unidad 4 장례

En la carretera 도로에서

엔 라 까레떼라

MP3. Word_C11

el transporte
엘 뜨란스뽀르떼
교통수단

el coche 엘 꼬체
자동차

la motocicleta 라 모또씨끌레따,
la moto 라 모또
오토바이

la bicicleta 라 비씨끌레따,
la bici 라 비씨
자전거

el autobús 엘 아우또부쓰
버스

código de la circulación
꼬디고 데 라 씨르꿀라씨온
교통 법규

el cinturón de seguridad
엘 씬뚜론 데 쎄구리닫
안전벨트

el claxon 엘 끌락쏜
경적

el casco 엘 까스꼬
헬멧

la velocidad 라 벨로씨닫
속도

sufrir un accidente
쑤프리르 운 악씨덴떼
사고를 당하다

exceso de velocidad
엑쓰쎄소 데 벨로씨닫
속도 위반

conducir hablando por el móvil
꼰두씨르 아블란도 뽀르 엘 모빌
운전 중 통화

conducir en estado de embriaguez
꼰두씨르 엔 에스따도 데 엠브리아게쓰
음주 운전

darse a la fuga 다르쎄 아 라 푸가
뺑소니를 치다

aparcar 아빠르까르
주차하다

el aparcamiento 엘 아빠르까미엔또,
el parking 엘 빠르낑
주차장

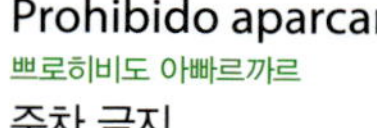

Prohibido aparcar
쁘로히비도 아빠르까르
주차 금지

el aparcamiento de pago
엘 아빠르까미엔또 데 빠고
유료 주차장

el aparcamiento gratuito
엘 아빠르까미엔또 그라뚜이또
무료 주차장

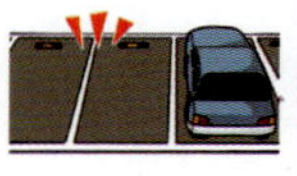

congestión del tráfico
꽁헤스띠온 델 뜨라피꼬
교통 혼잡

la hora punta 라 오라 뿐따
러시아워

el accidente de tráfico
엘 악씨덴떼 데 뜨라피꼬
교통사고

el atasco 엘 아따스꼬
교통 체증

el tráfico 엘 뜨라피꼬
교통

En la comisaría de policía 경찰서에서
엔 라 꼬미사리아 데 뽈리씨아

la denuncia 라 데눈씨아 신고, 고발 	la policía 라 뽈리씨아 경찰 	la comisaría de policía 라 꼬미사리아 데 뽈리씨아 경찰서 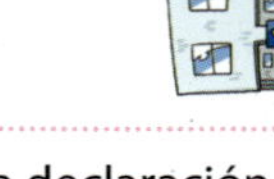	la acusación 라 아꾸사씨온 고소
	el objeto perdido 엘 옵헤또 뻬르디도 분실물 	la declaración del robo 라 데끌라라씨온 델 로보 도난 신고	el crimen 엘 끄리멘 범죄 
	el/la carterista 엘/라 까르떼리스따 소매치기 	el ladrón 엘 라드론 강도 	el/la testigo 엘/라 떼스띠고 증인 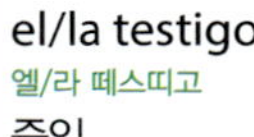
	buscar 부스까르 찾다 	perder 뻬르데르 잃다, 분실하다 	robar 로바르 훔치다 
	el/la niño/a perdido/a 엘/라 니뇨/냐 뻬르디도/다 미아	¡Socorro! 쏘꼬로! 도와주세요! 	¡Ayúdeme! 아유데메! 도와주세요!

el accidente 엘 악씨덴떼 사고	el accidente de tráfico 엘 악씨덴떼 데 뜨라피꼬 교통사고	la colisión 라 꼴리시온 충돌 	parar 빠라르 멈추다
	atropellar 아뜨로뻬야르 (탈것이) 치다	acelerar 아쎌레라르 속력을 내다 	frenar 프레나르 제동을 걸다
	el semáforo 엘 쎄마포로 신호등 	la violación 라 비올라씨온 (법률) 위반 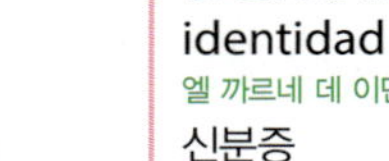	el carné de identidad 엘 까르네 데 이덴띠닫 신분증
	el carné de conducir 엘 까르네 데 꼰두씨르 운전면허증	el/la conductor/a 엘/라 꼰둑또르/라 운전수 	el peatón 엘 뻬아똔 보행자 
	el cruce 엘 끄루쎄 교차로 	el paso 엘 빠소 통로	la multa 라 물따 벌금
	el seguro 엘 쎄구로 보험	la grúa 라 그루아 견인차 	la carretera 라 까레떼라 도로 

응급 상황

구급차①

\# 도와주세요!

¡Ayuda!
아유다!

¡Ayuda, por favor!
아유다, 뽀르 파보르!

¡Socorro!
쏘꼬로!

\# 저를 도와주세요!

¡Ayúdame!
아유다메!

¡Necesito ayuda!
네쎄시또 아유다!

\# 112에 전화해 주세요!

¡Por favor llame al 112!
뽀르 파보르 야메 알 우노우노도스!

(우리나라의 안전신고센터 번호 119에 해당하는 스페인의 응급 전화번호는 112입니다.)

\# 의사를 불러 주세요!

¡Por favor, llame a un doctor!
뽀르 파보르, 야메 아 운 독또르!

\# 숨을 잘 못 쉬겠어요!

¡No puedo respirar bien!
노 뿌에도 레스삐라르 비엔!

\# 여기 다친 사람이 있어요!

¡Aquí hay alguien herido!
아끼 아이 알기엔 에리도!

\# 여기 사람이 쓰러졌어요!

¡Aquí alguien se ha desmayado!
아끼 알기엔 쎄 아 데스마야도!

\# 여기 심폐소생술 할 수 있는 사람 있나요?

¿Hay alguien aquí que pueda hacer RCP?
아이 알기엔 아끼 께 뿌에다 아쎄르 에레쎄뻬?

(심폐소생술(CPR)은 Reanimación cardiopulmonar 레아니마씨온 까르디오뿔모나르며, 줄임말은 RCP입니다.)

\# 응급 상황입니다. 구급차가 필요합니다.

Esto es una emergencia. Necesito una ambulancia.
에스또 에쓰 우나 에메르헨씨아. 네쎄시또 우나 암불란씨아

\# 누가 구급차를 불러 주시겠어요?

¿Alguien puede llamar a una ambulancia?
알기엔 뿌에데 야마르 아 우나 암불란씨아?

\# 구급차를 불러야겠어요.

Necesito llamar a una ambulancia.
네쎄시또 야마르 아 우나 암불란씨아

\# 빨리 와 주실 수 있나요?

¿Puede venir rápido?
뿌에데 베니르 라삐도?

\# 가장 가까운 병원에 가고 싶어요.

Quiero ir al hospital más cercano.
끼에로 이르 알 오스삐딸 마쓰 쎄르까노

\# 움직이지 못하게 하고 구급차가 도착할 때까지 기다려 주세요.

No dejes que se mueva y espere hasta que llegue la ambulancia.
노 데헤쓰 께 쎄 무에바 이 에스뻬레 아스따 께 예게 라 암불란씨아

la ambulancia 라 암불란씨아 구급차
llamar 야마르 부르다

구급차②

\# 저기 구급차가 와요.

Allí viene la ambulancia.
아지 비에네 라 암불란씨아

\# 구급차가 가는 중입니다.

Una ambulancia está en camino.
우나 암불란씨아 에스따 엔 까미노

\# 구급차가 곧 그곳에 도착할 것입니다.

La ambulancia llegará muy pronto.
라 암불란씨아 예가라 무이 쁘론또

\# 구급차를 불렀으니, 조금만 참으세요.

He llamado a una ambulancia, así que aguante un poco más.
에 야마도 아 우나 암불라씨아, 아씨 께 아구안떼 운 뽀꼬 마쓰

\# 구급차가 올 때까지 제가 할 수 있는 것이 있나요?

¿Hay algo que pueda hacer antes de que llegue la ambulancia?
아이 알고 께 뿌에다 아쎄르 안떼쓰 데 께 예게 라 암불란씨아?

\# 구급차가 곧 도착하니, 그 자리에 그대로 계세요.

La ambulancia llegará en breve, así que quédese donde está.
라 암불란씨아 예가라 엔 브레베, 아씨 께 께데쎄 돈데 에스따

꼭! 짚고 가기

스페인에서 병원 이용하기

스페인은 병원 시스템이 우리나라와는 많이 다릅니다. 보통 국영과 사설로 나뉘며 국영은 무료, 사설은 다달이 보험료를 내야 이용할 수 있습니다. 국영은 병원에 갈 일이 생기면 우선 ambulatorio 암불라또리오라는 동네에 있는 지정 보건소에 가서 가정의학과 의사(médico de cabecera 메디꼬 데 까베쎄라 일반의)를 만납니다.

간단한 처방은 이 의사가 해 주며, 전문의를 만날 필요성이 있을 때 예약을 해 줍니다. 보통 ambulatorio가 동별로 하나씩 있다면, 전문의들이 근무하는 병원은 대학 병원 개념으로 2~3개 구에 하나씩 있습니다. 이런 과정을 거쳐야만 비로소 전문의를 만날 수 있습니다.

사설 병원은 가정의학과 의사 진단 없이도 바로 전문의들을 만날 수 있지만, 미리 약속을 잡고 가야 하기 때문에 때에 따라 두 달은 기본으로 기다려야 하는 경우가 종종 발생합니다.

하지만, 이때까지 기다릴 수 없을 때는 응급실을 이용할 수 있습니다. 응급실은 예약 없이 아무 때나 갈 수 있지만 이렇게 '아무 때나' 찾아오는 사람들이 많기 때문에 외형적으로 응급한 상황이라고 보이지 않는다면 3~4시간은 기본으로 기다려야 할 수도 있습니다.

하지만, 교통사고가 났다거나 다급해 보이는 상황이라면 바로 진료를 해 줍니다. 또한 사설 응급실은 국영보다 훨씬 빠르게 처리되기 때문에 스페인 사람들 중에는 국영 무료 보험에 가입되어 있어도 추가로 사설 보험에 드는 사람들이 많습니다.

길을 잃음

\# 길을 잃었어요.

Estoy perdido/a.
에스또이 뻬르디도/다

No encuentro el camino.
노 엥꾸엔뜨로 엘 까미노

\# 지금 계신 곳이 어디인가요?

¿Dónde está usted ahora?
돈데 에스따 우스뗃 아오라?

\# 여기가 어디인지 모르겠어요.

No sé dónde estoy.
노 쎄 돈데 에스또이

\# 주변에 보이는 것을 말씀해 주시겠어요?

¿Me puede decir lo que ve a su alrededor?
메 뿌에데 데씨르 로 께 베 아 쑤 알레데도르?

\# 어떻게 돌아가야 하는지 모르겠어요.

No tengo ni idea de cómo volver.
노 뗑고 니 이데아 데 꼬모 볼베르

미아

\# 제 아들을 잃어버렸어요.

Mi hijo ha desaparecido.
미 이호 아 데사빠레씨도

He perdido a mi hijo.
에 뻬르디도 아 미 이호

\# 제 딸을 잃어버렸어요.

Mi hija ha desaparecido.
미 이하 아 데사빠레씨도

He perdido a mi hija.
에 뻬르디도 아 미 이하

\# 어디에서 잃어버리셨나요?

¿Dónde perdió al niño/a la niña?
돈데 뻬르디오 알 니뇨/아 라 니냐?

\# 아이의 인상착의를 알려 주세요.

Por favor, dígame el aspecto de su hijo.
뽀르 파보르, 디가메 엘 아스뻭또 데 쑤 이호

\# 여섯 살 난 제 아이(딸)가 사라졌어요.

Mi hija de 6 años parece haber desaparecido.
미 이하 데 쎄이쓰 아뇨쓰 빠레쎄 아베르 데스빠레씨도

\# 미아를 찾기 위한 방송을 해 주시겠어요?

¿Podrían hacer una emisión para encontrar a un/a niño/a perdido/a, por favor?
뽀드리안 아쎄르 우나 에미시온 빠라 엥꼰뜨라르 아 운/우나 니뇨/냐 뻬르디도/다, 뽀르 파보르?

\# 미아보호소가 어디예요?

¿Dónde está el punto de niños perdidos?
돈데 에스따 엘 뿐또 데 니뇨쓰 뻬르디도쓰?

분실 사고①

\# 분실물 보관소는 어디인가요?

¿Dónde está la oficina de objetos perdidos?

돈데 에스따 라 오피씨나 데 옵헤또쓰 뻬르디도쓰?

\# 언제 어디에서 분실했습니까?

¿Cuándo y dónde lo perdió?

꾸안도 이 돈데 로 뻬르디오?

\# 신용카드를 잃어버렸습니다.

Perdí mi tarjeta de crédito.

뻬르디 미 따르헤따 데 끄레디또

\# 택시 안에 가방을 두고 내렸어요.

Dejé mi bolso en el taxi.

데헤 미 볼소 엔 엘 딱씨

\# 어디에서 잃어버렸는지 기억이 안 나요.

No recuerdo dónde lo perdí.

노 레꾸에르도 돈데 로 뻬르디

\# 여기에서 휴대전화를 보지 못했나요?

¿No ha visto un móvil por aquí?

노 아 비스또 운 모빌 뽀르 아끼?

\# 어떤 물건을 분실했나요?

¿Qué objeto ha perdido?

께 옵헤또 아 뻬르디도?

\# 여권을 분실했습니다.

He perdido mi pasaporte.

에 뻬르디도 미 빠사뽀르떼

분실 사고②

\# 분실물은 저희가 책임질 수 없습니다.

No somos responsables de los objetos perdidos.

노 쏘모쓰 레스뽄사블레쓰 데 로쓰 옵헤또쓰 뻬르디도쓰

\# 분실물 신청용지를 작성해 주세요.

Rellene el formulario de objetos perdidos.

레예네 엘 포르물라리오 데 옵헤또쓰 뻬르디도쓰

\# 분실한 물건을 찾으러 왔습니다.

He venido a buscar un objeto perdido.

에 베니도 아 부스까르 운 옵헤또 뻬르디도

\# 카드 분실 신고는 했어?

¿Has reportado la pérdida de la tarjeta?

아쓰 레뽀르따도 라 뻬르디다 데 라 따르헤따?

\# 분실물 센터에 가 보자.

Vamos a la oficina de objetos perdidos.

바모쓰 아 라 오피씨나 데 옵헤또쓰 뻬르디도쓰

\# 분실물을 신고했다는 증명서를 주세요.

Por favor, dame un resguardo de la denuncia por la pérdida de mi objeto.

뽀르 파보르, 다메 운 레스구아르도 데 라 데눈씨아 뽀르 라 뻬르디다 데 미 옵헤또

\# 보험회사에 보상 청구 시 필요합니다.

Lo necesitamos para presentar una reclamación a mi compañía de seguros.

로 네쎄시따모쓰 빠라 쁘레센따르 우나 레끌라마씨온 아 미 꼼빠니아 데 쎄구로쓰

도난&소매치기 ①

\# 도둑이야!

¡Ladrón!
라드론!

\# 제 지갑을 도난당했습니다.

Me robaron la cartera.
메 로바론 라 까르떼라

\# 저 사람이 제 가방을 훔쳤어요.

Esa persona robó mi bolso.
에사 뻬르소나 로보 미 볼소

\# 누가 제 가방을 훔쳐 갔어요.

Alguien robó mi bolso.
알기엔 로보 미 볼소

\# 강도를 당했어요.

Me han robado.
메 안 로바도

\# 경찰을 불러 주세요.

Por favor llame a la policía.
뽀르 파보르 야메 아 라 뽈리씨아

\# 경찰서가 어디에 있죠?

¿Dónde está la comisaría?
돈데 에스따 라 꼬미사리아?

\# 외출한 사이 누군가 방에 침입했습니다.

Alguien entró en mi habitación mientras estaba fuera.
알기엔 엔뜨로 엔 미 아비따씨온 미엔뜨라스 에스따바 푸에라

도난&소매치기 ②

\# 소매치기를 조심하세요.

Tengan cuidado con los carteristas.
뗑간 꾸이다도 꼰 로쓰 까르떼리스따쓰

\# 백팩은 반드시 앞으로 매세요.

Lleve la mochila siempre adelante.
예베 라 모칠라 씨엠쁘레 아델란떼

\# 휴대폰을 탁자 위에 두지 마세요.

No dejes tu móvil sobre la mesa.
노 데헤쓰 뚜 모빌 쏘브레 라 메사

\# 항상 가방 지퍼를 닫으세요.

Siempre mantén la cremallera del bolso cerrada.
씨엠쁘레 만뗀 라 끄레마예라 델 볼소 쎄라다

\# 여기에서는 지갑을 조심하세요. 소매치기당하기 쉽거든요.

Tenga cuidado con sus pertenencias, hay carteristas por la zona.
뗑가 꾸이다도 꼰 쑤쓰 뻬르떼넨씨아쓰, 아이 까르떼리스따쓰 뽀르 라 쏘나

\# 도난 신고를 하러 왔습니다. (경찰서에서)

Estoy aquí para denunciar un robo.
에스또이 아끼 빠라 데눈씨아르 운 로보

\# 오늘 아침 지하철에서 소매치기를 당했어요.

Me han quitado la cartera en el metro esta mañana.
메 안 끼따도 라 까르떼라 엔 엘 메뜨로 에스따 마냐나

사기

\# 보이스 피싱에 주의하세요.

Tenga cuidado con el vishing.
뗑가 꾸이다도 꼰 엘 비씽

('보이스 피싱'은 영어 voice와 phishing을 합쳐 vishing이라 합니다.)

\# 문자 메시지에 포함된 링크를 클릭하지 마세요.

No haga clic en enlaces en mensajes de texto.
노 아가 끌릭 엔 엔라쎄쓰 엔 멘사헤쓰 데 떽쓰또

\# 그는 사기꾼이에요.

Es un maldito estafador.
에쓰 운 말디또 에스따파도르

\# 사기꾼은 아니겠지, 그렇지?

No es un estafador, ¿verdad?
노 에쓰 운 에스따파도르, 베르닫?

\# 세상에 공짜는 없어, 믿지 마.

Nada es gratis en la vida, no te lo creas.
나다 에쓰 그라띠쓰 엔 라 비다, 노 떼 로 끄레아쓰

\# 너무 좋은 조건은 한 번쯤 의심해 봐야 해.

Tienes que desconfiar cuando algo parece demasiado bueno.
띠에네쓰 께 데스꼰피아르 꾸안도 알고 빠레쎄 데마시아도 부에노

\# 택시 기사한테 사기당한 거 같아. 택시비가 너무 많이 나왔어.

Creo que me ha estafado un taxista. El gasto de taxi es demasiado alto.
끄레오 께 메 아 아스따파도 운 딱씨스따. 엘 가스또 데 딱씨 에쓰 데마시아도 알또

꼭! 짚고 가기

스페인에서는 도난 주의

스페인에는 동유럽과 중남미에서 온 불법 이민자 및 집시들이 많습니다. 그중 소매치기도 아주 많은 편이죠. 이들은 현지인과 여행객을 귀신같이 구별하고, 여행객들은 늘 소매치기의 위험에 노출되어 있다고 봐도 무방합니다. 눈 뜨고 코 베인다는 말이 들어맞을 만큼 스페인의 소매치기들은 화려한 수법을 자랑합니다.

특히 우리나라는 세계적으로 치안이 안정된 국가 중 한 곳이어서 커피숍에서 가방으로 자리를 먼저 맡고 커피를 사러 가도 괜찮지만, 국내에서 하던 대로 스페인에서 행동한다면 그건 소매치기에게 내 가방을 훔쳐 가라고 부르는 격이랍니다.

- **내 몸에서 물건이 떨어지는 순간 그 물건은 내 것이 아니다!**
  한국인 관광객들이 흔히 하는 실수 중 하나는 카메라 혹은 가방 등을 테이블 위에 올려놓고 커피를 마시거나 동행인과 수다 삼매경에 빠지는 것입니다. 소매치기들은 이러한 순간을 놓치지 않고 자기 물건인 양 점퍼를 덮어 같이 훔쳐 가는 수법을 사용하여 도둑질을 합니다.
- **가방 지퍼는 꼭 잠그기, 백팩은 위험!**
  이곳에서 가방 지퍼를 열고 다니다간 횡단보도나 사람들이 붐비는 장소를 지나면서 가방 속 물건들이 없어질지도 모릅니다. 또한 백팩은 사람이 많은 지하철을 탔을 때 특히 위험합니다. 사람이 많은 장소에선 백팩을 꼭 앞으로 매야 합니다.
- **관광객티 내지 말기**
  한 손에는 셀카봉, 다른 한 손에는 지도? 소매치기들이 아주 좋아하는 목표물입니다. 셀카를 찍을 때, 지도를 볼 때를 노리는 검은손을 조심하세요.

대사관

\# 혹시 한국 대사관이 어디에 있는지 아세요?

¿Sabe dónde está la embajada de Corea?

싸베 돈데 에스따 라 엠바하다 데 꼬레아?

\# 긴급 여권을 발급받아야 해요.

Necesito obtener un pasaporte de emergencia.

네쎄시또 옵떼네르 운 빠사뽀르떼 데 에메르헨씨아

\# 대사관을 통해 긴급 송금 서비스를 받을 수 있습니다.

Se puede obtener el servicio de transferencia de emergencia a través de la embajada.

쎄 뿌에데 옵떼네르 엘 쎄르비씨오 데 뜨란스페렌씨아 데 에메르헨씨아 아 뜨라베쓰 데 라 엠바하다

\# 대사관 내 한국인 직원과 통화할 수 있을까요?

¿Puedo hablar con un empleado coreano en la embajada?

뿌에도 아블라르 꼰 운 엠쁠레아도 꼬레아노 엔 라 엠바하다?

\# 여권과 돈을 모두 도난당했습니다. 도움을 요청할 수 있을까요?

Me robaron el pasaporte y el dinero. ¿Puede pedir ayuda?

메 로바론 엘 빠사뽀르떼 이 엘 디네로. 뿌에도 뻬디르 아유다?

여기서 잠깐!

주스페인 대한민국 대사관의 홈페이지에 24시간 연락 가능한 긴급전화번호가 안내되어 있으니 응급상황 발생 시 참고하세요. 대사관은 수도 마드리드와 바르셀로나, 라스팔마스에 있습니다.

교통사고 ①

\# 피해가 크지 않으니, 그냥 넘어갑시다.

El daño no es grande, así que no dimos parte.

엘 다뇨 노 에쓰 그란데, 아씨 께 노 디모쓰 빠르데

\# 보험 처리해 드릴게요. (보험회사에서 지불할 거예요.)

Le pagará el seguro.

레 빠가라 엘 세구로

\# 사고 접수를 하려고 합니다. (보험회사에 전화해서)

Voy a notificar el accidente.

보이 아 노띠피까르 엘 악씨덴떼

\# 차가 길에서 멈췄어요. 견인차를 보내주세요. (보험회사에 전화해서)

El coche se detuvo en la carretera. Por favor envíe una grúa.

엘 꼬체 쎄 데뚜보 엔 라 까레떼라. 뽀르 파보르 엠비에 우나 그루아

\# 제 차선이 우선권이 있어요. 그쪽이 잘못한 거예요.

Mi carril tiene prioridad. Se ha equivocado usted.

미 까릴 띠에네 쁘리오리닫. 쎄 아 에끼보까도 우스뗃

\# 안전거리를 확보하지 않은 그쪽 잘못입니다.

La culpa es suya por no mantener la distancia de seguridad.

라 꿀빠 에쓰 쑤야 뽀르 노 만떼네르 라 디스딴씨아 데 세구리닫

\# 허리와 어깨가 너무 아픕니다.

Me duelen mucho la espalda y los hombros.

메 두엘렌 무초 라 에스팔다 이 로쓰 옴브로쓰

교통사고 ②

\# 제가 목격자입니다. 저 차가 무리하게 끼어들었어요.

Yo soy testigo. Ese coche se metió de manera imprudente.

요 쏘이 떼스띠고. 에세 꼬체 쎄 메띠오 데 마네라 임쁘루덴떼

\# 나 하마터면 사고 날 뻔했어.

Estuve a punto de tener un accidente.

에스뚜베 아 뿐또 데 떼네르 운 악씨덴떼

\# 운전면허증을 보여 주세요.

Enséñame el carné de conducir.

엔세냐메 엘 까르네 데 꼰두씨르

\# 보험은 가입되어 있나요?

¿Tiene seguro?

띠에네 쎄구로?

\# 이곳은 사고 다발 지역입니다.

Este lugar es una zona de accidentes frecuentes.

에스떼 루가르 에쓰 우나 쏘나 데 악씨덴떼쓰 프레꾸엔떼쓰

\# 음주 측정기를 불어 주세요.

Por favor, sople el alcoholímetro.

뽀르 파보르, 쏘쁠레 엘 알꼬올리메뜨로

\# 정지 신호에 멈추지 않으셨습니다.

(Usted) No ha parado en el semáforo en rojo.

(우스뗀) 노 아 빠라도 엔 엘 쎄마포로 엔 로호

\# 안전벨트를 매세요.

Ponte el cinturón de seguridad.

뽄떼 엘 씬뚜론 데 쎄구리닫

꼭! 짚고 가기

사기꾼 '초리쏘', 음식 '초리쏘'

chorizo 초리쏘는 하몽과 같은 염장 햄의 한 종류로, 스페인 사람들이 아주 즐겨 먹는 음식입니다. 다른 햄들과는 달리 고춧가루를 넣어 짭짤하고 약간 매콤한 맛이 납니다. 그런데 '사기꾼'을 말할 때도 이 chorizo라는 말을 씁니다.

예를 들어 뇌물을 받은 정치인들이 지나갈 때 시민들이 흔히들 '초리쏘'라고 소리를 지르는 뉴스 화면을 자주 볼 수 있어요.

그렇다면 왜 이렇게 맛있는 chorizo가 사기꾼을 뜻하는 말로 변질되었냐고요?

이 단어의 어원은 집시들이 사용하는 언어에서 비롯되었다고 합니다. 이들 사이에서 '도둑질을 한다'는 말을 chorí, choraró, choribar, chorar라 했으며 이 단어가 점차 변형 확대되면서 이와 비슷한 발음을 가진 chorizo가 바로 사기꾼을 뜻하는 말이 되었다고 합니다.

안전사고

안전불감증 때문에 사고가 더 커져.

Los accidentes tienen mayores consecuencias por el exceso de confianza de los conductores.
로스 악씨덴떼쓰 띠에넨 마요레쓰 꼰세꾸엔씨아쓰 뽀르 엘 엑쓰쎄소 데 꼰피안싸 데 로쓰 꼰둑또레쓰

수영하기 전에 준비운동을 꼭 하렴.

Asegúrate de hacer ejercicios de calentamiento antes de nadar.
아세구라떼 데 아쎄르 에헤르씨씨오쓰 데 깔렌따미엔또 안떼쓰 데 나다르

계단에서 미끄러졌어.

Me resbalé por las escaleras.
메 레스발레 뽀르 라쓰 에스깔레라쓰

가까이 가지 마! 위험해.

¡No te acerques! Es peligroso.
노 떼 아쎄르께쓰! 에쓰 뻴리그로소

자전거나 킥보드에 탈 때는 헬멧을 착용하는 게 좋아.

Es mejor usar casco al andar en bicicleta o patinete.
에쓰 메호르 우사르 까스꼬 알 안다르 엔 비씨끌레따 오 빠띠네떼

자전거를 타다가 넘어졌어요.

Me caí de la bici.
메 까이 데 라 비씨

넘어져서 일어나지 못하겠어요.

Me he caído y no puedo levantarme.
메 에 까이도 이 노 뿌에도 레반따르메

수영장에서는 절대 뛰면 안 돼. 미끄러질 수 있어.

Nunca debes correr en la piscina. Puedes resbalar.
눙까 데베쓰 꼬레르 엔 라 삐스씨나. 뿌에데쓰 레스발라르

화재

불이 났어요!

¡Hay fuego!
아이 푸에고!

¡Hay un incendio!
아이 운 인쎈디오!

¡Fuego!
푸에고!

소방서에 연락하세요.(소방관을 부르세요.)

Llame a los bomberos.
야메 아 로쓰 봄베로쓰

화재 경보가 울리면 즉시 밖으로 나가세요.

Salga inmediatamente cuando suene la alarma de incendios.
쌀가 임메디아따멘떼 꾸안도 쑤에나 라 알라르마 데 인쎈디오쓰

소화기 사용법 알아?

¿Sabes utilizar un extintor de incendios?
싸베쓰 우띨리싸르 운 엑쓰띤또르 데 인쎈디오쓰?

가스불 껐어?

¿Has apagado el gas?
아쓰 아빠가도 엘 가쓰?

부주의는 화재의 가장 큰 원인이다.

El descuido es a menudo la causa principal de los incendios.
엘 데스꾸이도 에쓰 아 메누도 라 까우사 쁘린씨빨 데 로쓰 인쎈디오쓰

그 화재의 원인이 뭐예요?

¿Cuál es la causa del incendio?
꾸알 에쓰 라 까우사 델 인쎈디오?

그 화재 원인은 확실하지 않아요.

La causa del incendio se desconoce.
라 까우사 델 인쎈디오 쎄 데스꼬노쎄

자연재해

\# 이 지역은 해마다 홍수가 난다.

Esta zona se inunda todos los años.

에스따 쏘나 쎄 이눈다 또도쓰 로쓰 아뇨쓰

\# 살면서 이렇게 많은 비는 처음 봐.

Nunca había visto tanta lluvia en mi vida.

눙까 아비아 비스또 딴따 유비아 엔 미 비다

\# 올해는 가뭄이 심하다.

La sequía es severa este año.

라 쎄끼아 에쓰 쎄베라 에스떼 아뇨

\# 간밤에 눈이 너무 많이 내려서 도로가 다 얼었어.

Anoche nevó tanto que todas las carreteras quedaron congeladas.

아노체 네보 딴또 께 또다쓰 라쓰 까레떼라쓰 께다론 꽁헬라다쓰

\# 날씨가 너무 건조해서 산불이 자주 발생한다.

El clima es tan seco que a menudo se producen incendios forestales.

엘 끌리마 에쓰 딴 쎄꼬 께 아 메누도 쎄 쁘로두쎈 인쎈디오쓰 포레스딸레쓰

\# 지진으로 많은 피해자가 발생했다.

El terremoto causó muchas víctimas.

엘 떼레모또 까우소 무차쓰 빅띠마쓰

\# 지구온난화의 영향으로, 매해 이상기후가 빈번해진다.

Debido al calentamiento global, el clima anormal se vuelve frecuente cada año.

데비도 알 깔렌따미엔또 글로발, 엘 끌리마 아노르말 쎄 부엘베 프레꾸엔떼 까다 아뇨

꼭! 짚고 가기

스페인의 이상 기후

지구온난화의 영향으로 전 세계의 기후 변화가 심상치 않습니다. 스페인도 예외일 수는 없는데요, 특히 여름은 해마다 조금씩 길어지고 더 더워지고 있습니다. 실제로 2023년 8월은, 역사상 8월 중 가장 더웠다고 하며, 2023년 4월에는 역대 4월 중 가장 높은 온도인 38.7℃를 찍기도 했죠.

더위는 스페인 남부로 갈수록 더욱 심해지는데요, 역대 가장 높은 온도를 찍은 곳은 어디일까요? 바로 코르도바(Córdoba)입니다. 2021년 8월 14일 오후 4시 48분의 최고 기온은 바로 47.6℃로 스페인 역사상 가장 더웠던 날로 기록되어 있습니다.

문제는 더위뿐만이 아닙니다. 바로 폭우의 양인데요, 스페인은 비가 자주 내리는 나라는 아니지만, 한번 내릴 때 어마 무시한 양이 쏟아지는 이상 기후가 빈번해지고 있습니다.

지난 2023년 10월 19일 마드리드에는 단 하루 동안 114㎜의 어마어마한 양의 비가 쏟아졌습니다. 마드리드 연평균 강수량이 430㎜임을 감안하면, 연평균 강수량의 25%가 단 하루에 내린 것입니다.

이날 수많은 도로와 지하철이 물에 잠겼으며, 시에서는 집에 머물라는 경보 문자를 발송하기도 했습니다.

장례

할아버지께서 오늘 아침에 돌아가셨어.

Mi abuelo ha fallecido esta mañana.
미 아부엘로 아 파예씨도 에스따 마냐나

장례식에서는 언제나 눈물이 나온다.

Siempre me pongo a llorar en los funerales.
씨엠쁘레 메 뽕고 아 요라르 엔 로쓰 푸네랄레쓰

전 장례식에 참석할 수 없을 것 같네요.

Me temo que no podré asistir al funeral.
메 떼모 께 노 뽀드레 아시스띠르 알 푸네랄

그의 장례식장에는 조화가 많이 있었어요.

Había tantas ofrendas florales en su funeral.
아비아 딴따쓰 오프렌다쓰 플로랄레쓰 엔 쑤 푸네랄

난 죽으면 화장으로 장례를 치르고 싶어요.

Cuando muera, quiero ser incinerado.
꾸안도 무에라, 끼에로 쎄르 인씨네라도

우리는 페르난도를 묘지에 묻었어요.

Enterramos a Fernando.
엔떼라모쓰 아 페르난도

여기서 잠깐!

스페인에서 장례식장에 갈 때 검은 옷을 반드시 착용해야 하는 건 아닙니다. 평상복으로 입고 가도 무방하지만 노출이 심한 옷, 무늬나 색깔이 화려한 옷 등은 반드시 피해야 합니다.

조문 인사①

아버님의 갑작스러운 부고에 애도를 표합니다.

Por favor, acepte mis condolencias por la repentina muerte de su padre.
뽀르 파보르, 악쎕떼 미쓰 꼰돌렌씨아쓰 뽀르 라 레뻰띠나 무에르떼 데 쑤 빠드레

우리는 그녀의 죽음을 애도합니다.

Lamentamos su muerte.
라멘따모쓰 쑤 무에르떼

어떻게 위로의 말을 전해야 할지 모르겠네요.

No sé cómo transmitir mis condolencias.
노 쎄 꼬모 뜨란스미띠르 미쓰 꼰돌렌씨아쓰

Lamento su pérdida.
라멘또 쑤 뻬르디다

Lo siento por su pérdida.
로 씨엔또 뽀르 쑤 뻬르디다

조의를 표합니다.

Acepte mis más sinceras condolencias.
엑쎕떼 미쓰 마쓰 씬쎄라쓰 꼰돌렌씨아쓰

Me gustaría ofrecer mis condolencias.
메 구스따리아 오프레쎄르 미쓰 꼰돌렌씨아쓰

Respetuosamente le expreso mis condolencias.
레스뻬뚜오사멘떼 레 엑쓰쁘레소 미쓰 꼰돌렌씨아쓰

Por favor, acepte mi más sentido pésame.
뽀르 파보르, 악쎕떼 미 마쓰 쎈띠도 뻬사메

Por favor, acepte mis más sinceras condolencias.
뽀르 파보르, 악쎕떼 미쓰 마쓰 씬쎄라쓰 꼰돌렌씨아쓰

Mi más sentido pésame.
미 마쓰 쎈띠도 뻬사메

조문 인사②

\# 우리 모두 가슴 아파하고 있습니다.

Todos estamos afligidos.
또도쓰 에스따모쓰 아플리히도쓰

\# 그 소식을 듣게 되어 유감입니다.

Lamento escuchar eso.
라멘또 에스꾸차르 에소

\# 고인을 잊지 못할 겁니다.

Nunca me olvidaré de él/ella.
눙까 메 올비다레 데 엘/에야

\# 이렇게 와서 조의를 표해 주셔서 감사합니다.

Gracias por venir y darme el pésame.
그라씨아쓰 뽀르 베니르 이 다르메 엘 뻬사메

꼭! 짚고 가기

스페인에서 삼촌, 외삼촌을 부를 때

우리나라에서는 큰아버지, 작은아버지, 삼촌, 숙모, 고모, 이모 등 가족 관계에 따라 다양한 호칭이 있지만, 스페인에서는 아주 간단합니다. 바로 'tio 띠오'입니다. 호칭 상관없이 남성 친척이면 tio, 여성 친척이면 tia 띠아입니다.
'사촌'도 외가, 친가 모두 남녀에 따라 primo 쁘리모, prima 쁘리마, '조카'는 sobrino 쏘브리노, sobrina 쏘브리나입니다.
가족 관계를 나타내는 단어를 더 살펴볼게요.

- padre 빠드레 아버지, madre 마드레 어머니
- abuelo 아부엘로 할아버지, abuela 아부엘라 할머니
- hermano 에르마노 형제, 남매, hermana 에르마나 자매, 남매
- hijo 이호 아들, hija 이하 딸
- nieto 니에또 손자, nieta 니에따 손녀

Capítulo 12

Capítulo 12

Unidad 1 휴대전화

Unidad 2 온라인

Unidad 3 컴퓨터&인터넷

El móvil 휴대전화
엘 모빌

el móvil 엘 모빌 휴대전화	la llamada 라 야마다 통화	llamar 야마르 전화를 걸다	colgar 꼴가르 전화를 끊다
el teléfono inteligente 엘 뗄레포노 인뗄리헨떼, el smartphone 엘 스마트폰 스마트폰	la batería 라 바떼리아 배터리	recargar 레까르가르 충전하다 el cargador 엘 까르가도르 충전기	el número 엘 누메로 전화번호
mensaje 멘사헤, el SMS 엘 에쎄 에메 에쎄 문자	borrar 보라르 지우다	enviar 엠비아르 보내다	guardar 구아르다르 저장하다
auricular 아우리꿀라르 이어폰	la cámara 라 까마라 카메라	la foto 라 포또 사진	el smartwatch 엘 스마트워치 스마트워치

El ordenador 컴퓨터
엘 오르데나도르

el ordenador 엘 오르데나도르 컴퓨터	el ordenador portátil 엘 오르데나도르 뽀르따띨 노트북	la tableta 라 따블레따 태블릿 PC	el monitor 엘 모니또르 모니터, 화면
	el ratón 엘 라똔 마우스	hacer clic 아쎄르 클릭 클릭하다	el escáner 엘 에스까네르 스캐너
	el teclado 엘 떼끌라도 자판, 키보드	teclear 떼끌레아르 (키보드를) 치다, 입력하다	la impresora 라 임쁘레소라 프린터
	el lápiz 엘 라삐즈 펜슬, 연필	el modelo 엘 모델로 모델	la pantalla 라 빤따야 액정

En línea 온라인으로
엔 리네아

aplicación 아쁠리까씨온, app 압 애플리케이션, 앱	la red social 라 렏 쏘씨알 소셜네트워크	el messenger 엘 메쎈저 메신저	el blog 엘 블록 블로그
	buscar 부스까르 검색하다, 찾다	el correo electrónico 엘 꼬레오 엘렉뜨로니꼬 이메일	el spam 엘 스빰 스팸 메일
	acceder 악쎄데르 접속하다, 접근하다 el acceso 엘 악쎄소 접속	la seguridad 라 쎄구리닫 보안	el permiso 엘 뻬르미소 허용
	la cuenta 라 꾸엔따 계정	registrar 레히스뜨라르 등록하다, 회원 가입하다	invitar 임비따르 초대하다

El internet 인터넷
엘 인떼르넷

el internet 엘 인떼르넷 인터넷	el WiFi 엘 위피 와이파이, 무선 인터넷	la red 라 렌 네트워크	conectar 꼬넥따르 접속하다
	navegar 나베가르 (웹)서핑하기	bloquear 블로께아르 차단하다	útil 우띨 유용한

El videoclip 동영상
엘 비데오끌립

el videoclip 엘 비데오끌립 동영상	filmar 필마르 촬영하다	montar 몬따르 (영상을) 편집하다	descargar 데스까르가르 다운로드하다
	el archivo 엘 아르치보 파일	el programa 엘 쁘로그라마 프로그램	instalar 인스딸라르 설치하다

휴대전화 ①

휴대전화가 잘 안 터져.

Mi móvil no funciona bien.
미 모빌 노 푼씨오나 비엔

휴대전화 충전기 있어?

¿Tienes el cargador del móvil?
띠에네쓰 엘 까르가도르 델 모빌?

휴대전화 충전하는 걸 깜빡했어.

He olvidado cargar el móvil.
에 올비다도 까르가르 엘 모빌

휴대폰 충전기 좀 빌려줄 수 있어?

¿Me puedes prestar el cargador del móvil?
메 뿌에데쓰 쁘레스따르 엘 까르가도르 델 모빌?

배터리가 얼마 없어.

Tengo poca batería.
뗑고 뽀까 바떼리아

휴대전화가 다 될까 봐 보조 배터리를 가져왔어.

He traído una batería externa por si mi móvil se queda sin batería.
에 뜨라이도 우나 바떼리아 엑쓰떼르나 뽀르 씨 미 모빌 쎄 께다 씬 바떼리아

내 휴대전화는 폴더형이야.

Mi móvil es plegable.
미 모빌 에쓰 플레가블레

휴대전화 액정이 깨졌어.

La pantalla de mi móvil está rota.
라 빤따야 데 미 모빌 에스따 로따

여기서 잠깐!
휴대전화 móvil 모빌은 전화기 teléfono 뗄레포노로 바꿔 쓸 수 있습니다.

휴대전화 ②

애플/삼성 서비스 센터가 어디 있는지 알아?

¿Sabes dónde está el centro de servicio técnico de Apple/Samsung?
사바스 돈데 에스따 엘 쎈뜨로 데 쎄르비씨오 떼끄니꼬 데 애플/삼성?

네 휴대전화 모델이 뭐야?

¿Cuál es el modelo de tu móvil?
꾸알 에쓰 엘 모델로 데 뚜 모빌?

¿Qué modelo de móvil tienes?
께 모델로 데 모빌 띠에네쓰?

휴대전화 저장 공간이 꽉 찼어. 사진 좀 지워야겠어.

Tengo la memoria del móvil llena. Voy a borrar algunas fotos.
뗑고 라 메모리아 델 모빌 예나. 보이 아 보라르 알구나쓰 포또쓰

휴대전화는 반드시 무음 모드로 바꿔 주세요.

Por favor, asegúrese de poner su móvil en modo silencio.
뽀르 파보르, 아세구레쎄 데 뽀네르 쑤 모빌 엔 모도 씰렌씨오

스팸 문자가 너무 많이 와.

Me llegan demasiados mensajes de spam.
메 예간 데마시아도쓰 멘사헤쓰 데 스팸

휴대전화 액세서리

액정 보호 필름을 바꿔야겠어.

Necesito cambiar el protector de pantalla.
네쎄시또 깜비아르 엘 쁘로떽또르 데 빤따야

휴대전화 케이스는 어디에서 살 수 있어?

¿Dónde puedo comprar una funda para el móvil?
돈데 뿌에도 꼼쁘라르 우나 푼다 빠라 엘 모빌?

유선 이어폰은 너무 불편해.

Los auriculares con cable son muy incómodos.
로쓰 아우리꿀라레쓰 꼰 까블레 쏜 무이 잉꼬모도쓰

무선으로 하나 사야겠어.

Necesito comprar unos inalámbricos.
네쎄시또 꼼쁘라르 우노쓰 이날람브리꼬쓰

무선 이어폰 한쪽을 잃어버렸어.

He perdido uno de mis auriculares inalámbricos.
에 뻬르디도 우노 데 미쓰 아우리꿀라레쓰 이날람브리꼬쓰

무선 이어폰이 자꾸 (귀에서) 빠져.

Mis auriculares inalámbricos se me caen (de las orejas).
미쓰 아우리꿀라레쓰 이날람브리꼬쓰 쎄 메 까엔 (데 라쓰 오레하쓰)

카메라

요즘 휴대전화 카메라는 웬만한 디지털카메라 못지않아.

Hoy en día, las cámaras de los móviles son tan buenas como cualquier cámara digital.
오이 엔 디아, 라쓰 까마라쓰 데 로쓰 모빌레쓰 쏜 딴 부에나쓰 꼬모 꾸알끼에르 까마라 디히딸

휴대전화 삼각대는 동영상 촬영에 매우 유용해.

Un trípode para móvil es muy útil para grabar videos.
운 뜨리뽀데 빠라 모빌 에쓰 무이 우띨 빠라 그라바르 비데오쓰

사진이나 비디오 촬영이 불가합니다.

No se permite tomar fotos o vídeos.
노 세 뻬르미떼 꼬마르 포또쓰 오 비데오쓰

플래시 없는 사진 촬영이 가능합니다.

Se permite tomar fotos sin flash.
쎄 뻬르미떼 또마르 포또쓰 씬 플라시

내 여행 필수품 중 하나는 고프로 카메라야.

Uno de mis elementos esenciales de viaje es una cámara GoPro.
우노 데 미쓰 엘레멘또쓰 에센씨알레쓰 데 비아헤 에쓰 우나 까마라 고프로

여기서 잠깐!

'무선 이어폰 충전 케이스'는 estuche 에스뚜체, estuche de carga 에스뚜체 데 까르가, caja de carga 까하 데 까르가 등으로 말할 수 있습니다.

스마트워치

\# 스마트워치로 걸음 수를 기록하고 있어.

Estoy registrando mis pasos en mi smartwatch.
에스또이 레히스뜨란도 미쓰 빠소쓰 엔 미 스마트워치

\# 스마트워치에서 메시지를 확인하고 통화할 수 있어.

Se puede revisar mensajes y realizar llamadas desde un smartwatch.
쎄 뿌에데 레비사르 멘사헤쓰 이 레알리싸르 야마다쓰 데스데 운 스마트워치

\# 내 스마트워치가 운동할 때 소모한 칼로리를 계산해 줘.

Mi smartwatch cuenta las calorías que quemo cuando hago ejercicio.
미 스마트워치 꾸엔따 라쓰 깔로리아쓰 께 께모 꾸안도 아고 에헤르씨씨오

\# 스마트워치는 추천할 만해?

¿Es recomendable un smartwatch?
에쓰 레꼬멘다블레 운 스마트워치?

\# 스마트워치를 충전하는 데 얼마나 걸려?

¿Cuánto tarda en cargarse un smartwatch?
꾸안또 따르다 엔 까르가르세 운 스마트워치?

여기서 잠깐!

'스마트워치'는 보통 영어 그대로 smartwatch라고 하지만 스페인어로 번역하여 reloj inteligente 렐로흐 인뗄리헨떼라고도 씁니다. '웨어러블' 기기도 wearable로 표기는 많이 하지만 일상에서 잘 사용하지 않습니다. 보통 llevable 예바블레(입을 수 있는), usable 우사블레(사용할 수 있는), portable 뽀르따블레(이동할 수 있는) 등으로 표현하는데, RAE에서 권장하는 단어는 ponible 뽀니블레(입을 수 있는)입니다.

앱 ①

\# 스페인 생활에서 필수로 설치해야 하는 앱은 뭐야?

¿Cuáles son las aplicaciones imprescindibles para vivir en España?
꾸알레쓰 쏜 라쓰 아쁠리까씨오네쓰
임쁘레스씬디블레쓰 빠라 비비르 엔 에스빠냐?

\# 셀카 진짜 잘 나왔는데! 어떤 앱 쓴 거야?

¡El selfie salió muy bien!
¿Qué aplicación usaste?
엘 쎌피 쌀리오 무이 비엔!
께 아쁠리까씨온 우사스떼?

\# 이 앱은 무료야 유료야?

¿Esta aplicación es gratis o de pago?
에스따 아쁠리까씨온 에쓰 그라띠쓰 오 데 빠고?

\# 이 앱 이름이 뭐야?

¿Cómo se llama esta aplicación?
꼬모 쎄 야마 에스따 아쁠리까씨온?

\# 이 앱 정말 유용해. 강추해.

Esta aplicación es muy útil.
Te la recomiendo.
에스따 아쁠리까씨온 에쓰 무이 우띨.
떼 라 레꼬미엔도

여기서 잠깐!

'애플리케이션'은 스페인어로 'aplicación 아쁠리까씨온' 이며, 'app 압'으로 줄여서 말할 수 있습니다.

앱 ②

\# 재미있는 휴대폰 게임 좀 추천해 줘.

Recomiéndame algunos juegos divertidos para móvil.
레꼬미엔다메 알구노쓰 후에고쓰 디베르띠도쓰 빠라 모빌

\# 플레이 스토어나 앱 스토어에서 검색해 보세요.

Búscalo en Play Store o App Store.
부스깔로 엔 플레이 스토어 오 앱 스토어

\# 앱 권한을 허용해야 사용할 수 있어.

Tienes que dar permiso a la aplicación para usarla.
띠에네쓰 께 다르 뻬르미소 아 라 아쁠리까씨온 빠라 우사르라

\# 앱 스토어에 좋은 리뷰가 많이 있어서, 다운로드했어.

Tiene muchas buenas reseñas en la tienda de aplicaciones, así que me la descargué.
띠에네 무차쓰 부에나쓰 레세냐쓰 엔 라 띠엔다 데 아쁠리까씨오네쓰, 아씨 께 메 라 데스까르게

\# 잠시만요, 번역 앱을 켤 테니 다시 한번 말씀해 주시겠어요?

Espere, voy a iniciar la aplicación de traducción, ¿podría decir eso de nuevo?
에스뻬레, 보이 아 이니씨아르 라 아쁠리까씨온 데 뜨라둑씨온. 뽀드리아 데씨르 에소 데 누에보?

permiso 뻬르미소 권한
descargar 데스까르가르 다운로드

꼭! 짚고 가기

가장 인기 있는 메신저&SNS

스페인에서 가장 많이 사용하는 메신저는 무엇일까요?
바로 WhatsApp 왓쌉입니다. 왓츠앱은 개인 간의 채팅이나 화상통화, 음성통화를 무료로 제공하며, 단톡방도 만들 수 있기 때문에 직장동료나 학교 학부모들 사이에서도 많이 사용하는 메신저입니다.
보통 전화번호를 휴대폰에 등록하면 왓츠앱이 자동으로 연결되며, 간단하지만 기능에 집중한 직관적인 디자인으로 많은 사랑을 받고 있습니다. 스페인에서만 약 3천만 명이 넘는 사용자를 보유하고 있으며, 그 외 페이스북 메신저나 위챗 등도 인기 있습니다.
스페인에서 가장 많이 사용하는 소셜 미디어 플랫폼은 무엇일까요?
2023년 사용자 수 기준, 스페인에서 가장 인기 있는 소셜 미디어 플랫폼은 유튜브로 4천만의 이용자가 사용하고 있습니다. 그다음으로 왓츠앱(3천5백만), 인스타그램(2천1백만), 페이스북(1천9백만), 링크드인(1천7백만), 틱톡(1천6백만), X(트위터, 1천만) 순입니다.

메신저

\# 왓츠앱으로 메시지 보내 줘.

Envíame un mensaje de WhatsApp.

엠비아메 운 멘사헤 데 왓쌉

\# 왓츠앱으로 전화해 줘.

Llámame por WhatsApp.

야마메 뽀르 왓쌉

\# 카카오톡 있어 아니면 왓츠앱 있어?

¿Tienes KakaoTalk o WhatsApp?

띠에네쓰 카카오톡 오 왓쌉?

\# 한국에선 대부분 카카오톡을 써.

En Corea la mayoría usa KakaoTalk.

엔 꼬레아 라 마요리아 우사 까까오톡

\# 단톡방에 초대해 주세요.

Por favor invítame al grupo de chat.

뽀르 파보르 임비따메 알 그루뽀 데 챗

\# 네 프로필 사진 너무 웃기더라.

Tu foto de perfil es muy graciosa.

뚜 포또 데 뻬르필 에쓰 무이 그라씨오사

perfil 뻬르필 프로필

gracioso/a 그라씨오소/사 웃긴, 재미있는

유튜브&틱톡

\# 즐겨 보는 유튜브 채널이 뭐야?

¿Cuál es tu canal favorito de YouTube?

꾸알 에쓰 뚜 까날 파보리또 데 유뚜베?

\# 나는 아직도 유튜브 프로를 쓰고 있지 않아.

Todavía no uso YouTube Pro.

또다비아 노 우소 유뚜베 쁘로

\# 저는 유튜버입니다.

Soy YouTuber.

쏘이 유뚜벨

\# 100만 팔로워를 보유하고 있어요.

Tengo 1 millón de seguidores.

뗑고 운 미욘 데 쎄기도레쓰

\# 좋아요와 구독을 눌러 주세요.

Por favor, dame un like y suscríbete.

뽀르 파보르, 다메 운 라잌 이 쑤스끄리베떼

\# 지금 유튜브를 촬영하고 있습니다.

Estoy grabando un vídeo de YouTube ahora mismo.

에스또이 그라반도 운 비데오 데 유뚜베 아오라 미스모

\# 너 틱톡 해?

¿Tienes TikTok?

띠에네쓰 띡똑?

\# 이게 요즘 핫한 틱톡 영상이야.

Este es un video de TikTok que está de moda en estos días.

에스떼 에쓰 운 비데오 데 띡똑 께 에스따 데 모다 엔 에스또쓰 디아쓰

\# 가장 핫한 틱톡커는 누구니?

¿Cuáles son los Tiktokers más famosos?

꾸알레쓰 쏜 로쓰 띡또꺼쓰 마쓰 파모소쓰?

인스타그램

\# 네 인스타그램 계정 좀 알려 줄래?

¿Puedes decirme tu cuenta de Instagram?

뿌에데쓰 데씨르메 뚜 꾸엔따 데 인스따그람?

\# 내 인스타그램 팔로우 좀 해 줘.

Sígame en Instagram.

씨가메 엔 인스따그람

\# 서로 인스타그램 팔로우 할까?

¿Nos seguimos en Instagram?

노쓰 쎄기모쓰 엔 인스따그람?

\# 너 인스타 팔로워가 정말 많구나!

¡Tienes muchos seguidores en Instagram!

띠에네쓰 무초쓰 쎄기도레쓰 엔 인스따그람!

\# 내 인스타는 비공개야.

Mi Instagram es privado.

미 인스따그람 에쓰 쁘리바도

\# 네가 올린 인스타 사진 봤어.

He visto las fotos que subiste en Instagram.

에 비스또 라쓰 포또쓰 께 쑤비스떼 엔 인스따그람

\# 나는 인스타그램 인플루언서야.

Soy influencer en instagram.

쏘이 인플루엔쎄르 엔 인스따그람

여기서 잠깐!

'인스타그램을 한다'라고 표현할 때, tener(가지다) 혹은 usar(사용하다) 동사를 사용합니다.

- ¿Tienes facebook o instagram?

  띠에네쓰 페이스북 오 인스따그람?

  페이스북이나 인스타그램이 있나요?

꼭! 짚고 가기

스페인 인기 유튜버

스페인도 유튜버가 인기 직업일까요? 맞습니다. 우리나라와 마찬가지로 스페인 역시 유튜버, 인플루언서 등이 떠오르는 직업으로 손꼽힙니다. 그럼 가장 유명한 스페인 유튜버는 누구일까요? 2023년 구독자 수 기준으로 가장 인기 있는 유튜브 채널은 다음과 같습니다.

- **1위: El Reino Infantil**

  구독자 수 6,070만 명

  이 채널은 아동 전문 채널입니다. 유아동을 위한 인기 있는 다양한 시리즈를 볼 수 있습니다.

- **2위: Mikecrack**

  구독자 수 4,490만 명

  유튜버 Miguel Bernal이 운영하는 채널로 마인크래프트 게임 플레이 및 자신이 만든 캐릭터를 이용한 패러디로 유명합니다.

- **3위: elrubiusOMG**

  구독자 수 4,030만 명

  게임 채널로 스페인뿐만 아니라 중남미 등 스페인어권 나라에서 크게 인기를 얻고 있으며, 잡담 같은 엔터테인먼트 콘텐츠도 다루고 있습니다.

- **4위: VEGETTA777**

  구독자 수 3,390만 명

  게임 채널로 다양한 유형의 게임 콘텐츠를 제공합니다.

블로그

\# 블로그 하니?

¿Tienes un blog?
띠네에쓰 운 블록?

\# 블로그에 내 일상 기록하는 걸 좋아해.

Me gusta escribir sobre mi vida diaria en mi blog.
메 구스따 에스끄리비르 쏘브레 미 비다 디아리아 엔 미 블록

\# 나는 여행 블로거야.

Soy blogger de viajes.
쏘이 블로거 데 비아헤쓰

\# 내 블로그에 이번 여행 사진 올렸어.

He subido las fotos de mi viaje en mi blog.
에 쑤비도 라쓰 포또쓰 데 미 비아헤 엔 미 블록

\# 블로그에서 검색하면, 유용한 정보를 많이 찾을 수 있어.

Si buscas en el blog, puedes encontrar mucha información útil.
씨 부스까쓰 엔 엘 블록, 뿌에데쓰 엥꼰뜨라르 무차 임포르마씨온 우띨

\# 내 블로그 하루 방문자가 백 명이 넘어.

Más de 100 personas visitan mi blog al día.
마쓰 데 씨엔 뻬르소나쓰 비시딴 미 블록 알 디아

컴퓨터&노트북

\# 내 컴퓨터가 점점 느려지는 거 같아.

Parece que mi ordenador se está volviendo cada vez más lento.
빠레쎄 께 미 오르데나도르 쎄 에스따 볼비엔도 까다 베쓰 마쓰 렌또

\# 키보드 자판 몇 개가 잘 안 눌려.

Algunas teclas del teclado no funcionan bien.
알구나쓰 떼끌라쓰 델 떼끌라도 노 푼씨오난 비엔

\# 클라우드에 파일 백업해 놨어.

He hecho una copia de seguridad de los archivos en la nube.
에 에초 우나 꼬삐아 데 쎄구리닫 데 로쓰 아르치보쓰 엔 라 누베

\# 이것은 몇 인치예요?

¿Cuántas pulgadas tiene esto?
꾸안따쓰 뿔가다쓰 띠에네 에스또?

\# 내 노트북은 정말 무거워서, 들고 다닐 수가 없어.

Mi portátil es muy pesado, no puedo llevarlo.
미 뽀르따띨 에쓰 무이 뻬사도, 노 뿌에도 예바르로

\# 내 노트북은 배터리가 오래가지 않아.

La batería de mi portátil no dura mucho.
라 바떼리아 데 미 뽀르따띨 노 두라 무초

\# 노트북이 고장 났어.

Mi portátil está roto.
미 뽀르따띨 에스따 로또

\# 문서 작업용 노트북 좀 추천해 주실 수 있나요?

¿Puede recomendarme un portátil para trabajar con documentos?
뿌에데 레꼬멘다르메 운 뽀르따띨 빠라 뜨라바하르 꼰 도꾸멘또쓰?

태블릿 PC ①

\# 너 태블릿 가지고 있니?

¿Tienes una tableta?
띠에네쓰 우나 따블레따?

(RAE에서 정한 태블릿의 명칭은 (la) tableta입니다. 하지만 일상 생활에서는 영어 그대로 (la) tablet이라는 말을 더 흔하게 사용합니다.)

\# 네 태블릿 모델이 뭐야?

¿Cuál es el modelo de tu tableta?
꾸알 에쓰 모델로 데 뚜 따블레따?

\# 나는 태블릿으로 주로 그림을 그리거나 게임을 해.

Normalmente, uso mi tableta para dibujar o jugar a juegos.
노르말멘떼, 우소 미 따블레따 빠라 디부하르 오 후가르 아 후에고쓰

\# 태블릿이랑 노트북 중에 뭐가 더 나아?

¿Qué es mejor una tableta o un ordenador portátil?
께 에쓰 메호르 우나 따블레따 오 운 오르데나도르 뽀르따띨?

\# 공부하기 위해서라면 태블릿이 유용해.

Para estudiar, es mejor una tableta.
빠라 에스뚜디아르, 에쓰 메호르 우나 따블레따

\# 태블릿을 노트북 대용으로 쓸 수 있을까?

¿Se puede utilizar una tableta como sustituto de un ordenador portátil?
쎄 뿌에데 우띨리싸르 우나 따블레따 꼬모 쑤스띠뚜또 데 운 오르데나도르 뽀르따띨?

꼭! 짚고 가기

컴퓨터는 '오르데나도르'

'컴퓨터'를 스페인어로 정확하게는 el ordenador 엘 오르데나도르입니다. la computadora 라 꼼뿌따도라는 중남미에서 사용하는 단어입니다. 물론 이 단어 역시 스페인에서도 알아듣긴 하지만 정확한 표현은 ordenador임을 잊지 마세요.

'노트북 컴퓨터'는 el ordenador portátil 엘 오르데나도르 뽀르따띨이라고 하며, 흔히 짧게 줄여서 portátil 뽀르따띨이라고 말합니다.

'모니터'는 el monitor 엘 모니또르, '화면'은 la pantalla 라 빤따야, '마우스'는 스페인어로 '쥐'를 뜻하는 el ratón 엘 라똔이라고 말합니다.

'컴퓨터 프로그래머'는 informático 임포르마띠꼬라고 합니다. 일반적으로 선호하는 직업 중 하나로, 다른 직종보다 취업과 이직이 조금 수월할 정도로 항상 수요가 있는 편입니다.

태블릿 PC②

\# 가장 인기 있는 태블릿은 단언컨대 아이패드야.

La tableta más popular es sin duda el iPad.
라 따블레따 마쓰 뽀뿔라르 에쓰 씬 두다 엘 아이팯

\# 아이패드 가장 최신 모델이 뭐야?

¿Cuál es el último modelo de iPad?
꾸알 에쓰 엘 울띠모 모델로 데 아이팯?

\# 태블릿은 와이파이 모델과 셀룰러 모델이 있다.

La tableta tiene modelos Wi-Fi y modelos de datos móviles.
라 따블레따 띠에네 모델로쓰 위피 이 모델로쓰 데 다또쓰 모빌레쓰

\# 갤럭시 탭에는 펜슬이 포함되어 있어.

El Galaxy Tab viene con un lápiz.
엘 갈락시 탭 비에네 꼰 운 라삐쓰

\# 태블릿으로 필기하기 불편하지 않아?

¿No es incómodo escribir en la tableta?
노 에쓰 잉꼬모도 에스끄리비르 엔 라 따블레따?

\# 내 태블릿 액정이 나갔어.

La pantalla de mi tableta está rota.
라 빤따야 데 미 따블레따 에스따 로따

\# 태블릿 화면이 꺼졌는데, 어떻게 다시 켜?

La pantalla de la tableta está apagada, ¿cómo puedo volver a encenderla?
라 빤따야 데 라 따블레따 에스따 아빠가다, 꼬모 뿌에도 볼베르 아 엔쎈데르라?

문서 작업

\# 엑셀 잘 다루니?

¿Eres bueno con el Excel?
에레쓰 부에노 꼰 엘 엑셀?

\# 기본적인 오피스 프로그램은 다룰 줄 압니다.

Puedo manejar programas de Office básicos.
뿌에도 마네하르 쁘로그라마쓰 데 오피스 바시꼬쓰

\# 저는 특히 파워포인트를 잘 다룹니다.

Particularmente, manejo bien el PowerPoint.
빠르띠꿀라르멘떼, 마네호 비엔 엘 빠워뽀인트

\# 이 문서를 PDF로 바꾸어 이메일로 보내 주세요.

Convierta este documento a PDF y envíemelo por correo electrónico, por favor.
꼰비에르따 에스떼 도꾸멘또 아 뻬데에페 이 엠비에멜로 뽀르 꼬레오 엘렉뜨로니꼬, 뽀르 파보르

\# 서식 없이 붙여넣기를 하세요.

Por favor, péguelo sin formato.
뽀르 파보르, 뻬겔로 씬 포르마또

\# 제목을 굵게 표시하는 게 낫겠어.

Es mejor poner el título en negrita.
에쓰 메호르 뽀네르 엘 띠뚤로 엔 네그리따

\# 오피스 프로그램이 없으면, 구글 문서나 구글 시트를 사용해 보세요.

Si no tiene los programas de Office, pruebe a utilizar Google Docs o Google Sheets.
씨 노 띠에네 로쓰 쁘로그라마쓰 데 오피스, 쁘루에베 아 우띨리싸르 구글 독 오 구글 싯

영상 작업

\# 요즘 유행하는 필터야.

Es un filtro popular en estos días.
에쓰 운 필뜨로 뽀뿔라르 엔 에스또쓰 디아쓰

\# 동영상 편집을 배워 보고 싶어.

Quiero aprender a editar videos.
끼에로 아쁘렌데르 아 에디따르 비데오쓰

\# 영상 편집 프로그램 어떤 거 써?

¿Qué programa utilizas para editar videos?
께 쁘로그라마 우띨리싸쓰 빠라 에디따르 비데오쓰?

\# 실수로 파일을 지웠어요.

He eliminado accidentalmente el archivo.
에 엘리미나도 악씨덴딸멘떼 엘 아르치보

\# 원본 파일은 갖고 있지?

¿Tienes el archivo original?
띠에네쓰 엘 아르치보 오리히날?

\# 어느 폴더에 저장했어?

¿En qué carpeta lo has guardado?
엔 께 까르뻬따 로 아쓰 구아르다도?

\# 자료는 외장 하드에 백업했습니다.

Hice una copia de seguridad de los datos en mi disco duro extraíble.
이쎄 우나 꼬삐아 데 쎄구리닫 데 로쓰 다또쓰 엔 미 디스꼬 두로 엑쓰뜨라이블레

꼭! 짚고 가기

스페인에서 볼 수 있는 OTT

OTT 중 가장 높은 점유율을 가지고 있는 넷플릭스는 스페인에서도 가장 인기 있는 OTT 채널입니다. 2023년 기준 점유율은 52.6%에 달하며 그 뒤로 아마존 프라임 비디오가 49.3%로 넷플릭스만큼 높은 인기를 자랑합니다. 참고로 아마존은 무료 배송 서비스와 OTT 채널을 같이 묶어 판매합니다. 그 밖에 디즈니 플러스(28%), HBO (26.4%), 모비스타 플러스(18.2%), DAZN (11.6%) 등이 스페인에서 많이 알려진 OTT 채널입니다.

전 세계 다양한 프로그램을 쉽고 편하게 시청할 수 있어 이젠 없어서는 안 될 필수로 자리 잡은 OTT 채널은 한국에서 가입해도 스페인에서 문제없이 시청할 수 있습니다. 단, 스페인과 한국 모두 동일한 콘텐츠를 서비스하는 것이 아니기 때문에 한국에서 보던 프로그램을 모두 볼 수 있는 것은 아닙니다. 웨이브, 왓챠, 티빙 등 국내 OTT 채널의 경우 해외에서는 시청할 수 없습니다.

인터넷 ①

나는 인터넷으로 웹서핑하면서 시간을 때우고 있어.

Estoy navegando por internet para pasar el rato.
에스또이 나베간도 뽀르 인떼르넷 빠라 빠사르 엘 라또

그냥 인터넷을 훑어보는 중이야.

Simplemente estoy navegando.
씸쁠레멘떼 에스또이 나베간도

인터넷으로 뉴스를 보고 있었어.

Estaba viendo las noticias en Internet.
에스따바 비엔도 라쓰 노띠씨아쓰 엔 인떼르넷

온라인 강의를 듣는 중이에요.

Estoy tomando un curso en línea.
에스또이 또만도 운 꾸르소 엔 리네아

와이파이 비밀번호 좀 알려 주실 수 있나요?

¿Puede darme la contraseña del Wi-Fi?
뿌에데 다르메 라 꼰뜨라세냐 델 위피?

여기서 잠깐

RAE에서 권유하는 '온라인'의 정확한 명칭은 en línea 엔 리네아, en/por Internet 엔/뽀르 인떼르넷 등 입니다만, 일상생활에서는 영어 그대로 online이라는 말을 많이 씁니다.

인터넷 ②

인터넷에 접속되어 있어?

¿Está conectado a internet?
에스따 꼬넥따도 아 인떼르넷?

이 방은 인터넷이 잘 안 잡혀.

Internet no va bien en esta habitación.
인떼르넷 노 바 비엔 엔 에스따 아비따씨온

인터넷이 안 되는데.

No funciona internet.
노 푼씨오나 인떼르넷

저는 인터넷으로 정보를 잘 찾아요.

Soy bueno/a buscando información en Internet.
쏘이 부에노/나 부스깐도 임포르마씨온 엔 인떼르넷

인터넷으로 회사의 정보를 찾아봤습니다.

Busqué información sobre la empresa en Internet.
부스께 임포르마씨온 쏘브레 라 엠쁘레사 엔 인떼르넷

저희 웹사이트를 즐겨찾기 해 주세요.

Por favor, agregue nuestra web a sus favoritos.
뽀르 파보르, 아그레게 누에스뜨라 웹 아 쑤쓰 파보리또쓰

여기서 잠깐!

무선 인터넷을 '와이파이'라고 하죠. 스페인에서도 이 단어를 영어 그대로 'WiFi'로 사용하는데, 발음은 스페인식으로 '위피'라고 읽습니다. 레스토랑 등에서는 대부분 무료 WiFi를 제공하지만, 보통은 비밀번호(contraseña 꼰뜨라세냐)를 물어봐야 합니다. 즉, 'contraseña de WiFi(와이파이 비밀번호)'를 요청하면 됩니다.

이메일

\# 이메일 주소 좀 적어 주세요.

Escríbeme tu correo electrónico.
에스끄리베메 뚜 꼬레오 엘렉뜨로니꼬

\# 이메일로 보내 주실 수 있나요?

¿Podría enviármelo por correo electrónico?
뽀드리아 엠비아르멜로 뽀르 꼬레오 엘렉뜨로니꼬?

\# 이메일로 더 자세한 정보를 받아 볼 수 있을까요?

¿Podría recibir información más detallada por correo electrónico?
뽀드리아 레씨비르 임포르마씨온 마쓰 데따야다 뽀르 꼬레오 엘렉뜨로니꼬?

\# 회신을 기다립니다.

Quedo a la espera de la respuesta.
께도 아 라 에스뻬라 데 라 레스뿌에스따

\# 단체 이메일을 보낼 때, 참조가 아닌 숨은 참조로 보내는 것을 잊지 마세요.

No olvides enviar el correo con copia oculta (CCO) en lugar de en copia (CC) cuando envíes un correo electrónico grupal.
노 올비데쓰 엠비아르 엘 꼬레오 꼰 꼬삐아 오꿀따 엔 루가르 데 운 꼬삐아 꾸안도 엠비에쓰 운 꼬레오 엘렉뜨로니꼬 그루빨

\# 회사 이메일 말고 개인 이메일은 없나요?

¿Tienes un correo electrónico personal distinto al de tu trabajo?
띠에네쓰 운 꼬레오 엘렉뜨로니꼬 뻬르소날 디스띤또 알 데 뚜 뜨라바호?

꼭! 짚고 가기

이메일 관련 용어들

스페인어로 이메일은 correo electrónico 꼬레오 엘렉뜨로니꼬입니다.
이메일을 사용할 때, 유용한 몇 가지 용어를 살펴보겠습니다.

- enviar 엠비아르 발송하다
- re-enviar 레 엠비아르 재발송하다
- archivo 아르치보 파일
- copiar 꼬삐아르 복사하다
- pegar 뻬가르 붙여넣다
- descargar 데스까르가르 다운로드하다
- borrar 보라르 지우다
- asunto 아순또 주제
- título 띠뚤로 제목
- mensaje 멘사헤 메시지
- buzón 부쏜 편지함
- correo no deseado 꼬레오 노 데세아도 스팸메일
- bandeja de entrada 반데하 데 엔뜨라다 받은메일함
- arroba 아로바 @ (이메일 주소에 사용되는 골뱅이 모양 기호)
- usuario 우수아리오 아이디, 이용자
- contraseña 꼰뜨라세냐 비밀번호
- iniciar sesión 이니씨아르 쎄시온 로그인하다
- cerrar sesión 쎄라르 쎄시온 로그아웃하다
- acceder 악쎄데르 접속하다

영상통화&화상회의

\# 영상통화로 대화하자.

Hablemos por videollamada.
아블레모쓰 뽀르 비데오야마다

\# 지금 잠깐 영상통화 가능하세요?

¿Puede conectar una videollamada rápida ahora mismo?
뿌에데 꼬넥따르 우나 비데오야마다 라삐다 아오라 미스모?

\# 오늘 오전에 화상회의가 있어.

Tengo una videollamada esta mañana.
뗑고 우나 비데오야마다 에스따 마냐나

\# 화상회의 링크를 보내 드릴게요.

Le enviaré un enlace a la videollamada.
레 엠비아레 운 엔라쎄 아 라 비데오야마다

\# 모두 마이크를 꺼 주세요.

Todos, por favor apaguen el micrófono.
또도쓰, 뽀르 파보르 아빠겐 엘 미끄로포노

여기서 잠깐

휴대전화나 컴퓨터로 하는 '영상통화'나 '화상회의'는 특별한 구분 없이 videollamada 비데오야마다라고 합니다. 화상을 보며 하는 대화라기보다 세미나, 강연처럼 연사와 청중이 뚜렷한 경우는 videoconferencia 비데오꼰페렌씨아를 사용합니다.

OTT

\# 나는 집에서 편하게 넷플릭스 보는 걸 좋아해.

Me gusta ver Netflix en casa para relajarme.
메 구스따 베르 넷플릭스 엔 까사 빠라 렐라하르메

\# 재미있는 넷플릭스 시리즈 좀 추천해 줄래?

¿Me puedes recomendar algunas series buenas de Netflix?
메 뿌에데쓰 레꼬멘다르 알구나쓰 쎄리에쓰 부에나쓰 데 넷플릭스?

\# 넌 어떤 장르를 좋아해?

¿Qué género te gusta?
께 헤네로 떼 구스따?

\# 넷플릭스에서 가장 재미있게 본 한국 드라마는 뭐야?

¿Cuál es la mejor serie coreana que has visto en Netflix?
꾸알 에쓰 라 메호르 쎄리에 꼬레아나 께 아쓰 비스또 엔 넷플릭스?

\# 스페인에서는 어떤 종류의 OTT를 볼 수 있어?

¿Qué tipos de servicios OTT se pueden ver en España?
께 띠뽀쓰 데 쎄르비씨오쓰 오떼떼 쎄 뿌에덴 베르 엔 에스빠냐?

\# 아마존 프라임에 가입하면, 아마존 배송을 공짜로 받을 수 있고 아마존 프라임 비디오도 볼 수 있어.

Si se suscribe a Amazon Prime, puede recibir envío gratuito de Amazon y también ver Amazon Prime Video.
씨 쎄 쑤스끄리베 아 아마쏜 프라임, 뿌에데 레씨비르 엠비오 그라뚜이또 데 아마쏜 이 땀비엔 베르 아마쏜 프라임 비데오